RUDOLF DREIKURS
VICKI SOLTZ

# Kinder fordern uns heraus

## Wie erziehen wir sie zeitgemäß?

KLETT-COTTA

Verlagsgemeinschaft Ernst Klett Verlag –
J. G. Cotta'sche Buchhandlung

Aus dem Englischen übersetzt von
Erik A. Blumenthal
Die Originalausgabe erschien unter dem Titel
»Children: The Challenge«
bei Duell, Sloan & Pearce, New York


CIP-Kurztitelaufnahme der Deutschen Bibliothek

**Dreikurs, Rudolf:**
Kinder fordern uns heraus : wie erziehen wir sie
zeitgemäss? / Rudolf Dreikurs ; Vicki Soltz.
[Aus d. Engl. übers. von Erik A. Blumenthal]. –
18. Aufl. – Stuttgart : Klett-Cotta, 1987.
Einheitssacht.: Children: the challenge ‹dt.›
ISBN 3-608-95244-6
NE: Soltz, Vicki:

18. Auflage, 1987

Printed in Finland
Umschlag: Klett-Cotta-Design

# INHALT

Vorwort . . . . . . . . . . . . . . . . . . . . . . . . . . . 7
1. Kapitel: Unsere Ratlosigkeit . . . . . . . . . . . . . . . 9
2. Kapitel: Das Kind verstehen . . . . . . . . . . . . . 18
Die Sehnsucht, sich zugehörig zu fühlen . . . . . . . 20
Die Beobachtungen des Kindes . . . . . . . . . . 21
Die Umgebung des Kindes . . . . . . . . . . . . 22
Die Stellung des Kindes in der Familie . . . . . . . 26
Die Reaktion des Kindes . . . . . . . . . . . . 38
3. Kapitel: Das Kind ermutigen . . . . . . . . . . . . . . 42
4. Kapitel: Die irrtümlichen Ziele des Kindes . . . . . . . . . 63
5. Kapitel: Bestrafung und Belohnung vermeiden . . . . . . . . 74
6. Kapitel: Natürliche und logische Folgen anwenden . . . . . 82
7. Kapitel: Fest sein, ohne zu herrschen . . . . . . . . . . . 92
8. Kapitel: Das Kind achten . . . . . . . . . . . . . . . 97
9. Kapitel: Die Ordnung achten . . . . . . . . . . . . . . 102
10. Kapitel: Die Rechte anderer achten . . . . . . . . . . . 109
11. Kapitel: Auf Kritik verzichten und Fehler verkleinern . . . . 112
12. Kapitel: Den Tageslauf regeln . . . . . . . . . . . . . 122
13. Kapitel: Sich Zeit nehmen . . . . . . . . . . . . . . . 127
14. Kapitel: Die Mitarbeit gewinnen . . . . . . . . . . . . 132
15. Kapitel: Keine ungebührliche Aufmerksamkeit geben . . . . . 143
16. Kapitel: Sich nicht auf einen Machtkampf einlassen . . . . . 149
17. Kapitel: Sich vom Streit zurückziehen . . . . . . . . . . 159
18. Kapitel: Handeln, nicht reden . . . . . . . . . . . . . . 167
19. Kapitel: »Keine Fliegen verscheuchen!« . . . . . . . . . . 177
20. Kapitel: Nicht immer gefällig sein — den Mut zum »Nein« haben 180

21. Kapitel: Nicht impulsiv handeln, sondern das Unerwartete tun 186
22. Kapitel: Nicht zu sehr beschützen . . . . . . . . . . . . 192
23. Kapitel: Die Unabhängigkeit fördern . . . . . . . . . . . 197
Niemals für ein Kind etwas tun, was es selbst tun kann 197
24. Kapitel: Sich nicht in einen Streit verwickeln lassen . . . . . . 204
25. Kapitel: Sich durch Furchtsamkeit nicht beeindrucken lassen . . 217
26. Kapitel: Vor der eigenen Tür kehren . . . . . . . . . . . 225
27. Kapitel: Kein Mitleid zeigen . . . . . . . . . . . . . . 237
Wir können unsere Kinder nicht vor dem Leben beschützen . . . . . . . . . . . . . . . . . . . 246
28. Kapitel: Nur sparsam und vernünftig fordern . . . . . . . . 248
29. Kapitel: Konsequent sein . . . . . . . . . . . . . . . 252
30. Kapitel: Alle in das gleiche Boot setzen . . . . . . . . . . 257
31. Kapitel: Auf das Kind hören . . . . . . . . . . . . . . 262
32. Kapitel: Auf den Ton unserer Stimme achten . . . . . . . . 266
33. Kapitel: Es leichter nehmen . . . . . . . . . . . . . . 268
34. Kapitel: Kein Aufhebens von »schlechten« Angewohnheiten machen . . . . . . . . . . . . . . . . . . . . 274
35. Kapitel: Vergnügen zusammen erleben . . . . . . . . . . . 281
36. Kapitel: Keine Angst vor dem Fernsehen . . . . . . . . . . 285
37. Kapitel: Religion weise anwenden . . . . . . . . . . . . 289
38. Kapitel: *Mit* den Kindern, nicht *zu* ihnen reden . . . . . . . 293
39. Kapitel: Einen Familienrat bilden . . . . . . . . . . . . 300
Die Neuen Prinzipien der Erziehung von Kindern . . . . . . . . 305
Anhang: Praktische Übungen . . . . . . . . . . . . . . . 307

# VORWORT

Die Schwierigkeiten, die uns Kinder machen, werden immer häufiger und größer, so daß sehr viele Eltern nicht mehr mit ihnen fertig werden. So ungefähr merken sie, daß Kinder nicht mehr so wie in der Vergangenheit behandelt werden können, aber sie haben keine Ahnung, was sie anders machen könnten. Sie wissen vielleicht nicht einmal, daß es neue Erziehungsmethoden gibt, die sich schon vollauf bewährt haben. Die Verschiedenheit sich widersprechender Ratschläge, die Eltern gegeben werden, setzen den Wert jeder besonderen Methode herab und bieten mehr Verwirrung als Anleitung. Warum sollte man sich überhaupt noch auf eine Methode verlassen?

In vierzig Jahren der Arbeit mit Eltern und Kindern wurde es mir klar, daß die von uns vorgeschlagenen Methoden für die Lösung von Familienstreitigkeiten tatsächlich wirksam sind. Sie wurden in dem Laboratorium unserer Familienberatungsstellen erprobt. Es gibt Eltern, die selbst eine Möglichkeit entdeckt haben, mit ihren Kindern zu Verständigung und Zusammenarbeit zu gelangen, doch wissen sie nicht, warum sie so handeln und wieso sie Erfolg haben. Unsere Empfehlungen beruhen auf einer besonderen Lebensanschauung, mit einer ganz bestimmten Auffassung vom Menschen, wie sie von Alfred Adler und seinen Mitarbeitern ausgearbeitet wurde. Offensichtlich bewegt sich der allgemeine Trend in der Psychologie in unserer Richtung. Wir empfehlen nicht, daß Eltern nachgeben oder strafen sollen. Was sie lernen müssen, ist, ein ebenbürtiger Partner für ihre Kinder zu werden, die Methoden der Kinder zu verstehen und fähig zu sein, sie zu lenken, ohne ihnen die Zügel ganz freizugeben oder sie zu sehr an die Kandare zu nehmen.

In früheren Artikeln und Büchern habe ich einige der grundsätzlichen Prinzipien der Kindererziehung dargelegt. Eltern und Kinder haben selbst viele neue Ideen hinzugefügt und Beispiele für wirksame Methoden gegeben, auf die wir Fachleute nicht gekommen sind. Wir lernen immer noch voneinander, da wir an denselben Problemen arbeiten, die Kinder für unsere ganze erwachsene Gesellschaft darstellen.

Ich habe Frau Vicki Soltz gebeten, die Aufgabe zu übernehmen, auf ihre eigene Art die Prinzipien, nach denen wir handeln, zu veranschaulichen. Sie war die Leiterin einiger unserer Studiengruppen, in denen Mütter weniger konkrete Antworten und Ratschläge bekommen, als vielmehr mit unseren Prinzipien bekanntgemacht werden. Nachdem alle Punkte sorgfältig zwischen uns besprochen waren, hat sie sie in ihrer eigenen Sprache als Mutter ausgedrückt. Schließlich lehren wir die Eltern nicht Psychologie, sondern versuchen vielmehr, ihnen praktische Schritte in einer neuen Richtung vorzuführen.

Ich bin überzeugt, daß unsere gemeinsamen Bemühungen diese Aufgabe erfüllen, die wir uns selbst gesetzt haben, nämlich zu helfen. Auch die größte Geschicklichkeit wird nicht in der Lage sein, Schwierigkeiten und Fehler ganz zu vermeiden. Worauf wir aber hoffen können ist, daß Eltern in der Erkenntnis, wozu sie fähig sind, sicherer werden, auch wenn sie nicht immer geneigt sind, es zu tun. Probleme werden immer wieder auftauchen und nie völlig aus der Welt zu schaffen sein.

Wir haben großes Mitgefühl und Achtung für Eltern, die ihre Verantwortung erfüllen wollen, aber sich oft Aufgaben gegenübersehen, auf die sie nicht vorbereitet sind. Genau wie das Kind Erziehung braucht, so brauchen sie auch die Eltern. Erziehung zu neuen Methoden, auf die Herausforderung des Kindes zu reagieren, wird zu geänderten Einstellungen führen und neue Wege für friedliche Beziehungen öffnen.

*Professor Dr. med. Rudolf Dreikurs*

## 1. Kapitel

# UNSERE RATLOSIGKEIT

Frau Müller hat Besuch. Sie gießt eben ihrer Freundin eine Tasse Kaffee ein, als der siebenjährige Peter hereinstürzt, gefolgt von seinem fünfjährigen Bruder Paul. Mit geübter Geschicklichkeit klettert Peter am Küchenschrank hoch und öffnet die obere Tür. Paul macht es ihm mit derselben Gewandtheit nach.

Die Mutter ruft: »Sofort geht ihr von da oben runter! Aber schnell!«

»Wir wollen nur ein paar Bonbons«, schreit Peter zurück. »So kurz vor dem Essen könnt ihr keine Bonbons mehr haben. Jetzt aber runter von der Anrichte, sofort!«

Peter greift sich die Bonbon-Tüte und springt vom Schrank herunter, Paul ihm nach. Paul entreißt Peter die Tüte, und die beiden stürzen aus dem Zimmer, während Frau Müller ihnen nachruft: »Kommt sofort zurück, ich habe euch doch gesagt, ihr könnt jetzt keine Bonbons haben!«

Noch ehe sie ausgeredet hat, fällt die Tür laut krachend ins Schloß. Frau Müller seufzt und sagt zu ihrem Gast: »O diese Kinder! Ich weiß einfach nicht, was ich mit ihnen tun soll; sie benehmen sich wie die Wilden. Keinen Augenblick ist man sicher vor ihnen.«

Wir wissen wahrlich oft *nicht*, was wir mit unseren Kindern machen sollen. Wo und wann es auch ist, sie benehmen sich so, daß sie auffallen und Mißfallen erregen. Selbst wenn Eltern ihren Kindern einmal etwas Besonderes bieten wollen und mit ihnen auf den Rummelplatz gehen, finden viele nicht das erhoffte Vergnügen. Aufgeregte und übermüdete Kinder wollen immer noch mehr haben. Ebenso aufgeregte Eltern sagen nicht gerade freundlich: »Nein, jetzt ist Schluß«, und dann geben sie doch dem Geschrei ihrer Sprößlinge nach. Geplagte Väter greifen in ihre Taschen und geben mehr aus, als sie beabsichtigt haben. Schläge werden öffentlich ausgeteilt. Schließlich ziehen Mütter widerstrebende Kinder ungeduldig hinter sich her, und zu Hause fragen sie sich dann, wozu sie überhaupt ausgegangen sind.

In Restaurants, Cafés und Eisdielen zeigen Kinder oft unglaubliche Manieren. Sie stören andere mit ihren Quengeleien, mit ihrem lauten Verlangen nach Aufmerksamkeit und ihrem dauernden Herumrennen. Viele essen nicht, wenn sie nicht gefüttert werden.
In den Selbstbedienungsläden sehen wir Kinder an den Einrichtungen herumturnen. Wohin sie auch ihre Mütter zum Einkaufen begleiten, stets wollen sie etwas Besonderes haben, und wenn sie es nicht bekommen, gibt es Geschrei und Wutausbrüche.
Überall in der Öffentlichkeit können wir anspruchsvolle, ärgerliche und schreiende Kinder hören, denen von erschöpften, verärgerten und verzweifelten Eltern gepredigt und gedroht wird [1].
Zu Hause sehen wir bei unseren Kindern nicht viel von Zusammenarbeit. Viele weigern sich, zu helfen und kleine Pflichten zu übernehmen. Sie sind laut, rücksichtslos, machen sich wichtig und führen sich unglaublich auf. Manchmal zeigen sie gegenüber ihren Eltern oder anderen Erwachsenen eine aufreizende Respektlosigkeit. Wie häufig kränken sie uns, ohne daß wir dagegen etwas unternehmen.
Unsere Kinder sind voller Trotz, und wir stehen hilflos dabei. Wir bitten, ja flehen, versuchen durch Schmeicheln zu überreden, bestrafen und bestechen sie, im Bemühen, sie wenigstens an eine Art von Ordnung zu gewöhnen. Eine Großmutter sagte voll Verzweiflung: »Den Kindern ist alles egal!« Dieses ungebührliche, trotzige Benehmen wird so häufig, daß es schon als normal hingenommen wird. »Kinder sind nun einmal so.«
In der Schule denken viele Kinder nicht daran, daß Lernen eine Pflicht ist. Die Lehrer bitten die Eltern, die Schüler bei ihren Hausaufgaben zu überwachen, sind aber nicht in der Lage, einen Rat zu geben, wie dies ohne Streit geschehen kann.
Schon fangen gewisse Blätter an, über die »Heldentaten« schwieriger Kinder zu berichten. In einem immer früheren Alter kommen Kinder mit dem Gesetz in Konflikt. Richter verlangen von den

[1] Diese Schilderung mag übertrieben erscheinen, doch sind solche Vorfälle heute schon nicht mehr als vereinzelt anzusehen.

Eltern, sie sollen ihre Kinder abends nicht mehr auf die Straße lassen, können aber auch nicht raten, wie dies zu bewerkstelligen sei. Große Untersuchungen über das jugendliche Verbrechertum ergeben umfangreiche Dokumente, aber nur wenige praktische Empfehlungen für mögliche Lösungen.

Eltern werden mehr und mehr verwirrt und verzweifelt. Sie hoffen, glückliche Kinder zu erziehen, die wissen, wie sie sich zu benehmen haben und wohin sie gehören. Statt dessen sehen sie unzufriedene, gelangweilte, unglückliche, anmaßende und trotzige Kinder. Kinderärzte und Psychologen berichten über ein alarmierendes Anwachsen der Zahl von ernsthaft gestörten Kindern.

Im Bemühen, in dieser Situation etwas zu tun, melden sich Eltern zu Elternseminaren an, beteiligen sich an Diskussionsgruppen, hören Vorträge und lesen zahllose Bücher, Schriften und Zeitungsartikel. Die wahre Bedeutung dieses weitreichenden Programms der Elternerziehung ist nur wenigen bekannt. Die Fähigkeit, Kinder aufzuziehen, scheint verlorengegangen zu sein. Frühere Generationen brauchten dazu keine Anleitungen. Was ist geschehen? In vergangenen Zeiten gab es eine Tradition der Kindererziehung, die von der ganzen Gesellschaft hochgehalten wurde. Jede Familie richtete sich nach den allgemeinen und althergebrachten Ansichten. Erst in unserer Zeit wurde es notwendig, an Elternerziehung zu denken. Warum?

Wir können oft die Ansicht hören, die gegenwärtige Schwierigkeit sei die Folge von Unsicherheit, von gefühlsbetontem Schwanken und von Unreife bei den Erwachsenen, sei das Ergebnis schlechten Beispiels, und des Mangels an wirklichen sittlichen oder mitmenschlichen Werten. Und tatsächlich sind wir ohne Zweifel Zeugen eines Wandels unserer sittlichen Werte; aber daß wir durch und durch moralisch gesunken seien, wird niemand behaupten, der z. B. unsere Fortschritte in der grundsätzlichen Einstellung zum Nächsten bedenkt. Was die Sicherheit anbelangt, so hat jede Generation unter dem Gewicht und den Forderungen ihrer Zeit eine Begründung für ihre Unsicherheit gefunden, sei es, daß der erste Welt-

krieg, die Wirtschaftskrise, der zweite Weltkrieg oder jetzt die Atom- und Wasserstoffbomben dafür verantwortlich gemacht werden.
Viel wird auch über den Mangel an Reife, sowohl bei jungen Eltern als auch bei ihren Kindern gesprochen. »Reife« ist ein etwas vager Begriff, der meistens gebraucht wird, um einen »nicht kindlichen« Zustand zu beschreiben. Auf diese Weise wird dem Kindsein eine Art von Unterlegenheit unterstellt. Im Namen »guter Umgangsformen« und »sozialer Anpassung« scheinen wir das weltkluge Verbergen unserer wahren Gefühle vorzuziehen. Tatsächlich bedeutet Reife volles Wachstum, volle Entwicklung — die restlose Verwirklichung des Möglichen. Dieser glückliche Zustand wird nur von sehr wenigen Menschen erlangt. Es braucht ein ganzes Leben, um Vollkommenheit der Entfaltung zu erreichen. Wie können wir sie also schon in der Jugend und während des Heranwachsens verlangen?
Niemals haben Erwachsene den Kindern ein gutes Beispiel gegeben. In früheren Zeiten durfte ein Kind einfach nicht tun, was die Erwachsenen taten. »Tu, wie ich dir sage, nicht wie ich es tue!« Was die Religion angeht, so haben Pfarrer und tiefreligiöse Eltern dieselben Schwierigkeiten mit ihren Kindern wie ihre weniger religiösen Zeitgenossen. Der Religionsunterricht in den Schulen wird oft zu besonderen Unarten benutzt. In den angelsächsischen Ländern kann jeder Leiter einer Sonntagsschule ein Lied davon singen, wie schwer die Jugendlichen zu bändigen sind. Hinter all diesen Schwierigkeiten liegt die Tatsache, daß *wir nicht wissen, was wir mit unseren Kindern tun sollen,* weil die traditionellen Erziehungsmethoden nicht mehr wirksam sind und wir keine neuen Methoden kennen, die an ihre Stelle treten könnten.
Jede Kultur entwickelt eine bestimmte Art der Erziehung von Kindern. Vergleichende Studien in sogenannten primitiven Gesellschaften bieten eine ausgezeichnete Gelegenheit, die Bedeutung der Tradition zu verstehen. Jeder Stamm hatte seine eigene Überlieferung und erzog seine Kinder auf seine Weise. Folglich entwickelte jeder Stamm charakteristische Verhaltensweisen und ty-

pische Eigentümlichkeiten. Jede Kultur hatte ihre eigenen Methoden, den Lebensproblemen und Situationen zu begegnen. Aber jeder Mann, jede Frau und jedes Kind wußten genau, was von ihnen erwartet wurde. Alles Verhalten war durch die Tradition festgelegt. Unsere westliche Kultur ist komplizierter als die primitiver Gesellschaften, aber auch sie hatte ihre traditionellen Erziehungsmethoden. Es gab Grundsätze, wie z. B. »Kinder soll man sehen, aber nicht hören«, die in jeder Familie beachtet wurden. Jeder war sich klar, wie sich Kinder benehmen sollten. Unser zunehmendes Verständnis der Bedeutung der Demokratie und ihrer Wirkung auf die zwischenmenschlichen Beziehungen hat jedoch gerade unsere Kultur tief gewandelt. Seit den Zeiten der Könige und Leibeigenen über Stationen wie die der Magna Charta, der französischen und amerikanischen Revolutionen etc. bis zur Gegenwart kam die Menschheit langsam zur Erkenntnis, daß die Menschen »gleichwertig« erschaffen wurden, nicht nur vor dem Gesetz, sondern gleichwertig in der Sicht des Mitmenschen. Als Folge dieser Entwicklung wurde Demokratie nicht nur ein politisches Ideal, sondern auch eine *Lebensweise.* Ungeheuer rasch finden Veränderungen statt, über deren Natur sich nur wenige bewußt werden. Es ist hauptsächlich der Einfluß der Demokratie, der unsere soziale Atmosphäre verändert und die traditionellen Erziehungsmethoden unwirksam gemacht hat. Wir haben keine Herrscher mehr, wie es in der autokratischen Gesellschaft, aus der wir uns entwickelt haben, üblich war. In einer Gesellschaft Gleichwertiger kann keiner über den anderen herrschen. Soziale Gleichwertigkeit (besser bekannt unter dem Begriff der »Gleichberechtigung«) bedeutet, daß jeder für sich selbst entscheidet. In einer autokratischen Gesellschaft war der Herrscher grundsätzlich etwas Höheres und hatte Macht über die Unterlegenen. Ungeachtet seiner Stellung in der Welt herrschte der Vater jeder Familie über die Familienangehörigen, einschließlich seiner Frau. Heute ist dies nicht mehr so. Frauen verlangen Gleichberechtigung, und wie der Mann seine Macht über seine Frau verlor, so verloren beide als Eltern ihre

Macht über ihre Kinder. Dies war der Beginn einer allgemeinen sozialen Umschichtung, die schon weitgehend gefühlt, aber noch verhältnismäßig wenig verstanden wird. Ähnliche Wandlungen können wir auch auf anderen Gebieten unseres sozialen Lebens feststellen. Kapital und Arbeit bewegen sich auf ein Verhältnis der Gleichberechtigung hin. Die Aufhebung der Rassentrennung z. B. in den Vereinigten Staaten von Amerika ist ein dringendes soziales Problem, dessen Lösung durch das stetig zunehmende Verständnis der Bedeutung der Demokratie beschleunigt wird. Solche augenscheinlichen Veränderungen in unserer sozialen Struktur können leichter erkannt werden als die viel unmerklichere Wandlung, die durch die Tatsache herbeigeführt wurde, daß Frauen und Kinder ihren Anteil an der Gleichwertigkeit beanspruchen.

Erwachsene fühlen sich durch die Ansicht, Kinder seien sozial gleichwertig, oft sehr verwirrt. Sie verneinen ärgerlich eine solche Möglichkeit. »Das ist ja lächerlich, ich weiß mehr als mein Kind, es kann mir unmöglich gleichwertig sein.« Natürlich ist es, weder was Wissen, noch Erfahrung, noch Fertigkeiten anbelangt, gleich. Aber diese Dinge sind nicht einmal unter Erwachsenen der Beweis für Gleichwertigkeit. Gleichwertigkeit heißt nicht Gleichheit! Gleichwertigkeit heißt, daß alle ohne Rücksicht auf ihre persönlichen Unterschiede und Fähigkeiten denselben Anspruch auf Achtung und menschliche Würde haben. Die Überzeugung, wir seien unseren Kindern überlegen, rührt aus unserem kulturellen Erbe: Vornehme Geburt, Geld, Geschlecht, Hautfarbe, Alter oder Weisheit brachten Über- oder Unterwertigkeit mit sich. Kein Charakterzug oder irgendeine persönliche Fähigkeit können aber weiterhin Überlegenheit oder das Recht zu herrschen gewähren.

Es gibt noch etwas anderes, das bei unserem Gefühl, wir müßten unseren Kindern überlegen sein, eine Rolle spielen kann. Vielleicht haben wir einen verborgenen Zweifel an unserem eigenen Wert, ein tiefliegendes Gefühl, die von unseren eigenen Idealen gestellten Ansprüche nicht erfüllen zu können. In diesem Fall kommt uns ein Kind in seiner Hilflosigkeit sehr gelegen, um bei einem

Vergleich mit ihm uns selbst großartig vorzukommen! Dies ist aber eine Illusion. Denn tatsächlich sind unsere Kinder oft fähiger als wir und erweisen sich in vielen Situationen als die Klügeren. Diese Auffassung von Gleichwertigkeit hat sich innerhalb unserer Kultur entwickelt, obwohl wir uns dessen nicht bewußt wurden und oft auch noch nicht ganz bereit sind, sie voll zu verstehen.

Kinder sind für das soziale Klima besonders empfindlich. Rasch, wenn auch meist unbewußt, machen sie sich die Vorstellung gleicher Rechte für jedermann zu eigen. Sie spüren ihre Gleichwertigkeit mit den Erwachsenen und können ein autokratisches Verhältnis des Herrschens und Sich-Unterwerfens nicht mehr ertragen. Auch Eltern spüren, wenn auch nur vage, daß ihre Kinder gleichwertig geworden sind, und haben den Zwang *der* Kindererziehung schon lange gemildert, die den Wahlspruch »Du hast zu tun, was ich sage!« auf ihr Banner geschrieben hat. Leider kennen sie aber noch keine neuen, auf demokratischen Grundsätzen beruhenden Methoden, um ihre Kinder zu einem demokratischen Zusammenleben zu führen und zu erziehen. So stehen wir der gegenwärtigen Ratlosigkeit gegenüber.

Dieser Wandel in unserer sozialen Atmosphäre ist von vielen Erziehern erkannt worden. Sie wollen wirklich demokratisch sein. Für viele Menschen bedeutet aber Demokratie nur die Freiheit, zu tun, was man will. Unsere Kinder sind an dem Punkt angelangt, wo sie sich gegen Beschränkungen auflehnen, weil sie das Recht, zu tun, was sie wollen, als erwiesen betrachten. Dies ist jedoch keine Freiheit, sondern Zügellosigkeit. Wenn jedes Mitglied einer Familie darauf bestünde, zu tun, wie's ihm gefällt, hätten wir ein Haus voll Tyrannen, was absolute Unordnung nach sich zöge. Täte jeder was er will, wären dauernde Reibereien das Ergebnis. Unfriede stört die zwischenmenschlichen Beziehungen, was hinwiederum den Streit stärkt. In einer Atmosphäre des unaufhörlichen Streites ruft die Spannung ein Verhältnis des Ärgers, der Nervosität und Reizbarkeit hervor, und all die negativen Seiten des Zusammenlebens stehen in voller Blüte. Freiheit ist ein Teil der Demokratie; aber die fast unmerkliche Tatsache, daß wir Freiheit nur haben können, wenn wir auch die Freiheit anderer achten, wird oft nicht erkannt. Niemand kann sich der Freiheit erfreuen, wenn der Nachbar sie nicht auch genießt. Freiheit für alle erfordert Ordnung. Und Ordnung bringt gewisse Einschränkungen und Verpflichtungen mit sich.

Der Begriff der Freiheit schließt auch die Verantwortlichkeit ein. Ich habe die Freiheit, ein Auto zu lenken. Fühle ich mich aber auch frei, in einer Einbahnstraße nach der falschen Richtung zu fahren, so wird meine Freiheit bald ein Ende finden. Die Freiheit, einen Wagen zu fahren, bringt es mit sich, daß ich die Einschränkungen akzeptiere, die in Übereinstimmung mit den Regeln der Sicherheit für jedermann geschaffen wurden. Wir können nur dann frei sein, wenn auf *Ordnung* geachtet wird. Diese Ordnung ist nicht durch eine autokratische Autorität für *ihr* Wohl auferlegt, sondern wird von jedermann zum Wohle aller beachtet.

Die gar nicht so seltene Methode, Kindern uneingeschränkte Freiheit zu lassen, hat aus Kindern Tyrannen und aus Eltern Sklaven gemacht. Diese Kinder erfreuen sich jeglicher Freiheit, während ihre Eltern alle Verantwortung übernehmen! Das kann aber kaum mit Demokratie bezeichnet werden. Eltern, welche die verheerenden Folgen dieser übertriebenen Freiheit, die sich Kinder anmaßen, hinnehmen, decken damit ihre Kinder, halten Bestrafung von ihnen fern, ertragen ihre Frechheiten und befriedigen ihre zahllosen Ansprüche, wobei sie ihren Einfluß auf ihre Kinder ganz verlieren. Ohne zu wissen, was ihnen fehlt, spüren die Kinder den Verlust der Ordnung, weil es keine Beschränkungen gibt, von denen sie geleitet werden. Es ist ihnen mehr darum zu tun, ihren Willen durchzusetzen, als die Prinzipien und Einschränkungen zu lernen, die für das Zusammenleben notwendig sind. Als Folge bleibt die innewohnende Fähigkeit zum Gemeinschaftsgefühl, zum Interesse am Mitmenschen, unentwickelt und verkümmert. Daraus entsteht ein Gefühl der Verwirrung sowie zunehmende Ungezogenheit der Kinder. Ausgewogene Beschränkungen vermitteln ein Gefühl der Sicherheit und des Wissens um die eigene Funktion innerhalb der sozialen Struktur. Ohne sie fühlt sich ein Kind völlig verloren. Seine immer wieder erneuerten Bemühungen zur Selbstfindung nehmen einen destruktiven Verlauf, den wir bei so vielen unserer unglücklichen, trotzigen Kinder heute sehen können. Freiheit verlangt Ordnung. **Ohne Ordnung ist Freiheit unmöglich.**

Um unseren Kindern zu helfen, müssen wir uns von der veralteten autokratischen Methode, Unterwerfung zu verlangen, abwenden und uns einer neuen Ordnung zuwenden, die auf den Grundsätzen der Freiheit und Verantwortlichkeit gegründet ist. Unsere Kinder können nicht mehr zur Willfährigkeit *gezwungen* werden; sie müssen angeregt und ermutigt werden, ihren Teil an der Aufrechterhaltung der Ordnung *freiwillig* auf sich zu nehmen. Wir brauchen neue Erziehungsmethoden, um die veralteten zu ersetzen.

In den folgenden Kapiteln stellen wir die Grundsätze dar, die sich in all den Jahren unserer Arbeit mit Eltern und Kindern ergeben haben. Unsere Erziehungsberatungsstellen sind Laboratorien für menschliche Beziehungen, wo wir die Wirksamkeit unserer Methoden erproben können. Zuerst wird es nötig sein, grundsätzlich zu klären, was für ein Zusammenleben von Gleichwertigen innerhalb der Familie erforderlich ist. Es wird Zeit und ununterbrochene Bemühungen brauchen, bis diese grundlegenden Prinzipien zu einer Tradition werden[2]. Ohne diese Grundsätze jedoch werden sich die heutige Ratlosigkeit und die Wirkungslosigkeit der gegenwärtig bei der Erziehung von Kindern angewandten Methoden nicht bessern.

---

[2] Sobald die demokratische Entwicklung Fuß faßt — gleichgültig in welchem Land, wo Menschen seither unter autokratischen kulturellen Bedingungen gelebt und die Kinder sich entsprechend dem kulturellen Vorbild ihrer eigenen Umgebung benommen haben —, können wir folgendes beobachten: Die Kinder beginnen, sich in einer ähnlichen Weise zu verhalten und ihren Eltern und Lehrern dieselben Schwierigkeiten zu bereiten, wie wir sie heute zum Beispiel in den Vereinigten Staaten von Amerika finden.

## 2. Kapitel

# DAS KIND VERSTEHEN

Der sechsjährige Robert malte mit seinen Farbstiften, während seine Mutter die Speisekarte für die kommende Woche zusammenstellte. Er begann mit dem Fuß an den Tisch zu klopfen. »Hör damit auf, Robert!« sagte die Mutter etwas ärgerlich. Robert zuckte die Achseln und stellte das Klopfen ein. Bald fing er aber wieder an. »Robert, ich sagte doch, du sollst damit aufhören!« Er ließ es sein, doch bald fing er wieder an. Die Mutter warf ihre Feder auf den Tisch, beugte sich zu Robert hinüber und verabreichte ihm eine Ohrfeige, wobei sie schrie: »Ich habe dir oft genug gesagt, daß du aufhören sollst. Warum machst du immer etwas, was mich aufregt? Warum kannst du nicht stillsitzen und ruhig sein?«

Robert weiß nicht, warum er immer wieder mit seinem Fuß klopft. Er könnte seiner Mutter keine Antwort geben. Trotzdem hat das Klopfen einen Sinn. Und es gibt einen Weg, mit dieser Situation fertig zu werden, ohne daß Mutter und Robert so unerfreulich aneinandergeraten.

Um jedoch Kinder dazu anzuregen, sich in einer nützlichen Weise zu betätigen und mitzumachen, müssen wir entsprechende psychologische Mechanismen kennenlernen.

Jedes menschliche Verhalten hat einen *Zweck* und stellt eine Bewegung auf ein Ziel hin dar. Nicht immer können wir den Sinn unseres Handelns erkennen. Jeder kennt die Situation, wo man zu sich selbst sagen mußte: »Warum hast du jetzt diesen Unsinn gemacht?« Unsere Verwirrung ist berechtigt, denn wir handelten aus Gründen, die unserer bewußten Erkenntnis verborgen sind. Dasselbe gilt für unsere Kinder. Wenn wir einem Kind helfen wollen, seine Bewegungsrichtung zu ändern, müssen wir seine Motive verstehen. Solange uns nicht klar ist, was seinem Verhalten zugrunde liegt, haben wir kaum die Möglichkeit, es zu beeinflussen. Wir können ein Kind nur dann zu einem anderen Verhalten veranlassen, wenn wir seine Beweggründe ändern. Manchmal können wir den Zweck des kindlichen Benehmens dadurch entdecken, daß wir dessen *Folgen* untersuchen. In obigem Beispiel wurde die Mutter gereizt. Robert wollte seine Mutter ärgern — selbstverständlich nicht bewußt. Er hat einen verborgenen Grund dafür. Robert anzuschreien und ihm eine zu langen, war ein Sieg für *ihn*, insofern er Mutters eindringliche Aufmerksamkeit bekam. Warum sollte er mit dem Klopfen aufhören? Es ist doch ein Erfolg, seine große Mutter mit sich zu beschäftigen. Hier liegt der Schlüssel für Roberts unbewußte Absicht. Wenn die Mutter so reagiert, verstärkt sie Roberts unbewußtes Ziel, indem sie seinen Forderungen nachgibt. Hätte er damit keinen Erfolg — würde also sein Klopfen die Mutter nicht mehr aufregen —, was hätte es dann für einen Sinn, weiter zu klopfen? Er würde es bald aufgeben. Brächte ihm sein ruhiges Spielen ein warmes Lächeln, eine kurze Umarmung oder ein Wort der Anerkennung ein, würde er weniger dazu neigen, Mutters Aufmerksamkeit durch störendes Verhalten zu erregen. Solange die Mutter Robert dadurch befriedigt, daß sie sich ärgern läßt oder versucht, ihn zum Aufhören zu bringen, und ihre Niederlage zeigt, indem sie ihm eine herunterhaut, verstärkt sie nur den Anreiz, sie zu ärgern und Oberwasser zu bekommen. Roberts Fuß drückt nur seine Gefühle aus: »Schau doch her, sag doch etwas, statt deine Nase in deinen Notizen zu vergraben!« Könnte die Mutter dies sehen, wüßte sie seine Beweggründe. Er versucht, durch Erregen ihrer Aufmerksamkeit seinen Platz zu finden. Mit dieser Erkenntnis hätte die Mutter die Möglichkeit, die Situation zu retten. Es ist ein schwerer Fehler, auf Roberts unbewußten Trick hereinzufallen, denn er wird sie nur noch weiter ärgern. Wir werden in späteren Kapiteln noch viele Maßnahmen entdecken, mit denen die Mutter Roberts Ansprüchen widerstehen kann.

Das Kind ist ein soziales Wesen, und sein stärkster Beweggrund ist die Sehnsucht, dazu zu gehören. Seine Sicherheit oder Unsicherheit hängt ganz davon ab, ob es sich zu einer Gruppe zugehörig fühlt. Dies ist sein Grundbedürfnis. Sein ganzes Tun ist darauf gerichtet, einen Platz für sich zu finden. Von der frühesten Kindheit an ist es damit beschäftigt, Mittel und Wege zu erkunden, um ein Teil seiner Familie zu sein. Von seinen Beobachtungen und Erfolgen zieht es Schlußfolgerungen, die zwar nicht in Worten formuliert werden, aber trotzdem festgegründet sind: »Aha! *So* kann ich also dazu gehören. So habe ich Bedeutung!« Das Kind wählt die Methoden, durch welche es hofft, sein Grundziel, nämlich dazu zu gehören, zu erreichen. Diese Methode wird zum unmittelbaren Ziel, zum Nahziel und bildet die Grundlage für sein Benehmen. Wir können deshalb sagen, daß sein *Benehmen zielgerichtet ist.* Ein Kind ist sich der Beweggründe seines Verhaltens nie bewußt. Würde Robert gefragt, warum er mit seinem Fuß klopfe, wäre seine Antwort, es nicht zu wissen, wahr. Um das Problem, seinen Platz zu finden, zu lösen, erfühlt er sich seinen Weg. Er überlegt nicht bewußt, sondern handelt aus einem inneren Impuls. Er lernt durch Versuch und Irrtum. Gibt ihm irgendein Verhalten das Gefühl seiner Zugehörigkeit, wird er dieses Verhalten wiederholen. Ein Benehmen, das ihm das Gefühl gibt, allein zu sein, wird er aufgeben. Und damit haben wir die Grundlage, um Kinder leiten und führen zu können. Wenn wir nicht verstehen, *auf welche Weise* das Kind glaubt, dazu gehören zu können, werden wir kaum in der Lage sein, ihm zu besseren Verhaltensweisen zu helfen.

Ehe wir die verschiedenen Verhaltensweisen, die irrtümlichen Ziele besprechen, die Kinder benützen, um das für sie wichtigste Gefühl des Dazugehörens zu erreichen, müssen wir etwas vom ganzen Kind verstehen, seine Beobachtungen, seine Umgebung und seine Stellung in der Familie.

Kinder sind ausgezeichnete Beobachter, machen aber viele Fehler bei der Deutung dessen, was sie erleben. Sie kommen oft zu falschen Schlußfolgerungen und wählen dadurch irrtümliche Wege, um ihren Platz zu finden.

Die dreijährige Elisabeth war ein glückliches, reizendes Kind, das in seiner Entwicklung so rasche Fortschritte gemacht hatte, daß es eine große Freude für seine Eltern war. Sie konnte schon, ehe sie ein Jahr alt war, gehen und war mit achtzehn Monaten sauber. Mit zwei Jahren sprach sie deutlich in wohlgeformten Sätzen. In ihrer geschickten Art gelang es ihr immer leicht, die Anerkennung der Erwachsenen zu gewinnen. Plötzlich begann sie zu quengeln und zu jammern, wenn sie etwas wollte, und machte dauernd die Höschen naß. Zwei Monate vor diesem rückfälligen Verhalten war ein kleiner Bruder angekommen. In den ersten drei Wochen war Elisabeth sehr an dem Baby interessiert. Sie beobachtete genau, wenn die Mutter es badete, die Windeln wechselte und es fütterte. Immer wenn Elisabeth helfen wollte, schlug die Mutter es ihr freundlich aber fest ab. Allmählich schien Elisabeth das Interesse zu verlieren, kam nicht mehr in das Baby-Zimmer und fing bald darauf mit dem geschilderten Verhalten an.

Elisabeth hatte all die Aufmerksamkeit, die ihr kleiner Bruder bekam, beobachtet. Es wurde ihr plötzlich klar, daß dieser schon lange erwartete Bruder ihr die Mutter wegnahm. Die Mutter verbrachte nun einen großen Teil ihrer Zeit mit dem Bruder. Elisabeths Beobachtungen sind richtig. Die Mutter muß dem hilflosen Baby viel Aufmerksamkeit widmen. Aber Elisabeth machte einen Fehler, als sie meinte, sie hätte damit ihren Platz verloren und verschmutzte Höschen und Hilflosigkeit könnten jemand wichtig machen. Sie glaubte, ihre verlorene Stellung wieder zu bekommen, wenn sie selbst ein Baby wäre. Sie konnte die vielen Vorteile, die sie dem Baby gegenüber hatte, nicht erkennen [1].

Der fünfjährige Gerhard und seine Mutter befanden sich in einem ständigen Kampf. Was immer seine Mutter sagte, er hatte etwas zu erwidern.

---

[1] Die Lösung von Elisabeths Problem besprechen wir später.

Was sie auch von ihm wollte, Gerhard weigerte sich. Er hatte heftige Wutausbrüche, in denen er häufig seine Spielsachen, Geschirr oder Möbel kaputtmachte. Geschickt vermied er alle kleine Pflichten, die die Mutter ihm auftrug, und mußte ständig gezwungen und bestraft werden. Seine Mutter war ratlos, denn sie selbst gab ein gutes Beispiel, wie man seine Arbeit vor dem Vergnügen erledigt. Gerhard hatte rasch erkannt, daß alles, was Mutter sagte, für seinen Vati Gesetz war, der um des lieben Friedens willen dem ärgerlichen Druck seiner Frau nachgab. Mehr als alles andere haßte Vati einen offenen Streit. Bei den wenigen Gelegenheiten, wo die Mutter mit Gerhard fest sein wollte, versuchte sein Vater, sich für ihn einzusetzen.

Gerhard beobachtete und bewunderte die Macht seiner Mutter. Sein Eindruck war, daß man einen bevorzugten Platz habe, wenn man Macht hat; deshalb suchte er eine ähnliche Bedeutung zu erreichen. Er ahmte seine Mutter nach, indem er Trotz als ein Mittel benützte, Macht zu gewinnen. Seine Mutter konnte ihn tatsächlich nicht im Zaume halten. Er spürte dies, sie aber nicht. Sie glaubte durch Bestrafung Oberhand zu gewinnen und wurde sich nie klar, daß sein nächstes ungebührliches Verhalten nur Wiedervergeltung war und eine weitere Runde im gegenseitigen Machtkampf darstellte. Gerhard hatte tatsächlich Oberwasser. Seine Methode, durch Macht Bedeutung zu erlangen, war erfolgreich. Kann Gerhard als glückliches Kind bezeichnet werden? Hat er gelernt, in einer Gruppe mit ihrem notwendigen Geben und Nehmen zu funktionieren? Wird Gerhard *alle* Situationen im Leben durch Zorn beherrschen können? Kann er bei jeder Gelegenheit der Erste sein? Wie wird er sich zum anderen Geschlecht und später zu seiner Frau verhalten? Wie sieht er die Stellung des Mannes in der Welt?

### *Die Umgebung des Kindes*

Ein Kind beobachtet alles in seiner Umgebung. Es zieht daraus Schlußfolgerungen und bemüht sich, Leitlinien für sein Verhalten zu finden. Während der frühen Kindheit muß es lernen, sich an seine innere und äußere Umgebung anzupassen und mit ihr fertig zu werden. Das, was das Kind mitbringt, ist seine Anlage, seine *innere Umgebung*. Es verbringt die meiste Zeit seines ersten Jahres, um seinen Körper und dessen Gebrauch kennenzulernen. Es lernt, seine Arme und Beine in Zusammenarbeit zu bewegen, so daß es seine Stellung wechseln und das Gewünschte erreichen kann. Seinen Körper lernt es entsprechend seinen Wünschen zu handhaben. Es lernt zu sehen und zu deuten, was es beobachtet hat, es lernt zu hören, zu fühlen, zu riechen, zu schmecken und zu verdauen. Mit der Zeit lernt es, seine Intelligenz zu benützen und die vor ihm liegenden Aufgaben zu bewältigen. Es entdeckt seine Fähigkeiten und seine Fehler. Begegnet es Schwierigkeiten oder sieht es sich einem offensichtlichen Nachteil gegenüber, gibt das Kind entweder auf oder gleicht aus (kompensiert). Manchmal wird ein Kind sogar eine ganz besondere Geschicklichkeit entwickeln, wenn es eine Schwäche erlebt (ein Vorgang, der Überkompensation genannt wird).

Edith wurde ohne rechten Arm geboren, während Helene, ihre Zwillingsschwester, normal war. Durch diesen schweren Nachteil nicht entmutigt, konnte Edith mit ihrem einen Arm und mit ihrer einen Hand alles erreichen, was ihrer Schwester mit zweien gelang. Während der Kriechperiode hielt sie mit ihrer Schwester Schritt; sie lernte, sich selbst anzuziehen, Knöpfe zuzumachen, die Schuhnestel zu binden, sich zu frisieren und zu baden — alles mit ihrer linken Hand. Jede Hausarbeit verrichtete sie ausgezeichnet und konnte sogar nähen. Jetzt ist sie verheiratet und eine sehr tüchtige Hausfrau. Es geschieht nur selten, daß sie Hilfe braucht.

Als Albert fünf Jahre alt war, hatte er Kinderlähmung. Zurück blieb eine Schwäche in den Muskeln seines rechten Beines. Seine Mutter half und ermutigte ihn bei seinen Übungen. Als ihm Schwimmen empfohlen wurde, fand er sehr großes Vergnügen daran und verwendete viel Zeit und Eifer im Wasser. Mit sechzehn Jahren hatte er seine Schwäche völlig überwunden und war der Star der Schwimm-Mannschaft seiner Schule.

Marlene war die Jüngste von vier Kindern und konnte von Geburt an kaum sehen. Mit vier Jahren war sie völlig hilflos. Sie wurde angezogen und gefüttert und konnte kaum mehr tun als gehen, wenn sie an der Hand geführt wurde. Jedermann in der Familie bediente sie und versuchte sie bei guter Stimmung zu halten. Infolge ihres Geburtsfehlers — sie war nicht völlig blind — hatte Marlene völlig aufgegeben und ließ andere alles für sich tun.

Man könnte hier einwenden, daß wir zu sehr vereinfachen. Wir haben bis jetzt absichtlich nichts über den Einfluß anderer auf diese benachteiligten Kinder gesagt. Es wurde zu zeigen versucht, daß jedes Kind eine bestimmte und verschiedene Entscheidung traf, wie es wohl mit seiner Benachteiligung fertig werden könne. Und der Einfluß, den jedes Kind auf seine Umgebung ausübte, war viel größer, als man annahm. Der frühe Entschluß Ediths, mit ihrer Schwester mitzuhalten, hatte ihr die Bewunderung ihrer Mutter eingetragen und machte es der Mutter leicht, sie zu ermutigen. Alberts Interesse am Schwimmen half ihm, seine Schwierigkeit zu überwinden. Marlenes völliges Aufgeben und die dadurch entstandene Hilflosigkeit verschaffte ihr Mitleid und Bedienung durch ihre Umgebung. Hätten sich die Kinder ursprünglich anders entschieden, wäre ihre weitere Lebensgeschichte anders verlaufen.
Ein Kind lernt nicht nur, mit seiner Anlage, seiner inneren Umgebung zurechtzukommen, sondern stellt sich gleichzeitig zu seiner *äußeren Umgebung* ein. Das erste Lächeln eines Kleinkindes ist seine erste äußere Bewegung zu sozialem Kontakt. Es antwortet auf die Ermutigung seiner Umgebung und findet Spaß daran, ein Lächeln mit eigenem Lächeln zu erwidern. Damit beginnt die erste dynamische gegenseitige Beziehung. Es erlebt die Freude, die man durch Lächeln hervorrufen kann. Sein Verhalten zu der äußeren Umgebung entwickelt sich zusammen mit der Handhabung seiner inneren Umgebung. Auch da wird es gegenüber Hindernissen entweder aufgeben oder kompensieren.
Drei Faktoren in der äußeren Umgebung eines Kindes beeinflussen die Entwicklung seiner Persönlichkeit. Der erste ist die *Familienatmosphäre.* In seiner Beziehung zu seinen Eltern erlebt das Kind die menschliche Gesellschaft im allgemeinen. Die Eltern schaffen

eine ganz bestimmte Familienatmosphäre. Durch sie erlebt das Kind die wirtschaftlichen, nationalen, religiösen und sozialen Einflüsse seiner Umwelt. Es eignet sich die Werte, Sitten und Konventionen der Familie an und versucht, sich den durch die Eltern gesetzten Wertmaßstäben anzupassen. Seine Auffassung materieller Vorteile spiegelt die wirtschaftliche Einstellung der Familie wider. Gehört Toleranz zur Familienatmosphäre, wird Toleranz wahrscheinlich zu einem Wert, den die Kinder hochhalten. Schauen Eltern auf andersartige Leute herab, so werden die Kinder möglicherweise genauso in nationalen und sozialen Beziehungen anderen überlegen sein wollen. Die Bedeutung früher religiöser Erziehung ist bekannt; doch kann die Reaktion des Kindes sehr verschieden sein. Kinder verstehen auch sehr rasch, wie die Eltern miteinander umgehen.

Das Verhältnis der Eltern zueinander gibt das Beispiel ab für alle Beziehungen innerhalb der Familie. Sind die Eltern warm, freundlich, bereit zur Mitarbeit, kann sich zwischen Eltern und Kindern und auch unter den Kindern ein ähnliches Verhältnis entwickeln. Zusammenarbeit wird dann zum Familienideal. Sind die Eltern feindselig und versuchen sie, sich gegenseitig zu beherrschen, entwickelt sich üblicherweise dieselbe Haltung unter den Kindern. Ist der Vater dominierend und fest, während die Mutter nachgiebig und weich ist, kann, besonders für die Knaben, ein »männliches Ideal« erstrebenswert erscheinen. Mit der zunehmenden Gleichberechtigung der Geschlechter können heute jedoch auch Mädchen versuchen, der »männlichen« Linie zu folgen. Die Beziehung zwischen den Eltern gibt den Kindern eine Leitlinie, von der aus sie über die Entwicklung ihrer eigenen Rolle entscheiden. Ist die Mutter die beherrschende Figur, mögen die Kinder eine ähnliche Stellung dadurch zu erreichen suchen, daß sie die Mutter nachahmen. Starke Konkurrenz zwischen den Eltern kann Konkurrenz zum Familienmuster machen. Was immer alle Kinder einer Familie an gemeinsamen Zügen aufweisen, ist der Ausdruck der von den Eltern hergestellten Familienatmosphäre. Jedoch sind nicht alle

Kinder derselben Familie sich ähnlich, sondern gewöhnlich völlig verschieden. Woher kommt das?

### *Die Stellung des Kindes in der Familie*

Der zweite Faktor der äußeren Umgebung ist die *Familienkonstellation.* Sie zeigt das charakteristische Verhältnis jedes Mitglieds der Familie zu allen anderen an, gerade so, wie ein Stern in seiner Stellung zu anderen Sternen die Konstellation des großen Bären ergibt. Jede Familie hat ihre eigene Gestaltung. Aus dem Wechselspiel gegenseitiger Einflüsse und Reaktionen erwachsen die verschiedenen Persönlichkeiten. Die Stellung des einzelnen innerhalb der Konstellation — die Rolle, die er spielt — beeinflußt zu einem gewissen Grad den Charakter der ganzen Familie und die Persönlichkeit jedes einzelnen Kindes.

Eine Familie beginnt mit Mutter, Vater und einem Baby. Die Rolle der Mutter ist von der der Ehefrau genauso verschieden wie die Rolle des Vaters von der des Ehemanns. Das bloße Dasein eines Babys fügt der Beziehung zwischen Mann und Frau neue Seiten hinzu. Das Baby ist ihr einziges Kind, aber seine Stellung zu ihnen hängt von seinem eigenen Gesichtspunkt ab. Es will alle Aufmerksamkeit auf sich lenken, während die Eltern bereit sind, Aufmerksamkeit zu schenken. Gewöhnlich leistet die Mutter den größeren Beitrag. Diese drei Personen entwickeln eine klar umrissene Weise der gegenseitigen Beziehung, ein ganz bestimmtes Wechselspiel. Es ist sogar möglich, daß eines der Eltern auf der Seite des Kindes gegen den anderen Elternteil Stellung nimmt. Solche Bündnisse werden üblicherweise durch das Baby hervorgerufen und durch sein Benehmen den Eltern beinahe aufgezwungen, da sie sich nicht bewußt sind, wie weit das scheinbar »unschuldige« Kind sie »handhabt«.

Mit der Ankunft des zweiten Kindes ändert sich das Verhältnis der anfänglichen drei Mitglieder der Gruppe. König Baby ist plötzlich entthront. Es muß zu diesem Wandel seiner Lage, zu dem Eindringling und zu den Eltern, die ja irgendwie dieses Ereignis erlaubt haben, Stellung nehmen. Dieser Wandel in der Konstellation bringt neue Gegebenheiten in die verschiedenen gegenseitigen Beziehungen. Der Eindringling ist jetzt das Baby, und das erste Kind muß sich in einer neuen Lage zurechtfinden, in seiner Stellung als das ältere von zwei Kindern. Mittlerweile entdeckt der Neuankömmling seine besondere Stellung als »Baby« der Familie. Dieser Platz hat aber für das zweite Kind eine andere Bedeutung als für das erste, weil ja ein älteres schon da ist.

Kommt ein drittes Kind an, bedeutet das wieder einen Wandel in der Stellung eines jeden innerhalb der Gesamtkonstellation. Mutter und Vater sind jetzt die Eltern von drei Kindern. Das älteste wurde schon früher entthront, das zweite jetzt. Es findet sich plötzlich in der Mitte, zwischen dem älteren und dem Baby. Mit jeder folgenden Geburt nimmt die Familienkonstellation eine neue Gestaltung mit neuen Zwischenbeziehungen und neuen Bedeutungen an. Daher kommt es, daß die Kinder einer Familie nicht alle gleich sind, obwohl die Voraussetzungen in der Familie die gleichen zu sein scheinen. Wahrscheinlich weisen die ältesten Kinder zweier Familien mehr Ähnlichkeiten auf als das erste und zweite Kind der gleichen Familie.

Bei diesem Wandel findet jedes Kind seinen Platz auf seine eigene Weise. Und wie uns das Gras auf der anderen Seite des Zaunes schöner vorkommt, sieht auch die Stellung des anderen üblicherweise besser aus als die eigene. Das zweite Kind ist eine Bedrohung für das erste. Wie bei seiner Anpassung an die innere Umgebung wird das *erste* Kind nun entweder aufgeben oder kompensieren, indem es versucht, an der Spitze zu bleiben, mindestens auf gewissen Gebieten. Ähnlich ist die Beziehung des *zweiten* Kindes zum ersten. Es ist über die Fortschritte des ersten nicht sehr erfreut und wird es entweder zu übertreffen trachten, oder es wird ganz aufgeben. Die Bedeutung der Reihenfolge hängt völlig da-

von ab, wie das einzelne Kind sie deutet. Nicht alle erstgeborenen Kinder bemühen sich automatisch, immer an der Spitze zu bleiben. Jede Familienkonstellation ist einzigartig, da sie von der Deutung jedes ihrer Mitglieder abhängt. Diese Auslegung führt zu Überzeugungen, die ein ganzes Leben anhalten. Im heutigen Zeitalter der Konkurrenz herrscht zwischen dem ersten und zweiten Kind gewöhnlich ein starker Wettstreit, der jedes in eine gegensätzliche Richtung drängt. Diese Konkurrenz wird noch mehr betont, wenn die Eltern ein Kind gegen das andere ausspielen, in der irrtümlichen Vorstellung, sie damit zu größeren Bemühungen anzureizen. Sie erreichen das Gegenteil: Jedes Kind räumt gegenüber den erfolgreichen Geschwistern das Feld und schlägt in seiner Entmutigung die Gegenrichtung ein. Wo immer das erste Kind Erfolg hat, betrachtet das zweite diese Tätigkeit als hoffnungslos und wendet sich einem völlig verschiedenen Gebiet zu.
Wir können die Folgen einer sich entwickelnden Konstellation am besten an einem Beispiel erkennen:

Herr und Frau A. sind beide Akademiker, aktiv, wach und ehrgeizig, mit einem sehr hohen Maßstab für das, was man lernen und erreichen soll. Als Martha zur Welt kam, waren sie sehr glücklich und erwarteten »große Dinge« von ihr. Jede Stufe ihrer Entwicklung wurde bewundert und ermutigt. Frau A.s Stolz war ohne Grenzen, als Martha schon mit zehneinhalb Monaten ihre ersten Schritte machte. Schon mit kaum mehr als einem Jahr war sie tagsüber sauber. Beide Eltern waren auf ihr intelligentes Baby besonders stolz. Martha spürte die Anerkennung und vermehrte ihre Anstrengungen, sie zu behalten. Sie war vierzehn Monate alt, als Fritz geboren wurde. Von Anfang an schien er zarter als Martha zu sein. Er nahm nicht richtig zu und bekam seine Zähne viel später als Martha. Der Vater hatte Vorstellungen von einem robusten »männlichen« Sohn und machte sich jetzt wegen Fritz Sorgen. In der Zwischenzeit studierte Martha die Situation. Als Fritz größer wurde, war es ihr klar, daß sie ihm überlegen war. Trotzdem war Fritz eine Bedrohung, eine Art Hindernis. Wie konnte sie ihren Platz bei den Eltern behalten? Natürlich war sich Martha dieser Überlegung nicht bewußt. Sie erspürte die Situation und reagierte auf unbewußte Wahrnehmungen. Sie ahnte Vatis Enttäuschung über den schwächlichen Sohn, was ihre lebhafte Aktivität nur verstärkte. Aber jedesmal, wenn Fritz etwas Neues erreichte, fühlte sich Martha alarmiert: Höchste Zeit, selbst wieder etwas Ungewöhnliches zu tun, um an der Spitze zu bleiben, um der Erste zu sein. Im Laufe der Zeit bemühte sich Martha immer mehr, den Leistungsstand ihrer Eltern zu erreichen und immer ein gutes Stück über Fritz zu stehen. Allmählich entwickelte sie die irrtümliche Überzeugung, daß sie unbedingt immer die Erste und die Beste sein müsse. Sie entdeckte auch Wege, Fritz zu behindern und zu entmutigen, und setzte alle seine Erfolge herab.

In der Zwischenzeit wurde sich Fritz seiner inneren und äußeren Umgebung immer bewußter. Er begann zu spüren, daß er irgendwie Vatis und Muttis Erwartungen nicht ganz entsprach. Er bemerkte auch die Geschicklichkeit und die Tüchtigkeit seiner Schwester, was ihn störte. Vieles versuchte er, aber immer schon in der Erwartung, keinen Erfolg zu haben. Sehr früh wurde er entmutigt und gab mehr oder weniger auf. Als die Eltern auch noch sagten: »Martha konnte das in deinem Alter schon lange, warum kannst du es nicht?« fühlte er eine Art von Verzweiflung und etwas wie Haß gegenüber Martha. Statt sich zu größerer Bemühung herausgefordert zu fühlen, nahm er solche Bemerkungen als weiteren Beweis für die allmählich entwickelte, irrtümliche Überzeugung, keine großen Aussichten zu haben.

An diesem Punkt in der Entwicklung der gegenseitigen Beziehungen innerhalb dieser Familie kann man sehen, daß Fritz für Martha keine Bedrohung mehr darstellte, denn sie hatte das Problem dadurch gelöst, daß sie ihre Anstrengungen verdoppelt hatte. Fritzens äußere Umgebung bei seiner Geburt war von der Marthas verschieden, denn während er dieselben Eltern mit demselben Leistungsstand hatte, besaß er eine ältere Schwester, die schon auf dieses Niveau trainiert hatte. Körperlich weniger robust, bewertete Fritz seine Situation, erspürte seinen Weg, traf auf Hindernisse, die ihm unüberwindlich erschienen, wurde entmutigt und gelangte zu der Überzeugung, durch Leistungen nicht in Wettbewerb treten zu können. Wie konnte er also seinen Platz finden? Nun, die Eltern zeigten tatsächlich Besorgnis über seinen Mangel an Fähigkeit — sie beschäftigten sich sehr mit ihm: Beaufsichtigung, Ermahnung, Zwang. Als Reaktion auf die Ungeduld seiner Eltern bei seinen täppischen Bemühungen weinte er viel. Mutter und Vater hatten Mitleid mit ihm und widmeten ihm viel Aufmerksamkeit.

Als Martha drei Jahre und drei Monate alt war, wurde Käthe geboren. Martha war sich der Tatsache bewußt, daß sie jetzt mit einem Mädchen in Konkurrenz zu treten hatte. Ihre Kenntnis vom Leben war sehr gewachsen, und sie sah deutlich, wie hilflos dieses neue Baby war. Sie entwickelte eine bemerkenswerte Tüchtigkeit, ihrer Mutter mit dieser hilflosen Kreatur zu helfen. Als Käthe größer wurde und gewisse Fertigkeiten entwickelte, wurde Martha unruhig. Jetzt hatte sich die Konstellation verändert. Martha mußte nun an der Spitze von zwei Geschwistern bleiben. Jeder Fortschritt der beiden Jüngeren bedrohte ihre Stellung als diejenige, die wirklich etwas leisten konnte. Sie fühlte Abneigung gegenüber den Jüngeren, wenn es diesen möglich war, Anerkennung zu gewinnen. Ausdrücke dieser »Eifersucht« brachten ihr jedoch Tadel ein. Um dieses Hindernis zu überwinden, begann sie sich zu verstellen.

Fritz sah in Käthe ein anderes geschicktes Mädchen, das seine Stellung noch hoffnungsloser machte. Der Vorteil, ein Junge zu sein, half nicht viel, weil er ja kein wirklicher Junge war. Fritz war jetzt das mittlere Kind — weder ein geschicktes Mädchen noch ein männlicher Junge. Er weinte bei jeder Niederlage und Entmutigung. Jedermann tadelte ihn für sein weibliches Verhalten. Er zog sich mehr und mehr zurück und machte nur schwache Versuche, mit dem Leben fertig zu werden. Mit Martha spielte er mehr als mit Käthe, war mit der untergeordneten Rolle zufrieden und ließ sich von ihr beherrschen.

Käthe war geschickt und charmant und der Mittelpunkt der Aufmerksamkeit während ihrer ganzen Babyzeit. Vier Leute bedienten sie. Als sie sich ihrer Umgebung bewußter wurde, erspürte sie den Leistungsstand ihrer Eltern und bemerkte, daß Martha einen guten Vorsprung hatte und daß Fritz irgendwie nicht richtig vorwärtskam. Vor allem aber sah sie, daß sowohl Martha als auch Fritz viel getadelt wurden. Martha wurde gescholten, weil sie oberflächlich und zornig sei, womit sie sich tatsächlich dafür schadlos hielt, daß ihre Eltern den anderen zuviel Aufmerksamkeit gaben. Fritz wurde getadelt, er sei immer achtlos und würde wegen jeder Kleinigkeit weinen. Als Käthe zwei Jahre alt war, hatte sie entdeckt, daß sie das glückliche, zufriedene, »gute« Kind in der Familie sein könnte, und so fand sie ihren Platz.

Als Martha sechseinhalb Jahre alt war, erfüllt von der Wichtigkeit, zur Schule zu gehen und die große Hilfe ihrer Mutter zu sein, wurde Alma geboren. Während diese für Martha eine weitere Bedrohung darstellte, empfand Martha selbst es nicht so sehr, da sie sich jetzt in ihrer Stellung ziemlich sicher fühlte. Trotzdem schien es ihr das beste zu sein, wenn Alma möglichst lange Baby blieb. Wenn die Mutter Martha bat, bei diesem oder jenem »Alma zu helfen«, war Martha gerne bereit, für die hilflose Alma etwas zu tun. Sie machte aber nicht so recht mit, als sie Alma zeigen sollte, wie man die Schuhe zubindet. Während sie sich als

»Lehrerin« für Alma großtat, gelang es ihr, dieser zu zeigen, wie dumm sie war. Fritz ignorierte Alma mehr oder weniger. Noch ein Mädchen! Noch mehr von dieser Sorte! Die Mutter sagte häufig zu Fritz, er scheine den halben Tag zu schlafen. Käthe spielte allein, verriet aber viel Phantasie und rief nur sehr selten irgendeine Aufregung oder Schelten hervor. Sie war in keiner Weise etwas Besonderes, aber belästigte auch niemand. Alma blieb das »Baby« und verlangte und bekam auch von jedermann in der Familie besondere Aufmerksamkeit.
Als Alma etwa drei Jahre alt war, zeigte die Familienkonstellation betriebsame, sehr tüchtige Eltern. Martha war neuneinhalb Jahre alt, ein geschicktes, ebenso tüchtiges Kind, eine gute Schülerin, überzeugt, daß sie nur als Erste Bedeutung haben könne, also nur, wenn sie hervorragend sei. Fritz war achteinhalb Jahre, schwach, untüchtig, entmutigt, überzeugt, nur als »Schreibaby« und durch Erregung von Mitleid Bedeutung haben zu können. Käthe, sechs Jahre alt, weder von den älteren noch jüngeren Geschwistern in Anspruch genommen, aber glücklich, zufrieden, »gut«, erfreute durch ordentliches Benehmen, kümmerte sich aber nicht sehr um Leistungen. Alma, drei Jahre alt, war das schlaue, aber schweigsame »Baby«. Jede Person hatte ihren bestimmten Platz, eine bestimmte Rolle, ein verläßliches Gefühl, wie es seinen Weg im Leben machen könne.

Selbstverständlich entwickeln sich nicht alle Familien mit vier Kindern in der gleichen Weise. Unser Beispiel zeigt nur, was die *eine* Familie machte. Es ist genauso möglich, daß das erste Kind entmutigt wird und das zweite Erfolg hat und das erste überholt. Zum Beispiel könnte das erste Kind ein Mädchen sein, das nichts Besonderes an sich hat, während das zweite besonders »süß« aussieht und damit so viel Aufmerksamkeit erregt, daß es die ältere Schwester bald aussticht. Was sich in der Familienkonstellation entwickelt, hängt von der *Deutung* ab, die jedes Kind der Situation und seinen Aussichten gibt, und von den Entscheidungen, die es trifft, um mit der Situation fertig zu werden. Die Familie in unserem Beispiel hätte sich völlig anders entwickeln können. Hätte Martha gefühlt, der Leistungsstand ihrer Eltern sei ihr zu hoch, oder wäre sie der Meinung gewesen, ihr Bruder sei für sie eine Bedrohung, dann hätte sie sich vielleicht entschieden, das Feld ihrer Leistungen zu verkleinern oder überhaupt aufzugeben. Dadurch hätte Fritz die Meinung bekommen, das Gebiet des Schulerfolges sei für ihn offen. Als Ausgleich für den Mangel an robuster Gesundheit hätte er in der Schule glänzen können, oder er wäre der starke »Kerl« geworden, der voll von Unarten steckt und der kleine Teufel der Familie ist. Dies könnte Alma dazu geführt haben, das »gute« Kind in der Familie zu werden.

Jede Person in der Familienkonstellation benimmt sich so, wie es seine Stellung in der Familie auffaßt. Gleichzeitig beeinflußt aber sein Verhalten das Benehmen jedes anderen Kindes. Jede Tätigkeit eines Kindes stellt für jedes andere Kind ein Problem dar, wozu es Stellung nimmt und sich entscheidet, wie es damit fertig werden will. Seine Entscheidung wird durch seine Deutung der eigenen Stellung und der Bedeutung der Handlungsweise der anderen beeinflußt. Ist diese Deutung falsch — und das ist natürlich oft so —, kann man leicht beobachten, wie sich eine irrtümliche Vorstellung entwickelt. Erkennen die Eltern diese unrichtigen Auffassungen (unglücklicherweise sind sich die meisten Eltern der Bedeutung des kindlichen Benehmens so wenig bewußt wie das Kind selbst), vermögen sie besser, das Kind zu richtigeren Bewertungen anzuleiten. Auf welche Weise dies getan werden kann, soll im Laufe dieses Buches gezeigt werden.

Während des Sommers teilen sich der zehnjährige Georg und der achtjährige David in die Aufgabe, den Rasen in Ordnung zu halten. Sie dürfen so lange nicht schwimmen gehen, bis sie das am Abend vorher gemähte Gras zusammengerecht haben. David hat den Rasen vor dem Haus, Georg den hinter dem Haus zu bearbeiten. Um die Mittagszeit kam David und sagte: »Mutter, ich war ein guter Junge und habe meine Arbeit getan. Georg spielt auf der Straße und hat mit seiner Arbeit noch nicht einmal angefangen!« »Ja, mein Lieber, du bist immer ein guter Junge!« antwortete die Mutter. »Bitte geh zu Georg und sage ihm, er soll kommen.« David fand Georg und sagte: »Du sollst zur Mutter kommen. Du bist dran. Ich habe meinen Teil des Rasens bearbeitet und du nicht.« Darauf versetzte Georg David einen Schlag, woraus sich ein Kampf entwickelte. Als sie hereinkamen, weinte David und klagte Georg an, der ihn »ohne einen Grund« geschlagen hätte. Die Mutter wandte sich ihrem Ältesten zu und sagte: »Oh, Georg, warum mußt du so ein schlimmer Junge sein? Warum tust du nicht deine Arbeit? Warum bist du deinem kleinen Bruder gegenüber so gemein? Ihr solltet einander liebhaben, statt miteinander zu kämpfen.«

Dieses traurige Verhältnis zwischen den Jungen begann kurz nach Davids Geburt, als der zweijährige Georg immer widerspenstiger wurde. Er wurde frech, trotzig, machte alles kaputt und befand sich dauernd in irgendeiner mißlichen Lage. Die Mutter war ständig hinter ihm her. David war ein besonders erfreuliches Baby. Er reagierte schnell auf den mütterlichen Ausdruck der Liebe und Zuneigung. Immer wieder wies die Mutter darauf hin, wie gut er sei. So ungefähr verstand sie, daß Georg auf das Baby eifersüchtig war, konnte aber nicht sehen wieso, da sie ihm immer noch viel Zeit widmete. Was Georg jedoch sah, war, daß das Baby David sich seinen (Georgs) Platz bei der Mutter angeeignet hatte. Da diese von Davids »Gutsein« so beeindruckt war, gab Georg auf diesem Gebiet völlig auf (statt zu kompensieren und Eigenschaften zu entwickeln, mit denen er seine Mutter beeindrucken könnte) und wurde besonders unartig, um auf diese Weise Mutters Aufmerksamkeit zu erregen. Und während David wirklich gut ist, gelingt es ihm auf seine Weise, Georg immer wieder zu einem Kampf herauszufordern, damit er ihn in ein schlechtes Licht bringen kann, um so seine »gute« Stellung aufrechtzuerhalten. Georg geht auf diesen Kampf mit David ein, weil er sich damit für seine »Entthronung« rächen kann. Beide beschäftigen ihre Eltern mit sich, jeder auf eine andere Art. Jeder handelt entsprechend seiner Auslegung seiner Stellung und arbeitet mit dem anderen »zusammen«, um das »Gleichgewicht« beizubehalten. Natürlich ist sich keiner seiner irrtümlichen Deutung und der Rolle bewußt, die er spielt, um diesen Konkurrenzkampf in Gang zu halten.

In einer Familie mit drei Kindern wurde das zweite Kind, das einmal die Auszeichnung hatte, das Baby zu sein, entthront und damit zum mittleren Kind. Seine Stellung ist besonders schwierig. Das erste und dritte Kind sind oft in einem Bündnis gegen ihren gemeinsamen Feind, und das zweite Kind fühlt sich in der Mitte von beiden Seiten her bedrängt. Es entdeckt plötzlich, daß es weder den Vorteil hat, der ältere zu sein, noch das Vorrecht des Babys besitzt. Als Folge fühlt es sich rasch enttäuscht und glaubt zu kurz zu kommen. Es hat den Eindruck, daß das Leben und die Menschen es nicht gut mit ihm meinen, und kann herausfordernd werden, um sich um so mehr in dieser Meinung zu bestärken. Wenn es keine Gelegenheit hat, seine Anschauung zu ändern, wird es wahrscheinlich diese Überzeugung sein Leben lang beibehalten, daß nämlich die Leute ihm gegenüber nicht gerecht sind und daß es keine Chance im Leben hat. Es ist jedoch möglich, daß das mittlere Kind erfolgreicher ist als seine Geschwister, z. B. wenn es besonders auf Gerechtigkeit wert legt. Besitzt eine Mutter hohe Maßstäbe, kann ihre Tochter als das mittlere Kind zwischen zwei Jungen sie nachahmen und ähnlich perfektionistisch werden. Sie kann die Tatsache, ein Mädchen zu sein, dazu benützen, um zu erst in ihrer Familie, später im Leben als besonders gut zu erscheinen. Wird aber in einer Familie robuste Männlichkeit hoch bewertet, kann das mittlere Mädchen mit ihren Brüdern konkurrieren und ein Wildfang und »männlicher« als ihre Brüder werden. Auch wenn Eltern enttäuscht sind, keinen Sohn zu haben, mag ein Mädchen dadurch ihre Gunst suchen, daß es sich wie ein Junge benimmt. Ein *Junge zwischen Mädchen* mag umgekehrt verfahren. Kann er die Mädchen dadurch ausstechen, daß er ein »wirklicher« Junge ist, dann hat er einen bestimmten Vorteil, auch wenn er das mittlere Kind ist. Dominiert jedoch die Mutter in der Familie, und erkennt der mittlere Junge ihre Verachtung für einen untüchtigen Vater, so befindet er sich in einer besonders schwierigen Situation. Er könnte sich zurückziehen, weil Männer anscheinend keinen großen Wert haben; er könnte aber auch mit der Mutter ein Bündnis gegen den Vater schließen und männlicher werden, oder ein Bündnis mit dem Vater schließen, um die Mutter und ihre Macht damit herabzusetzen. Seine Entwicklung hängt von seiner Deutung seiner Situation ab, sowie von seinen unbewußten Entscheidungen.

In einer Familie mit vier Kindern bilden das zweite und vierte Kind oft ein Bündnis. Wir können dieses Bündnis erkennen, wenn wir die zwei Kinder beobachten, wie sie ähnliche Interessen, Umgangsformen und Charakterzüge entwickeln. Konkurrenz zwischen Kindern zeigt sich durch grundlegende Unterschiede in Interessen und Persönlichkeit. Es gibt keine allgemeine Regel, wie sich Bündnisse und Konkurrenzverhältnisse unter den Kindern entwickeln. Sie sind jedoch in jeder Familie von großer Wichtigkeit. Was allen Kindern einer Familie gemeinsam ist, zeigt uns die allgemeine Familien*atmosphäre*, während ihre individuellen Unterschiede die Folge ihrer verschiedenen Rolle in der Familien*konstellation* sind.
Ein einziger Junge unter Mädchen wird ohne Rücksicht auf seine Stellung in der Geschwisterreihe sein Geschlecht entweder als Vorteil oder als Nachteil empfinden, je nach der Bewertung der männlichen Rolle in der Familie. Alles hängt davon ab, wie er seine Fähigkeit einschätzt, entsprechend dieser Rolle zu leben. Dasselbe gilt für ein einziges Mädchen unter lauter Jungen. Ein schwaches oder kränkliches Kind unter gesunden robusten Geschwistern kann die Rolle des Invaliden als vorteilhaft finden, wenn die Familie es bemitleidet. Legt die Familie aber auf robuste Gesundheit großen Wert und wird Schwäche verachtet, findet es sich einem großen Hindernis gegenüber. Es hat dann die Wahl, aufzugeben und in Selbstmitleid weiterzuleben — mit dem Gefühl, keinen Platz zu haben und vom Leben mißbraucht zu sein — oder sich zu bemühen, der Krankheit Herr zu werden und die Tätigkeiten der gesunden Kinder mitzumachen und sie dabei sogar zu übertreffen. In einer sehr lebendigen Familie bringt jede dieser Entscheidungen Schwierigkeiten mit sich. Hat das Kind z. B. einen *angeborenen Herzfehler*, kann keine Anstrengung es so weit bringen, mit den gesunden Geschwistern mitzukommen. Gibt es auf, wird es verachtet. Es kann aber seinen Platz durch Bemühungen auf einem anderen Gebiet finden, indem es z. B. ein guter Schüler unter Sportlern wird.

Ein Kind, nach dem Tode des ersten Kindes geboren, hat einen doppelten Nachteil. Es ist in Wirklichkeit ein zweites Kind, das mit einem Geist, der über ihm steht, leben muß. Gleichzeitig hat es aber auch die Stellung eines ersten Kindes. Dazu kommt, daß eine Mutter, die den Verlust ihres ersten Kindes erlebt hat, meist zu stark beschützen will und nun versucht, das nächste Kind gleichsam in Watte zu packen. Es kann sich nun in dieser Treibhausatmosphäre wärmen oder rebellieren und sich um Unabhängigkeit bemühen.

Das jüngste der Familie hat eine einzigartige Stellung. Es entdeckt bald, daß es infolge seines hilflosen Starts viele »Sklaven« hat. Sind Eltern sich dessen nicht bewußt, ist es für das Baby sehr leicht, diese Vorzugsstellung beizubehalten und die anderen Familienmitglieder dauernd mit sich zu beschäftigen. Die Rolle des »hilflosen kleinen Dings«, das Nehmen angenehmer als Geben findet, ist zwar bequem, aber gefährlich.

Eine besonders schwierige Situation besteht für ein einziges Kind. Es lebt in einer erwachsenen Welt — ein Zwerg, der von Riesen umgeben ist. Es hat keine Geschwister, mit denen es ein seinem Alter entsprechendes Verhältnis aufrichten könnte. Sein Ziel könnte sein, Erwachsenen zu gefallen und sie damit gleichzeitig zu beherrschen. Entweder entwickelt es erwachsene Ansichten, ist altklug und sozusagen immer auf Zehenspitzen, in der Hoffnung, das Niveau der Erwachsenen zu erreichen, oder es ist das ewige Baby, das anderen immer unterlegen ist. Seine Beziehungen zu anderen Kindern sind oft gespannt und unsicher. Es kann sie nicht verstehen, und sie verachten es als Mutterkind. Es entwickelt kein Zusammengehörigkeitsgefühl mit anderen Kindern, wenn es nicht sehr frühzeitig daran gewöhnt wird, mit anderen eine Gruppe zu bilden.

Es gibt keine »ideale« Familiengröße. Immer gibt es besondere Probleme, ohne Rücksicht darauf, wie viele Kinder sich in der Familie befinden. Die Probleme wechseln entsprechend der Zahl innerhalb der Familie und gemäß der Meinung, die sich jedes Kind von seinem Platz in ihr bildet. Gleichgültig, wie groß die Familie ist, dauernd besteht eine Bewegung von gegenseitigen Einflüssen und Eindrücken. Nie ist es nur ein einziger Faktor, der die Entwicklung irgendeines Kindes allein beherrscht. Alle Kinder beeinflussen sich gegenseitig und ebenso ihre Eltern. Jedes ist aktiv dabei, zu entscheiden, wie es oder die anderen sich entwickeln, wie im Fall von Georg und David gezeigt wurde (Seite 32 f.). Wie Georg es sah, war David ein Eindringling, der die ganze mütterliche Liebe und Aufmerksamkeit allein beanspruchte. Es hatte deshalb keinen Sinn, ein »guter« Junge zu sein. Benahm er sich aber ungehörig, schenkte die Mutter ihm wenigstens Aufmerksamkeit! Er glaubte, ausgescholten zu werden sei immer noch besser als ignoriert zu werden. So merkwürdig es klingt, Georg möchte jetzt »schlecht« sein, weil dies seinem Zweck, einen Platz in der Familie zu haben, dient. »Ich bin der Schlechte. Sie können mit mir nichts anfangen. Darin liegt *meine* Bedeutung.« Natürlich denkt Georg tatsächlich nicht solche Worte, aber das ist es, was er glaubt. Er ist nicht glücklich. Er sah sich einem scheinbar unüberwindlichen Hindernis gegenüber, wurde deshalb entmutigt und fand in den negativen Möglichkeiten eine Lösung für sein Problem. Er konnte nicht den Vorteil der Überlegenheit des älteren gegenüber dem hilflosen Baby erkennen. Als die Mutter dauernd auf sein ungebührliches Verhalten reagierte, *ermutigte* sie es damit noch mehr. Durch Vaters Tadel »warum kannst du nicht wie dein Bruder sein?« hatte Georg einen weiteren Beweis, daß er durch »Schlechtsein« Aufmerksamkeit erregen konnte und daß das Baby »gut« war. Als David älter und »guter« wurde, übte er auf Georg einen Druck aus, der Georg dazu brachte, noch mehr das Gesetz der Bruderliebe zu mißachten. David behielt seinen Platz, indem er »gut« blieb und Georg herausforderte, »schlecht« zu sein. Die Eltern verstärkten dieses Verhältnis, indem sie den »Schlechten« schalten und den »Guten« bevorzugten, wobei sie die Kinder gegeneinander ausspielten. Und so verflocht sich diese Beziehung und wurde zum Dauerzustand.

Aus dem Vorhergehenden kann man sehen, daß einem Kind eine unendliche Zahl verschiedener Reaktionsmöglichkeiten auf die vielfältigen Seiten seiner äußeren Umgebung zur Verfügung steht. Es gibt keine Daumenregel, mit der Eltern voraussehen können, was geschehen wird. Die Eltern aber, die sich der Familienkonstellation bewußt sind, wissen, wie sie viele Dinge, die früher recht geheimnisvoll ausgesehen haben, verstehen können. Einfühlende Beobachtung kann überraschende Verständnismöglichkeiten ergeben. Verstehen wir eine Situation, sind wir in einer viel besseren Lage, auch mit ihr fertig zu werden.

### *Die Reaktion des Kindes*

Viel wurde darüber gesagt und geschrieben, daß man den Charakter eines Kindes »modeln« könne, als ob ein Kind nichts als ein Stück Lehm wäre und wir die Aufgabe hätten, es in ein sozial annehmbares menschliches Wesen zu formen. Dies ist eine völlig irrtümliche Auffassung. Wie wir gezeigt haben, ist gerade das Gegenteil wahr. Früher als wir ahnen, formen und modeln die Kinder sich selbst, ihre Eltern und ihre Umwelt. Ein Kind ist eine aktive und dynamische Ganzheit. Wie jede andere Person in seiner Umgebung hat es gleichen Anteil an der Art der gegenseitigen Beziehungen. Jede Beziehung ist einzigartig und hängt ganz davon ab, was jeder Partner dazu beiträgt. Jedes Verhältnis zwischen zwei Menschen entsteht durch Aktion und Reaktion — oder Wechselwirkung —, seien es Erwachsene oder Kinder. Von jedem Partner kann dieses zwischenmenschliche Kräftespiel geändert werden, wobei die ganze Beziehung gewandelt wird. Kinder entwickeln die Verbindung mit anderen, indem sie ihre eigenen schöpferischen und erfinderischen Kräfte anwenden, um ihren Platz zu finden. Ein Kind probiert irgend etwas aus: Hat es damit Erfolg und stimmt es mit seinem Ziel überein, wird es dieses Tun als Methode beibehalten, um seine Persönlichkeit und Individualität zu finden. Manchmal wird das Kind entdecken, daß dieselbe Technik nicht bei allen Menschen gleich gut wirkt. Es bleiben ihm dann zwei Wege offen. Entweder zieht es sich zurück und verweigert die Zusammenarbeit mit dieser Person, oder es benützt eine neue Technik und entwickelt eine ganz andersartige Beziehung.

Der neunjährige Kurt war ein einziges Kind. Zu Hause war er beliebt, half seiner Mutter bei der Hausarbeit und tat alles, um seinen Eltern zu gefallen. Er war ruhig, höflich, gehorsam, hielt sein Zimmer in Ordnung und räumte seine Spielsachen immer auf. In der Schule hatte er jedoch Schwierigkeiten. Sein Lehrer sagte, er mache nicht mit. Er störte nie, saß aber träumend da, statt zu arbeiten, und mußte dauernd vom Lehrer ermahnt werden. Kurt hatte unter seinen Klassenkameraden keine Freunde und machte weder bei irgendwelchen Spielen mit, noch beteiligte er sich an sonstigen Dingen in seiner Klasse.

Zu Hause hatte Kurt den Vorzug, ein einziges Kind in einer erwachsenen Welt zu sein, und er fand seinen Platz, indem er den Erwachsenen gefällig war. In der Schule war er von Kindern umgeben, die ihn neckten, weil er sie nicht beachtete und Distanz hielt. Seine ersten Versuche, durch seine Arbeiten zu gefallen, hatten keinen großen Eindruck hervorgerufen. Der Lehrer betrachtete sie nicht als etwas Besonderes und gab ihm auch keinen besonderen Platz unter all den anderen Kindern. Er hatte keine Ahnung, wie er der Rivalität in den Spielen mit seinen Klassenkameraden begegnen sollte. Er konnte weder beim Ballspiel glänzen noch seine Kameraden mit seinen guten Umgangsformen beeindrucken. Rasch zog er sich in Tagträume zurück und vermied jeden Versuch, neue Beziehungen anzuknüpfen.
Auch zu jedem Elternteil können Kinder ein völlig verschiedenes Verhältnis entwickeln.

Der fünfjährige Martin und der sieben Jahre alte Herbert beschäftigten ihre Mutter den ganzen Tag und gerieten dauernd in eine Schwierigkeit. Kam der eine auf keine entsprechende Idee, tat es der andere. Wollten sie irgend etwas haben, baten sie zuerst in einer weinerlichen Stimme, schrieen dann und produzierten Zornausbrüche, bis sie es schließlich bekamen. War jedoch der Vater zu Hause, benahmen sie sich musterhaft. Ein Blick von ihm genügte, und sie taten, was von ihnen erwartet wurde. Vater konnte die Erzählungen der Mutter nicht verstehen, die sich beklagte, wenn er abends heimkam. »Sie tun immer, was ich sage!« rühmte er sich.

Die Kinder wußten genau, daß die Mutter ihren Ansprüchen nachgab und sie lediglich für ihr Benehmen tadelte, während der Vater meinte, was er sagte. Er konnte Festigkeit mit Freundlichkeit verbinden, und die Kinder kannten die Grenzen. Bei Mutter gab es keine Grenzen.

Welche Schwierigkeiten oder unangenehme Situationen sich infolge der verschiedenen Persönlichkeiten in der Familie auch ergeben, sie können verbessert werden, wenn die Familie zusammen daran arbeitet, ein harmonisches Leben zu ermöglichen. Es gibt keine vollkommenen Beziehungen. Worauf wir aber hoffen können, ist, auf eine Verbesserung hinzuarbeiten. Verstehen Eltern, daß sich ein mittleres Kind gleichsam ausgestoßen fühlt, dann haben sie einen Anhaltspunkt, ihm zu helfen, seinen Platz durch nützliche Beiträge zu finden. Die Erkenntnis, daß ein erstes Kind durch die raschen Fortschritte des zweiten entmutigt ist, gibt den Eltern die Möglichkeit, es zusätzlich zu ermutigen, so daß es Vertrauen in seine eigenen Fähigkeiten bekommt. Können Eltern erkennen, daß das Baby der Familie wahrscheinlich eine großartige Geschicklichkeit entwickelt, alle mit sich zu beschäftigen, sind sie in der Lage, dem Kind zur Erkenntnis zu verhelfen, daß auch es etwas leisten und nicht nur dadurch Bedeutung erlangen kann, andere alles für es tun zu lassen.

Die Deutung, die jedes Kind seiner Stellung innerhalb der Familienkonstellation gibt, und seine folgende Reaktion kann so unendlich verschieden sein, wie es die menschliche Fähigkeit, schöpferisch zu sein, erlaubt. Einfühlende und wachsame Eltern können die Situation beobachten und sich selbst fragen: »Was denkt und hält mein Kind von seiner Situation?« Allzuoft schließen wir Erwachsenen von unseren Gedanken in ähnlichen Umständen auf die des Kindes, statt seine »private Logik« zu erkennen, die allein für sein Tun verantwortlich ist.

Der dritte Faktor in der äußeren Umgebung des Kindes sind die vorherrschenden Erziehungsmethoden. Je weiter wir in der Besprechung der wirksamen Erziehungsmethoden fortschreiten, desto klarer wird die Bedeutung der bis jetzt erwähnten verschiedenen Faktoren werden. Im Augenblick ist es jedoch offensichtlich, daß wir uns von uns selbst lösen, zurücktreten und unsere Kinder gut beobachten müssen. Wie hat das Kind auf seine innere Umgebung reagiert? Welche Kompensation oder sogar Überkompensation hat es entwickelt? Welche Eindrücke hat es von seinen Beobachtungen bekommen? Welches ist sein Platz in der Familienkonstellation, und was bedeutet *ihm* dieser? Auf den folgenden Seiten werden wir weitere Anhaltspunkte als Antworten auf diese Fragen finden.

## 3. Kapitel

# DAS KIND ERMUTIGEN

Ermutigung ist das wichtigste Element in der Erziehung von Kindern. Sie ist so wichtig, daß ihr Fehlen als der hauptsächliche Grund für ein falsches Verhalten betrachtet werden kann. *Ein unartiges Kind ist immer ein entmutigtes Kind.* Jedes Kind braucht fortgesetzt Ermutigung, genau wie eine Pflanze Wasser braucht. Ohne Ermutigung kann es nicht wachsen, sich nicht entwickeln und kein Zusammengehörigkeitsgefühl erlangen. Die gegenwärtigen Methoden der Erziehung von Kindern stellen jedoch eine unaufhörliche Folge von entmutigenden Erfahrungen dar. Das kleine Kind sieht die Erwachsenen als außerordentlich groß, ungeheuer tüchtig und märchenhaft fähig an. Nur der dem Kind eigene Mut hält es davon zurück, angesichts dieser Eindrücke völlig aufzugeben. Wie wunderbar ist dieser kindliche Mut! Würden wir uns plötzlich in einer ähnlichen Situation befinden, nämlich unter Riesen leben, denen praktisch nichts unmöglich ist, könnten wir unsere Sache so gut machen wie unsere Kinder? Auf die vielen unangenehmen Situationen, denen Kinder ausgesetzt sind, reagieren sie mit einem unerhörten Bestreben, sich Fertigkeiten zu erringen, um das tiefe Gefühl ihrer eigenen Kleinheit und ihres eigenen Ungenügens zu überwinden. Es ist ihr heißer Wunsch, ein vollwertiges Mitglied der Familie zu werden. In ihrem Verlangen, Anerkennung zu gewinnen und einen Platz zu finden, treffen sie jedoch auf dauernde Entmutigung. Die gegenwärtigen Lehrmethoden leisten häufig noch einen weiteren Beitrag zur Entmutigung.

Die vierjährige Petra kniete auf dem Küchentisch und beobachtete, wie ihre Mutter ihre Einkäufe aufräumte. Eben hatte Mutter den Eierbehälter vom Kühlschrank auf den Tisch gesetzt und aus ihrer Einkaufstasche den Karton mit Eiern genommen, als Petra nach dem Karton griff und die Eier in den Eierbehälter tun wollte. »Um Gottes willen!« schrie die Mutter, »Sei vorsichtig, damit die Eier nicht kaputtgehen; ich werde es besser selber tun; warte, bis du größer bist.«

Damit hat die Mutter, ohne es zu wollen, Petra tief entmutigt. Wie deutlich hat sie ihr gesagt, sie sei zu klein! Wie wirkt dies auf Petras Meinung von sich selbst? Tatsache ist, daß auch eine Zweijährige sehr vorsichtig mit Eiern umgehen kann. Wir sahen eine andächtig Ei um Ei in die Aussparungen des Eierbehälters setzen. Und welchen Stolz zeigte sie, als die Arbeit getan war! Und wie glücklich war die Mutter über ihre Leistung!

Der dreijährige Paul zog seinen Anorak an, damit er mit seiner Mutter einkaufen gehen könne. »Komm her, Paul, laß es mich vollends zumachen. Du bist zu langsam!«

Paul wird angesichts der magischen Fähigkeit seiner Mutter, alles schnell zu machen, von seiner eigenen Untüchtigkeit überzeugt. Entmutigt gibt er auf und läßt sich von seiner Mutter anziehen. Auf tausend feine Arten, durch den Ton unserer Stimme und durch unser Tun zeigen wir dem Kind, daß wir es als unfähig, ungeschickt, ja als allgemein minderwertig ansehen. Und trotzdem versuchen Kinder immer wieder, nützlich zu sein und etwas fertigzubringen!

Statt unsere Kinder ihre Kraft auf hundert verschiedene Arten erproben zu lassen, zeigen wir ihnen dauernd unser Vorurteil — unseren Zweifel an ihrer Fähigkeit — und rechtfertigen dies damit, daß wir gewisse Maßstäbe aufstellen, was ihnen in den verschiedenen Altersstufen zugetraut werden kann. Wenn ein Zweijähriges helfen will, den Tisch abzudecken, nehmen wir ihm schnell den Teller weg und sagen: »Lieber nicht, sonst machst du ihn kaputt!« Um einen Teller zu retten, nehmen wir dem Kind sein Vertrauen und seine sich entfaltende Fähigkeit. (Glauben Sie, daß Kunststoffgeschirr von jemand erfunden wurde, der viele solche kleinen eifrigen Hände um sich hatte?) Wir vereiteln die kindlichen Versuche, die eigene Kraft und Fähigkeit zu entdecken. Das Kleine zieht seine Schuhe an. »Halt! Das ist ja der falsche Fuß!« Bei seinen ersten Versuchen, selbst zu essen, macht es alles schmutzig, sein Gesicht, sein Stühlchen, sein Lätzchen und seine Kleider. »Du hast aber auch alles verschmiert!« schreien wir, nehmen ihm den Löffel weg und füttern es selbst. Wir zeigen ihm, wie unfähig es ist und wie geschickt wir sind. Und dann werden wir noch ärgerlich, wenn es sich dadurch wehrt, daß es seinen Mund nicht aufmachen will! Langsam, aber sicher entmutigen wir die kindlichen Versuche, durch nützliche Beiträge einen Platz zu finden.

Ohne zu merken, was wir tun, entmutigen wir unsere Kinder dadurch, daß wir kein Vertrauen zu ihrer Fähigkeit haben, jetzt zu funktionieren. Wenn sie »größer« sind, so nehmen wir an, können sie etwas leisten, im Augenblick aber sind sie ja so klein und damit unfertig und unfähig.

Macht ein Kind einen Fehler, oder kann es ein gewisses Ziel nicht erreichen, sollten wir jedes Wort oder jede Handlung vermeiden, die darauf hinweisen könnte, daß wir *das Kind* als Versager betrachten. »Schade, daß es nicht geklappt hat!« »Es tut mir leid, daß es nicht gelungen ist!« *Wir müssen die Tat vom Täter unterscheiden.* Wir müssen uns völlig darüber klar sein, daß jedes »Versagen« nur auf einen Mangel an Fertigkeit hinweist und in keiner Weise den *Wert* des Betreffenden berührt. Mut hat derjenige, der einen Fehler machen oder der versagen kann, ohne sich dadurch in seiner Selbstachtung berührt zu fühlen. Dieser »Mut zur Unvollkommenheit« ist für Kinder und für Erwachsene nötig. Ohne ihn ist Entmutigung unvermeidlich.

Die halbe Arbeit, ein Kind zu ermutigen, ist damit getan, daß wir Entmutigung durch Demütigung oder übermäßiges Beschützen vermeiden. Die andere Hälfte der Arbeit liegt darin, zu wissen, wie man ermutigt. Wir ermutigen immer dann, wenn wir bei allem, was wir tun, dem Kind zu einem mutigen und überzeugenden Selbstvertrauen verhelfen. Hierfür gibt es kein Patentrezept. Auf der Seite der Eltern ist sorgfältiges Beobachten und Überlegen notwendig. Wir müssen die *Wirkung* unserer Erziehungsmaßnahmen beobachten und uns immer wieder fragen »Wie beeinflußt diese Methode die Meinung, die mein Kind von sich selbst hat?« Die Selbsteinschätzung des Kindes ersehen wir aus seinem Betragen. Ein Kind, das seine eigene Fähigkeit und seinen Wert bezweifelt, wird dies durch seine Mängel zeigen. Es versucht, nicht mehr durch Nützlichkeit, durch Teilnahme und Beiträge sich zugehörig zu fühlen, sondern wendet sich in seiner Entmutigung unnützem und herausforderndem Benehmen zu. Überzeugt, ungenügend zu sein und keine Beiträge leisten zu können, will es so oder so wenigstens nicht ignoriert werden. Schläge sind immer noch besser, als wie Luft behandelt zu werden. Und als »dieser schreckliche Junge« bekannt zu sein, ist eine Art Auszeichnung. Ein solches Kind sieht es als hoffnungslos an, sich einen Platz durch Zusammenarbeit zu erlangen.

Ermutigung ist also ein unaufhörlicher Vorgang, der darauf zielt, dem Kind ein Gefühl der Selbstachtung und Leistungsfähigkeit zu geben. Von der frühesten Kindheit an braucht es Hilfe, durch »Erfolge« seinen Platz zu finden.

Die sieben Monate alte Barbara bekam immer einen Wutausbruch, wenn sie in ihr Ställchen gesetzt und allein gelassen wurde. Ihre Mutter war erstaunt, daß so ein Kleines zu einem solchen Wutausbruch fähig ist. Sie krümmte ihren Rücken, strampelte voll Zorn und schrie so, daß sie ganz rot wurde. Als jüngstes von fünf Kindern wurde sie von Geburt an zuviel beachtet. Bei Tisch saß sie auf dem Schoß ihrer Mutter, und wenn sie im Ställchen war, war ihre Mutter immer zugegen. Hatte die Mutter außerhalb des Zimmers etwas zu tun, bat sie eines der älteren Kinder, sich um Barbara zu kümmern. Mittags oder abends wurde sie erst ins Bett gebracht, wenn sie wirklich ganz schläfrig war. Sie schrie nur eine kurze Zeit, ehe sie einschlief. Die Mutter horchte schon immer, ob sie wach sei, und ging sofort zu ihr, wenn sie sich regte. Barbara begrüßte sie sehr freudig. Die Mutter glaubte, sie sei ein glückliches Baby.

Im zarten Alter von sieben Monaten zeigt Barbara schon Zeichen von Entmutigung. Sie glaubt, nur dann einen Platz zu haben, wenn andere sich um sie kümmern, und sie fühlt sich verloren, wenn sich niemand mit ihr beschäftigt. Ist sie nicht der Mittelpunkt der Aufmerksamkeit, kann sie nicht an den Aufgaben des Elternhauses teilnehmen.

Man könnte fragen »Wie kann denn ein Kleinkind teilnehmen?« Die erste Forderung an jedes menschliche Wesen ist, seine Bedürfnisse selbst befriedigen zu können. Ein Kind muß lernen, wie es für sich selbst sorgen kann, und dieser Lernprozeß beginnt bei seiner Geburt. Barbara muß lernen, sich allein zu beschäftigen, ohne dauernde Aufmerksamkeit zu benötigen. Die Mutter liebt Barbara und will sie glücklich sehen, übertreibt aber ihre beschützende Haltung. Barbara merkte rasch, daß Weinen große Vorteile mit sich brachte. Die Mutter gab sich alle Mühe, ihr Weinen und damit ihr Unglücklichsein zu verhüten. Dabei hat sie, ohne es zu ahnen, Barbara entmutigt, zu lernen, für sich selbst zu sorgen. Die Mutter müßte aufhören, auf Barbaras Wutausbrüche hereinzufallen. Sie sollte sie weinen lassen, wenn sie will, sie mit Spielsachen versorgen und Barbara mehr sich selbst überlassen. Das wäre Ermutigung. Jeden Tag sollte eine bestimmte Zeit vorgesehen werden, während der Barbara allein auf sich gestellt wäre. Die beste Zeit, dieses neue Erziehungsprogramm zu beginnen, wäre vielleicht der Vormittag, wenn die älteren Kinder in der Schule sind und die Mutter mit den Aufgaben des Haushalts beschäftigt ist. Jedoch ist es nicht leicht, ein schreiendes Baby zu ignorieren. Barbaras Mutter kann ihren eigenen Mut dadurch verstärken, indem sie sich klarmacht, daß Liebe für ihr Kind gleichbedeutend damit ist, zu seiner Entwicklung beizutragen. Für eine »gute Mutter« ist es nicht notwendig, *alle* Ansprüche ihres Kindes zu befriedigen. Ist ein Baby nur glücklich, wenn es der Mittelpunkt der Aufmerksamkeit sein kann, dann ist es kein wahrhaft glückliches Baby. Echtes Glück hängt nicht von der Aufmerksamkeit anderer ab, sondern entsteht in uns selbst als Folge der Selbstgenügsamkeit. Das Baby der Familie braucht diese Erkenntnis mehr als die anderen, weil es das Baby *ist* und so viele vor sich sieht, die schon so viel tun können.

Die dreijährige Betty wollte beim Tischdecken ihrer Mutter helfen. Sie ergriff die Milchflasche in der Absicht, die Gläser zu füllen. Mutter nahm ihr die Flasche schnell aus der Hand und sagte freundlich »Nein, Liebes, dafür bist du noch nicht groß genug. Ich werde die Milch ausgießen. Du kannst dein Lätzchen anziehen.« Betty sah niedergeschlagen aus, wandte sich um und verließ das Zimmer.

Kinder haben einen ungeheuer starken angeborenen Mut und versuchen eifrig, Dinge zu tun, die sie von anderen sehen. Angenommen, Betty würde etwas Milch verschütten, so wäre der Verlust an Milch viel weniger wichtig als der Verlust an Vertrauen. Betty hatte den Mut, etwas Neues zu versuchen. Die Mutter hätte sie ermutigen können, indem sie Glauben an Betty gezeigt hätte. Hätte Betty nun tatsächlich Milch verschüttet, wäre infolge des Mißerfolgs eine sofortige Ermutigung notwendig. Die Mutter sollte dann den Mut zum Versuch anerkennen, die verschüttete Milch aufwischen und ruhig sagen: »Versuche es wieder, Betty, du kannst es sicher.«

Der fünfjährige Stefan spielte ziemlich teilnahmslos im Sandkasten des Parks, zwei Block von seinem Haus entfernt. Ruhig, zart und mit ernstem Gesicht goß er langsam Sand von einer Hand in die andere. Seine Mutter saß auf einer Bank in der Nähe. Plötzlich fragte er: »Kann ich jetzt schaukeln?« »Wenn du möchtest«, antwortete die Mutter. »Gib mir deine Hand, damit du dir nicht weh tust.« Stefan erhob sich vom Sandplatz und nahm die Hand seiner Mutter. »Wir müssen aufpassen und Abstand halten, damit wir nicht von der Schaukel getroffen werden«, erklärte die Mutter, als sie an den Schaukelplatz kamen. Stefan setzte sich in die Schaukel. »Möchtest du, daß ich dich abstoße?« »Kann ich das nicht selbst?« fragte Stefan. »Du könntest herunterfallen«, antwortete die Mutter. »Komm, ich stoß dich ab, und jetzt halt dich gut fest!« Stefan saß ruhig und hielt sich fest, während die Mutter ihn abstieß. Bald hatte er keine Lust mehr am Schaukeln und rutschte vom Sitz der Schaukel herunter. »Sei vorsichtig, Liebes«, sagte die Mutter, als sie wieder seine Hand nahm, »du möchtest doch nicht von den anderen Schaukeln getroffen werden.« Sie gingen an den kleinen Turngeräten vorbei, und Stefan schaute einigen anderen Kindern zu, wie sie sich am Reck und Barren herumschwangen und mit den Knien daranhingen. »Kann ich das auch, Mutter?« »Nein, Stefan, das ist zu gefährlich! Komm zur Rutschbahn. Sei vorsichtig, wenn du hochgehst, du möchtest doch nicht fallen. Ich werde dich unten auffangen.« Stefan kletterte langsam und vorsichtig die Stufen zur Rutschbahn hoch. Er setzte sich hin, rutschte langsam hinab, indem er sich an beiden Seiten festhielt. Auf seinen Lippen war ein schwaches Lächeln zu sehen. »Warte jetzt, bis die anderen Kinder soweit sind, sie könnten gegen dich stoßen. So, jetzt kannst du wieder hoch!« Er rutschte noch ein paarmal herab und sagte dann, daß er heimgehen wolle. Er war müde. Er nahm Mutter bei der Hand, und sie verließen den Spielplatz. Nicht ein einziges Mal hatte er geschrien, gelacht, war herumgerannt oder gehüpft. So groß war sein Vergnügen nicht!

Stefans Mutter entmutigt ihn durch übertriebenes Beschützen. Ihre Angst, Stefan könnte etwas zustoßen, behindert den Jungen so sehr, daß er sich nicht zutraut, sich in irgendeiner Richtung zu bewegen. Er macht nicht mit Gleichaltrigen mit. Er fragt immer zuerst, ob er es tun kann. Bekommt er die Erlaubnis, tut er es nur mit halbem Herzen, ohne Spaß und Aufregung. Seine Gleichgültigkeit und sein Ernst sind Zeichen einer tiefen Entmutigung. Das Leben hat seine Höhe- und Tiefpunkte. Die Kinder müssen lernen, wie sie z. B. mit Schmerz fertig werden. *Ein verletztes Knie wird wieder gut: Verletzter Mut kann ein Leben lang anhalten.* Stefans Mutter muß sich klarmachen, daß ihr Bemühen, ihren Sohn vor Verletzungen zu beschützen, ihn von seiner Unfähigkeit überzeugt und seine Angst vor Gefahr nur vergrößert. Ein fünfjähriger Junge ist ganz gut in der Lage, auf dem Spielplatz für sich selbst zu sorgen, obwohl man ihn natürlich nicht allein dort lassen soll. Aber er kann gewiß sich ohne Hemmungen an den vorhandenen Geräten üben und dabei Vertrauen in seine Fähigkeit bekommen, der Gefahr einer schwingenden Schaukel auszuweichen und sich an den Turngeräten allein zu betätigen. Warum sollte er nicht das aufregende, blitzschnelle Hinabgleiten auf der Rutschbahn erleben? Kinder brauchen einen Platz, wo sie wachsen und ihre Fähigkeit, mit gefährlichen Situationen fertig zu werden, entwickeln. Wir brauchen deshalb nicht nachlässig zu werden; wir können bereitstehen, wenn die Aufgabe zu groß ist.

Die achtjährige Susanne und die zehn Jahre alte Edith kamen mit ihren Zeugnisheften heim. Susanne ging ruhig auf ihr Zimmer, während Edith zu ihrer Mutter rannte. »Schau, ich habe lauter Einser bekommen.« Die Mutter schaute sich das Zeugnis an und zeigte ihre Freude an den guten Noten. »Wo ist Susanne?« fragte sie. »Ich möchte ihr Zeugnis sehen.« Edith zuckte die Schultern. »Ihre Noten sind sicher nicht so gut wie meine!« bemerkte Edith. »Sie ist ein bißchen dumm!« Susanne war gerade auf dem Weg zum Spielplatz, als die Mutter sie sah und zurückrief. »Wo ist dein Zeugnis, Susanne?« »Auf meinem Zimmer«, antwortete sie langsam. »Was für Noten hast du bekommen?« Susanne antwortete nicht, sondern schaute auf den Boden. »Ich glaube, daß du wieder lauter schlechte Noten bekommen hast. Hole dein Zeugnis und laß es mich sehen!« Susanne hatte drei Vierer und zwei Dreier. »Ich schäme mich für dich, Susanne«, brach es aus ihrer Mutter los. »Dafür gibt es keine Entschuldigung. Edith hat immer gute Noten, warum kannst du nicht wie deine Schwester sein? Du bist einfach faul und paßt nicht auf. Das ist eine Schande für die ganze Familie. Es kommt gar nicht in Frage, daß du jetzt spielen gehst. Geh auf dein Zimmer!«

Susannes schlechte Noten sind das Ergebnis von Entmutigung. Sie ist ein zweites Kind und glaubt, die Stufe nicht erreichen zu können, die von ihrer Mutter und den Leistungen ihrer »klugen« älteren Schwester gesetzt ist. In dem oben geschilderten Vorfall häuft die Mutter Entmutigungen auf ein entmutigtes Kind. Ohne das Zeugnisheft zu sehen, prophezeit sie schlechte Noten. Da die Mutter ihr gegenüber kein Vertrauen hat, gibt Susanne auf und betrachtet sich als Versager. Dann sagt die Mutter auch noch, daß sie sich ihrer schäme. Dies überzeugt Susanne noch mehr von ihrem Unwert. Weiter lobt die Mutter die guten Noten Ediths und verlangt, Susanne solle wie Edith sein. Damit setzt sie ein unerreichbares Ziel. Susanne ist nämlich schon lange von der Unmöglichkeit überzeugt, so zu sein wie Edith. Edith, zwei Jahre älter, ist immer weiter als sie, und Susanne sieht keinen Sinn darin, es überhaupt zu versuchen, Edith einzuholen. Die Mutter kritisiert Susanne, indem sie sie faul nennt und ihr damit einen zusätzlichen Beweis für ihr Gefühl des Unwerts liefert. Tiefste Entmutigung bedeutet die Bemerkung, Susanne sei eine Schande für die ganze Familie. Susanne weiß, daß Edith sie für dumm hält. Edith möchte ihren Platz als die Kluge behalten und verstärkt die Entmutigung ihrer Schwester, indem sie sie herabsetzt. Und darüber hinaus bestraft Mutter Susanne noch dadurch, daß sie ihr das Recht zum Spielen verwehrt.

Entgegen der allgemeinen Ansicht ermutigt anspornende Konkurrenz zwischen den zwei Mädchen *nicht*. Im Gegenteil, sie betont die Hoffnungslosigkeit der Situation des entmutigten Kindes und ruft in dem erfolgreichen Mädchen die Angst hervor, ob sie immer die Überlegenere bleiben kann. Sie ist übertrieben ehrgeizig und setzt sich selbst unerreichbare Ziele. Wenn sie nicht immer an der Spitze sein kann, kann auch sie sich als Versager empfinden.

Um Susanne zu ermutigen, muß die Mutter damit aufhören, ihr Edith als Beispiel vorzuhalten. Jeder Vergleich zwischen Kindern ist schädlich. Susanne kann nur auf ihre eigene Weise funktionieren — nicht als Abbild von Edith. Solange die Mutter keinen Glauben an Susanne hat und es sogar offen zeigt, kann sie ihr nicht helfen. Unter diesen Umständen tut Susanne genau das, was jedermann von ihr erwartet. Ihre Fähigkeiten können sich nur entwickeln, wenn ihr Selbstvertrauen wiederhergestellt wird. Die Mutter muß ihre Neigung zu kritisieren unterdrücken und jede Leistung anerkennen, ohne Rücksicht darauf, wie klein sie am Anfang sein mag.

Wollen wir dieselbe Situation wiederholen und zeigen, wie man ein schon tief entmutigtes Kind ermutigen kann:

Susanne und Edith kommen mit ihren Zeugnisheften heim. Susanne geht ruhig auf ihr Zimmer, während Edith zur Mutter rennt und sagt: »Schau Mutter, ich habe lauter Einser!« Mutter sieht sich das Zeugnisheft an, unterschreibt es und sagt: »Fein, ich bin froh, daß du gern lernst.« (Mit dieser Bemerkung legt die Mutter die Betonung auf das Lernen, nicht auf die Noten. Sie beschränkt ihr Lob auf die Anerkennung einer gut vollbrachten Arbeit.) Mutter merkt, daß Susanne Angst hat, ihr Zeugnis zu zeigen, und wartet, bis sie mit ihr allein ist. »Möchtest du, daß ich dein Zeugnisheft unterschreibe, Liebes?« Susanne bringt ihr Zeugnis widerstrebend zur Mutter. Die Mutter sieht es an, unterschreibt es und sagt: »Ich freue mich, daß du anscheinend gern liest« (ein Fach, in dem sie die Note drei hat). »Es macht doch Spaß?!« Sie umarmt Susanne und sagt: »Möchtest du mir beim Tischdecken helfen?« Während sie zusammen arbeiten, scheint Susanne etwas verstört zu sein. Schließlich sagt sie: »Edith hat lauter Einser, und ich habe meistens nur Vierer!« »Es ist nicht so wichtig, daß du dieselben Noten bekommst wie Edith. Auch du kannst es erreichen, gern zu lernen, und du wirst dann herausfinden, wieviel mehr du fertigbringst, als du jetzt selbst glaubst.«

Es ist schwierig vorauszusehen, was geschieht, wenn die Mutter plötzlich einen solchen Ton anschlägt. Zuerst wird Susanne ihr nicht glauben, denn die Mutter bricht mit dem geheimen Übereinkommen, wonach Edith allein in der Lage war, gute Noten zu bekommen. Susanne ist davon überzeugt, daß sie keine große Chance hat, soweit es das Lernen in der Schule betrifft. Von ihrem Gesichtspunkt aus erscheint jede Bemühung hoffnungslos. Trotzdem hat sie im Lesen eine Drei bekommen. Dies zeigt ihre Stärke. Wenn die Mutter diese tapfere Bemühung anerkennt, gibt sie Susanne die Gelegenheit, ihre Stellung neu zu bewerten, und vermindert damit die überwältigende Konkurrenz. Auf die Weise legt sie den Grund für weitere Bemühungen. Susanne hat jetzt die Gelegenheit, zu sehen, daß auch die Note Drei ihr Anerkennung einbrachte. Sie ist jetzt in der Lage zu fühlen »wenn dies gut (statt hoffnungslos) ist, kann ich sogar noch mehr erreichen.« Dieser ganz kleine Schein von Hoffnung wird zur Ermutigung, die Susanne veranlaßt, sich noch mehr zu bemühen.

Der zehn Jahre alte Gerold war ein unruhiger Junge, sowohl zu Hause als auch in der Schule. Er fing immer vieles an, aber brachte nie etwas zu Ende. Seine Noten in der Schule erreichten gerade den Durchschnitt. Er war der älteste von drei Jungen, der nächste war acht und der jüngste drei Jahre alt. Gerold spielte gern mit dem Baby, geriet aber mit seinem Bruder Josef in dauernde Kämpfe. Josef bekam gute Noten in der Schule und beendete seine Arbeiten, obwohl seine Interessen nicht so vielseitig wie Gerolds waren. Eines Tages hatte Gerold ein paar Buchstützen beinahe fertig gemacht. Da seine Mutter besorgt war, daß er nie etwas zu Ende machte, wollte sie ihn ermutigen. »Ach sind die aber nett, Gerold, du hast sie wundervoll gemacht.« Zu ihrem größten Erstaunen brach Gerold in Tränen aus, warf die Buchstützen auf den Boden und schrie: »Sie sind gar nichts, sie sind schrecklich!« Und er rannte aus der Werkstatt in sein Zimmer.

Gerolds Mutter hatte alles nur Mögliche getan, um ihn zu ermutigen. Seine Reaktion zeigte ihr jedoch, daß Lob ihn nicht ermutigte, sondern seine Entmutigung vermehrte. Wieso? Leistungen zu loben sollte doch ermutigen, oder nicht?
Dies ist ein Beispiel für die Tatsache, daß es kein Patentrezept oder irgendeine starre Regel gibt, wie man Kinder ermutigt. Es hängt alles von der Reaktion des Kindes ab. Gerold war überehrgeizig. Er stellte unerreichbare Ziele für sich auf. Als die Mutter ihn lobte, wurde er ärgerlich, weil er nicht glaubte, daß er je etwas gut genug tun könne. Er empfand ihr Lob als Verhöhnung. Gerold verlangte von einem fertiggemachten Gegenstand absolute Vollendung. Seine Bemühungen waren weit von seinem Ideal entfernt, weil er nicht genügend Geschicklichkeit besaß, die nur durch dauerndes Üben kommt. Da er Vollkommenheit möglichst sofort erreichen will, ist er mit allem, was weniger ist, unzufrieden. Als seine Mutter etwas lobte, das weit hinter seinen Erwartungen zurückblieb, fühlte er »auch sie versteht es nicht. Niemand kann verstehen, warum ich ein Versager bin!« Und so entstand sein Zorn.

Gerold braucht ganz dringend Ermutigung. Er betrachtet sich als absoluten Versager bei allem, was er tut. Wenn er eine Sache nach der anderen anfängt, macht er den Eindruck, geschäftig und aktiv zu sein. Dadurch, daß er sie nicht fertigmacht, kommt er um das Eingeständnis seiner Unvollkommenheit herum. Sein jüngerer, erfolgreicher Bruder verstärkt seine Selbsterniedrigung. Sein übertriebener Ehrgeiz ist die Folge seiner Erwartung, von Josef übertroffen zu werden. Kann er Josef nicht ausstechen, ist er nichts.

Die Überzeugung, daß er seinen jüngeren Bruder übertreffen muß, ist an sich ein falsches Ziel. Die Aufgabe wird noch undurchführbarer, wenn Gerold sieht, was erforderlich ist, um an der Spitze zu bleiben. Auch noch so viel Anerkennung für seine Leistungen wird Gerold nicht ermutigen. Es wäre völlig sinnlos, wenn die Mutter ihm sagte, er brauche nicht vollkommen zu sein — dies würde nur seine Überzeugung verstärken, daß niemand ihn versteht. Er meint, vollkommen sein zu *müssen.* Er setzt das, was er tut, gleich mit dem, was er ist. Erfolg würde er nur als Zufall bewerten. Alles, was seinen übermäßigen Ehrgeiz oder seine Ansicht des Versagens unterstützt, wird seine Entmutigung vermehren. Gerold muß von seinem Streben nach Vollkommenheit abgebracht werden; er muß die Befriedigung des Beitragens erfahren und lernen. Das Wohlgefühl, nützlich zu sein und etwas schaffen zu können, braucht nicht von der Vollkommenheit abzuhängen. Das kann er aber nur sehen, wenn er erkennt, daß es ihm weniger darauf ankommt, nützlich zu sein, als seinem Bruder überlegen zu bleiben.

Gerold braucht eine viel bessere Hilfe, um eine neue Meinung von sich und seinem Platz in der Familie zu bekommen. Wahrscheinlich sind die Eltern persönlich daran beteiligt, denn sein Perfektionismus kommt nicht von ungefähr. Vielleicht haben die Eltern ein zu hohes Leistungsniveau. Sie können Gerold sagen, daß er nicht vollkommen sein muß, aber durch ihr eigenes Beispiel widersprechen sie ihren Worten. Diese Familie braucht ein offenes Gespräch mit allen Kindern darüber, wie gut man sein muß, bis man »gut genug« ist. Statt Gerold zu loben, wäre es wirkungsvoller, ihm zu sagen »ich freue mich, daß du anscheinend gern an diesen Buchstützen arbeitest«.

Die fünfjährige Else war froh damit beschäftigt, ihr Bett zu machen. Sie zog die Decke hin und her, bis sie sie endlich so weit hatte, wie sie wollte. Die Mutter kam in das Zimmer, sah das selbstverständlich nicht perfekt gemachte Bett und sagte: »Ich werde das Bett selbst machen, Liebling, diese Decken sind für dich zu schwer.«

Die Mutter zeigte damit Else nicht nur deren Minderwertigkeit, sondern auch ihre eigene Überlegenheit, indem sie gewandt die Decke in Ordnung brachte, während Else niedergeschlagen dabeistand. Elses Freude an einer Leistung bei der schwierigen Aufgabe, die Decken zurechtzuziehen, verschwand angesichts des mütterlichen Perfektionismus. Sie wird bald das Gefühl haben: »Was hat es schon für einen Sinn? Mutter kann es so viel besser.«
Hätte die Mutter ihre Freude gezeigt, daß Else sich bemühte, das Bett zu machen, z. B. mit einer Bemerkung wie: »Wie nett du die Decke zurechtziehen kannst«, oder »Schau, mein großes Mädchen macht ihr eigenes Bett!« hätte Else etwas von einer Leistung gespürt und wäre bestrebt gewesen, so weiterzumachen. Ohne Rücksicht auf die vielen Falten, die in Elses fertigem Werk gewesen wären, hätte die Mutter der Versuchung widerstehen sollen, ihrer Tochter zu zeigen, wieviel besser *sie* es macht. Das Bett könnte sie später machen, wenn das Mädchen nicht dabeisteht. Niemals sollte Elses Aufmerksamkeit auf die Falten, die sie bei ihrer Arbeit hinterläßt, gerichtet werden. Nachdem sie ihr Bett einige Male gemacht hätte, könnte die Mutter sie durch geschickt angebrachte Bemerkungen weiter ermutigen: »Was würde wohl geschehen, wenn du all die Decken zurückrollst und sie zur selben Zeit dann herunterziehst?« Oder: »Was würde wohl geschehen, wenn du hier ziehen würdest?« Wenn es dann Zeit gewesen wäre, die Bettwäsche zu wechseln, könnte die Mutter vorschlagen, daß sie das Bett zusammen herrichten. Sie könnte ein Spiel daraus machen, wobei immer Kritik vermieden werden muß, und immer hilfreiche Vorschläge gemacht werden können. »Jetzt nehmen wir beide die Ecke der Matratze hoch und verstecken ein Stück des Leinens darunter. Jetzt ziehen wir zusammen, so daß der obere Teil des Tuchs mit dem Bett abschließt. Wie geht es Ihnen, Herr Kopfende?« usw. Auf diese Art wird Lernen zum vergnüglichen Spiel. Dabei ist nichts enthalten, was darauf hinweisen würde, Else wüßte nicht, wie es gemacht wird. Mutter und Tochter haben Spaß daran, etwas gemeinsam zu tun.

Der vierjährige Walter begleitete seine Mutter zu einem Besuch der Nachbarin, deren achtzehn Monate alte Tochter Betty mit ihren Spielsachen auf dem Boden des Wohnzimmers spielte. »Komm, spiele mit Betty, Walter!« schlug die Mutter vor. »Sei ein guter Junge und ärgere sie nicht.« Walter zog seine Jacke aus, warf sie aufs Sofa und stürzte sich ins Wohnzimmer, während die beiden Mütter sich zu einer Tasse Kaffee niedersetzten. Es dauerte nicht lange, und Betty stieß einen Schrei aus. Beide Mütter eilten ins Wohnzimmer. Walter stand mit einem selbstgefälligen Ausdruck auf seinem Gesicht da und drückte Bettys Puppe an seine Brust. Betty schrie laut, und auf ihrer Stirn wurde eine kleine rote Stelle sichtbar. Bettys Mutter rannte zu ihr, nahm sie auf und umarmte und küßte sie. Walters Mutter packte ihn: »O du schlimmer Junge, was hast du ihr getan? Du hast ihre Puppe weggenommen und sie geschlagen, nicht? Wie kannst du so gemein sein? Da bekommst du was dafür!« Sie versetzte ihm zwei Streiche, und er brach in Tränen aus. »Ich weiß wirklich nicht, was ich mit ihm tun soll«, sagte sie zu ihrer Freundin, die in der Zwischenzeit Betty beruhigt hatte. »Zu kleineren Kindern ist er immer so gemein.« Walter beobachtete trotzig seine Mutter, wie sie versuchte, Betty wieder zum Lachen zu bringen. Betty wandte ihren Kopf ab und vergrub ihn am Nacken ihrer Mutter. »Komm, wir können wieder Kaffee trinken«, sagte Bettys Mutter. »Es ist jetzt alles wieder gut, ich werde sie halten.« Walters Mutter wandte sich wieder ihm zu: »Du bis so ein frecher Junge! Schämst du dich nicht, jemand zu verletzen, der soviel kleiner ist als du? Du sitzt jetzt auf diesem Stuhl und benimmst dich, sonst lege ich dich übers Knie.«

In diesem Vorfall ist viel Bewegung. Im Augenblick wollen wir jedoch nur von der Entmutigung sprechen. Das erste, was geschah, um Walters geringes Selbstvertrauen sicher nicht zu stärken, war die stillschweigend verstandene Erwartung seiner Mutter, daß er böse sei. Immer, wenn wir ein Kind ermahnen »Sei ein guter Junge!«, zeigen wir damit unsere Erwartung, daß er nicht gut sein werde, und unseren Glauben, daß er nicht gut sein will. Dann deutete die Mutter schon an, in welcher Weise sie von ihm erwartete, sich schlecht zu betragen, nämlich, er solle Betty nicht ärgern. Außerdem macht die Mutter keinen Unterschied zwischen Walters *Benehmen* und Walter *selbst*. Sie bezeichnet ihn als unartigen, schlechten Jungen. Auf diese Art wird Walters Meinung von sich selbst bestärkt durch die mütterlichen Erwartungen, durch ihren Mangel an Glauben und durch ihre Worte. Walter *benimmt* sich unfreundlich, weil er kein Vertrauen in seine Fähigkeit hat, die positive Aufmerksamkeit der Mutter zu erregen. Er glaubt nicht, einen Platz zu haben, ausgenommen in solchen Fällen, wo er unartig ist. Spielt ein Kind sich auf, ist es die Folge von Entmutigung; es meint, nur dann groß zu sein, wenn es seine Überlegenheit zeigen kann. Es ist entmutigt, nicht aber schlecht und böse. Wir müssen zwischen dem Täter und der Tat unterscheiden. Schlechtes Betragen ist eine fehlerhafte Methode, die durch Entmutigung entsteht. Die Mutter fügt dem Unrecht noch Kränkung hinzu, indem sie sich mehr um das Lächeln des schlauen Babys zu kümmern scheint.

In dieser Situation wäre es am besten gewesen, alle entmutigenden Bemerkungen zu unterlassen. Niemand »lernt« etwas davon. Wollen wir Walter das Vertrauen geben, mit Betty spielen zu können, wäre dies eher durch unsere Haltung als durch Worte zu erreichen. »Komm, wir gehen zu unseren Nachbarn, und du kannst mit Betty spielen, wenn du willst!« Alles was wir brauchen, ist also, Vorfreude auszudrücken. Sind sie dort, hätte die Mutter die Entscheidung dem Jungen überlassen sollen, ob er mit Betty spielen oder bei seiner Mutter sitzen will. Als das Unglück geschehen war, hätte die Mutter ruhig das Zimmer betreten, Walter bei der Hand nehmen und sagen können: »Es tut mir leid, daß du schlecht gelaunt bist; da du anscheinend jetzt nicht gerne spielst, gehen wir nach Hause.« Für die Mütter bedeutet dies natürlich Verzicht auf ihren Besuch. Ein solches Vorgehen könnte Walter aber »lehren«, daß er mit der Mutter gehen darf, sobald er sich wieder anständig benimmt. Wenn nicht, könnte sie ihn bei einer Verwandten oder bei einem Nachbarn lassen — und er könnte sich dann über sein Verhalten Gedanken machen.

Hätte Walters Mutter all die erwähnten entmutigenden Akte vermieden, hätte sie mehr als die halbe Schlacht gegen Entmutigung gewonnen. Falls sie ihn als lieb ansehen könnte, auch wenn sein

Verhalten unfreundlich ist, hätte sie ihn ermutigt, ohne sein böses Verhalten zu akzeptieren. Wenn sie ihm das Recht gibt, sich falsch zu verhalten, schiebt sie ihm die Verantwortung für sein Benehmen zu und zeigt damit an, daß er die Folgen zu tragen hat. Schlägt sie vor, wiederzukommen, wenn er soweit ist, zeigt sie ihren Glauben daran, daß er es sich überlegen wird und, sobald er sich besser fühlt, spielen will.

Es gibt noch andere Methoden, eines solchen Zwischenfalls Herr zu werden, die im Kapitel über den Streit behandelt werden.

Beide Mütter verhalten sich gegenüber Betty in einer entmutigenden Weise, indem sie zuviel Aufhebens von dem Vorfall machen. Der kleine rote Fleck auf Bettys Stirn tat nicht so weh, um die mütterliche Aufregung zu rechtfertigen, sie aufzunehmen und ein großes Getue über die Verletzung zu machen. Betty lernt von solchen Erfahrungen, wehleidig zu werden und immer sofort Trost zu suchen. Ihre Abhängigkeit von der Mutter wird verstärkt, und ihr Mut und die Fähigkeit, für sich selbst zu sorgen, vermindert. Sie kann dadurch unschwer die Meinung von sich als einem leichtverletzlichen Baby bekommen, das sich zu seinem Schutz auf andere verlassen muß. Unser Leben auf dieser Welt ist voller Schmerzen und Unbequemlichkeiten; sie sind ein Teil dieses Lebens. Solange unsere Kinder nicht lernen, Schmerzen und Stöße und Unannehmlichkeiten zu erdulden, werden sie mit einem ernsthaften Nachteil leben. *Wir können unsere Kinder nicht vor dem Leben schützen.* Es ist deshalb unbedingt notwendig, sie darauf vorzubereiten. Mitleid mit Kindern zu haben ist eine unserer schädlichsten Haltungen. Sie zeigt ihnen und uns, daß wir weder an sie noch an ihre Fähigkeit glauben, mit diesen Dingen fertig zu werden.

Eine weniger gefühlsmäßige Einstellung der Mutter hätte Betty geholfen zu lernen, wie man Schmerzen erträgt. Das heißt nicht, daß wir nie für Schmerzen und Unglück Trost spenden sollen. Das wäre herzlos! Es ist die Art, wie wir trösten, die den Unterschied macht. »Es tut mir leid, daß du eine kleine Beule bekommen hast, aber sie wird bald wieder besser sein. Du wirst es schon aushalten.« Statt Betty sofort hochzunehmen, hätte ihre Mutter sehen können, daß die Verletzung sehr klein war. Sie hätte Betty trösten können: »Es hat nicht viel gemacht, Liebling, es ist nur eine kleine Beule.« Dabei sollte sie es bewenden lassen. Betty ist in diesem Augenblick in keiner Stimmung, sich ablenken zu lassen. Bemühungen in dieser Richtung reizen nur zu weiterem Wehgeschrei, um die Mutter mit sich zu beschäftigen. Nachdem der kleine Trost gegeben wurde, könnte die Mutter Betty ruhig helfen, die Spielsachen zu ordnen, und sich dann wieder zurückziehen, um Betty Gelegenheit zu geben, allein mit ihrem Problem fertig zu werden. Betty ist diejenige, die verletzt wurde, und damit auch diejenige, die nicht nur mit dem Schmerz fertig werden muß, sondern auch mit dem Verlust einer freundlichen Atmosphäre und eines Gefühls, nicht richtig gehandelt zu haben. Gibt Mutter ihr diese Gelegenheit und glaubt sie an sie, wird sie sich bald erholen und ihren Mut und ihre Fähigkeit entdecken, mit unangenehmen Dingen fertig zu werden.

Ruth lernte Sticken. Sie arbeitete froh und konzentriert. Mit Stolz und Befriedigung hielt sie das Gästehandtuch hoch, um ihr Werk zu bewundern. Dann nahm sie es mit zur Mutter, weil sie sich wegen eines besonderen Stiches nicht sicher fühlte. »So geht das gut, aber schau doch, Schätzchen, wie deine Stiche auf der Rückseite aussehen. Du kannst es doch besser! Sie sind alle viel zu lang, so daß es unordentlich aussieht. Warum ziehst du nicht alles wieder auf und machst es noch einmal? Dann wird es wirklich nett.« Ruths Gesicht wechselte von strahlendem Interesse zu äußerstem Kummer. Sie seufzte, und die Mundwinkel fielen herab. »Ich glaube nicht, daß ich noch mehr daran arbeiten will«, sagte sie, »ich glaube, ich gehe ins Freie.«

Angesichts Ruths Befriedigung und Stolz an ihrer Arbeit waren die Bemerkungen ihrer Mutter vernichtend. »Du kannst es besser machen«, ist *niemals* ermutigend. Denn es sagt ja, daß das, was getan worden ist, nicht gut genug ist. Was in Ruths Augen wunderbar schien, war in den Augen ihrer Mutter unordentlich.

Wieder trifft Ruth auf Entmutigung. Der Vorschlag, alles wieder aufzuziehen und es nochmals zu machen, war mehr, als sie ertragen konnte. Sie ließ alles liegen und wandte sich etwas anderem zu. Ruths Mutter hätte leicht die Wirkung ihrer Worte feststellen können, wenn sie das Gesicht ihres Kindes beobachtet hätte.

Eine viel hilfreichere Methode wäre es gewesen, wenn die Mutter ihr den gewünschten Stich gezeigt und dann Ruths Begeisterung für ihre Arbeit geteilt hätte. »Das ist wirklich hübsch, Schätzchen, und was für nette Stiche du hier gemacht hast.« Dabei hätte sie auf die wenigen guten Stiche Ruths hinweisen können. »Wenn du damit fertig bist, werden wir es im Badezimmer benützen.« So hätte Mutter sich zusammen mit Ruth über die Begeisterung an der Leistung erfreuen und die Arbeit als wichtig anerkennen können. Ihr Hinweis auf die guten Stiche hätte Ruth ermutigt, mit größerer Sorgfalt weiterzuarbeiten. Wir können nur auf Stärke, niemals auf Schwäche aufbauen. Ruths Aufmerksamkeit sollte auf die guten Teile ihrer Arbeit gelenkt werden.

Es braucht manchmal von seiten der Eltern viel Mut, ein Kind neue Erfahrungen machen zu lassen.

Der siebenjährige Peter bekam eben sein Taschengeld und wollte ein Modellflugzeug kaufen, das er in einem Spielzeugladen in der Nähe gesehen hatte.

»Ich kann jetzt nicht mit dir in diesen Laden gehen, Peter«, sagte Mutter, »wir gehen morgen.« »Ich kann mit meinem Fahrrad doch allein dorthin, Mutti!« schlug Peter vor. »Du warst mit deinem Rad noch nie so weit, Peter, und du weißt, wie stark der Verkehr dort ist«, antwortete die Mutter. » Ich paß schon auf mich auf, Mutti, viele Kinder fahren mit ihren Rädern dorthin.« Die Mutter überlegte es sich eine Minute. Sie dachte an die Reihe von Fahrrädern, an der sie schon oft beim Einkaufen vorbeigegangen war, aber auch an die Gefahr des Verkehrs. Dann überlegte sie sich, daß Peter jeden Tag mit seinem Fahrrad zur Schule fahre und dies ganz gut fertigbringe. »Also gut, hole dir dein Modellflugzeug.« Peter sprang froh aus dem Haus. Die Mutter beruhigte ihre etwas ängstlichen Gefühle. Er ist so klein, dachte sie. Nach beinahe einer Stunde stürzte Peter mit einem Päckchen unter seinem

Arm ins Haus. »Schau, Mutti, ich habe es.« »Ich freue mich so sehr, Peter«, strahlte die Mutter, »jetzt kannst du schon selbst deine Einkäufe machen. Ist das nicht großartig?«

So unsicher sich Peters Mutter auch gefühlt hatte, war es ihr klar, daß er selbständig werden müsse. Sie hatte ihre Ängste überwunden und Glauben an seine Fähigkeit gezeigt. Der Junge reagierte mit Vertrauen. Und die Mutter fügte dann auch noch Anerkennung über seine Leistung hinzu. Schließlich gewährte sie ihm auch noch Selbständigkeit, indem sie weitere Gelegenheiten, selbst einzukaufen, in Aussicht stellte.

Der sechsjährige Ben knöpfte seine Jacke dauernd falsch zu. Immer blieb ein Knopf übrig. Die Mutter ließ es dabei bewenden. Eines Tages sagte sie aber: »Ben, ich habe eine Idee. Warum versuchst du nicht einmal, mit dem untersten Knopf, den du ja leicht sehen kannst, anzufangen?« Erfreut über das Neue folgte Ben dem Ratschlag und strahlte glücklich, als die Knöpfe oben aufgingen. Die Mutter freute sich über den Erfolg dieser Methode und versuchte sie bei einer anderen Schwierigkeit. Ben hing seine Pyjamahosen auf einen Kleiderbügel; da er aber immer die Hosenbeine hochwarf, fielen sie oft auf der anderen Seite wieder herunter. Die Mutter schlug vor »was glaubst du wohl, was geschieht, wenn du sie am Gürtel nimmst und etwas schüttelst, ehe du sie hochziehst?« Ben nahm gedankenvoll die heruntergefallenen Hosen wieder auf, ergriff sie am Gürtel, schüttelte sie etwas und hing sie dann auf; und sie blieben dort. Er lächelte: »Schau, sie bleiben wirklich oben!«

Bens Mutter hatte einen Weg gefunden, ihn zu ermutigen, ohne auch nur im geringsten den Anschein zu erwecken, daß die Art, auf die er diese zwei Dinge vollbrachte, nicht ganz richtig war. Sie verließ sich auf seinen Abenteuergeist und seinen Wunsch, etwas Neues zu versuchen. Ben konnte den Erfolg sehen. Die Mutter brauchte ihn nicht darauf hinzuweisen. Ihr Lächeln und ihr Augenzwinkern sagte ihm, daß sie sich an der Freude über seine Fertigkeit mitfreute.

Diese Beispiele beginnen die Wichtigkeit der Ermutigung zu zeigen und auf einige der Tricks, auf die wir oft hereinfallen, hinzuweisen. Ermutigung ist so wesentlich, daß sie immer wieder in diesem Buch erwähnt wird. Natürlich können wir von einem einzigen Akt der Ermutigung nicht dauernde Erfolge erwarten. Ermutigung muß fortgesetzt geboten werden, um anhaltende Wandlungen in der irrtümlichen Selbsteinschätzung eines entmutigten Kindes zu bewirken. Lob als ein Mittel der Ermutigung muß sehr vorsichtig angewandt werden. Lob kann gefährlich sein, wie wir es in Gerolds Fall gesehen haben. Betrachtet ein Kind Lob als Belohnung, dann wird das Nichtloben zur Geringschätzung. Wird das Kind nicht für alles, was es tut, gelobt, fühlt es sich bald als Versager. Solch ein Kind tut alles nur in der Hoffnung, gelobt zu werden, und nicht wegen der Befriedigung des Beitragens. Lob kann auf diese Art sehr leicht zur Entmutigung führen, da es die irrtümliche Auffassung des Kindes bestärkt, ohne Lob keinen Wert zu haben. Es ist deshalb besser, solch einfache Bemerkungen zu gebrauchen, wie »Ich bin froh, daß du es fertigbringst«, »Wie nett!« »Ich anerkenne, was du getan hast!« »Schau, du bringst es fertig!«

Elterliche Liebe beweist man am besten durch dauernde Ermutigung zur Selbständigkeit. Wir müssen damit schon bei der Geburt beginnen und es durch die ganze Kindheit hindurch beibehalten. Ermutigung zeigt sich in unserem Glauben und Vertrauen dem Kind gegenüber, und zwar so, wie es gegenwärtig ist. Ermutigung ist eine Haltung, die uns durch alle täglichen Probleme und Situationen der Kindheit führt. Unsere Kinder brauchen Mut. Laßt uns ihnen helfen, ihn zu entwickeln und zu behalten.

Zum Abschluß dieses Kapitels würden wir gern noch etwas zur Ermutigung der Eltern sagen. Beim Lesen dieses Buches werden sie entdecken, daß wir auf vielen Gebieten sinnvolle Methoden vorschlagen. Gleichzeitig weisen wir auch auf Fehler hin, die die meisten Eltern machen. Erkennen wir nicht unsere Irrtümer, sind wir nicht fähig, Fortschritte zu machen. Indem wir auf Fehler hinweisen, die heute bei der Erziehung von Kindern oft gemacht werden, wollen wir weder kritisieren noch die Eltern verurteilen.

Sie sind Opfer der Umstände, die außerhalb ihres Machtbereichs liegen. Wir versuchen, Hilfe zu geben und Wege zu zeigen, wie man aus den gegenwärtigen Schwierigkeiten herauskommt. Gewiß wollen wir keine weiteren Entmutigungen auf die Häupter verwirrter und entmutigter Eltern häufen.

Die Bedeutung des Muts der Eltern kann nicht genug betont werden. Immer wenn Eltern sich als Versager empfinden oder das Gefühl haben, »Um Gottes Willen, ich habe wieder alles falsch gemacht!«, sollten sie rasch erkennen, daß dieses Gefühl ein Zeichen ihrer eigenen Entmutigung ist. Wir sollten dann unsere Aufmerksamkeit auf eine sachliche Betrachtung dessen richten, was besser getan werden kann. Versuchen wir eine neue Technik, klappt es, so ist es gut. Fallen wir in unsere alten Gewohnheiten zurück, sollen wir uns selbst keine Vorwürfe machen. Wir müssen unseren eigenen Mut dauernd verstärken, und um dies zu erreichen, brauchen wir den »Mut zur Unvollkommenheit«. Laßt uns an die Dinge denken, mit denen wir Erfolg hatten und es wieder versuchen! Bei den Fehlern zu verbleiben entmutigt. Noch einmal: Wir können nicht auf Schwäche, sondern nur auf Stärke bauen.

Demütig sollten wir uns eingestehen, daß alle Menschen dauernd Fehler machen; und wir können Fehler zugeben, ohne dabei etwas von unserem persönlichen Wert zu verlieren. Dies wird helfen, unseren Mut zu bewahren. Vor allem müssen wir daran denken, daß wir nicht auf *Vollkommenheit*, sondern auf *Verbesserung* hinarbeiten. Wir sollten die kleinen Verbesserungen nicht übersehen, und wenn wir sie finden, sollten wir uns entspannen und an unsere Fähigkeit glauben, uns weiter zu verbessern. Die Anwendung der Prinzipien dieses Buches erfordert Zeit. Wir können es nicht auf einmal fertigbringen. Jede kleine Verbesserung ist ein Schritt vorwärts. Jeder Schritt vorwärts ist die Quelle weiterer Ermutigung.

## 4. Kapitel

# DIE IRRTÜMLICHEN ZIELE DES KINDES

Mutter schrieb einen Brief. Die dreijährige Julie spielte mit ihren Sachen auf dem Fußboden daneben. Plötzlich sprang sie auf, rannte zu ihrer Mutter und bat sie, sie zu umarmen. Die Mutter tat es und sagte: »Warum setzt du deine Puppe nicht in den Wagen und führst sie etwas aus?« »Ich möchte, daß du mit mir spielst!« »Ja, da mußt du noch etwas warten, Julie, ich muß diesen Brief noch fertig schreiben.« Das Kind ging langsam zu seinem Spiel zurück. Nach wenigen Minuten fragte sie: »Kannst du jetzt mit mir spielen, Mutti?« »Noch nicht, Süße!« antwortete die Mutter gedankenabwesend. Einige Minuten herrschte Ruhe. »Mutti, ich muß wohin!« »Ist gut, Julie, geh nur!« »Ich kann aber meine Hose nicht alleine aufmachen!« »Oh, das kannst du doch gut«, antwortete die Mutter und sah von ihrem Brief auf. »Du weißt doch, was für ein großes Mädchen du schon bist.« Julie machte einige lahme Versuche. »Na, ist schon recht, komm her, ich helfe dir.« Julie verließ das Zimmer, und die Mutter nahm ihre Schreibarbeit wieder auf. In Kürze war das Mädchen wieder zurück und brauchte Hilfe, um ihre Hosen hochzuziehen. Die Mutter half ihr und machte sich wieder an ihre Arbeit. Einige weitere Minuten war alles still, bis Julie wieder fragte: »Kannst du jetzt spielen?« »Ja, Süße, in wenigen Minuten!« Bald kam Julie zur Mutter, umarmte ihre Knie und sagte: »Ich hab dich lieb, Mutti!« »Ich hab dich auch lieb«, antwortete die Mutter und umarmte sie. Julie ging zu ihren Spielsachen zurück. Die Mutter beendete ihren Brief und fing an, mit Julie zu spielen.

Diese Geschichte scheint eine geduldige, liebende Mutter zu schildern und ihr gutes Verhältnis zu ihrem Kind. Warum erzählen wir sie hier? Wir wollen die *Bewegungen* der Mutter und des Kindes genau betrachten. Was tut Julie? Nett und charmant *sucht sie dauernd Aufmerksamkeit.* Ihr Verhalten sagt: »Wenn du mir deine Aufmerksamkeit nicht zuwendest, bin ich nichts. Ich habe nur dann einen Platz, wenn du dich mit mir beschäftigst.«
Alles, was Kinder wollen, ist, sich zugehörig zu fühlen. Geht alles

gut und behält das Kind seinen Mut, macht es uns nur wenige Schwierigkeiten. Es verhält sich entsprechend der jeweiligen Situation und bekommt ein Gefühl des Dazugehörens durch seine nützlichen Beiträge. Sobald es aber entmutigt wurde, wird sein Zusammengehörigkeitsgefühl beschnitten. Sein Interesse wendet sich von der Mitwirkung in der Gruppe zu dem verzweifelten Versuch der Selbstbestätigung durch andere. Seine ganze Aufmerksamkeit richtet sich auf dieses Ziel, sei es durch angenehmes oder störendes Verhalten, denn so oder so, *muß* es seinen Platz finden. Soweit wir beobachten können, gibt es vier »irrtümliche Ziele«, die ein solches Kind gewöhnlich verfolgt. Wir müssen diese irrtümlichen Ziele verstehen, wenn wir dem Kind zu einem konstruktiven Verhalten, soziale Anpassung zu erreichen, verhelfen wollen.

Das Bestreben nach ***ungebührlicher Aufmerksamkeit*** ist das erste irrtümliche Ziel, das von entmutigten Kindern als Mittel benützt wird, um das Gefühl des Dazugehörens zu erreichen. In der irrtümlichen Annahme, nur als Mittelpunkt der Aufmerksamkeit Geltung zu haben, entwickelt das Kind eine große Geschicklichkeit darin, Aufmerksamkeit zu erregen. Es findet alle möglichen Arten, andere mit sich zu beschäftigen. Es kann charmant und witzig sein, entzückend und kokett. So angenehm es auch sein mag, sein Ziel ist nicht die Mitwirkung, sondern das Erregen von Aufmerksamkeit.

In unserem Beispiel sieht es so aus, als ob Julie mitwirken will. Sie möchte, daß Mutter mit ihr spielt. Wieso kommen wir zu der Folgerung, Julie würde sich nicht richtig verhalten? Sehr einfach. *Zur Mitwirkung gehört die Zusammenarbeit mit den Forderungen der Situation.* Ein mutiges Kind, das Selbstvertrauen hat, würde merken, daß die Mutter auch noch etwas anderes zu tun hat. Julie ist aber anderer Meinung. Sie hat das Gefühl, daß die Mutter sie vernachlässigt, wenn sie sich mit etwas anderem beschäftigt. Julie glaubt nur Geltung zu haben, wenn sie volle Aufmerksamkeit bekommt.

Wenn gefällige Mittel, Aufmerksamkeit zu erregen, versagen, wird das Kind zu störenden Methoden übergehen. Es mag dann wimmern, necken, trödeln, die Zimmerwände mit Bleistift verschmieren, seine Milch verschütten oder irgendeine andere der tausend Arten, Aufmerksamkeit zu erregen, ausprobieren. Wenn seine Eltern es anfahren, ist es wenigstens sicher, daß sie sich seiner Gegenwart bewußt sind! Ein solches Kind hat eine irrtümliche Meinung von sich selbst. Wenn immer wir seinen ungebührlichen Forderungen nach Aufmerksamkeit nachgeben, *stärken* wir seine irrtümliche Meinung von sich selbst und *vergrößern* seine Überzeugung von der Richtigkeit dieser Methode, das ersehnte Gefühl des Dazugehörens zu erreichen.

Natürlich brauchen Kinder unsere Aufmerksamkeit. Sie benötigen unsere Hilfe und Führung, unsere Sympathie und Liebe. Wenn wir uns aber genau beobachten, können wir feststellen, wie wir auf die Bemühungen des Kindes reagieren, dauernd ungebührliche Aufmerksamkeit zu erregen. Wir können dann so gut wie sicher sein, daß unsere Reaktion gerade das ist, was das Kind von uns haben will. Dies ist ein irrtümlicher Weg, seinen Platz zu finden.

Beim ersten Hinsehen mag es schwierig erscheinen, zwischen der notwendigen und der ungebührlichen Aufmerksamkeit zu unterscheiden. Das Geheimnis liegt in der Fähigkeit, die Forderungen der Situation als Ganzes zu erkennen. Mitwirkung und Zusammenarbeit erfordern, daß jedes Mitglied der Familie mehr auf die Notwendigkeiten der Situation als auf sein eigenes Gefühl eingestellt ist. Wir können als Eltern uns vor Augen halten, was das Kind tut. Falls sein Handeln und unsere Reaktion nicht mit den Forderungen der Situation übereinstimmen — wie es in Julies Geschichte als Beispiel dargestellt wurde — ist es so gut wie sicher, daß das Kind *ungebührliche* Aufmerksamkeit verlangt hat. Häufig können wir die unbewußten Absichten des Kindes dadurch entdecken, daß wir unsere eigene Reaktion beobachten. Da die Wechselwirkung zwischen zwei Menschen auf der unbewußten Ebene stattfindet, reagieren wir »natürlich« auf den Plan des Kindes. Werden wir uns dieser Wechselwirkung bewußt und entwickeln wir die Kunst, sie zu verstehen, dann bringen wir sie auf die bewußte Ebene und haben damit das Mittel, das Ziel zu ändern oder dem Kind Führung zu geben.

Die fünfjährige Paula saß vor dem Fernsehapparat. Dreimal wurde ihr schon gesagt, es sei höchste Zeit, zu Bett zu gehen. Jedesmal jammerte sie und bat darum, noch etwas länger aufbleiben und »dieses eine Programm« zu Ende sehen zu dürfen. Die Mutter gab nach, weil es tatsächlich ein gutes Programm war. Am Schluß des Programms jedoch ignorierte Paula die erneute Ermahnung ihrer Mutter, schaltete auf das andere Programm um und machte es sich wieder bequem. Die Mutter kam herein. »Paula, es ist schon lange Zeit, ins Bett zu gehen. Komm jetzt, sei lieb und geh!« »Nein!« sagte Paula. Die Mutter beugte sich über sie und sagte ärgerlich: »Ich sagte dir, du mußt ins Bett. Jetzt aber los!« »Aber Mutter, ich möchte doch ...« »Möchtest du, daß ich dich haue?« unterbrach die Mutter. Sie schaltete das Fernsehgerät ab. Paula fing sofort zu weinen an. »Du wüstes altes Ding!« Sie stürzte zum Apparat und versuchte, ihn wieder anzudrehen. Die Mutter packte Paulas Hand, schlug sie und zog sie mit Gewalt aus dem Zimmer. »Jetzt habe ich aber genug von dir. Sofort machst du dich fertig. Los, zieh dich aus!« Trotzig weinend warf sich Paula auf das Bett. Unsicher verließ die Mutter das Zimmer. Zwanzig Minuten später kam sie wieder und fand Paula immer noch angezogen, ein Buch lesend. Völlig verzweifelt gab sie Paula Prügel, zog sie aus und brachte sie ins Bett.

Zuerst einmal: Paula wußte genau, daß es Zeit für sie war, ins Bett zu gehen. Durch Trödeln und Bitten, länger aufbleiben zu dürfen, konnte sie die Autorität ihrer Mutter in Frage stellen. Als die Mutter nachgab, spielte sie ihrer Tochter in die Hand. Paulas Verhalten schien zu sagen: »Meine Bedeutung liegt darin, dich so weit zu bringen, daß du tust, was ich will.« Sie bekam, was sie wollte, als Mutter sie länger aufbleiben ließ. Sie zeigte erfolgreich ihre Fähigkeit, mit Mutter fertig zu werden.
*Der Kampf um Überlegenheit* ist das zweite irrtümliche Ziel und spielt sich meist dann ab, nachdem die Eltern eine Zeitlang mit Gewalt versucht haben, die kindlichen Ansprüche auf Aufmerksamkeit zu unterdrücken. Darauf entschließt sich das Kind, eben-

falls Gewalt zu brauchen, um sich seinen Eltern überlegen zu zeigen. Den Wunsch der Eltern nicht zu erfüllen, verschafft ihm ein ungeheueres Gefühl der Befriedigung. Es hat den Eindruck, sich einer stärkeren Macht zu beugen und damit sein Gefühl des persönlichen Wertes zu verlieren, wenn es den Forderungen der Eltern nachkäme. Als Paulas Mutter darauf bestand, daß sie nach Schluß des Programms ins Bett gehe, verwickelten sich Mutter und Paula in einen Machtkampf. Das Ende der Geschichte zeigt, wie jedes dem anderen beweisen will, wer der Stärkere ist. Jedesmal, wenn die Mutter sich ärgerte oder Paula Schläge gab, überließ sie ihr den Sieg. Die Demütigung und der Schmerz der Bestrafung waren ein Preis, den sie gern für den Sieg bezahlte: nämlich der Mutter das Gefühl des Versagens, des Bankrotts, zu geben — was wir Eltern tatsächlich fühlen, wenn wir uns völlig besiegt sehen und unsere Geduld verlieren. Unser Verhalten sagt dann: »Außer meiner überlegenen Größe und Stärke habe ich nichts.« Die Kinder fühlen dies und machen Gebrauch davon. Können wir uns nicht daran erinnern, daß wir innerlich lächelten (trotz unserer äußeren Tränen und Schreie), als wir unsere Eltern zum Punkt völliger Verzweiflung und Enttäuschung gebracht hatten?

Es ist ein großer Fehler und völlig sinnlos, ein machttrunkenes Kind mit Gewalt bezwingen zu wollen. In dem folgenden Kampf, der zur Gewohnheit wird, entwickelt das Kind nur noch mehr die Fertigkeit, seine Macht zu gebrauchen, und findet noch bessere Gründe, sich wertlos zu fühlen, wenn es diese Macht nicht zeigen kann. Dieser Vorgang kann das Kind so weit bringen, daß es seine einzige Befriedigung darin findet, seine Umgebung zu tyrannisieren.

Das Problem des Machtkampfes wird in der heutigen Gesellschaft immer häufiger, und zwar wegen der Wandlung unserer Auffassung von Gleichberechtigung. Wir werden über dieses Problem im sechzehnten Kapitel sprechen. Für den Augenblick möge es genügen, den Machtkampf zu erkennen, wenn sowohl Eltern wie Kind einander zeigen wollen, wer der Stärkere ist.

Eine der wichtigsten Unterscheidungen zwischen dem Versuch, Aufmerksamkeit zu erregen, und der Machtdemonstration ist das Verhalten des Kindes, wenn es ermahnt wird. Will es nur Aufmerksamkeit, dann hört es mit seinem störenden Betragen, wenigstens für den Augenblick, auf. Ist seine Absicht aber das Zeigen seiner Überlegenheit, so verstärken Ermahnungen nur noch sein störendes Benehmen. Die Beispiele von Julie und Paula lassen diesen Unterschied klar erkennen.

Die Mutter war in der Küche, der Vater im Keller. Der fünfjährige Robert und der dreijährige Alfred spielten im Wohnzimmer. Plötzlich schrie Alfred schmerzlich auf. Mutter und Vater stürzten ins Zimmer, um Alfred in einer Ecke kauernd zu entdecken, schreiend, während Robert ein brennendes Feuerzeug unter den Arm seines Bruders hielt. Als die Eltern dazukamen, war der Schaden schon geschehen. Robert hatte Alfred eine häßliche Brandwunde zugefügt.

Das dritte irrtümliche Ziel entsteht aus der Verstärkung des Machtkampfes. Wenn sich Eltern und Kind immer mehr in einen Machtkampf einlassen und jedes versucht, den anderen zu unterdrücken, kann sich die Wandlung zu einer intensiven Wiedervergeltung entwickeln. Das tief entmutigte Kind meint, Rache sei das einzige Mittel, sich wichtig zu fühlen. Denn jetzt ist es überzeugt, daß niemand es lieb hat, daß es keinerlei Macht hat und nur dann zählt, wenn es andere so verletzen kann, wie es sich selbst von ihnen verletzt fühlt. So wird sein irrtümliches Ziel ein Ziel der *Wiedervergeltung* und *Rache*. Robert, bei seinen Bemühungen, einen Platz zu finden, tief entmutigt, glaubt selbst, schlecht und unbeliebt zu sein. Durch sein lästiges Betragen kann er auch andere davon überzeugen. Solche Kinder, die am meisten Ermutigung brauchen, bekommen sie am wenigsten. Es braucht echtes Verständnis und Glauben an das Kind, wie es ist, um ihm zu helfen, seinen Wert wieder zu erkennen. Wenn die Eltern Robert bestrafen, geben sie ihm nur einen weiteren Beweis für seine Schlechtigkeit. Bestrafung reizt ihn überdies dazu, aufs neue

zu provozieren, was wieder zu weiterer Vergeltung führt und zu gegenseitigen Akten des Verletzens.
Das vierte Ziel wird von den durch und durch entmutigten Kindern verfolgt. Sie versuchen, ihre *völlige Unfähigkeit* zu zeigen.

Der achtjährige Jakob hatte Schwierigkeiten in der Schule. Bei einer Besprechung sagte der Lehrer zu seiner Mutter, er lese sehr schlecht, sei in fast allem zurück und verbessere sich nicht, so sehr er auch versuche, ihm besondere Hilfe zu geben. »Hilft Jakob im Hause?« fragte der Lehrer. »Ich habe schon lange aufgegeben, ihm etwas zu sagen«, antwortete die Mutter. »Es hilft überhaupt nichts, und wenn er etwas tut, benimmt er sich so ungeschickt und macht es so schlecht, daß ich ihn einfach nicht mehr darum bitte.«

Ein völlig entmutigtes Kind gibt ganz auf: Es hat das Gefühl, daß es auf keine Weise Erfolg haben kann, sei es mit nützlichen oder unnützen Mitteln. Es wird hilflos und benützt seine Hilflosigkeit, wobei es jede wirkliche oder eingebildete Schwäche oder Fehlerhaftigkeit vergrößert, um jede Aufgabe zu vermeiden, bei der sein erwartetes Versagen vielleicht noch peinlicher ans Licht trete. Das scheinbar dumme Kind ist oft ein entmutigtes Kind, das Dummheit als Mittel benützt, um jeder Forderung aus dem Wege zu gehen. Es ist, als ob diese Kinder sagen würden: »Wenn ich irgend etwas tue, wirst du entdecken, wie völlig wertlos ich bin. Laß mich also allein.« Diese Kinder stellen andere nicht mehr in ihren Dienst, sie geben einfach auf. Bemerkt eine Mutter, daß sie sich sagt, »ich gebe es auf, es hat doch keinen Sinn, irgend etwas von ihm zu verlangen«, kann sie ziemlich sicher sein, daß es gerade das ist, was das Kind sie fühlen lassen will. Als ob das Kind sagen würde: »Gib es auf, Mutter, es hat keinen Sinn. Ich habe keinen Wert; es ist hoffnungslos. Laß mich allein!« Die Ansicht des Kindes von sich selbst ist natürlich ein Irrtum, der auf eine Reihe von Erlebnissen zurückgeführt werden kann, wo es glaubte, vor unüberwindlichen Hindernissen zu stehen. Dadurch ließ es sich so sehr entmutigen. Es gibt kein Kind, das überhaupt keinen Wert hat!

Wenn wir die vier möglichen irrtümlichen Ziele hinter dem Benehmen des Kindes erkennen, haben wir eine Grundlage für unser Verhalten zum Kinde. *Auf keinen Fall kann irgend etwas damit gewonnen werden, daß wir dem Kind sagen, was wir für sein irrtümliches Ziel halten. Dies könnte überaus schädlich sein.*

Psychologische Einsicht soll als Grundlage für unser *Handeln* verwendet werden und nicht als ein Strom von Worten, die zu Waffen gegen das Kind werden. Es ist sich seiner Absicht völlig unbewußt. Man kann einem Kind seine verborgene Absicht klarmachen, aber ein solcher Akt der Enthüllung sollte geschulten Leuten überlassen werden. Haben wir jedoch das irrtümliche Ziel eines Kindes einmal erkannt, sind wir in der Lage, den Zweck seines Verhaltens zu entdecken. Was früher sinnlos erschien, wird jetzt verstanden. Wir können jetzt handeln. Wenn wir die vom Kind gewünschten Folgen nicht eintreten lassen, wird sein entsprechendes Verhalten nutzlos. Erreicht das Kind nicht sein Ziel, kann es sein Streben überprüfen und einen neuen Kurs einschlagen.

Sind wir uns klar geworden, daß ein Kind ungebührliche Aufmerksamkeit verlangt, dürfen wir nicht darauf eingehen. Was hat es für einen Sinn, von einer Mutter, die sich zurückzieht, Aufmerksamkeit zu verlangen? Finden wir uns in einen Machtkampf verwickelt, dann ziehen wir uns vom Schlachtfeld zurück und lassen uns auf keinen Kampf ein. Dem Kind macht es keinen Spaß, Sieger auf einem leeren Schlachtfeld zu sein! Sucht ein Kind uns zu verletzen, so wird seine tiefe Entmutigung offenbar, und wir brauchen uns nicht verletzt zu fühlen und können Bestrafung durch Wiedervergeltung vermeiden. Ebenso sollten wir aufhören, uns durch ein »hilfloses« Kind entmutigen zu lassen. Denn wir sind in der Lage, Erfahrungen herbeizuführen, durch die es seine Fähigkeiten entdecken kann. Was hat es für einen Sinn aufzugeben, wenn die Mutter einfach nicht glauben will, daß man hilflos ist?

Spätere Kapitel werden diese vier Ziele durch Beispiele belegen und verschiedene Methoden beschreiben, um mit ihnen fertig zu werden. Diese vier unrichtigen Verfahrensweisen erklären das Verhalten eines Kindes bis zur Pubertät. Während dieses Alters hängt die soziale Stellung eines Kindes hauptsächlich von seinen Eltern und anderen Erwachsenen ab. Es lebt als Kind in der Welt der Erwachsenen. In dieser Zeit sind die vier irrtümlichen Ziele für den, der beobachten kann, ziemlich augenscheinlich. Ist das Kind jedoch etwa elf bis dreizehn Jahre alt, dann wird seine Beziehung zu Gleichaltrigen wichtiger, und es benützt eine größere Skala von Verhaltensweisen, um seinen Platz in der Gruppe der Gleichaltrigen zu finden. Aus diesem Grund kann störendes Verhalten (das immer eine irrtümliche Bemühung ist, seinen Platz zu finden) nicht immer nur durch eines der vier Ziele erklärt werden. Herausforderndes Verhalten bei Heranwachsenden und Erwachsenen ist manchmal auf eines der vier irrtümlichen Ziele zurückzuführen; aber auch andere Formen von irrtümlichen Verfahrensweisen sind offensichtlich — z. B. die Suche nach aufregenden Erlebnissen, übertriebene Beachtung männlicher Eigenschaften, materieller Erfolg usw. — die nicht unbedingt innerhalb des Rahmens dieser Ziele fallen.

Auch eine andere wichtige Überlegung dürfen wir nicht vergessen: Als Eltern können wir nur versuchen, unser Kind zu einer Wandlung seines Verhaltens *anzuregen.* Selbst wenn wir das Richtige tun, können wir nicht immer Erfolg haben. (Immer Erfolg zu erwarten, ist ja auf jeden Fall eine unmögliche Forderung an uns selbst!) Jedes Kind trifft, wenn auch meist unbewußt, seine eigenen Entscheidungen. Einflüsse außerhalb der Familie, besonders von Gleichaltrigen, machen einen starken Eindruck. Sollten unsere Bemühungen, es in eine andere Richtung zu lenken, versagen, müssen wir daran denken, daß jedes Kind ein Individuum ist und seine eigene Wahl und Entscheidung trifft. Dafür können nicht wir verantwortlich sein, sondern nur das Kind. Auch dies ist die Folge der sozialen Gleichwertigkeit in einer demokratischen Gesellschaftsordnung.

Das Leben besteht nur aus dem gegenwärtigen Augenblick, und wenn wir uns in diesem Augenblick richtig verhalten, arbeiten wir an einer Verbesserung. Entsprechen wir auf der anderen Seite nicht den Forderungen einer gegebenen Situation, dann sind die Möglichkeiten für eine Verbesserung nicht sehr groß.

Natürlich kann die Lösung zu unseren Schwierigkeiten nicht immer sofort gefunden werden. Dieser Augenblick ist immer nur einer von vielen in einer Reihe von Ereignissen, die entweder eine Lösung bringen, sie aufschieben oder sie unmöglich machen. Bei unseren Kindern trägt jeder Augenblick entweder zu ihrer Entwicklung bei, zu einer Verbesserung der Beziehungen oder zum Gegenteil, der Entwicklung unrichtiger Haltungen und schlechter sozialer Anpassung.

Viele der Probleme unserer Kinder erfordern ein schrittweises Vorgehen. In diesem Buch versuchen wir zu zeigen, welches Verhalten in einer gegebenen Konfliktsituation hilfreich sein kann und welches schädlich. Für die meisten Eltern und für die Mehrzahl der Situationen genügt es zu wissen, was man im gegebenen Augenblick tun oder nicht tun soll. Früher besaßen alle Mütter dieses Wissen; es wurde durch die Tradition der Erziehung von Generation auf Generation weitergegeben. Unsere heutige Aufgabe ist, die Methoden zu finden, die in einer demokratischen Umgebung wirksam sind. Wenn diese wieder von der Mehrzahl aller Eltern angenommen worden sind, werden wir zu einer neuen Tradition der Erziehung von Kindern gelangen.

In vielen Fällen sind die irrtümlichen Vorstellungen und Ziele des Kindes, die seinem fehlerhaften Verhalten zugrunde liegen, so fest verankert, daß es mehr braucht als die richtige Reaktion auf die verschiedenen Akte der Herausforderung. Wir brauchen wahrscheinlich einen vollständigen Umbau der grundlegenden Vorstellungen sowohl des Kindes als auch seiner Eltern. Die Erwachsenen müssen Kinder und die Beweggründe ihres Verhaltens besser verstehen lernen. Daher wird es für Eltern gut sein, entweder in einer Eltern-Studiengruppe mitzumachen, eine Erziehungsberatungsstelle aufzusuchen oder sich um persönlichen Rat von berufener Seite zu bemühen. Es mag auch ratsam sein, noch mehr Bücher über Kindererziehung zu lesen [1].

Was wir mit diesem Buch versuchen, ist eine Klärung unseres täglichen Verhaltens — eine Hilfe für die gequälte Mutter, die zuerst ihre ungeheuer großen Möglichkeiten der Beeinflussung ihres Kindes entdecken muß, sobald sie weiß, was sie mit ihm tun kann. Je mehr Eltern lernen, ihre Kinder wirklich zu verstehen, desto mehr können sie ihnen helfen bei ihrer Neuorientierung, bei der Entwicklung einer richtigeren Lebensanschauung und der Anerkennung sozialer Werte, die für eine friedvolle Zusammenarbeit genauso wichtig sind wie für die befriedigende Erfüllung ihrer physischen Notwendigkeiten.

---

[1] Alfred Adler, Individualpsychologie in der Schule, Leipzig 1929.
— Technik der Erziehung, Leipzig 1929.
— Die Seele des schwererziehbaren Kindes, München 1930.
— Menschenkenntnis, Zürich 5. Aufl. 1947.
Ferdinand Birnbaum, Die seelischen Gefahren des Kindes, Leipzig 1931.
Sofie Lazarsfeld, Technik der Erziehung, Leipzig 1929.
Kurt Seelmann, Kind, Sexualität und Erziehung, München 1952.
— Woher kommen die kleinen Buben und Mädchen?, München 1959.
Oskar Spiel, Am Schaltbrett der Erziehung, Wien 1947.
— Einmal anders gesehen, Wien 1954.
Die meisten Erziehungsbücher, die unserer Orientierung folgen, sind in jüngerer Zeit nur in der englischen Sprache erschienen.

## 5. Kapitel

# BESTRAFUNG UND BELOHNUNG VERMEIDEN

Die Mutter wunderte sich über die Ruhe im Haus. Sie forschte nach und fand den zweieinhalbjährigen Alex im Begriffe, die Toilette mit Toilettenpapier vollzustopfen. Alex war deshalb schon mehrere Male geschlagen worden. Völlig aufgebracht schrie die Mutter »Wie oft muß ich dich noch verprügeln?« Sie packte Alex, zog seine Höschen aus und verdrosch ihn tüchtig. Später — am selben Abend — fand der Vater die Toilette *wieder* vollgestopft vor.

Warum in aller Welt hört Alex damit nicht auf, nachdem er schon so oft dafür verhauen wurde? Ist er zu klein, zu verstehen? Weit davon entfernt. Alex weiß ganz genau, was er tut. Er wiederholt seine Untat absichtlich. Natürlich weiß er nicht warum! Sein Verhalten gibt uns aber die Erklärung. Seine Eltern sagen: »Nein — du darfst nicht!« Seine Taten sagen: »Ich zeig euch, daß ich kann — egal, worum es sich handelt!«

Wenn Bestrafung Alex daran hindern würde, die Toilette mit Papier vollzustopfen, hätte *eine* Tracht Prügel genügt. Wieso haben aber nicht einmal wiederholte Schläge Eindruck gemacht?

Im ersten Kapitel besprachen wir die Wandlung unseres sozialen Klimas, in dem Demokratie mehr und mehr eine Lebensweise geworden ist. Da nun die demokratische Entwicklung soziale Gleichwertigkeit mit sich brachte, können Eltern nicht mehr die Rolle der »Autorität« spielen. Autorität bedeutet auch Herrschen: Ein Individuum hat Macht über andere. Unter Gleichwertigen kann es kein solches Herrschen geben. Herrschen, Gewalt, Macht müssen durch Beeinflussungsmethoden, welche Gleichberechtigung anerkennen, ersetzt werden.

Nur in einem autokratischen sozialen System haben Bestrafung und Belohnung ihren Platz. Hier hatte die Autorität, die sich einer herrschenden Stellung erfreute, das Vorrecht, zu entscheiden, wer Belohnung und wer Bestrafung verdiente. Und weil das autokratische soziale System auf der festen Verankerung herrschender Mächte beruhte, wurden solche Urteile als Teil der Lebensregeln angesehen. Kinder beobachteten, warteten und hofften auf die Zeit, wenn sie dieselben Vorrechte bekommen wie die Erwachsenen. Heute ist unsere ganze soziale Struktur geändert. Kinder haben soziale Gleichberechtigung mit den Erwachsenen erlangt [1], und wir können uns nicht mehr einer überlegenen Stellung ihnen gegenüber erfreuen. Unsere Macht über sie ist geschwunden: Und *sie* wissen es, gleichgültig, ob *wir* es wissen oder nicht. Sie anerkennen uns nicht mehr als überlegene Machtfigur.

Wir müssen das Vergebliche unseres Versuches erkennen, den Kindern unseren Willen aufzudrücken. Noch soviel Bestrafung wird keine dauernde Unterwerfung erreichen. Die heutigen Kinder sind willens, jede Bestrafung auf sich zu nehmen, um ihre »Rechte« zu bestätigen. Verwirrte und verzweifelte Eltern hoffen immer noch, mit Bestrafung *schließlich* Erfolg zu haben, und merken nicht, daß sie tatsächlich damit oft nur das Gegenteil erreichen. Im besten Fall gelingt nur eine vorübergehende Besserung. Wenn immer wieder dieselbe Strafe verhängt werden muß, sollte es klar sein, daß sie sinnlos ist.

Die Anwendung von Strafen hilft dem Kind, eine größere Widerstandskraft und Trotz zu entwickeln. Der kleine Alex hat schon im frühen Alter von zweieinhalb Jahren begonnen, diesen erschreckenden Weg zu beschreiten.

Die sechs Jahre alte Rita war schon den ganzen Morgen übler Laune. — Sie aß kein Frühstück. Die Mutter schimpfte. — Rita stritt mit ihrer vierjährigen Schwester. Die Mutter schickte sie eine halbe Stunde auf

---

1 Diese soziale Gleichwertigkeit ist schwierig zu verstehen. Ungeachtet ihrer tatsächlichen Verwirklichung haben wir keine rechte Vorstellung, was sie bedeutet. Wir suchen immer noch einzelne Eigenschaften, die ein Individuum gegenüber dem anderen über- oder unterwertig machen, obwohl solche Bewertungen alle fragwürdig geworden sind.

ihr Zimmer. — Rita hatte Pflanzen mit den Wurzeln ausgerissen. Die Mutter hatte gescholten und mit Schlägen gedroht. — Rita hatte die Katze des Nachbarn an die Wäscheleine gebunden und sie damit beinahe erwürgt. Sie mußte auf einem Stuhl in der Küche sitzen bleiben. — Schließlich verschüttete Rita ihre Vespermilch auf den Boden. Jetzt hatte die Mutter genug. Sie verprügelte sie und befahl ihr, für den Rest des Nachmittags auf ihrem Zimmer zu bleiben. Als eine Stunde später alles ganz ruhig war, dachte die Mutter, Rita schlafe und schaute in ihr Zimmer. Zu ihrem Entsetzen sah sie, daß Rita die Schlafzimmervorhänge in Streifen geschnitten hatte, so hoch sie reichen konnte. Außer sich schrie die Mutter: »O Rita, was soll ich mit dir tun?«

Rita verbirgt ihre Entmutigung hinter einer Fassade von »mutigen« Taten. Ihr Verhalten sagt: »Wenn ich schlecht bin, weißt du wenigstens, daß ich da bin.« Ihrer Mutter, die von einer Bestrafung zur anderen getrieben wurde, sagt sie durch ihr Benehmen: »Wenn du das Recht hast, mich zu strafen, habe ich das Recht, dich zu verletzen!« Daraus entsteht ein furchtbarer Teufelskreis von Vergeltung und Rache. Je mehr die Mutter straft, desto mehr rächt sich Rita. Das ist die offensichtliche Folge der Bestrafungsmethoden. Unglücklicherweise sind Kinder vielseitiger und hartnäckiger als Erwachsene. Was Erfindungskraft, Phantasie und Ausdauer anbelangt, übertreffen sie ihre Eltern bei weitem. Die Folge ist, daß die Eltern am Ende ihrer Kraft anlangen, den Kopf schütteln und verzweifelt ausrufen: »Ich weiß nicht, was ich tun soll!«
Bestrafung oder die autoritäre Vorstellung »gehorche mir, sonst ...« muß durch ein Gefühl der gegenseitigen Achtung und Zusammenarbeit ersetzt werden. Obwohl die Kinder sich nicht mehr in einer unterwertigen Stellung befinden, brauchen sie doch unsere Führung. Ein guter Anführer inspiriert und regt seine Anhänger zu Taten an, die der Situation angemessen sind. Genauso muß es mit den Eltern sein. Kinder werden unsere Führung akzeptieren, wenn sie wissen, daß wir sie als gleichwertige menschliche Wesen ansehen, die Achtung und Beachtung verdienen. Wird ein Kind geschlagen, leidet seine Würde, und auch von Mutters

Würde bleibt nicht viel übrig, besonders wenn sie sich anschließend schuldig fühlt.

Eltern können lernen, wirksamere Methoden zu gebrauchen, um ein Kind dazu zu bringen, sich den Forderungen der Ordnung anpassen zu wollen. Eine Atmosphäre der gegenseitigen Selbstachtung und der Rücksicht kann geschaffen und dem Kind die Gelegenheit gegeben werden, zu lernen, wie man mit anderen harmonisch und glücklich zusammenleben kann. Wir brauchen Lernsituationen, bei denen weder die Achtung für das Kind noch die für uns selbst verlorengeht. Und wir können all das ohne Machtdemonstration bewirken, die nur Rebellion hervorruft und die Anpassung erschwert, statt sie herbeizuführen.

Im Laufe unserer Umerziehung zu den neuen Methoden der Kindererziehung kann es vorkommen, daß wir uns herausgefordert fühlen, ein Kind zu bestrafen oder zu schlagen. Dann sollten wir ehrlich sein und zugeben, daß wir damit nur unser eigenes Gefühl der Niederlage vorübergehend beseitigen. Wir sollten uns aber nicht vormachen, wir hätten das Kind nur »zu seinem eigenen Besten« bestraft. Gleichzeitig können wir oft erkennen, daß Kinder tatsächlich nach Schlägen verlangen. Ihr herausforderndes Benehmen ist Teil ihres Zieles, uns in einen Machtkampf zu verwickeln oder sich für früheres »Unrecht« zu rächen. Wenn wir ein Kind bestrafen, spielen wir sein Spiel mit, das heißt, wir bestätigen seine falsche Vorstellung, daß Macht und Stärke allein zählen. Werden wir herausgefordert, so handeln wir als verwundete Menschen und nicht als Erzieher. Und für jeden Sieg, den wir erzielen, zahlen wir bitter durch all die weiteren Niederlagen, die uns das Kind bereitet.

Es scheint angezeigt, daß wir über unsere eigene Schwäche lächeln lernen und weitermachen, das heißt, uns um konstruktivere Methoden bemühen. Wir brauchen den Mut zur Unvollkommenheit. Wenn das Kind uns dauernd Niederlagen bereitet, sind wir vielleicht berechtigt, uns durch Schläge wenigstens einen kurzen Augenblick des Sieges zu verschaffen, und brauchen uns deshalb nachträglich nicht schuldig zu fühlen. Schuldgefühle sind ein Luxus, den wir uns einfach nicht erlauben können. Schuldgefühle sagen uns: »Was ich tat, war falsch. Daher bin ich eine schlechte Mutter, die sich schuldig fühlen muß.« Als Folge fühlt sich die Mutter noch mehr entmutigt und geschlagen. Wenn wir uns aber sagen: »Ja gut, ich habe mein Kind geschlagen, es forderte mich heraus; ich weiß, daß es als Erziehungsmethode nutzlos ist, aber ich fühle mich darnach besser. Jetzt werde ich eben die Scherben auflesen und weitermachen«, so kann dies viel zu unserer eigenen Ermutigung beitragen und zu dem Gefühl, mit dem Kind fertig werden zu können.

Die Mutter gab dem achtjährigen Bill eine Mark und bat ihn, zum Bäcker zu gehen, solange sie etwas anderes einkaufte. Als sie sich wieder trafen, fragte die Mutter nach dem Wechselgeld. »Warum möchtest du denn das Wechselgeld?« brummte Bill. »Wieso, Bill, ich brauche es!« Ärgerlich leerte der Junge das Kleingeld in die Hand seiner Mutter. »Ich bekomme es nicht«, fuhr er sie an, »und dabei tat ich dir doch einen Gefallen!« Verwirrt schaute die Mutter ihn an. »Ja mein Lieber, du hast mir einen Gefallen getan.« Als sie sich zum Wagen begaben, zeigte Bill in jeder Bewegung seines Körpers seine Unzufriedenheit.

Die Sitte, Kinder für gutes Verhalten zu belohnen, ist genauso schädlich wie die Methode der Bestrafung. Damit wird derselbe Mangel an Achtung gezeigt. Wir »belohnen« die uns Unterlegenen für ihre Hilfe. In einem System der gegenseitigen Achtung unter Gleichwertigen wird das getan, was getan werden muß. Die Befriedigung kommt aus der Harmonie zweier Menschen, die etwas zusammen machen, wie Bill und seine Mutter es getan haben. Bill hat aber nicht verstanden, wie er seinen Teil zum Wohl der Familie beigetragen hat. Seine Aufmerksamkeit ist auf sich selbst gerichtet. Er war unzufrieden, als seine Erwartung »Was schaut für mich dabei heraus?« durch ein »nichts« enttäuscht wurde. Und wie eingeschränkt ist Bills Anschauung! Sein natürliches Gemeinschaftsgefühl wurde durch die falsche Vorstellung, nur dann einen Platz zu haben, wenn er etwas »bekommt«, erstickt. Er fühlt sich nur dann zugehörig, wenn er etwas für seine Leistungen bekommt.

Zwei Oberschüler unterhielten sich in der Pause über ein Konzert. »Heh, Maria war ganz gut, als sie Beethoven spielte«, bemerkte der eine. »Na, mit sehr viel Seele hat sie nicht gespielt«, antwortete der andere. »Weißt du was«, fuhr er fort, »ihre Mutter bezahlt ihr für jede Stunde Üben, eine Mark.« »Mach keine Witze!« »Nein, wirklich! Maria sagte, sie übe den ganzen Sommer täglich acht Stunden, damit sie möglichst viel Geld bekomme.« »Das ist natürlich ein Grund zum Üben! Kein Wunder, daß sie nicht mit Seele spielt. Sie spielt nicht aus Freude daran. Mensch, wenn ich übe, verliere ich mich so darin, daß meine Leute brüllen, ich solle aufhören und Ruhe geben.« »Ja, ich weiß, was du meinst; auch ich kaspere viel herum.«

Dies ist ein Beispiel für den Scharfblick der Jugend!

Es war viel Schnee gefallen und Vater bat den zehnjährigen Michael und den achtjährigen Stefan, den Gehweg freizuschaufeln. »Was zahlst du uns?« fragte Michael. »Ja«, zögerte der Vater, »was denkt ihr, daß es wert ist?« »Oh, vielleicht für jeden von uns zwei Mark«, fing Michael zu handeln an. »Ist in diesem Preis auch der Weg zur Garage eingeschlossen?« fragte der Vater zweifelnd. Da er nicht zu weit gehen wollte, antwortete Michael vorsichtig: »Ja, ich glaube.« »Gut, ist recht so«, stimmte Vater überein. Mit einem Freudengeheul rannten die Knaben fort.

Es besteht kein Anlaß, Kinder für kleine Hilfsdienste zu bezahlen. Sie leben im Haus, essen, werden mit Kleidung und allem Guten versorgt. Wenn sie die Gleichberechtigten sind, die sie sein wollen, müssen auch sie ihren Anteil zum Ganzen beitragen.
Durch das System der Belohnung bekommen Michael und Stefan den Eindruck, daß sie nichts tun müssen, wenn für sie nichts dabei herausschaut. Unter solchen Umständen können sie unmöglich ein Gefühl der Verantwortlichkeit entwickeln. Die Betonung liegt auf dem »Was schaut dabei heraus?« Dies kann so weit gehen, daß wir keine richtigen Belohnungen mehr zur Verfügung haben. Und das Traurige ist, daß es keine Belohnung gibt, die auf die Dauer völlig zufriedenstellt.

Kinder sollten sich als Teil der Familie fühlen. Sie sollten auch teilhaben am Geldausgeben, gewöhnlich in der Form von Taschengeld. Das ist ihr Anteil am Geld und sie sollen damit tun dürfen, was sie wollen. Man braucht keine Verbindung zwischen kleinen Aufgaben und Taschengeld. Kinder sollten helfen, weil sie für das Wohl der Familie beitragen wollen. Sie bekommen Taschengeld, weil sie an den Vorteilen des Familienlebens teilhaben.

Die Mutter ließ ihre beiden kleinen Mädchen im Wagen auf dem Parkplatz, damit sie ungehindert einkaufen könne. Als sie eben wegwollte, fingen die beiden an zu schreien. »Kommt, seid jetzt anständig, dann bringe ich euch etwas mit!« »Was?« fragte die Dreijährige. »Oh, ich weiß noch nicht — irgend etwas!« antwortete die Mutter eilig, als sie davonging.

Die Mutter versucht, Zusammenarbeit dadurch zu erreichen, daß sie materiellen Gewinn anbietet. Kinder brauchen keine *Bestechung*, um gut zu sein. Sie wollen selber gut sein. Gutes Benehmen des Kindes kommt aus seinem Bestreben heraus, dazuzugehören, nützliche Beiträge zu leisten und mitzuarbeiten. Bezahlen wir ein Kind für gutes Betragen, zeigen wir ihm nur, daß wir seinen guten Absichten nicht trauen. Das ist aber eine Form der Entmutigung.

Belohnung gibt einem Kind nicht das Gefühl des Dazugehörens. Sie kann ein Zeichen elterlicher Anerkennung sein, aber nur für einen Augenblick. Und dann? Sind Vater und Mutter immer noch mit mir einverstanden? Wenn wir an die Zahl der Augenblicke denken, haben wir bald keine Belohnungen mehr zur Verfügung. Geben wir aber keine besondere Belohnung, glaubt das Kind, seine Bemühungen verschwendet zu haben. Eltern sehen sich einem ernsthaften Problem gegenüber, wenn das Kind sich weigert, mitzuarbeiten, weil es auf die Frage »Was schaut für mich dabei heraus?« keine Antwort erhält. Solange es die Belohnung nicht als genügend ansieht, was ist der Sinn der Zusammenarbeit? Warum sollte es sich bemühen, wenn es nichts dafür bekommt? Und so entwickelt sich diese materielle Einstellung mehr und mehr — es wird unmöglich, den Appetit nach Bereicherung zu befriedigen. Ein völlig falscher Wert wurde festgelegt, und der Jugendliche nimmt an, daß die Welt ihm alles schuldet. Wenn nicht automatisch etwas dabei herausschaut, wird er es »ihnen schon zeigen«. Das ist das Gefühl des Sechzehnjährigen, in dessen Wertsystem die Befolgung der Verkehrsregeln keinen Raum hat. Er bevorzugt, in rücksichtslosem Trotz, zu fahren wie er will. Warum sollte er den Verkehrsregeln gehorchen? Wo ist die Belohnung? Er hat seinen Wagen. Es macht viel Spaß, zu versuchen, möglichst viel Aufregendes zu erleben und zu zeigen, was für ein toller Kerl man ist, wenn man tut, was man will, und dabei nicht geschnappt wird. Außerdem, was ist schon die kleine Bestrafung, wenn man gefaßt wird. Die Aufregung ist es wert. Und Vater wird ja auf jeden Fall bezahlen.

Das ist die Wirkung von Belohnung und Bestrafung: »Sie haben mir dafür nichts gegeben, ich werde sie dafür bestrafen. Wenn sie mich bestrafen, werde ich mich rächen. Ich werde es ihnen schon zeigen!«

Befriedigung kommt von dem Gefühl des Beitragens und Mitwirkens — ein Gefühl, das in unserem gegenwärtigen System der materiellen Belohnung unseren Kindern verwehrt ist. Mit unseren fehlerhaften Bemühungen, Mitarbeit durch Belohnung zu erreichen, versagen wir tatsächlich unseren Kindern die grundlegenden Befriedigungen des Lebens.

## 6. Kapitel

# NATÜRLICHE UND LOGISCHE FOLGEN ANWENDEN

Nachdem Bestrafung und Belohnung sich als unwirksam erweisen, was können wir tun, wenn die Kinder ungezogen sind? Nun, was geschieht, wenn die Mutter den Kuchen im Herd vergißt? Die natürliche Folge ist, daß der Kuchen verbrennt. Wenn wir einem Kind erlauben, die Folgen seines Tuns zu erfahren, bieten wir eine ehrliche und wirkliche Lernsituation.

Der zehnjährige Alfred vergaß dauernd, sein Vesperbrot mit zur Schule zu nehmen. Sobald seine Mutter dies entdeckte, brachte sie es ihm und suchte sich zu vergewissern, daß er es auch wirklich aß. Jedesmal schimpfte sie ihn wegen seiner Vergeßlichkeit aus und erinnerte ihn daran, was für ein Opfer es für sie sei, ihm sein Vesperbrot in die Schule zu bringen. Auf solche Predigten reagierte Alfred mit schlechter Laune und vergaß auch fernerhin sein Vesperbrot.

Was ist die natürliche Folge, wenn man sein Vesperbrot vergißt? Man hat Hunger. Die Mutter könnte erklären, sie fühle sich für das Vesperbrot nicht mehr verantwortlich. Vergißt Alfred es dann wieder, kann sie einfach seine Klagen ignorieren. Schließlich ist es nicht *ihr* Problem. Natürlich wird Alfred sich ärgern, weil er glaubt, es sei Mutters Pflicht, für sein Vesperbrot zu sorgen. Mutter könnte aber ruhig antworten: »Es tut mir leid, daß du es vergessen hast, Alfred!« (Es könnte notwendig sein, die Mitarbeit der Schule zu gewinnen, damit niemand ihm Vespergeld vorschießt.) Sollte sie jedoch hinzufügen: »Hoffentlich wird dir das eine Lehre sein!« würde aus der »Folge« sofort eine Bestrafung. Es ist von großer Wichtigkeit, was man sagt. Man will doch dem Kind zeigen, daß es in *seiner* Macht steht, das bestehende Problem zu lösen und nicht, daß es tun muß, was *wir* verlangen.
Die Vorstellung, ein Kind hungern zu lassen, ist für viele Eltern

schreckenerregend. Tatsächlich *ist* es unangenehm zu hungern. Wenn ein Kind aber ein Vesperbrot ab und zu nicht bekommt, hinterläßt es keinen körperlichen Schaden, und das damit verbundene Unbehagen kann Alfred dazu bringen, sein Vesperbrot nicht mehr zu vergessen. Dies wird helfen, die Reibungsflächen zu verkleinern und eine größere Harmonie zwischen Alfred und seiner Mutter entstehen zu lassen, eine Harmonie, die wichtiger ist als ein Vesperbrot. Wir haben weder das Recht, die Verantwortung unserer Kinder auf uns zu nehmen, noch dürfen wir die Folgen ihrer Handlungen tragen. Das alles ist ihre Sache.

Die vierjährige Alice ist sehr zart und immer rasch erkältet. Ihre Eltern sind davon überzeugt, daß sie bei richtiger Ernährung gesünder würde.
Alice sitzt vor ihrem Teller und ißt die ersten Bissen mit Genuß. Sie trinkt etwas Milch, doch während die Eltern sich unterhalten, verliert sie langsam das Interesse an ihrem Essen. Sie lehnt ihren Ellbogen auf den Tisch, stützt den Kopf auf die Hand und spielt teilnahmslos auf ihrem Teller herum. »Komm, Schätzchen«, sagt Vati, »iß doch!« Er spricht sanft und liebevoll. Alice lächelt süß, nimmt einen Bissen in den Mund und behält ihn dort. Vater unterhält sich weiter mit Mutter. Alice kaut ein- oder zweimal. »Komm, Liebes, iß doch wenigstens auf, was du im Mund hast!« unterbricht die Mutter ihre Unterhaltung mit dem Vater. »Du möchtest doch ein großes, gesundes Mädchen werden, nicht?« Alice kaut heftig. »Na, wundervoll«, ermutigt sie Vater. Sobald aber die Eltern wieder miteinander reden, hört Alice mit Kauen auf. Die ganze Mahlzeit besteht daraus, Alice dauernd zum Essen anzuhalten.

Der Zweck ihres geringen Appetits ist offensichlich, die Eltern mit sich zu beschäftigen. Das ist sehr leicht zu entdecken, wenn wir beobachten, wie die Eltern reagieren.
Essen erhält das Leben. Es ist eine normale Funktion. Immer wenn ein Kind Eß-Schwierigkeiten hat, stecken Eltern dahinter, die sich nicht richtig verhalten. Es ist die Sache des *Kindes*, zu essen. Die Eltern sollten auf sich selbst und nicht auf das Kind achten. Der einfachste Weg, Alice richtiges Essen beizubringen, ist, sie essen zu »lassen«. Wenn sie nicht will, sollten die Eltern eine

freundliche Haltung beibehalten, sie nicht ermahnen, die Reste abräumen, sobald alle fertig sind, und Alice die Gelegenheit geben zu sehen, was geschieht. Essen wir nicht, werden wir hungrig. Bei der nächsten Mahlzeit, *und nicht vorher,* gibt es wieder etwas. Trödelt Alice immer noch, wird nichts gesagt; am Tisch soll Freundlichkeit herrschen. Dies soll bedeuten: »Wenn du essen möchtest, hier ist etwas. Wenn du nicht essen willst, dann muß ich annehmen, daß du nicht hungrig bist.« Das Essen wird ganz beiläufig abgeräumt, wenn das Kind damit spielt. Es soll weder gedroht noch eine Belohnung (Nachtisch) in Aussicht gestellt werden. Sagt nun Alice eine Stunde später, sie sei hungrig, und bittet um Milch oder etwas anderes, antwortet die Mutter: »Tut mir leid, daß du Hunger hast, das Abendessen ist um sechs Uhr soweit; schade, daß du so lange warten mußt.« Ohne Rücksicht darauf, wieviel Mitleid Alice mit ihrem Hunger erweckt, muß die Mutter Alice erlauben, hungrig zu sein, weil dies die natürliche Folge des Nichtessens ist. Ein Schmerz, der durch Schläge hervorgerufen wird, ist Bestrafung. Der Schmerz des Hungers wird nicht durch einen Erwachsenen verursacht, sondern ist die Folge der Realität.

Woher kommt es, daß Eltern keine Bedenken haben, mit Schlägen Schmerzen zu verursachen, auf der anderen Seite aber über die Vorstellung von Hungerschmerz, den das Kind sich selbst zufügt, erschrocken sind? Anscheinend fühlen Eltern sich tief verantwortlich für die Nahrung und kommen sich als schlechte Eltern vor, wenn ihr Kind nicht genügend Nahrung zu sich nimmt. Unsere übertriebene Sorge um das Essen und das tief verankerte Gefühl der Angst vor Krankheit und Magerkeit sind oft eine Maske. Eltern glauben an ihr Gefühl der Verantwortung, das an sich richtig ist, aber verdecken damit ihr tatsächliches Bestreben zu herrschen: »Ich will, daß mein Kind so ißt, wie ich es für richtig finde!« Es ist der Wunsch, zu kontrollieren, der so viele Eltern auf Abwege führt. Gerade diese autoritäre Kontrolle ist es, gegen die Alice kämpft. Ist die »Autorität« beseitigt, und hat Alice nichts mehr, wogegen sie kämpfen muß, hat es keinen Sinn mehr, nicht zu essen. Sie wird dann sehr wahrscheinlich essen, wenn es auch ein Weilchen dauern und sicherlich Geduld brauchen wird. Werden logische Folgen als Drohung benützt oder aus Ärger »verhängt«, hören sie auf, Folgen zu sein und werden Bestrafung. Kinder entdecken rasch den Unterschied. Sie reagieren gut auf logische Folgen, wehren sich aber gegen Bestrafung.

Alices Eltern haben sich entschlossen, logische Folgen anzuwenden. Sie trödelt. Die Mutter ärgert sich, sagt aber nichts. Vater und Mutter unterhalten sich, aber ohne richtige Lust, denn ihr Problem sitzt ja gerade vor ihrer Nase, trödelt und spielt mit dem Essen herum. Die Eltern sind mit ihrem Essen bald fertig. Mit liebevoller Geduld wendet Vater sich an Alice: »Komm, Alice, iß doch; wenn du nicht ißt, weißt du doch, daß du vor dem Abendessen Hunger bekommst, aber zwischen den Mahlzeiten nichts erhältst. Du möchtest doch nicht hungrig sein?« »Ich möchte aber nicht mehr essen«, antwortet Alice. »Gut, dann bist du eben hungrig, und denke daran, bis zum Abendessen gibt es nichts!«

Das ist keine logische Folge. Es ist immer noch Bestrafung. Man »droht« Alice mit Hunger. Mutter und Vater sind immer noch zu besorgt um ihr Essen und haben es, wenn auch nicht mehr so offen wie früher, gezeigt. Sie wollen immer noch Alice zum Essen »bringen«. Wie klug Alice ist! Sie spürt genau, was die Eltern fühlen, wenn sie Hunger hat. So versagt sie sich ihr Vesper und wird Hunger »leiden«, um ihre Eltern zu strafen.
Für Alices Eltern ist der einzige Weg aus dieser Schwierigkeit, sich auch *innerlich* nicht mehr um Alices Essen zu kümmern. Es ist *ihr* Problem. *Sie* hat es zu lösen. Sie kann essen oder nicht, sie kann sich hungrig fühlen oder nicht — es bleibt ihre Entscheidung. Wir müssen sie die Folgen tragen lassen. Den Begriff der »logischen Folgen« mißdeuten viele Eltern als eine neue Methode, ihren Willen den Kindern aufzuzwingen. Die Kinder erkennen dies als das, was es wirklich ist, nämlich versteckte Bestrafung. Das Geheimnis liegt in der Art der Anwendung. Es ist überlegtes Sichzurückziehen

der Eltern, das den logischen Folgen die Gelegenheit gibt, in Kraft zu treten. Dies gilt für beide Seiten. Die natürliche Folge des Nichtessens ist der unangenehme Hunger, die natürliche Folge des Essens die angenehme Befriedigung.

Das Mittagessen war für die Mutter ein ständiges Problem, da sie Mühe hatte, die sechsjährige Carola rechtzeitig aus dem Haus zu bringen, um zur Schule zu gehen. Dann hörte sie von der neuen Methode der logischen Folgen. Sie gab zu, daß es für sie eine Angelegenheit des Stolzes sei, Carola nicht zu spät kommen zu lassen. Eines Tages zeigte sie ihr, wo die Zeiger der Uhr stehen würden, wenn Carola weggehen müßte und setzte sich mit ihr zum Essen hin. Carola trödelte. Als Mutter fertig war, verließ sie den Tisch und setzte sich mit einem Buch in ein anderes Zimmer. (Obwohl ihre Augen nur die Worte überflogen und den Sinn nicht erfaßten, schien sie sich mit ihren eigenen Angelegenheiten zu befassen!) Carola ging schließlich eine halbe Stunde zu spät weg. Als sie zurückkam, merkte die Mutter, daß als Folge des Trödelns nichts passiert war. Sie setzte dasselbe Vorgehen jedoch am nächsten Tage fort. Am dritten Tag schrieb sie der Lehrerin ein Briefchen und bat sie um ihre Mitarbeit. Carola kam an diesem Tag fünfundvierzig Minuten zu spät. Als sie heimkam, weinte sie. »Es tut mir leid, daß du zu spät kamst, Liebes. Vielleicht kannst du es morgen besser machen.« Von diesem Tag an beobachtete Carola die Uhr mit Argusaugen, und die Mutter hörte auf, sich darum zu kümmern, ob sie rechtzeitig zur Schule komme oder nicht.

Dieselbe Technik kann beim Aufstehen angewandt werden. Die Mutter erklärt, daß sie nicht mehr dafür verantwortlich ist, ob die Kinder aufstehen und rechtzeitig zur Schule kommen. (Die Mutter geht ja nicht zur Schule!) Sie hört auf, ihnen nachzurennen, läßt sie ruhig trödeln und ihre Bücher und Hausaufgaben vergessen. Wenn der Bus schon weg ist, müssen sie eben zu Fuß gehen, auch wenn der Weg lang ist. Kinder bringen die Energie dazu auf.

Manchmal müssen wir uns eine passende logische Folge erst ausdenken. Wir brauchen uns nur zu fragen »Was würde geschehen, wenn ich mich nicht einmischen würde?« Hausaufgaben, die nicht getan sind, haben die Bestrafung durch den Lehrer zur Folge. Zerstörte Spielsachen verschwinden und werden nicht ersetzt. Wäsche, die nicht in den Wäschekorb gesteckt wird, wird nicht gewaschen usw. Bei anderen Gelegenheiten kann es notwendig werden, die Folgen auf behutsame Art herbeizuführen.

Die dreijährige Käthe rannte immer auf die Straße, wenn ihr erlaubt wurde, im Hof zu spielen. Die Mutter mußte sich dauernd um sie kümmern und sie in den Hof zurückbringen. Schimpfen und Schlagen hatten keinen Erfolg.

Welche logischen Folgen gibt es in diesem Fall? Natürlich würden wir dem Kind nicht die Zügel lassen, bis es von einem Wagen überfahren wird — die natürliche Folge des Spielens auf der Straße. So müssen wir Folgen herbeiführen, die der gestörten Ordnung angepaßt sind. Das erstemal, nachdem Käthe auf die Straße gegangen ist, sollte die Mutter sie fragen, ob sie wohl glaube, im Hof bleiben zu können. Geht sie wieder weg, sollte die Mutter sie ruhig nehmen und entschieden nach Hause bringen. »Da du anscheinend nicht im Hof spielen willst, kannst du nicht draußen sein. Wenn du dazu bereit bist, kannst du es wieder versuchen.« Das Beste für Käthe wäre ein bestimmter Platz im Hause, wo sie spielen kann. Wenn die Mutter Käthe von draußen hereinholt, sollte dies auf keinen Fall unfreundlich geschehen. Mit den Worten »da du anscheinend nicht im Hof spielen willst ...« zeigt sie Käthes Recht auf ihre eigene Entscheidung an. Sie kann Käthe nicht dazu zwingen, gerne im Hof zu bleiben. Sie kann aber Grenzen aufrichten und Folgen herbeiführen. Sobald Käthe ihre Bereitschaft ausdrückt, es wieder zu versuchen, darf sie hinausgehen. Springt sie wieder auf die Straße, wird sie für den Rest des Tages ins Haus zurückgebracht. Um zu verhindern, daß hieraus ein Machtkampf entsteht, kann die Mutter Käthe nach dem dritten aufeinanderfolgenden Mal für einige Tage im Haus behalten. Es ist besonders wichtig, dem Kind immer wieder die Gelegenheit zu geben, es von neuem zu versuchen. Dies zeigt den Glauben der Mutter an das Kind und an seine Fähigkeit zu lernen. Käthe kann protestieren, wenn sie hereingebracht wird, und ihre Rebellion ausdrücken. In diesem Augenblick aber muß die Mutter ruhig bleiben. Sie nimmt keinerlei Stellung zur Rebellion des Kindes, da wir uns zur gleichen Zeit immer nur mit einem Problem befassen können.

Die dreijährige Betty dachte nicht daran, sich die Zähne zu bürsten. Um dies zu erreichen, mußte die Mutter jedesmal mit ihr an den Waschtisch gehen und sie dazu zwingen. Dieser Streit war natürlich nicht angenehm, und deshalb wollte die Mutter logische Folgen anwenden. Sie sagte Betty, sie brauche ihre Zähne nicht zu bürsten, wenn sie dies nicht tun wolle. Da aber Süßigkeiten ungebürstete Zähne kaputtmachen, könnte sie nichts Süßes mehr haben. Hernach vermied die Mutter jede Erwähnung des Zähnebürstens. Eine Woche lang bürstete Betty weder ihre Zähne, noch bekam sie irgendwelche Süßigkeiten. Die anderen Kinder bekamen aber Bonbons und Eis. Eines Nachmittags kündete Betty an, sie wolle ihre Zähne putzen und dafür aber etwas Süßes. »Nicht jetzt, Betty, am Morgen ist die richtige Zeit, die Zähne zu bürsten.« Das Mädchen akzeptierte dies ohne Klagen. Am nächsten Morgen bürstete sie ihre Zähne aus freien Stücken.

Viele der Dinge, die Kinder tun, ärgern uns; und sie tun es nur, um uns zu ärgern und uns mit sich zu beschäftigen. Natürliche Folgen funktionieren in solchen Fällen sehr gut.

Der vierjährige Gustav zieht seine Schuhe dauernd an den falschen Fuß an. Dies ärgert die Mutter. »Um Himmels willen, Gustav, wann wirst du endlich lernen, deine Schuhe richtig anzuziehen! Komm her.« Dann setzte sie sich mit ihm hin und zog ihm die Schuhe an den richtigen Fuß an.

Gustav weiß ganz genau, daß seine Schuhe falsch angezogen sind. Die Mutter kann sich über die Absicht der Handlungsweise ihres Sohne klarwerden, wenn sie ihre Reaktion darauf beobachtet. Er zeigt der Mutter, daß er seine Schuhe benützt, um sie in seinen Dienst zu stellen. Wenn die Mutter sagt: »Wann wirst du endlich lernen ...« legt sie nahe, daß Gustav dumm ist. Das stimmt aber wirklich nicht, denn wenn einer dumm ist, ist es nicht das Kind. Die Mutter kann diese Konfliktsituation vermeiden, indem sie aufhört, sich darum zu kümmern, wie Gustav seine Schuhe anhat.

Es sind seine Füße und nicht ihre. Wenn sie sich nicht einmischt, wird Gustav erleben, wie unangenehm es ist, die Schuhe an den falschen Fuß anzuziehen. Sind die Schuhe zum erstenmal richtig angezogen, kann die Mutter ihre Zufriedenheit darüber ruhig ausdrücken, daß er jetzt weiß, wie es sich gehört. Das genügt. Es ist Anerkennung für seine Leistung und kein Lob, sondern ermutigt das Kind, mit seinen Bemühungen fortzufahren.

Der zehnjährige Albrecht ließ seine Turnschuhe auf dem Sportplatz liegen, und als er später nach ihnen schaute, waren sie verschwunden. Er weinte herzzerbrechend. Der Vater schimpfte: »Dies ist das dritte Mal diesen Sommer. Glaubst du, daß das Geld auf den Bäumen wächst?« Nach einer langen Predigt, wie notwendig es sei, auf seine Dinge zu achten, ließ er sich von Albrecht versprechen, nächstesmal besser aufzupassen. »Also gut, ich kaufe dir morgen ein neues Paar, aber denke daran, daß dies das letzte für diesen Sommer ist!« (Der Vater hatte all dies schon nach dem Verlust des zweiten Paares gesagt, einschließlich der letzten Bemerkung. Aber er kann einfach nicht sehen, wenn Albrecht so herzzerbrechend dasteht.)

Oft haben Eltern eine goldene Gelegenheit, die Folgen eines falschen Verhaltens wirksam eintreten zu lassen, aber infolge ihres Mitleids oder ihres Wunsches, das Kind zu »beschützen«, berauben sie es dieser Erfahrung und bestrafen es auf ihre eigene Art durch Predigt oder Schelten.

Der Vater könnte sagen: »Es tut mir wirklich leid, daß du deine Turnschuhe verloren hast, Albrecht!« »Aber ich *muß* welche haben!« explodiert Albrecht. »Hast du das Geld für neue?« »Nein — aber du könntest es mir doch geben.« »Du bekommst dein Taschengeld wie immer zur selben Zeit.« »Das ist doch aber nicht genug!« »Es tut mir leid, aber ich kann nichts weiter dazu tun.« Der Vater muß fest, aber freundlich bleiben.

Die Anwendung natürlicher Folgen bedeutet eine neue Orientierung unseres Denkens. Wir müssen uns klarmachen, daß wir nicht mehr in einer autokratischen Gesellschaft leben, in der man Kinder »beherrschen« kann, sondern in einer demokratischen, wo man sie »leiten« muß. Wir können nicht mehr unseren Willen den Kindern aufzwingen, sondern müssen jetzt das richtige Benehmen »anregen«. Solange wir mit diesen neuen Methoden noch nicht lange genug gelebt haben und sie uns nicht zur zweiten Natur geworden sind, werden wir den Vorgang der Neuorientierung schwierig finden. Es braucht viel Zeit zum Überlegen und regelmäßige Übung unserer Erfindungskraft. Manchmal ist es möglich, die Folgen ohne unsere Einmischung eintreten zu lassen. Das ist als »natürliche Folgen« bekannt. Wenn z. B. das Kind morgens zu lange schläft, wird es natürlicherweise zu spät zur Schule kommen und den Zorn des Lehrers auszustehen haben. Ein andermal müssen wir Dinge herbeiführen, die den Missetaten logisch folgen. Das sind die »logischen Folgen«. Natürliche Folgen zeigen den Druck der Wirklichkeit, ohne irgendeine besondere Aktion durch die Eltern, und sind immer wirksam. Im Gegensatz dazu können die logischen Folgen in einem Machtkampf nicht angewandt werden, es sei denn mit besonders großer Vorsicht, weil sie üblicherweise in Akte der Bestrafung oder Wiedervergeltung ausarten. Aus diesem Grunde sind natürliche Folgen immer von Nutzen, während logische Folgen unwirksam sein können.

Es besteht keine logische Verbindung, wenn die Mutter sagt, Bob könne sein Lieblingsprogramm im Fernsehen nicht sehen, weil er den Mülleimer nicht vors Haus gestellt habe. Wie die Mutter es auch sagt, Bob wird nur hören »du hast den Abfalleimer nicht hinausgestellt, deshalb bestrafe ich dich, indem ich dich nicht fernsehen lasse«. Eine Logik dieser Situation könnte nur dadurch zustande kommen, daß die Mutter nicht bereit ist, in einer Küche zu kochen, die sie wegen des Abfalls stört. Wenn aber auf der anderen Seite Bob seine häuslichen Pflichten am Samstag nicht zur rechten Zeit ausführt, ist es ganz logisch, daß er in der Ballspielmannschaft, die um diese Zeit trainiert, nicht mitspielen kann, bis er seine Pflichten getan hat.

Genaue und fortgesetzte Anwendung der logischen Folgen ist oft erstaunlich wirksam und kann sich in einer bemerkenswerten Verminderung von Reibereien und einer Zunahme des häuslichen

Friedens zeigen. Kinder erkennen sehr rasch die Gerechtigkeit der logischen Folgen und akzeptieren sie gewöhnlich bereitwillig ohne widerwärtige Gefühle. Je weniger die Eltern über »Folgen« sprechen, desto weniger werden sie als Strafe erscheinen. Manchmal gibt es keine möglichen Folgen, und wir müssen auf eine Gelegenheit warten. Ein anderes Mal kann das Problem dadurch gelöst werden, daß wir es mit den Kindern durchsprechen und sehen, was sie uns vorzuschlagen haben.

Sind die Eltern mit dem Kind jedoch in einen Machtkampf verwickelt, neigen sie dazu, logische Folgen als Bestrafung zu verwenden und berauben sich damit der Wirksamkeit dieser Methode. Es ist besonders wichtig, daß wir dauernd auf der Hut sind, nicht in diese Falle zu geraten. Wir müssen uns immer wieder vor Augen halten: »Ich habe kein Recht, eine Person, die sozial gleichwertig ist, zu bestrafen; ich habe aber die Verantwortung, mein Kind zu leiten und zu führen. Ich habe nicht das Recht, meinen Willen durchzusetzen; aber ich habe die Verantwortung, seinen ungebührlichen Forderungen nicht nachzugeben.«

## 7. Kapitel

# FEST SEIN, OHNE ZU HERRSCHEN

Manchmal ist es nicht leicht, den Unterschied zwischen Festigkeit und Herrschen zu verstehen. Kinder brauchen Festigkeit. Festigkeit bietet Grenzen, ohne die sie sich nicht wohlfühlen. Wenn es keine Grenzen gibt, versucht das Kind dauernd zu sehen, wie weit es gehen kann. Die gewöhnliche Folge ist, daß sein Verhalten die üblichen Grenzen überschreitet und unerträglich wird. Es ergibt sich eine unglückliche Szene, und die Eintracht ist dahin.

Die Mutter saß am Steuer des Wagens, während die fünfjährigen Zwillinge Jürgen und Jutta hinten lustig miteinander balgten. Sie wurden lauter und lauter. Mehrmals bat die dadurch abgelenkte Mutter, sie sollten sich ruhiger verhalten. Sie hörten eine Minute auf und machten dann in ihrem lauten Spiel weiter, das wilder und wilder wurde. Plötzlich stieß Jürgen Jutta so stark, daß sie gegen Mutters Kopf und Schuldern geschleudert wurde. »Jetzt hört es aber auf«, schrie sie, als sie den Wagen rechts heranfuhr. Beide Kinder waren erschrocken und von panischer Angst erfüllt. Jedem gab die Mutter eine Tracht Prügel. Die Zwillinge waren völlig überrascht, da die Mutter nur sehr selten Gewalt anwandte.

Die Mutter ist sehr nachsichtig mit der Lebhaftigkeit ihrer Zwillinge, die dadurch zur Überzeugung kommen, daß es keine Grenzen gibt. Lassen wir das eine Mal die Verletzung der Ordnung zu und explodieren wir ein anderes Mal, lehren wir damit unsere Kinder, uns nur zu beachten, wenn wir wütend sind.
Ein Wagen ist kein Platz für wilde Spiele. Die Mutter kann ohne Gewalt Ordnung im Wagen haben; sie kann fest sein, ohne zu herrschen. Wie kann man dies erreichen? Das Geheimnis liegt darin, zu wissen, *wie* man fest sein kann. Herrschen heißt, dem Kind unseren Willen aufzwingen wollen, ihm sagen, was es tun

soll. Würde die Mutter versuchen, ihren Willen den Zwillingen aufzuzwingen, würde sie nur stärkere Rebellion herausfordern. Festigkeit dagegen drückt unsere *eigene Handlung* aus. Die Mutter kann immer entscheiden, was *sie* tun will, und es ausführen. Sie braucht einfach nicht zu fahren, wenn die Kinder nicht ruhig sind. Sie kann anhalten und sagen: »Solange ihr euch so benehmt, kann ich nicht fahren!« Dann bleibt sie ruhig sitzen, bis auch die Kinder sich beruhigt haben. Eine andere Erklärung ist nicht notwendig. Die Mutter hat ihre Stellung klargemacht und bleibt in ihrer Entscheidung fest. Eine Mutter, die diese Methode benützte, konnte mit ihren beiden Kindern, zehn und sieben Jahre alt, in völliger Harmonie eine Tour von dreieinhalbtausend Kilometern machen. Während der ganzen Reise gab es weder Konflikte noch Unordnung im Wagen.

Festigkeit ohne Herrschen erfordert Übung in gegenseitiger Achtung. Wir müssen dem Kind das Recht lassen, zu entscheiden, was es tun will. Achtung für uns selbst gewinnen wir durch unsere Weigerung, auf die Gnade des unartigen Kindes angewiesen zu sein.

Der siebenjährige Erik, ein mittleres Kind, war ein sehr schlechter Esser. Als der Vater große Portionen Irish-Stew, eine Lieblingsspeise der Familie, verteilte, ließ sich Erik in seinen Stuhl zurückfallen und verkündete gereizt: »Von dem Zeug eß ich nichts!« »Bitte, Erik, versuche es doch!« bat die Mutter. »Du weißt, daß ich solch' vermischtes Zeug nicht mag«, quengelte Erik. »Ich eß es einfach nicht.« »Na, also schön, ich mache dir ein Spiegelei.« Während die Mutter das Spiegelei zubereitete, spielte Erik mit seinem Messer herum. Der Vater und die anderen Kinder beendeten ihr Mahl und verließen den Tisch. Als Mutter und Erik zusammen aßen, sprachen sie davon, was sich heute in seiner Schule ereignet hatte.

Erik beherrschte die ganze Situation, so daß ihm seine Mutter nicht nur ein besonderes Essen, sondern auch ihre ungeteilte Aufmerksamkeit gab.

Er hatte die Mutter ganz in seinen Dienst gestellt. Erik hat das Recht, das Irish-Stew nicht zu essen, und die Mutter muß dieses

Recht achten. In ihrem Wunsch aber, eine »gute« Mutter zu sein, hat sie die Rolle einer Sklavin angenommen.
Die Eltern können fest darin sein, was *sie* tun, und Erik sich selber überlassen. Wollen wir doch einmal sehen, was geschieht, wenn die Eltern fest bleiben.

Erik kündete an, daß er nichts von dem Irish-Stew essen wolle. »Gut, du brauchst es ja nicht zu essen!« erwiderte der Vater. Er teilte weiter Irish-Stew aus, gab aber Erik nichts. »Warum gibst du denn *mir* nichts?« fragte der Junge. »Wir haben heute Irish-Stew«, antwortete die Mutter, »wenn du nichts davon willst, kannst du aufstehen!« »Aber ich mag doch kein Irish-Stew«, schrie Erik. »Tut mir leid, aber ich kann jetzt nichts daran ändern«, war die einzige Antwort der Mutter. In diesem Augenblick vermieden sowohl Mutter wie Vater fest, sich auf ein Streitgespräch einzulassen. Sie ignorierten weitere Bemerkungen Eriks über Nahrung, Hunger usw. und aßen. Erik stand zornig auf. Später kam er in die Küche und wollte Milch und Kekse haben. »Tut mir leid, Erik, ich habe kein Restaurant, ich kann euch nur zu den Mahlzeiten etwas geben.« Erik bekam bis zur nächsten Mahlzeit nichts zu essen, trotz seines Theaters, auf das die Mutter aber nicht weiter einging. Beide Eltern blieben bei verschiedenen derartigen Situationen fest. Bald war Erik so weit, daß er genau wie die anderen Familienmitglieder alles aß, was auf den Tisch kam.

Achtung für die Bedürfnisse und Wünsche eines Kindes ist wesentlich. Wir müssen unterscheiden lernen, wann ein Kind wirklich etwas braucht, und wann es nur seiner Laune folgt. Wir können uns von den Forderungen der Gesamtsituation leiten lassen.

Die dreieinhalbjährige Kitty war ein paar Tage krank, und man mußte in der Nacht nach ihr schauen. Nachdem sie wieder gesund war, wollte sie auch weiterhin bei Nacht Aufmerksamkeit haben. Nach einigen derartigen Nächten beschloß die Mutter, damit aufzuhören. Sie und der Vater vereinbarten, was zu tun sei. Die Mutter gab Kitty den Gutenachtkuß und sagte: »Vati und ich werden heute nacht schlafen, und wir können nicht antworten, wenn du rufst.« Als Kitty in der Nacht aufwachte und rief, reagierte keines der Eltern. Nach diesem einen Erlebnis schlief Kitty wieder die Nacht hindurch.

Die Mutter stellte fest, was *sie* tun würde und ließ Kitty ihre eigene Entscheidung treffen. Als Kitty sie testete, blieb die Mutter fest.

Mutter und Sabine befanden sich auf dem Heimweg vom Spielplatz, als Sabine die Tante besuchen wollte. Die Mutter sagte, es ginge jetzt nicht, weil sie heimgehen müßten. Sabine wimmerte und bettelte. Die Mutter ging weiter. Das Kind warf sich brüllend auf den Gehweg. Die Mutter ging ruhig und ohne zurückzuschauen weiter. Plötzlich sprang Sabine auf und rannte hinter ihrer Mutter her, wobei sie lächelte und hüpfte. Sie gingen glücklich den Rest des Weges heim.

Die Mutter zeigte durch ihre Haltung, daß sie entschlossen war, heimzugehen. Sie übte auf Sabine keinerlei Druck aus, weder mit Argumenten noch mit Erklärungen, gab aber ihren Ansprüchen auch nicht nach. Als das Kind sah, daß die Mutter wirklich nach Hause gehen wollte, achtete sie ihre Entscheidung und folgte ihr.

Festigkeit ist unsere Weigerung, den ungebührlichen Forderungen des Kindes nachzugeben oder ihm jede Laune zu erfüllen. Wenn wir uns einmal im Sinne der allgemeinen Ordnung entschieden haben, müssen wir dabei bleiben. Das Kind macht dann bald mit.

Die Aufrechterhaltung von Ordnung kann eine bestimmte Festigkeit oder sogar einen ruhigen Druck, besonders bei kleineren Kindern erfordern. Sagt die Mutter »nein«, muß sie darauf achten, daß dementsprechend gehandelt wird. Schimpfen, Drohen oder Hauen ist wirkungslos, weil jede dieser feindlichen Aktionen, auch wenn sie vorübergehend Erfolg hat, gewöhnlich den Konflikt auf ein anderes Gebiet trägt, wo er weitere Unarten verursacht. Die Kinder können die Grenzen nur durch Festigkeit der Eltern kennenlernen. Wenn das Kind sich für die Schule nicht anständig anziehen will, kann die Mutter es am Weggehen hindern. Ist es zu laut und will mit dem Lärm nicht aufhören, kann die Mutter es bitten, aus dem Zimmer zu gehen. Solche Akte des Zwangs müssen dem Kind jedoch immer eine Art Wahl lassen. »Du kannst bleiben, wenn du ruhig bist.« Ist es nicht ruhig, kann die Mutter ihm die Wahl lassen, zu gehen oder hinausgeführt zu werden. Das Kind zu bitten, das Zimmer zu verlassen, mag diktatorisch erscheinen. Das Kind sieht es jedoch nicht in diesem Licht, wenn man ihm die Wahl läßt und wenn die Forderung berechtigt ist. Ist die Beziehung zwischen Eltern und Kind durchwegs freundlich, wird das Kind auf diese Methode ansprechen, vorausgesetzt, die Eltern machen nicht durch lange Erklärungen, Entschuldigungen oder Predigten eine Staatsaktion daraus. Ruhige Festigkeit ist bei jüngeren Kindern besonders wirksam und nötig. Manchmal ist ein fester Blick alles, was erforderlich ist. Kinder fühlen, wenn die Eltern es wirklich *meinen*. Eine Mutter in einer Studiengruppe drückte es so aus: »Immer wenn ich nicht sicher bin, ob ich es wirklich meine, setzt Barbara ihren Willen durch. Weiß ich aber, daß ich es auch meine, fängt sie gleich gar nicht an, mich zu testen. Sie läßt es einfach sein.«

Eines ist wichtig: Man kann nicht fest sein, solange man spricht. Festigkeit drückt sich nur in ruhigen Handlungen aus. Sobald man zu sprechen anfängt, kommt man auf Abwege, läßt sich in fruchtlose Diskussionen ein und erreicht nichts als feindselige Gefühlsausbrüche.

## 8. Kapitel

# DAS KIND ACHTEN

Gegenseitige Achtung ist die Grundlage demokratischen Lebens. Achten wir nur eine Person, gleichgültig um welche Art von Beziehung es sich handelt, schließen wir die Gleichberechtigung aus. Wir müssen das Kind und seine Rechte achten, indem wir weder zuwenig noch zuviel von ihm erwarten. Die richtige Mitte zu finden erfordert allerdings ein feines Gefühl.

Mutter und Vater sind auf den zwei Monate alten Georg, ihr erstes Kind, sehr stolz. Bei jeder Gelegenheit wecken sie ihn und führen ihn den bewundernden Freunden vor.

Georg hat ein Recht auf Schlaf. Die Eltern zeigen ihm nicht genug Achtung, denn sie mißachten seine Rechte.

Georg schreit oft und schläft schlecht. Immer wenn er schreit, wird er gestillt, sei es auch nur eine Stunde nach der letzten Flasche.

Es ist offenkundig, daß Georg nicht viel Achtung vor der Ordnung hat (schon ein Baby kann das entwickeln!). Seine Gesundheit und sein Wachstum hängen von regelmäßigen Ruhe- und Stillzeiten ab. Der Magen paßt sich mit der Verdauungsarbeit und der anschließenden Ruhe den regelmäßigen Zeiten an. Dies fördert die volle Verwertung der Nahrung und schafft eine grundlegende Annahme von Ordnung, die ein Leben lang dauern kann. Im ersten Lebensabschnitt scheint ein Kind nur aus dem Magen zu bestehen. Seine erste Berührung mit einem Ordnungssystem erfolgt durch regelmäßige Stillzeiten. Das Baby und sein Magen haben ein Recht auf Regelmaß und Ordnung. Ein Baby kann bei der Regelung der Stillzeiten sogar aktiv mitwirken.

Kinderärzte sind nicht immer derselben Meinung. Die Mutter, die einem Programm des »Stillens nach Wunsch« folgt, wird bald merken, daß ihr Baby eine regelmäßige Pause zwischen den Stillzeiten entwickelt, solange sie selbst entspannt und von dem, was sie tut, überzeugt ist. Ist sie aber ängstlich und gibt sie jeder Regung des Kleinen nach, dann hilft sie ihm nicht bei der Entwicklung eines regelmäßigen Stillplans und ruft sogar ungebührliche Forderungen hervor. Unregelmäßige Stillzeiten verraten einen Mangel an Achtung gegenüber dem Baby und der Ordnung.

Der neunjährige Pepi ist ein einziges Kind und tut alles, seinen Eltern zu gefallen. Sie stellen außergewöhnlich hohe Ansprüche an gutes Benehmen und schulische Leistungen. Ein umfangreiches Programm ist für ihn geplant und auf allen Gebieten werden hervorragende Leistungen von ihm erwartet. Jede Note unter einer Eins ist ein Unglück. Er muß Führer bei den Pfadfindern sein, sich als Sportler hervortun, am Klavier glänzen, den richtigen Namen für jeden Stein in seiner Sammlung kennen, seine Modellflugzeuge fehlerlos bauen und Bibelzitate ohne jeden Irrtum hersagen. Sein Betragen muß jederzeit untadelig, höflich und zuvorkommend sein. Pepi wird von allen als außergewöhnliches und brillantes Kind angesehen. Er hat aber einen Fehler, den ihm seine Eltern nicht abgewöhnen können: Er kaut dauernd an den Fingernägeln. Auch hat er schreckliche Träume und die nervöse Angewohnheit, mit den Schultern zu zucken.

Ohne es zu wissen, sind die Eltern mit ihren »großen Erwartungen« rücksichtslos. Da Pepi durch den Wunsch, zu gefallen, getrieben wird, ist es leicht, ihn zu jeder Anstrengung zu bewegen. Durch seine überdurchschnittliche Intelligenz und durch wirkliche Bemühungen kann er diesen Erwartungen entsprechen. Er zeigt aber Zeichen der inneren Rebellion und der Angst. Er glaubt, nur dann Geltung zu haben, wenn er seinen Eltern gefällt und der Erste ist, und wagt es nicht, seine Stellung dadurch aufs Spiel zu setzen, daß er offen gegen ihre Forderungen rebelliert. So protestiert er nur im Schlaf. Pepi droht Unglück. Die Eltern zeigen einen tiefen Mangel an Achtung vor Pepi als Person; sie benützen ihn nur als Mittel, ihre eigene Geltung zu fördern. Pepi kann sich selbst nicht achten, wenn sein ganzes Leben darauf ausgerichtet ist, dem Wunsch seiner Eltern nach Größe zu dienen.

Nur wenn wir an das Kind und seine Fähigkeit glauben, können wir ihm Achtung erweisen. Das heißt aber nicht, Forderungen aufzustellen, die nur unserem Ehrgeiz dienen.

Die achtzehn Monate alte Pia versuchte, auf einen Stuhl im Wohnzimmer zu klettern. Sie rutschte aus, schlug mit dem Kinn auf und biß sich in die Lippen. Die Mutter blieb ruhig, als sie sah, wie das Blut anfing zu tropfen und wischte es mit einem Tuch weg. Sie sagte freundlich: »Versuche es noch einmal, Pia, du bringst es fertig.« Pia leckte an ihren blutenden Lippen und machte sich wieder an ihre Arbeit des Lernens (nämlich auf den Stuhl zu klettern).

Grausam? Nein! Hätte die Mutter die Verletzung groß beachtet, so hätte Pia ihren Mut verloren. Nachdem die Mutter sich durch das Blut nicht beeindrucken ließ, konnte Pia es sich leisten, ohne Aufhebens weiterzumachen — eine ganz besonders wertvolle Lektion!

Jörg, neun Jahre alt, tauschte einen wertvollen Stein seiner Sammlung gegen eine Versteinerung, die viel weniger wert war, ihn aber viel mehr interessierte.
Als sein Vater den Handel entdeckte, war er wütend — erstens, weil der andere Junge vierzehn war und mehr von den relativen Werten der Steine wissen sollte, und dann, weil Jörg ihn nicht gefragt hatte. Der Vater »brachte die Angelegenheit wieder in Ordnung«, verursachte damit aber einen Bruch in der Freundschaft zwischen den Jungen und gab Jörg das Gefühl, klein und minderwertig zu sein.

Die Entscheidung über den Tauschhandel lag bei Jörg. Diese Entscheidung hätte man achten müssen und die Situation so in die Hand nehmen können, ohne Jörgs Entscheidung zu mißachten. Als Jörg seinem Vater die Versteinerung zeigte, hätte dieser das übliche Interesse zeigen und die Angelegenheit im Augenblick auf sich beruhen lassen können. An einem anderen Tag hätte der Vater Jörg helfen können, den relativen Wert dieser Dinge zu entdecken, ohne den Tauschhandel zu erwähnen. Jörg hätte dann selbst gesehen, daß er hereingefallen ist, ohne sich deshalb gedemütigt zu fühlen. Als der Vater die Angelegenheit »in Ordnung brachte«, gab er Jörg zu verstehen, er sei dumm gewesen und hätte es besser wissen müssen. Da Jörg solche Erfahrungen aber noch nicht gehabt hat, wie hätte er es besser wissen sollen? Der Vater erwartete zuviel von ihm. Viel wichtiger als der persönliche Vorteil ist die Erkenntnis, daß man an eine einmal getroffene Entscheidung gebunden ist. Auf diese Weise wird in aller Freundlichkeit eine Konfliktsituation in eine Lernsituation verwandelt.

Die Familie war auf dem Rummelplatz, und der elfjährige Robert plagte seine Mutter, ihm noch einmal eine Fahrt auf den elektrischen Autos zu erlauben. Die neunjährige Ruth und die siebeneinhalbjährige Betty wollten aber zum Karussell. Die Gruppe ging zum Karussell, während Robert dauernd weiter bettelte. Ärgerlich sagte die Mutter nein! Immer wenn Robert aufgeregt oder gespannt wurde, zeigte sich ein Sprachfehler, der wie das Geplapper eines Babys klang. Je mehr er bettelte, desto offensichtlicher wurde dieser Sprachdefekt. Schließlich wandte sich die Mutter um, ahmte seine Sprache nach und machte sich über ihn lustig. Ruth und Betty brachen in Gelächter aus. Robert preßte die Lippen zusammen, hielt seine Tränen zurück und blieb hinter der Gruppe zurück.

Ein Kind zu demütigen, gleichgültig aus welchem Grund, zeigt einen tiefen Mangel an Achtung und ist ganz sicherlich keine Erziehungsmethode. Die Entwicklung eines Sprachfehlers in gespannten Situationen weist darauf hin, daß Robert sich schon in Schwierigkeiten befindet. Sich über ihn lustig zu machen, verstärkt seine irrige Meinung von sich selbst, nämlich angesichts von Schwierigkeiten hilflos und ohne Hoffnung zu sein. Achtung vor Robert kann die Mutter dadurch zeigen, daß sie seine irrtümliche Selbstbewertung nicht mitmacht. Ein ruhiges »Wir gehen jetzt zum Karussell« wird das Problem des Bettelns lösen.
Familienstreitigkeiten können auf Rummelplätzen oft beobachtet werden. Dabei sind sie so leicht zu vermeiden. Ehe die Familie von zu Hause weggeht, könnte man zu einem Beschluß kommen, wieviel Geld jeder verbrauchen darf. Genauso muß man sich aus Sicherheitsgründen vorher darüber einigen, was getan werden darf und was nicht. Wenn sich die Eltern Achtung durch ihre Festigkeit

verschaffen, wird der Ausflug zur Freude. Innerhalb der wohlverstandenen Grenzen können dann die Kinder tun, was sie wollen, und ganz nach Laune von einem Vergnügen zum anderen gehen. Auf diese Weise lernen sie rasch, sich ihr Geld einzuteilen, ebenfalls ihre Zeit, damit der Spaß länger dauert. Fortgesetzte elterliche Ermahnungen aber werden jede Situation in eine Konfliktsituation wandeln, die für alle nur Enttäuschung bringt.
Das Kind achten heißt, es als Mitmenschen anzusehen, der dasselbe Recht hat, Entscheidungen zu treffen. Ähnliche »Rechte« heißt aber nicht, daß das Kind tun kann, was die Erwachsenen tun. Jedermann in der Familie hat eine verschiedene Rolle zu spielen — und jeder hat das Recht, in seiner Rolle geachtet zu werden.

## 9. Kapitel

# DIE ORDNUNG ACHTEN

Ist einmal die Achtung vor der elterlichen Festigkeit geschaffen und erweisen wir unserem Kind Achtung, können wir dieses unschwer dazu bringen, die Ordnung zu achten.

Ein Kind, das unter den Folgen der Unordnung nicht zu leiden braucht, kann keine Achtung vor der Ordnung entwickeln. Es entwickelt Achtung vor einem scharfen Messer, wenn es sich geschnitten hat, Respekt vor dem Feuer, das den brennt, der nicht richtig damit umgeht, Achtung vor einem Fahrrad, das umfällt, wenn man es nicht im Gleichgewicht hält, Respekt vor einem Ball, der trifft, wenn man ihm nicht ausweicht. All dies zeigt eine Ordnung, der man nicht entgehen kann. Ein Kind zeigt Übereinstimmung mit der Ordnung der Schwerkraft, wenn es seinen Fuß ausstreckt, sobald das Fahrrad umzufallen droht. Es zeigt sein Wissen um die Kraft eines fliegenden Balles, wenn es sich duckt, ehe es getroffen wird. Es lernt, in den Grenzen der physischen Welt zu leben und die physischen Gesetze für seinen eigenen Gebrauch anzuwenden. Auch wenn ich noch soviel rede, kann ich ein Kind nicht lehren, wie es ein Fahrrad im Gleichgewicht hält. Es lernt durch Erfahrung. Wir können ihm helfen, indem wir Übungsräder an sein Fahrrad montieren, aber die Kunst des Gleichgewichts lernt es aus sich selbst. So muß auf jedem Gebiet, wo die Ordnung geachtet werden muß, das Kind durch Erfahrung lernen — durch *Handlung,* nicht durch Worte. Es ist unsere Pflicht, Übungsräder zur Verfügung zu stellen und sie allmählich, sobald sich die kindliche Geschicklichkeit entwickelt, zu entfernen. Wir müssen uns Situationen, die Lernerfahrungen bieten, zunutze machen.

Die neunjährige Gisela saß am Pult im Wohnzimmer und schrieb. Die

siebenjährige Wilma schnitt auf dem Fußboden Kleider für Papierpuppen aus. Überall lagen Papierschnitzel herum. »Räumt wieder auf, wenn ihr fertig seid, Kinder!« sagte die Mutter, als sie durchs Wohnzimmer ging. »Ja, natürlich«, antwortete Wilma mit offensichtlichem Widerwillen, als ob sie denken würde »Es ist doch immer dasselbe!« Das nächstemal, als die Mutter durch das Zimmer ging, waren beide Mädchen beim Fernsehen. Der Pult war voll mit Papieren, und die Papierschnitzel und Papierpuppen lagen unbeachtet auf dem Boden. »Räumt aber bald auf, Kinder!« ermahnte wieder die Mutter. »Ja, Mutter!« antwortete der Chor automatisch, aber immer noch mit Anzeichen des Unbehagens in der Stimme. Etwas später bemerkte die Mutter, daß die Mädchen gevespert und das Geschirr auf dem Fernsehapparat stehen gelassen hatten. Reste des Essens, Brosamen usw. waren auf dem Boden. »Um Gottes willen, schaut euch diese Unordnung an, wollt ihr nicht endlich aufräumen!« »Ja, natürlich«, sagte Gisela in mißmutigem Ton.
Kurz darauf fand die Mutter Gisela lesend auf dem Bett liegen, während Wilma im Freien spielte. Das Wohnzimmer war ein wildes Durcheinander. Sie rief Wilma herein und schrie ärgerlich »Jetzt wird aber aufgeräumt! Wir haben Gäste zum Abendessen. Ihr wißt, daß dieses Zimmer ordentlich aussehen muß. Ihr habt mir diesen Morgen selbst beim Saubermachen geholfen. Warum könnt ihr nicht aufräumen, wenn ihr mit etwas fertig seid? Ehe ihr irgend etwas anderes tut, solltet ihr alles in Ordnung bringen, was ihr getan habt. Ihr wißt das!« Die Mutter fuhr mit ihrer ärgerlichen Predigt fort. Gisela und Wilma sammelten widerstrebend alles, was herumlag, ein und brachten es weg, während die Mutter zornig über ihnen wachte.

Natürlich wissen Gisela und Wilma genau, daß sie aufräumen sollen. Sie zeigen aber weder vor den Worten der Mutter noch vor den Forderungen der Situation die geringste Achtung. Die Tatsache, daß die Mutter die Kinder in diesem Alter immer noch ermahnt, aufzuräumen, beweist die Erfolglosigkeit des Redens und Predigens während vieler Jahre. In dem Augenblick, wo die Mutter spricht, beschwichtigen die Mädchen sie mit Versprechen, die sie nicht halten, wobei sie offensichtlich die Mahnerin mißachten.

Mangel an Achtung vor der Ordnung ist eine der häufigsten Klagen der heutigen Eltern. Es sieht so aus, als ob die Kinder diese Art der Rebellion gegen die Erwachsenen allgemein benützen. Ihre

Sachen aufzuräumen ist eine Forderung, die alle Eltern aufstellen und die die meisten Kinder mißachten. Je mehr eine Mutter ihre Bemühung um Ordnung zu erkennen gibt, desto verletzbarer wird sie gegenüber dem wirksamen Widerstand ihrer Kinder.

Kinder müssen Ordnung als einen Teil der Freiheit erleben. Wo Unordnung ist, da gibt es für niemand Freiheit.

Dies ergibt ein Problem der gegenseitigen Achtung. Achtung vor den Kindern nimmt der Mutter das Recht, ihnen ihre Auffassung von Ordnung aufzuzwingen. Achtung vor sich selbst nimmt ihr das Recht selber aufzuräumen, den Kindern nachzurennen und ihnen zu erlauben, sie in ihren Dienst zu stellen und ihre Arbeit für sie zu tun. Statt dessen kann sie die Kinder lehren, Ordnung zu achten. Wie kann dies erreicht werden? Die Mutter kann entscheiden, was *sie* tun wird.

Wenn sie Dinge findet, die den Kindern gehören und nicht am Platz sind, kann sie sie wegtun — nicht für die Mädchen, sondern für sich selbst, weil sie ihr im Weg sind. Sie allein weiß jedoch, wohin sie sie weggeräumt hat. Da die Kinder ihre Sachen nicht aufräumten, wie können sie wissen, wo sie sind? Die Mutter bleibt in dieser Sache fest, wenn auch freundlich. Das ist keine Bestrafung. Die logische Folge des Nichtaufräumens ist, daß man nicht weiß, wo etwas ist. Die Papierpuppen verschwinden, Feder und Papier ebenso. Nachdem die Reste des Essens und das Geschirr nicht aufgeräumt wurden, kann es im Wohnzimmer kein Vesper mehr geben. All das muß aber mit Heiterkeit und ohne Ärger und den üblichen Redefluß erfolgen. Auf keine Weise dürfen diese Handlungen als Bestrafung oder Vergeltung wirken. Die Kinder dürfen so unordentlich sein, wie sie wollen — in ihrem eigenen Zimmer. Die Mutter soll sich nicht darum kümmern, welche Unordnung die Mädchen im eigenen Zimmer haben, aber sie kann sie die Folgen erleben lassen. Statt sich besiegt zu fühlen, weil sie die Mädchen nicht zur Ordnung bringt, kann sie ihre Mitarbeit beim Wechsel der Bettücher oder des Saubermachens verweigern, solange das Zimmer wie ein Kehrichthaufen aussieht. Die

Mädchen werden bald von der Unordnung genug haben, besonders wenn Socken verlorengehen oder Blusen nicht gefunden werden können. Um eine allzugroße Entmutigung wegen der Unordnung zu vermeiden, kann die Mutter ihre Hilfe anbieten, einmal in der Woche das Zimmer mit in Ordnung zu bringen, wenn die Mädchen ihre Hilfe *wollen.* Wenn sie *mit* den Mädchen das Zimmer sauber macht, darf sie keine Bemerkungen über die Unordnung machen, wie zum Beispiel »Schaut, wie schrecklich das aussieht — wie könnt ihr das aushalten« usw. Jedes Gespräch sollte angenehm sein und sich mit allem, nur nicht mit der Unordnung befassen. Allmählich werden die Mädchen merken, daß ihre Unordnung die Mutter nicht berührt und daß sie kein interessantes Spiel »Wer gewinnt?« daraus macht. Langsam entdecken sie, daß Ordnung angenehmer ist. Besteht die Folge ihrer Unordnung im Haus darin, daß ihre Sachen verschwinden, werden sie bald achtsamer beim Aufräumen sein.

Die dreijährige Jenny ließ ihr Dreirad auf dem Weg zur Garage stehen. Die Mutter rief ihr zu, sie solle es in den Hof bringen. Jenny ignorierte sie und spielte weiter in der Sandkiste. Die Mutter packte das Mädchen ärgerlich, schlug sie und ging mit ihr zum Dreirad. »Ich habe dir schon oft gesagt, du sollst das Dreirad aufräumen, wenn du nicht mehr fahren willst. Und ich werde dafür sorgen, daß du es tust.«
Dann ergriff die Mutter das Dreirad mit der einen Hand und ihre heulende Tochter mit der anderen.

Braucht die Mutter Gewalt, um Jenny die Notwendigkeit der Ordnung beizubringen, wird sie nicht viel Erfolg haben. Sie ruft dadurch nur ein Gefühl der Feindseligkeit und Rebellion hervor. Ruhiges Festbleiben wird sich als wirksamer erweisen. Die Mutter kann das Dreirad nehmen und es irgendwohin wegräumen, wo die Dreijährige es ohne Hilfe nicht holen kann. Möchte sie das Dreirad wieder haben, kann die Mutter sagen, »Tut mir leid, Jenny, da du letztesmal anscheinend keine Lust hattest, das Dreirad aufzuräumen, kannst du es diesesmal nicht haben. Du kannst es am Nachmittag wieder versuchen.« Die letzte Bemerkung gibt

Jenny den Mut, ihr Dreirad das nächstemal selbst aufzuräumen. Die Mutter könnte auch ruhig ihr Kind bei der Hand nehmen, und beide könnten das Dreirad zusammen aufräumen.

Der elfjährige Christian kommt häufig zu spät zum Abendessen. Er vergißt sich beim gesunden Spiel im Freien so, daß die Mutter ihm jedesmal verzeiht. Kommt er heim, macht sie ihm das Essen wieder warm und wartet mit dem Saubermachen der Küche, bis er fertig ist.

Christian hat es erreicht! Die Mutter ist seine ergebene Sklavin, die freudig alles tut, um seinen Interessen zu dienen. Er glaubt, diese besondere Bedienung komme ihm zu. Vor der Ordnung hat er keine Achtung, da niemand sie von ihm verlangt. Er hat gelernt, daß gute Beziehungen im Spiel mit anderen Jungen und eine gesunde Tätigkeit, die starke Körper entwickelt, Werte sind, die die Mutter sehr hoch hält. Warum sollte er also die Zeit des Abendessens respektieren? Sie wird ja seinen Wünschen angepaßt.
Der gesunde Körper Christians und seine Beziehungen zu Freunden *sind* wichtig. Aber das braucht nicht zu leiden, wenn er auch Achtung vor der Ordnung lernt. Die Mutter könnte ihm sagen, daß von jetzt ab das Abendessen um sechs Uhr angerichtet wird, und sich weigern, ihm später etwas zu geben. Es liegt bei ihm, rechtzeitig zu Hause zu sein — und dies kann ihm dann wichtig werden, wenn sich die Mutter keine Sorgen mehr um sein Essen macht.

Die Mutter brachte die vierjährige Doris nicht dazu, aufzuräumen. Die Familie, die den vierzehn Monate alten Konrad einschloß, hatte nur eine sehr kleine Wohnung zur Verfügung. Eines Tages ging die Mutter zu einer Erziehungsberatungsstelle. Am Abend besprach sie mit Vater eine Idee, die sie dort bekommen hatte. Er war damit einverstanden. Am nächsten Morgen ließ Doris ihre Pyjamas auf dem Boden liegen und verstreute ihre Spielsachen wie üblich im ganzen Zimmer. Es war beinahe Mittag, als die Mutter fragte: »Möchtest du deine Sachen aufräumen?« »Nein.« »Gut, was würdest du dazu sagen, einen ganzen Tag lang überhaupt nicht aufräumen zu müssen?« »Oh, das wäre ja toll!« rief Doris aus. »Gut, aber brauche ich am selben Tag auch nicht aufzuräumen?« »Natürlich!« antwortete Doris und zuckte ihre Schultern.

Für den Rest des Tages ließ die Mutter alles, was sie berührte, unaufgeräumt. Sonst sprach und spielte sie aber mit ihrer Tochter wie üblich. Sie schlug Doris vor, all ihre Kleider durchzusehen, um festzustellen, was geflickt werden müsse. Doris machte mit und sie arbeiteten zusammen. Die Mutter ließ alle Kleider auf dem Bett des Kindes liegen. Auch Konrads Kleider, Spielsachen und Flaschen ließ sie genauso unaufgeräumt liegen. Als der Vater heimkam, war die Wohnung völlig durcheinander. Er warf seinen Mantel über den Puppenwagen, hing seine Krawatte an die Lampe, kickte seine Schuhe von den Füßen, ließ sie mitten im Zimmer liegen und spielte mit den Kindern wie üblich. Er tat so, als ob gar nichts Besonderes vor sich ginge. Während sie das Abendessen fertig machte, fütterte Mutter Konrad. Der Tisch war mit Doris' Papieren, Scheren, Farben und Bleistiften so voll, daß kein Platz zum Abendessen war. Die Mutter ging in das Wohnzimmer und fing an, Zeitschriften zu lesen. »Was ist mit dem Abendessen, Mutter?« fragte Vater nach einer Weile. »Es ist fertig!« antwortete die Mutter. »Ja, was ist, können wir essen?« »Nein!« sagte Mutter hinter ihrer Zeitschrift. »Warum nicht?« »Ich habe keinen Platz, die Sachen hinzustellen.« Der Vater fing an die Zeitung zu lesen. »Ich habe Hunger, Mutter«, sagte Doris. »Ich auch«, antwortete die Mutter. Doris studierte schweigsam die Situation, ging in die Küche, schaute sich den Tisch an und kam in das Wohnzimmer zurück. Sie zog eine Minute lang ihre auf dem Boden liegenden Bücher und Papierblocks mit dem Fuß herum und ging dann wieder in die Küche. Mutter und Vater lasen weiter, wußten aber genau, daß Doris den Tisch sauber machte. Sie kam bald zurück und sagte ruhig: »Mutter, wir haben jetzt Platz zum Essen.« Die Mutter deckte sofort den Tisch, und alle erfreuten sich eines heiteren Tischgesprächs.
Als es Schlafenszeit war, konnte Doris ihre Pyjamas nicht finden. »Tut mir leid, daß du sie nicht finden kannst, Liebes!« »Ja, und wie soll ich ins Bett gehen mit all dem Zeug darauf?« forderte das Kind. »Das geht wirklich nicht gut!« »Mutti, das hab ich nicht gern!« Doris brach in Tränen aus. »Ja, was sollen wir denn tun?« fragte die Mutter. »Ich glaube, wir räumen am besten alles auf!« antwortete ihre Tochter.

Drei Dinge waren es, die dieses Erlebnis zum Erfolg machten. Zuerst blieb die Mutter freundlich und sorgte dafür, daß die Atmosphäre erfreulich blieb. Dann vermied sie jede Predigt. Sie verschwendete kaum ein Wort über die augenblickliche Situation der Unordnung, sprach aber sonst von allem Möglichen. Drittens

— und das war das Wichtigste — *erfühlte* die Mutter den Geist der Lehrerfahrung. Sie hatte keine verborgene Absicht, Doris *so weit zu bringen*, ihre Dinge aufzuräumen oder gar Doris zu bestrafen.

Eine Situation wie die obige sollte nur sehr selten herbeigeführt werden. Ihr Wert liegt in dem dramatischen Eindruck des Erlebnisses von Unordnung, die die ganze Familie angeht. Dieser Eindruck ginge verloren, wenn dieses Lehrexperiment zu oft wiederholt würde.

Eine andere Methode, um mit den herumliegenden Sachen der Kinder fertig zu werden, ist, eine große Kiste aufzustellen, in die alles hineingeworfen wird, was der Mutter im Weg ist, mit Ausnahme dessen, was die Kinder in ihrem eigenen Zimmer herumliegen lassen. Alles vom Papier und Radiergummi bis zum Spielzeug kommt in diese Kiste. Die Dinge, die man will, wieder aus der Kiste herauszufischen, kann ziemlich unangenehm sein.

Falls das Kinderzimmer allzu unordentlich wird, betritt die Mutter es nicht mehr. Sind die geflickten oder gewaschenen Sachen fertig, kann sie sie außerhalb des Kinderzimmers hinlegen. Woher soll sie auch wissen, wo man die sauberen Sachen aufräumen kann?

Unsere Phantasie wird uns helfen, freundliche Wege zu finden, um die Kinder nicht zur Ordnung zu zwingen, aber trotzdem das Erlebnis der Unordnung zu gewähren, das sie veranlassen kann, mit den Forderungen der Situation im Einklang zu stehen.

In den meisten Fällen einer groben Mißachtung der Ordnung besteht eine tiefe Störung zwischen Eltern und Kindern. Dies kann nicht nur durch ein Mittel, wie zum Beispiel den Gebrauch der logischen Folgen, richtig gestellt werden. Die Eltern müssen einen Plan ausarbeiten, um ihre falsche Beziehung wieder in »Ordnung« zu bringen.

## 10. Kapitel

# DIE RECHTE ANDERER ACHTEN

Der sechsjährige Colin schien sehr musikalisch zu sein und hatte große Freude daran, seine Schallplatten auf seinem eigenen Plattenspieler zu spielen. Eines Tages regte sich seine Mutter jedoch sehr auf, als sie entdeckte, daß er ihre Platten auf dem guten Plattenspieler im Wohnzimmer spielen ließ. Er hatte einige der guten Platten verkratzt, weil er mit dem Saphir unvorsichtig umging. Die Mutter erklärte ihm den Wert der Platten und wie man sie behandelt. Der Junge war dabei sehr unruhig. Schließlich nahm sie ihm noch das Versprechen ab, nie wieder ihre eigenen Platten zu berühren, sondern zu warten, bis sie diese zusammen hören könnten. Schon am nächsten Tag brach Colin sein Versprechen und spielte Mutters Platten wieder auf dem guten Plattenspieler.

Colin hat kein Recht, Mutters Platten zu spielen. Mutter muß dabei fest bleiben. Aber all ihre Erklärungen sind nicht nur unnütz — es ist auch sinnlos, sich ein Versprechen geben zu lassen —, sondern gehen auch am Wesentlichen vorbei. Alles was sie sagen sollte, wäre: »Colin, dies sind meine Platten. Ich bin die einzige, die sie spielt.« Jedesmal, wenn Colin wieder versuchen sollte, auf dem guten Plattenspieler zu spielen, sollte Mutter ihn fragen, ob er selbst aus dem Zimmer gehen wolle oder ob sie ihn hinausbefördern solle. Diese Art zeigt Achtung vor dem Recht des Kindes, sich selbst zu entscheiden. Die Mutter bleibt fest bei ihrer Entscheidung, daß Colin das Zimmer verlassen muß, überläßt ihm aber die Art, wie er es tut. Dies zeigt den feinen Unterschied zwischen dem Diktatorspielen und dem Bestehen auf eigenen Rechten. Der Unterschied liegt in der Absicht. Die Mutter verlangt nicht, Colin solle seine eigenen Platten spielen, sondern zeigt ihm ihre Absicht, Achtung vor ihren eigenen Rechten zu beanspruchen.

Die vierjährige Ellen stieß, schlug oder biß sogar ihre Mutter, wenn sie mit ihr unzufrieden war. Der Mutter widerstrebte die Anwendung von Schlägen; um so mehr war sie von dem Benehmen ihrer Tochter entsetzt. Sie zeigte Ellen, wie tief verletzt sie war, weil sie glaubte, sie würde dann aus Mitleid damit aufhören. Dies machte jedoch gar keinen Eindruck auf das Kind.

Die arme Mutter! Sie glaubt, Kinder haben alle Rechte! In einer Situation zwischen Gleichwertigen hat jeder dieselben Rechte. Wenn Ellen das Recht hat zu schlagen, zu treten oder zu beißen, hat die Mutter dasselbe Recht. Die Mutter ist verpflichtet, Ellen darauf hinzuweisen. Das Geheimnis liegt in der Art, wie es getan wird. Wenn Ellen nach ihr haut, kann die Mutter freudig sagen: »Ich sehe, du möchtest das Schlagspiel!« Dann schlägt sie Ellen — sie soll sich dabei nicht zurückhalten, sondern wirklich schlagen. Das Kind kann dadurch ganz wütend werden und wieder schlagen. Die Mutter, aber immer noch in der Haltung eines Spieles, schlägt zurück — aber fest. Dieses Spiel geht so lange fort, bis Ellen aufhört. Es ist unsere Erfahrung, daß nur wenige Kinder dieses Spiel ein zweitesmal spielen wollen! Sie mögen es vergessen und impulsiv wieder schlagen, aber wenn man ihnen ein zweitesmal das Schlagspiel vorschlägt, ziehen sie sich meistens hastig zurück.
Gelegentlich können Eltern etwas tun, was nach der Meinung des Kindes sein ausschließliches Recht ist. Dies wirkt in vielen Situationen. Ohne ein Wort zu sagen, kann die Mutter, wenn sie sieht, daß ihr Sechsjähriges Daumen lutscht, mit ihrem Daumen dasselbe tun. Das Kind sieht dies nicht gern! Manche Kinder gaben das Daumenlutschen auf, sobald die Mutter damit anfing. (Man kann sich aber nicht nur darauf verlassen!)

Die siebenjährige Paula und die fünfjährige Pia störten, als ihre Eltern mit Freunden Bridge spielten. Sie rannten im Nachtanzug im Haus umher, zeigten sich in jeder Weise und gingen nicht ins Bett. Eine Weile machten die Eltern dies mit; schließlich wurde der Vater so wütend, daß er beide verhaute und sie ärgerlich in ihre Betten warf.

Die Eltern haben ein Recht auf einen Abend mit ihren Freunden, ohne daß sich die Kinder einmischen. Ehe die Gäste ankommen, sollte man den Kindern sagen: »Wir wollen heute abend mit unseren Freunden zusammensein, ohne von euch gestört zu werden. Ihr mögt freundlich guten Abend sagen, dann dürft ihr aber nicht mehr ins Wohnzimmer kommen. Sollen wir euch jetzt zur Tante bringen (wenn keine Tante zur Verfügung steht, kann man eventuell jemand finden, der diesen Abend bei den Kindern bleibt) oder glaubt ihr, euch so benehmen zu können, daß ihr im Hause bleiben könnt?« Die Entscheidung der Kinder muß beachtet werden. Entscheiden sie sich, zu Hause zu bleiben, und benehmen sie sich trotzdem nicht gut, sollten sie bei der nächsten Gelegenheit entfernt werden, ohne daß sie vorher gefragt werden. Beim übernächsten Male muß man ihnen aber wieder die Wahl lassen.

Auf Seite 94 zeigten wir, wie Kitty gelehrt wurde, Achtung vor dem Recht ihrer Eltern auf Schlaf zu haben.

## 11. Kapitel

# AUF KRITIK VERZICHTEN UND FEHLER VERKLEINERN

Der achtjährige Karl hatte gerade seinen Dankbrief an die Großmutter zu Ende geschrieben. Die Mutter wollte ihn sehen. Widerwillig schob der Junge ihr den Brief hin. »O Karl, schau, wie unmöglich du wieder geschrieben hast. Warum kannst du deine Linien nicht gerade machen? Drei Wörter hast du falsch geschrieben. Da, schreibe es noch einmal ab, einen solchen Brief kannst du deiner Großmutter doch nicht schicken.« Die Mutter schrieb die richtige Schreibweise in Druckbuchstaben über die falschen Wörter, und Karl fing noch einmal an. Er machte noch mehr Fehler, fing immer wieder von neuem an, bis er schließlich in ärgerliche Tränen ausbrach und seine Feder hinwarf. »Ich kann nicht alles richtig machen«, schrie er. »Dann höre jetzt damit auf!« befahl die Mutter. »Du kannst eine halbe Stunde lang etwas anderes tun und es dann wieder versuchen.«

Unsere Betonung von Fehlern ist katastrophal. Karl schrieb seinen Brief gern, und die Großmutter hätte sich darüber gefreut, ob er Fehler gemacht hätte oder nicht. Jetzt haßt er den Brief und den damit verbundenen Ärger. Als die Mutter sich auf die Fehler konzentrierte, richtete sie die Aufmerksamkeit ihres Sohnes vom Positiven auf das Negative. Er bekam Angst, Fehler zu machen. Diese Angst aber brachte ihn in eine solche Verfassung, daß er nur noch mehr Fehler machte. Jetzt wurde er wirklich entmutigt. Wenn wir dauernd den Fehlern Aufmerksamkeit schenken, entmutigen wir unsere Kinder. *Wir können nicht auf Schwäche, sondern nur auf Stärke bauen.*

Wieviel könnte Karl gewinnen, würde seine Mutter betonen, wie aufmerksam es sei, der Großmutter zu schreiben! Dies würde das Positive in den Vordergrund rücken, ihn freuen und ihn noch mehr veranlassen, auch sonst rücksichtsvoll zu sein.

Weiter könnte die Mutter auf einige gutgelungene Buchstaben hinweisen: »Ich sehe, daß du hier ein sehr schönes G gemacht hast. Das ist wirklich gut. Ich habe den Eindruck, du lernst.« Karl würde sich dadurch angeregt fühlen, noch schönere und bessere Buchstaben zu machen, weil sein Vertrauen in seine Fähigkeit Auftrieb bekommen hätte. Die falsch geschriebenen Wörter sollte die Mutter übersehen. Sein Wunsch, überhaupt einen Brief zu schreiben, ist im Augenblick das Wichtigste. Die Mutter erwartet zuviel von ihm.

Unser herrschendes Erziehungssystem scheint auf der Vorstellung zu beruhen, Kinder müssen aus ihren Fehlern »heraustrainiert« und in Tugenden eingeübt werden. Überlegen wir jedoch einen Augenblick, so merken wir, daß wir nur unseren Nasen folgen, die auf Fehler zeigen. Richten wir die Aufmerksamkeit unserer Kinder auf ihre guten Seiten, geben wir unserem Vertrauen für ihre Fähigkeiten Ausdruck und machen wir ihnen Mut, dann können Fehler allein schon deshalb aufhören, weil sie nicht »gepflegt« werden.

Im Augenblick leben wir jedoch in einer Art Angst, daß unsere Kinder unbefriedigend heranwachsen, schlechte Gewohnheiten lernen, fragwürdige Haltungen entwickeln und alles am falschen Ende anfassen. Dauernd überwachen wir sie und versuchen, Fehler zu verhindern. Fortgesetzt tadeln und ermahnen wir sie. Eine solche Methode verrät mangelndes Vertrauen zu unseren Kindern, sie ist demütigend und entmutigend. Wie können wir bei dieser Betonung des Negativen erwarten, daß Kinder die Widerstandskraft haben, positive Leistungen zu erzielen?

Ein Kind, das dauernd zurechtgewiesen wird, neigt nicht nur dazu, alles falsch zu machen, sondern lernt, sich vor Fehlern zu fürchten. Diese Angst kann dazu führen, daß es gar nichts mehr tun will. »Ich mache es ja doch falsch.« Es bekommt den Eindruck, wertlos zu sein, wenn es nicht vollkommen ist. Vollkommenheit ist jedoch ein unmögliches Ziel. Das Streben danach führt nur selten zu Verbesserung, sondern öfter dazu, verzweifelt aufzugeben.

Wir alle machen Fehler. Nur wenige davon sind schädlich. Oft bemerken wir nicht einmal einen Fehler, sondern stellen ihn erst an den Folgen fest! Manchmal *müssen* wir sogar einen Fehler machen, um herauszufinden, daß es einer *ist. Wir müssen den Mut haben, unvollkommen zu sein* — und dies auch unseren Kindern erlauben. Nur auf diese Weise können wir tätig sein, Fortschritte machen und uns entwickeln. Unsere Kinder werden ihren Mut behalten und gern lernen, wenn wir die Fehler verkleinern und ihre Aufmerksamkeit auf das Positive lenken. »Was kann man jetzt tun, nachdem nun der Fehler schon einmal gemacht ist?« Diese Frage führt zu Fortschritt und ermutigt. Es ist lange nicht so wichtig, was für einen Fehler man gemacht hat, als was man nachher unternimmt.

Die zehnjährige Margreth brach in Tränen aus, als sie das verbrannte Backwerk aus dem Herd holte. Es fiel ihr leicht, sich nach dem Rezept zu richten, aber jetzt war ihr Backwerk verdorben. Die Mutter, die das Verbrannte roch, kam in die Küche. »Was ist los, Liebling?« »Das Backwerk ist mir verbrannt!« schluchzte Margreth. »Ja, das rieche ich. Wollen wir doch einmal sehen warum. Ich weiß, das war nicht deine Absicht. Es hilft aber nichts, wenn wir deshalb weinen. Natürlich tut es dir leid, aber laß uns jetzt sehen, wieso es passiert ist.« Vor eine Richtung gestellt, der es folgen kann, hörte das Kind mit Weinen auf und untersuchte die Situation. Sie und Mutter sahen noch einmal das Rezept durch, bis sie entdeckten, daß Margreth sich bei dem automatischen Zeiteinsteller verschätzt hatte. »Ach, ich sehe, was ich falsch gemacht habe.« »Gut«, sagte die Mutter, »machen wir sauber, und dann kannst du es noch einmal versuchen.«

Aus dem Unglück und dem offensichtlichen Fehler machte die Mutter eine erfolgreiche Lehrsituation. Sie tadelte nicht wegen der verschwendeten Zutaten und kritisierte nicht den Irrtum, sondern zeigte Margreth ganz sachlich, daß ein Fehler nicht das Ende von allem bedeutet — daß es aber wichtig ist, herauszufinden, wieso ein Fehler entstanden ist.

Sie anerkannte das Leid ihrer Tochter, ohne sich beeindrucken zu lassen, und lenkte sie ab, indem sie ihr bei der Suche nach der

Ursache des Fehlers half. Dann ermutigte sie Margreth, es wieder zu versuchen. Entmutigung wurde durch die Hilfe und durch das Einfühlen der Mutter verhindert. Oft ist ein Fehler die Folge von Unerfahrenheit oder falscher Beurteilung. Das Kind ist darüber schon genug betrübt; es zu schimpfen oder irgendwie herabzusetzen, fügt nur noch Kränkung hinzu.

Der Vater ging zu seiner Werkbank, um sich einen Schraubenzieher zu holen. Als er sie sah, wurde er zornig. Es lag ein Modellflugzeug darauf, und sämtliche Schraubenzieher, Hämmer, Zangen und sonstiges Werkzeug war darüber verstreut. Das Flugzeug, die Oberfläche der Werkbank und alle Werkzeuge waren mit Aluminiumfarbe verschmiert. Die Dose mit der Farbe lag umgefallen auf dem Boden. Wütend rief der Vater seinen zehnjährigen Sohn. »Schau, was du wieder angerichtet hast!« rief er aus, als Sepp ankam. »Warum kannst du nicht lernen, ordentlich zu sein. Was für ein Recht hast du, meine Werkbank so herzurichten? Meine ganzen Werkzeuge sind mit Farbe verschmiert! Warum hast du das gemacht? Antworte mir!« schrie er, als Sepp stumm und verängstigt dastand.
Sepp kämpfte mit Tränen. »Ich wollte nur mein Flugzeugmodell lackieren. Ich wußte nicht, daß die Dose so weit spritzt. Und dann wußte ich nicht, was ich tun sollte.« »Warum hast du es mir nicht gesagt, statt zu warten, bis ich es selbst entdecke?« »Ich hatte Angst, du würdest zornig!« murmelte Sepp. »Ja, ich bin wirklich wütend! Du weißt, was du angerichtet hast. Deshalb hast du dich davongeschlichen. Dafür bekommst du jetzt eine gute Tracht Prügel, junger Mann!«

Die Wut des Vaters ist verständlich. Daß die Werkzeuge jetzt mit Aluminiumfarbe bespritzt waren, verminderte aber nicht ihre Gebrauchsfähigkeit. In seinem Ärger hörte der Vater weder den Kummer in Sepps Stimme, noch erkannte er die Klemme, in der sich der Junge befand.
Die Reaktion des Vaters bekräftigte Sepps Angst vor seinem Zorn und wird ihn noch weniger veranlassen, in Zukunft um Hilfe zu bitten. Die Schläge brachten weder die Werkbank in Ordnung noch lehrten sie Sepp, wie man eine Spritzdose benützt.
Welches Vorgehen würde helfen?
Zuerst hätte der aufsteigende Ärger des Vaters der Erkenntnis

Platz machen sollen, daß Sepp nicht beabsichtigt hatte, die ganze Werkbank zu bespritzen. Ein Blick hätte dazu genügt. Dann könnte der Vater die Situation als Gelegenheit zum Lehren benützen. Die Tatsache, daß der Junge von selbst handelte, zeigt Mut.

Angenommen, es wäre so gegangen:

Der Vater rief Sepp in den Arbeitsraum. »Ich sehe, daß du hier Schwierigkeiten hattest. Kannst du mir sagen, was geschehen ist?« Sepp, peinlich berührt, anwortete: »Ich versuchte, mein Modell zu lackieren, wußte aber nicht, daß die Farbe so weit spritzt!« »So hast du also gelernt, daß Spritzfarbe etwas anderes ist als Farbe, die man aufpinselt?« »Ja, gewiß«, antwortete Sepp und fühlte sich durch die Freundlichkeit seines Vaters erleichtert. »Kannst du dir vorstellen, wie du das nächstemal mit der Spritzdose umgehst?« »Ja«, dachte der Junge nach, »ich glaube, ich würde Papier herumlegen.« »Wie wäre es, wenn du nächstesmal eine Seite aus einer Schachtel herausnimmst, dein Modell in die Schachtel tust und von der offenen Seite aus spritzst?« schlug der Vater vor. »Oh, das wäre eine gute Idee!« »Ja, und was ist jetzt mit den Werkzeugen?« »Ja, ich weiß nicht, aber ich glaube, man kann sie noch gebrauchen!« »Was wäre geschehen, wenn sie an der Wand hängen würden, wohin sie gehören?« »Sie wären nicht mit Farbe bespritzt worden«, gab Sepp zu, mit einem Lächeln über diese feine Ermahnung, die Dinge aufzuräumen. »Hast du irgendeine Idee, was wir jetzt mit den Werkzeugen machen können?« »Ja, ich glaube, ich werde sie mit Terpentinöl reinigen müssen.«
»Terpentinöl wird bei dieser trockenen Farbe kaum Erfolg haben, Sepp.« »Ja, was sonst?« »Die Handgriffe werden wohl so bleiben müssen, aber ein Polieren mit Stahlwolle wird das blanke Metall reinigen.« »Gut, ich will es versuchen.«

Sepp begab sich bereitwillig an die Arbeit, um den Schaden wiedergutzumachen. Sein Vater und er sind Freunde; der Friede wurde erhalten, und er hat aus seinem Fehler gelernt.

Die Mutter goß Soße in die Schüssel. »Kann ich helfen?« fragte Jutta. »O Jutta, ich weiß nicht, du bist so ungeschickt! Gut. Hier. Versuche dies auf den Tisch zu tragen, ohne es zu verschütten. Sei vorsichtig!« Die Mutter gab Jutta die volle Soßenschüssel. Jutta ging ganz langsam, ihre Augen auf den Inhalt der Schüssel gerichtet, und beobachtete sie sorgfältig, damit sie nicht überlaufe. Jutta stieß gegen ein Stuhlbein, die Soßenschüssel kam ins Wanken, der Inhalt ergoß sich über den Tisch, hinunter auf ihr Kleid und auf den Teppich. »Jutta! Du ungeschicktes Ding. Was ist bloß mit dir los? Habe ich dir nicht gerade erzählt, du solltest vorsichtig sein? Warum kannst du nichts tun, ohne so ungeschickt zu sein?«

Jutta gab sich so sehr Mühe, nicht mehr ungeschickt zu sein und die Soße zu verschütten, daß sie auf das Stuhlbein losmarschierte und gerade das tat, was sie am meisten fürchtete. Hätte die Mutter wirkliches Vertrauen zu Juttas Fähigkeit gehabt, die Soßenschüssel zu tragen, dann hätte Jutta mehr auf ihren Weg achten können. Jetzt wurde ihre Meinung, ungeschickt zu sein, nur weiter verstärkt, und ein erneutes Versagen ist beinahe unvermeidlich.

Natürlich machen Kinder viele Fehler und tun vieles auf die falsche Art. Wenn wir allgemein eine kritische Haltung einnehmen, können wir unbewußt eine zufällige Abweichung vom gewünschten Benehmen zum Anfangspunkt für einen ersten und oft dauernden Fehler machen. Zum Beispiel stottern viele kleine Kinder gelegentlich, aber dieser Mangel verschwindet, wenn wir ihn ignorieren.

Da wir uns jedoch so furchtbar verantwortlich dafür fühlen, jede unerwünschte Handlung zu verhindern oder zu tadeln — aus dem Gefühl heraus, daß *etwas getan werden muß*, neigen wir dazu, beim ersten Zeichen eines »falschen« Benehmens das Kind anzufahren. Weit davon entfernt, damit etwas zu verbessern, vermehren wir tatsächlich die Schwierigkeit, weil das Kind einen Vorteil darin sieht, so weiterzumachen, entweder weil es unsere besondere Aufmerksamkeit dadurch erregt oder siegreich unserem Druck widerstehen kann. Aus diesem Grunde »lehrt« Kritik die Kinder nicht, sondern regt sie nur dazu an, ihr falsches Verhalten oder ihre Fehler beizubehalten.

Um unsere Kinder wirksam leiten zu können, müssen wir genau beobachten, was vor sich geht: Ist es ein Fehler? Liegt Entmutigung oder falsche Beurteilung oder ein Mangel an Kenntnissen

am Grunde des falschen Tuns? Oder steht eine verborgene Absicht dahinter? Die Beispiele von Margreth (Seite 114) und von Sepp (Seite 115) zeigen einen Mangel an Erfahrung und falscher Beurteilung. Karl (Seite 112) und Jutta (Seite 116) waren entmutigt. Die ersten beiden Kinder brauchen Unterweisung ohne Kritik, die beiden letzten brauchen Ermutigung, um ihre Fähigkeiten zu entdecken.
Wie wir jedoch gezeigt haben, kann falsches Verhalten die Folge eines irrtümlichen Ziels sein und einen bestimmten Zweck verfolgen. Dann ist es nicht mehr ein Fehler, sondern eine Fehlhaltung.

Zufällig kam eine Freundin der Mutter vorbei, als sie mit der fünfjährigen Sigrid Picknick machte. Das Kind hängte sich an ihre Mutter und steckte den Finger in den Mund, als sie der Freundin vorgestellt wurde. »Komm, Sigrid, tu nicht so geniert!« bat die Mutter. Dann wandte sie sich an ihre Freundin: »Ich weiß nicht, warum sie so schüchtern ist. Niemand in der Familie ist so!« Das Mädchen zog sich weiter zurück. Die Freundin beugte sich herab und versuchte, sich mit ihr anzufreunden. Sigrid sah weiterhin unter gesenkten Augen die Freundin ihrer Mutter an, ohne zu lächeln.
Als die Freundin schließlich aufgab und anfing, mit der Mutter zu sprechen, stand Sigrid eine Weile schweigsam da, kuschelte sich dann an die Mutter, kletterte auf ihren Schoß und bot ihr Gesicht zu einem Kuß.

Da Sigrid mit ihrer Schüchternheit ein Ziel verfolgt, ist es nutzlos, ihr zu sagen, damit aufzuhören. Ihrem falschen Verhalten (oder dieser irrtümlichen Art) Aufmerksamkeit zu schenken, verstärkt es nur. Sigrid spielt »die Schüchterne« der Familie. Dies gibt ihr eine gewisse Auszeichnung. Untersuchen wir die Folge ihrer Schüchternheit, entdecken wir, daß Sigrid zum Mittelpunkt beachtlicher Aufmerksamkeit wird. Alle bemühen sich, sich mit ihr anzufreunden. (Manchmal hat man von schüchternen Kindern den Eindruck, daß sie sich im Inneren über die Versuche der Erwachsenen amüsieren!) Schüchternheit zahlt sich aus. Warum sollte also Sigrid damit aufhören?

Würde Sigrid all diese interessanten Reaktionen nicht erleben, hätte sie keinen Grund, die Schüchternheit weiter zu pflegen. Die Mutter kann sie mit Stolz, aber in beiläufiger Weise vorstellen und, wenn sie nicht reagiert, ihre Unterhaltung mit ihrer Freundin fortsetzen. Sigrids Schüchternheit würde dadurch an Bedeutung verlieren. Wenn die Freundin nun (wie Freundinnen dies eben tun) die Dinge dadurch verschärft, daß sie sagt, »Ach, ist die aber schüchtern!« könnte die Mutter antworten »Nein, sie ist nicht schüchtern, sie hat eben im Augenblick keine Lust zu sprechen; sie wird es später tun.«

Wollen wir einem Kind helfen, sein falsches Verhalten zu überwinden, müssen wir den Zweck hinter dem Verhalten herausfinden und dann, *ohne darüber zu reden*, uns so verhalten, daß der Zweck nicht länger erfüllt wird. Meistens besteht unser Handeln fortan aus *Nichthandeln*, aus Nichtreagieren, und dem Unterdrücken unseres ersten Impulses.

Die sechseinhalbjährige Isabell hatte einen achtjährigen Bruder, Fred, der ein charmantes, unkompliziertes Rauhbein war. Isabell weinte oft. Mutter, Vater und Fred nannten sie »Heulsuse«.

Sie schalten ihr Geheul, und Fred zog sie auf, brachte sie zum Weinen und zeigte ihr dann seine Verachtung. Eines Tages ging die Familie zum Schwimmen. Beide Kinder sprangen aus dem Wagen und rannten voraus. Isabell fiel dabei hin und schürfte sich ihr Knie leicht auf. Sie brach in Tränen aus und war nicht mehr zu trösten. »Ach, die heult wieder!« sagte Fred in Verachtung, als er weglief. »Das ist keine große Verletzung, Isabell«, sagte der Vater streng. »Höre jetzt mit Weinen auf und komm ins Schwimmbad.« »Es tut aber weh! Tu ein Pflaster darauf!« schluchzte das Mädchen, als sie ihr Bein hinter sich herzog. »Hör endlich mit dem Flennen auf!« ermahnte sie der Vater wieder. »So schlimm ist es nicht, daß du ein Pflaster brauchst. Wenn du einmal im Wasser bist, wirst du es schnell vergessen.« »Hör jetzt auf, wieder die Heulsuse zu spielen, Isabell«, fügte die Mutter in Verachtung hinzu. »Komm, laß uns jetzt schwimmen!« Isabell weinte weiter und wollte sich nicht mehr bewegen. Eine Lieblingstante kam herbeigelaufen und wurde begeistert begrüßt. Die Tränen Isabells flossen reichlicher. Tante Edith bemerkte sie, beugte sich über sie und fragte, was los sei, und tröstete sie. Das Kind hörte nicht zu weinen auf. Schließlich sagte der Vater: »Edith, du kannst hier sitzen bleiben und sie drei Stunden lang trösten, und sie wird weiter flennen. Das ist es, was sie will. Sie ist eben eine Heulsuse. Komm, laß uns schwimmen gehen und laß sie hier sitzen und heulen.« Die ganze Familie sprang ins Bad und ließ Isabell allein. Etwas später folgte sie der Gruppe, zuerst widerstrebend; dann aber genoß sie das Wasser.

Ein weinendes Kind erweckt üblicherweise unser Mitgefühl. Unser Herz wird durch das Leiden eines Kindes tief gerührt. Isabell entdeckte diesen Vorteil sehr früh. Obwohl ihre Familie ungeduldig wurde, hatte das Geheul doch noch immer seine Vorteile.

Alle *bemerken* das Weinen, sprechen darüber, schimpfen und beachten es doch im allgemeinen. Als das arme gekränkte »Baby« behält sie weiter ihren Platz. Diese Ansicht von sich selbst wird jedes Mal fester, wenn jemand sie »Heulsuse« nennt. Schließlich hatte die Familie genug, ließ sie schreien und ging ohne sie schwimmen — nicht aber ehe sie den Zweck des Weinens befriedigt hatten. Isabell kostete die Situation bis zum letzten Tropfen aus.

Wenn die Eltern Isabell helfen wollen, erwachsen zu werden und nicht mehr eine »Heulsuse« zu sein, müssen sie zuerst erkennen, daß ihre unbewußte Absicht ist, ungebührliche Aufmerksamkeit zu erregen. Hierauf müssen sie damit aufhören, das Weinen zu erwähnen und Isabell abzustempeln, als ob das Heulen ihre einzige Eigenschaft wäre. Schließlich soll man es ganz ignorieren. In unserem Beispiel könnte eines der Eltern (wer eben zuerst da ist) die Verletzung beiläufig untersuchen, und falls sie sich als geringfügig erweist, sagen: »Es tut mir leid, daß du dir weh getan hast. In einer Minute wird es kaum mehr wehtun. Komm ins Bad nach, wenn du so weit bist.« Sobald Isabell sieht, daß ihr Geheul nicht den gewünschten Erfolg hat, kann sie entscheiden, ob sie ihr Benehmen ändern oder beibehalten will. Genauso sollte man sich bei zukünftigen Fällen verhalten — beiläufiges Akzeptieren ihres Rechtes zu weinen, zusammen mit der Feststellung, sie könne mitkommen oder für sich allein bleiben. Diese Technik, den Fehler zu verkleinern und seinen möglichen Vorteil nicht eintreten zu lassen, muß dadurch ergänzt werden, daß man ihr dann Aufmerksamkeit gibt, wenn sie glücklich und bereit zur Zusammenarbeit ist.

Wir müssen uns besonders bemühen, die Tat vom Täter zu unterscheiden. Dies ist heute wichtig, weil wir ein ganzes Register von Namen entwickelt haben, wie »Heulsuse«, »Lügenmaul«, »Klatschbase«, »Wirrkopf« usw. Kinder müssen als gute Kinder erkannt werden, die sich nur deshalb falsch verhalten, weil sie unglücklich sind, oder weil sie gefunden haben, daß es sich lohnt, unartig zu sein. Geben wir einem Kind einen solchen Namen, stempeln wir es für immer ab. Bald folgt das Kind unserem Beispiel und ist selbst von der Berechtigung dieser Namensgebung überzeugt.

Dies verstärkt seine irrige Auffassung von sich selbst und verhindert die Entwicklung von konstruktivem Verhalten. Machen wir uns klar, daß nicht das *Kind*, sondern nur sein Tun schlecht ist, spürt das Kind unser Vertrauen zu *ihm*. Dies gibt ihm zusätzlich Ermutigung, seine Schwierigkeiten zu überwinden, die ihm jetzt, wo wir sie kleiner machen, auch kleiner erscheinen.

## 12. Kapitel

# DEN TAGESLAUF REGELN

»Wo ist Änni?« fragte der Vater, als er sich an den Frühstückstisch setzte. »Ich dachte, sie sollte sich heute ausschlafen.« »Wieso?« »Vergangenen Abend wurde es sehr spät, sie wollte dich sehen, ehe sie zu Bett ging.« »Ich sagte dir aber doch, daß ich spät nach Hause käme.« »Ich weiß, aber sie versteht das noch nicht. So ließ ich sie auf, bis sie einschlief.« »Und was ist heute mit der Schule?« »O das macht nicht viel aus. Es ist ja nur der Kindergarten. Ich werde ihr eine Entschuldigung schreiben, daß es ihr diesen Morgen nicht gut war.« »Ich weiß nicht, Liebling, aber ich glaube, daß Änni gewissen Regeln folgen sollte«. »Oh, sie hat noch viel Zeit, diese Regeln zu lernen. Sie ist ja noch so klein!«

Der Vater hat recht. Änni braucht einen geregelten Tageslauf. Dieser ist für ein Kind, was für ein Haus die Wände sind; es gibt seinem Leben Maßstäbe und Grenzen. Kein Kind fühlt sich in einer Situation wohl, in der es nicht genau weiß, was zu erwarten ist. Der geregelte Tageslauf verleiht ein Gefühl der Sicherheit. Er erzeugt auch einen Sinn für Ordnung, aus der Freiheit entsteht. Änni die »Freiheit« zu erlauben, abends lange aufzubleiben, raubte ihr das Recht auf ausreichende Ruhe, brachte den nächsten Tag in Unordnung und aus dem Gleichgewicht und nahm ihr auch noch das Recht, in der Schule zu lernen. Das ist keine Freiheit, sondern Zügellosigkeit. Änni ist nicht in der Lage, kluge Entscheidungen zu treffen, wenn die Mutter sie der Folgen beraubt, indem sie eine unwahre Entschuldigung an die Schule schreibt. Änni sucht wie viele Kinder die Geborgenheit von Maßstäben und Grenzen. Sie will herausfinden, wie weit sie gehen kann. Und wenn erst der Himmel zur Grenze wird, wird sie verwirrt, beansprucht das Recht, zu tun, was sie will, um zu sehen, ob sie Grenzen findet. Eines Tages wird sie sich so ungewöhnlich benehmen, daß irgend jemand in ihrer Umgebung das Beil fallen läßt und sie betäubt dasteht und nicht recht versteht, was geschehen ist.

Es ist die Pflicht der Eltern, gewisse Regeln aufzustellen, nach denen die Familie friedlich funktionieren kann, eine tägliche Ordnung zu bestimmen und die Kinder sich einordnen zu lassen.

Kein Kind ist jemals zu klein, um Ordnung zu verstehen. Wenn diese einmal fest gegründet ist, spüren und wissen Kinder, wonach sie sich zu richten haben.

Will man von Hamburg nach München reisen, setzt man sich nicht einfach in seinen Wagen und fährt jede Straße, die einem gerade gefällt, sondern folgt einem bestimmten Straßenplan. Genauso ist es mit der Erziehung unserer Kinder zum Zusammenleben. München ist das Ziel unserer Autoreise. Soziale Anpassung und Unabhängigkeit von fremder Hilfe sind die Ziele der elterlichen Lenkung. Wir können dort nur ankommen, wenn wir einem bestimmten Straßenplan folgen. Wir haben die Wahl, welche Richtlinien wir für die Familie aufstellen wollen, genau wie wir die Wahl verschiedener Straßen haben, um München zu erreichen. Aber ein Plan ist nötig. Er sollte nicht so unbeweglich sein, daß kein Platz für gewisse Änderungen bleibt. Es gibt immer Gelegenheiten, wenn eine Regel durchbrochen werden muß, um eine unerwartete Situation zu meistern. Solche Unterbrechungen sollten jedoch die Ausnahme und nicht die Regel sein; bloß zur Bequemlichkeit der Eltern oder zur Befriedigung der Launen eines Kindes sollten Ausnahmen nicht gemacht werden.

Während der Sommerferien taten Gusti und Leni, was sie wollten. Sie blieben abends lange auf, aßen Frühstück, wann sie aufstanden, hatten zwischendurch Süßigkeiten und Getränke, wann immer sie es wollten, nahmen keine Pflichten im Haushalt auf sich, weil sie dringende Verabredungen mit Spielkameraden hatten, und beschäftigten ihre Mutter mit ihren Ansprüchen, sie hier- oder dorthin zu fahren. Schon Mitte Juli hörte man die Mutter seufzen: »Ich bin ja so froh, wenn die Schule wieder anfängt und alles in Ordnung kommt.«

Es scheint ein allgemeiner Brauch zu sein, in den Sommerferien den Kindern Freiheit von jeder Art Stundenplan zu geben. Natürlich ändern sich Stundenplan und Tageslauf, aber es braucht nicht zu völliger Regellosigkeit zu führen. Ein Kind während der Sommerferien alles machen zu lassen, gibt ihm den Eindruck, Schule — oder Arbeit — sei etwas Unangenehmes und es sei wünschenswert, von solchen Forderungen »frei« zu sein. Dies ist eine falsche Auffassung. Zur Schule gehen ist die Aufgabe des Kindes im Leben, genau wie es für den Vater der Beruf und für die Mutter die Hausarbeit ist. Alle diese Funktionen brauchen Regelung, sonst werden sie gestört. Urlaub ist notwendig. Ferien sind eine Zeit der Änderung des Tageslaufs, ein Mittel, uns wieder aufzufrischen, ein Schrittwechsel in unserer Tätigkeit. Dies kann aber nicht bedeuten, daß jede Art von Regelung völlig aufgegeben wird. Der Tageslauf der Sommerferien kann von dem des Schuljahrs verschieden sein. Die Schlafenszeit kann so geändert werden, daß die Familie mehr Zeit für gemeinsames Vergnügen hat; die Zeit des Aufstehens kann dem Schlafbedürfnis und die Mahlzeiten der Ferienbeschäftigung angepaßt werden — all dies macht den Wechsel vom geregelten Tageslauf der Schulzeit zum Sommerurlaub offensichtlich. Und trotzdem müssen wir ein gewisses Mindestmaß von Ordnung beibehalten, sonst ist harmonisches Zusammenleben und -arbeiten unmöglich.
Sehen wir uns noch einmal die Geschichte von Julie auf Seite 63 an. Julie will dauernd die Aufmerksamkeit ihrer Mutter. Hätte die Mutter eine festgesetzte Zeit, um mit ihr zu spielen, würde sie über eine »Entschuldigung« verfügen, den ungebührlichen Forderungen ihres Kindes zu widerstehen. Und Julie wird eher bereit sein, die Notwendigkeit von Ordnung anzuerkennen. Dies ist die Grundlage für die Weigerung ihrer Mutter, ihren Wünschen dauernd — und sofort! — nachzugeben.
Kinder benötigen viel Aufmerksamkeit. Welche bessere Methode für eine harmonische und glückliche Beziehung könnte es geben, als eine bestimmte und regelmäßige Spielzeit? Diese Zeit gehört

dem Kind. Es weiß, es kann damit rechnen. Sind sowohl Mutter und Kind sich dieser Zeit, in der man zusammen Spaß hat, bewußt, würden beide eher geneigt sein, etwaige Konfliktsituationen rasch zu beenden, um aus der zur Verfügung stehenden Spielzeit möglichst viel herauszuholen. Welch erfreuliches Verhältnis kann daraus entspringen. (So traurig es ist, aber es gibt viele Kinder, die in ihrer Neigung, nicht teilzunehmen, wie festgenagelt sind, so daß sie mit ihren Eltern nicht einmal spielen wollen. Sie betrachten sie einfach nicht als ihre Freunde.)

Vielleicht wollen wir noch einmal die Situation von Paula auf Seite 66 betrachten. Mutter und Paula waren in einen Machtkampf verwickelt, der hätte vermieden werden können, wenn ein geregelter Tageslauf festgesetzt worden wäre und Paula gewußt hätte, daß ihre Mutter fest dabei bleibt. Schlafenszeit ist Schlafenszeit und damit Schluß. Erfassen Kinder die feste Regelung des Tageslaufs, fühlen sie nur selten ein Bedürfnis, sie zu überschreiten, um die Grenzen herauszufinden. Besteht ein Machtkampf, wird ein Kind natürlich jede Regelung als Angriffspunkt benützen. Nur wenn der geregelte Tageslauf zwanglos erlebt wird, als Selbstverständlichkeit, mit ruhiger Beharrlichkeit und ohne Wortkämpfe, können Eltern die Mitwirkung der Kinder für ein Ordnungssystem in der Familie gewinnen. Wo gemeinsame Tätigkeiten bestehen, ist es für Kinder und Erwachsene leicht, denselben Regeln zu folgen. Ein Beispiel dafür sind die Mahlzeiten. Die unterschiedliche Funktion jedes Familienmitglieds kann jedoch verschiedene Regeln erfordern. Diese Unterschiede sollen aber klar als Folge der verschiedenen Aufgaben eines jeden Familienmitglieds erkannt sein und bei gemeinsamen Verrichtungen aller Mitglieder nicht in Erscheinung treten. Das Baby geht früher zu Bett als der Neunjährige, und dessen Schlafenszeit liegt vor der der Eltern. Wichtig ist aber, daß längeres Aufbleiben nicht als Vorrecht der älteren angesehen wird.

Auch im Beispiel Christians auf Seite 106 könnte die Mutter die Schwierigkeit durch eine festgelegte Essenszeit lösen, nach der sich alle Familienmitglieder richten. Es ist wohl selbstverständlich, daß diese Zeit nicht willkürlich festgelegt wird, sondern möglichst allen Familienmitgliedern passen muß. Jede Familie muß einen Plan ausarbeiten, der den Interessen der Familie als Ganzes dient. Natürlich gibt es nicht für alle Familien den gleichen Tageslauf. Es ist gewöhnlich Sache der Mutter, die Regeln aufzustellen und die Grenzen zu setzen, innerhalb derer ihre Familie wachsen und gedeihen kann. Überschreitet ein Kind diese Ordnung, ist die Mutter verpflichtet, ruhig auf Einhaltung dieser Ordnung zu bestehen. Ernsthafte Unterbrechungen des geregelten Tageslaufs entstehen nur, wenn die Eltern dauernde Überschreitungen zulassen.

Im allgemeinen ist es ebenso Sache der Mutter, den Lebensstandard der Familie festzulegen. Auch Dinge wie Betten machen, ehe man an seine täglichen Aufgaben geht, Wohnzimmer aufräumen, ehe der Vater heimkommt, das persönliche Äußere bei Tisch, das Sonntagsessen im Eßzimmer, die Art des Festefeierns — all dies sind Teile der zivilisierten Werte, die wir unseren Kindern übermitteln. Sie werden Teil unseres Tageslaufs.

In einer Eltern-Studiengruppe wurde einmal entdeckt, daß das Problem schlechter Tischsitten allen gemeinsam war. In der Aussprache kam man darauf, die Angewohnheit des gelegentlichen Essens in der Küche könnte einer der Gründe hierfür sein. Jede der anwesenden achtzehn Mütter entschloß sich, das Essen etwas förmlicher im Eßzimmer anzurichten und über die Erfahrungen bei der nächsten Zusammenkunft zu berichten. Diejenigen, die kein Eßzimmer hatten, wollten in der Eßecke der Küche mehr auf die Form achten. In der folgenden Woche war jede Mutter erstaunt, herauszufinden, daß auch die anderen über ähnliche Verbesserungen der Tischsitten berichten konnten. Jede glaubte, die damit verbundene zusätzliche Arbeit würde durch die Verbesserung der Familienatmosphäre mehr als ausgeglichen.

Solche Maßnahmen für das Zusammenleben bilden einen Teil des geregelten Tageslaufs. Kleine tägliche Dinge können zu einem reicheren und angenehmeren Leben beitragen.

## 13. Kapitel

# SICH ZEIT NEHMEN

Für die vielen Aufgaben des Lebens brauchen Kinder Vorbereitung. Natürlich lernt das Kind sehr viel durch Beobachtung. Wir können uns aber nicht immer darauf verlassen. Es braucht Anleitung, sich anzuziehen, seine Schuhe zuzuschnüren, zu essen, sich zu waschen und zu baden, die Straße zu überschreiten, und allmählich, wenn es größer wird, kleine Aufgaben im Hause zu übernehmen. Dies kann nicht durch gelegentliche Bemerkungen gelernt werden oder durch Schimpfen, Drohen, Bestrafen zu einer Zeit, wenn diese Aufgaben erledigt werden sollen. Zeit für Übung sollte ein Teil des täglichen Stundenplanes sein.

Jeden Morgen saß die vierjährige Wanda hilflos da, bis die Mutter sie anzog. Knöpfe regten sie auf, Vorder- und Rückseite verwirrten sie und Schuhnestel waren etwas Unmögliches. Jeden Morgen schimpfte die Mutter, zog sie schließlich an und sandte sie dann zum Spielen hinaus.

Wanda hat die Annehmlichkeit entdeckt, hilflos zu sein. Die Mutter bedient sie. Sie sollte sich aber Zeit nehmen, um ihr Kind dazu zu erziehen, sich selbst anzuziehen.
Nehmen wir uns dafür keine Zeit, werden wir später viel mehr Zeit mit dem unerzogenen Kind vergeuden. Dauerndes Zurechtweisen »lehrt« nicht, weil es als Kritik das Kind nur entmutigt und herausfordert. Als Folge des Konflikts entschließt sich das Kind, *nicht* zu lernen. Zurechtweisungen verfehlen jedoch auch deshalb oft ihren Zweck, weil Kinder sie als Mittel betrachten, besondere Aufmerksamkeit zu erlangen, und sie lieben es, Wiederholungen herauszufordern.
Das mutige Kind zeigt Interesse, etwas Neues zu unternehmen. Wachsame Eltern erkennen solche Versuche und ermutigen sie. Je-

doch sollten bestimmte Zeiten für solche Erfahrungen festgesetzt werden. Die erste Morgenstunde, in der es gewöhnlich eilt, ist kaum die richtige Zeit, einem Kind zu lehren, wie es seine Schuhe zubindet. Der Druck des Augenblicks ruft nur Ungeduld der Mutter und Rebellion des Kindes hervor. Die nachmittägliche Spielzeit ist gewöhnlich die ideale Zeit, eine neue Geschicklichkeit zu lehren, was Teil eines Spieles sein kann. In den Spielzeugläden können wir zahllose Trainingshilfen dafür finden. Die Mutter kann auch ihre eigenen erfinden — eine Reihe großer Knöpfe und Knopflöcher von einem alten abgetragenen Kleid könnten als Hilfe für Wanda auf einem Brett befestigt werden. Wir könnten in einen Karton große Löcher machen, auf den Karton einen Schuh zeichnen und damit dem Kind zeigen, wie Schuhnestel geknüpft werden. Beteiligen wir die Kinder bei der Herstellung solcher Hilfen, sind sie doppelt daran interessiert. Es macht immer Spaß, der Mutter zuzusehen, wie sie etwas zum Spielen macht — und es macht noch mehr Spaß, dabei zu helfen. Die Mutter kann auch die Findigkeit des Kindes anspornen und damit seine schöpferische Kraft fördern.

Tischsitten können anläßlich von Puppengesellschaften gelehrt werden. Gleichzeitig kann die Art, wie man seine Gäste willkommen heißt und sie vorstellt, ein Teil einer solchen »Einladung« werden. Das Benehmen im Zug, im Bus oder in der Straßenbahn kann mit nur in der Phantasie vorgestellten Fahrten gelehrt werden. Schauspielern und Rollenspiel sind wunderbare Erziehungshilfen, da Kinder geborene Schauspieler sind.

Jede Schulung einer besonderen Fertigkeit sollte zu einer gewohnheitsmäßigen Wiederholung führen, bis die betreffende Fertigkeit erlernt ist. Jede Fertigkeit sollte für sich geübt werden. Geduld, Vertrauen zu der Lernfähigkeit des Kindes, ermutigende Sätze wie »Versuche es noch einmal, du wirst es schaffen«, eine angenehme und glückliche Atmosphäre und Anerkennung für jede Leistung machen den Lernvorgang zur Freude, sowohl für Kinder als auch für Eltern.

Es ist klug, Kinder darauf vorzubereiten, unangenehme und unvorhergesehene Ereignisse zu verstehen und damit fertig zu werden.

Gisela und Bobby sollten sich ihre Mandeln operieren lassen. Die Mutter hat das Gefühl, es sei hilfreich, wenn die Kinder schon vorher wüßten, was sie erwartet. Einige Tage vor der Operation erfand sie ein Spiel. »Wollen wir doch einmal so tun, als ob die Puppen in das Krankenhaus gingen, um sich ihre Mandeln operieren zu lassen«, schlug sie vor. »Was brauchen wir wohl zuerst?« »Einen Koffer«, antwortete Bobby und brachte einen Spielzeugkoffer. »Was gehört alles hinein?« Die Kinder wählten verschiedene Dinge aus und packten sie in den Koffer. Die Puppen wurden angezogen. Bobby in der Rolle des Vaters fuhr das Auto. Die Aufnahme im Krankenhaus durch das Pflegepersonal und das Zubettgehen wurden mit den notwendigen Begleitworten gespielt. Dann nahm die Mutter die Rolle des Doktors an und sprach mit den Puppen. Sie benützte den Wagen und erklärte, er sei eine Tragbahre. Hierauf nahm sie ein Teefilter, zog einen alten weißen Strumpf darüber und tat so, als ob es ein Apparat zum Einschläfern wäre, wobei sie der Puppe, während sie dies durchführte, erklärte: »Dies wird jetzt etwas komisch riechen, Betsy (der Name der Puppe), aber du brauchst nur einige tiefe Atemzüge machen und für mich zählen. Bald wirst du völlig eingeschlafen sein.« Ganz richtig vermied die Mutter aber, als das Spiel so weit gediehen war, das tatsächliche chirurgische Geschehen, da ja die Kinder in Wirklichkeit dies auch nicht merken würden. »So, Betsy ist jetzt tief eingeschlafen, ich werde ihre Mandeln herausnehmen und sie auf die Bahre zurücklegen.« Während sie dies sagte, entfernte die Mutter die »Maske« vom Gesicht der Puppe, wickelte sie wieder in die Decke ein und legte sie in den Wagen zurück. »Jetzt wird sie auf ihr Zimmer zurückgebracht. Wacht sie auf, kann sie Eiscreme haben.« »Tut es ihr weh, wenn man die Mandeln herausnimmt?« fragte Gisela. »Sie kann überhaupt nichts fühlen, Frau Müller«, antwortete die Mutter, indem sie immer noch ihre Rolle als Doktor spielte. »Sie sehen, sie ist tief eingeschlafen.« »Tut es ihr weh, wenn sie aufwacht?« »Ihr Rachen wird etwas wehtun, Frau Müller, aber ich weiß, daß sie das aushalten kann. Es wird nicht sehr lange dauern.« Dann fragte die Mutter, wer bei der nächsten Puppe den Doktor spielen wollte. Bobby übernahm dieses Spiel und wiederholte die Geschichte.
Am nächsten Tag spielten die Kinder »Mandeln heraus«, wobei sie einander als Patienten benützten. Die Mutter gab ihnen eine größere Tragbahre.

Als Gisela und Bobby ins Spital gingen, zeigten sie Vertrauen und waren zur Zusammenarbeit bereit. Indem die Mutter sagte, die Puppe würde einen etwas rauhen Rachen haben, gab sie ehrlich zu, daß es nicht ohne Schmerz abgeht. Sie zeigte aber Vertrauen in die Fähigkeit der Kinder, damit fertig zu werden. Sie wies gelegentlich auch darauf hin, was bei Schmerzen sehr wichtig ist, daß es nicht lange dauern wird (auch wenn es dem, der Schmerzen hat, so erscheinen mag!).

Training zur Unabhängigkeit von fremder Hilfe ist auf Seite 45 erklärt. Barbara muß lernen, sich auf sich selbst zu verlassen und allein zu spielen. Hier ist die Lehrsituation umgekehrt. In diesem Fall muß die Mutter dadurch lehren, daß sie sich zurückzieht. Immer wieder wird es für Eltern notwendig sein, sich herauszuhalten und die Kinder es selbst versuchen zu lassen — das heißt, mit einer schwierigen Situation selbst fertig zu werden.

Die zweieinhalbjährige Ilona schrie in zorniger Machtlosigkeit, weil das Rad ihres Wagens gegen ein Stuhlbein gestoßen war. »Was ist los, Ilona?« Die Mutter kam, um nachzusehen. Ilona stampfte mit dem Fuß auf den Boden und schrie weiter. Die Mutter setzte sich und wartete. Das Mädchen zerrte heftig, der Wagen blieb aber am Stuhlbein verfangen. »Was könntest du außer dem Hin- und Herzerren noch tun?« Ilona zog in eine andere Richtung. Immer noch bewegte sich der Wagen nicht. »Was würde wohl geschehen, wenn du am anderen Ende des Wagens ziehen würdest?« Ilona versuchte es. Der Wagen war frei! Weg rannte sie und zog den Wagen hinter sich her. »Du hast es von selbst losgekriegt, hast du das gemerkt?«

Die Mutter nahm sich Zeit für die Erziehung, was sie noch viele Jahre tun muß — nämlich ihrer Tochter zeigen, daß es viele Möglichkeiten gibt, mit einem Problem fertig zu werden. Die Mutter vermied es, selbst den Wagen freizuziehen und benützte diese Situation, um Ilona beizubringen, wie sie es selbst machen kann.

Die Mutter setzte den zehn Monate alten Bruno in den Sandhaufen und blieb in der Nähe, um ihn zu beobachten. Bruno vergrub seine Hände in den Sand, spielte damit, schaute auf seine Mutter, grinste und stopfte sich eine Handvoll Sand in den Mund. »Bruno, nein, nein!« Die Mutter rannte hoch und zu ihrem Sohn, der auf Händen und Knien sich wegbewegte, wobei er freudig strahlte. Sie fing ihn ein, wischte den Sand aus seinem Mund und brachte ihn auf seinen Platz zurück. Diese Vorstellung wurde mehrmals im Verlauf einer Stunde wiederholt.

Bruno hatte ein wundervolles Spiel entdeckt, die Mutter mit sich zu beschäftigen. Sie wagte es nicht zu lesen, solange Bruno im Freien spielte. Sie muß ihn dauernd überwachen.

Die Mutter muß sich Zeit nehmen, um Bruno dazu zu erziehen, nicht alles in seinen Mund zu nehmen. Die meisten Kleinkinder tun es; es ist ein Teil ihrer Methode, die Umgebung zu entdecken. Wie fühlt sich das an? Wie schmeckt es? Obwohl dies ein ganz natürliches Verhalten ist, wird es trotzdem notwendig, die Kinder zur Selbstbeherrschung zu erziehen. Die Mutter könnte Bruno jedesmal vom Sandplatz entfernen und ihn in seinen Wagen setzen, wenn er Sand in den Mund steckt. Er mag aus Protest heulen oder schreien, die Mutter liest ruhig weiter. Sie läßt ihm sein Recht, seinen Zorn zu zeigen. Ist Bruno wieder ruhig — und nicht eher —, kann die Mutter wieder einen Versuch machen. Steckt er wieder Sand in den Mund, nimmt sie ihn ruhig auf und setzt ihn in den Wagen zurück. Er wird es bald verstehen. Worte sind nicht notwendig. Bruno würde sie auch gar nicht verstehen. Er versteht aber die Handlung.

Wenn die Familie größer wird, werden die Trainingsbedürfnisse der jüngeren Kinder oft vernachlässigt. Die älteren tun dann für die jüngeren, was diese selbst tun sollten. Darauf sollten wir achten, da ein älteres Kind oft die Gelegenheit benützt, um seine Überlegenheit über das jüngere zu beweisen. Jedes Kind braucht seine Trainingsperiode, die zu dem Erlebnis persönlicher Leistung und Festigkeit führt.

In Anwesenheit von Dritten sollte nicht an einem Kind herumerzogen werden. Möchten Eltern ein gutes Benehmen des Kindes in der Öffentlichkeit, müssen sie es erst zu Hause vorbereiten. Wenn ein Kind sich nicht entsprechend der Situation benimmt, so besteht die einzige Lösung darin, das Kind ruhig wegzuführen.

## 14. Kapitel

# DIE MITARBEIT GEWINNEN

Wenn ihre Windeln gewechselt wurden, kickte die acht Monate alte Lisa mit den Füßchen, rollte und drehte sich umher, so daß die Mutter kaum mit ihr fertig wurde. Häufig regte sich die Mutter dabei so auf, daß sie Lisa einen Klaps gab. Diese brach dann in ein bejammernswertes Schluchzen aus, das tiefverletzte Gefühle zeigte.

So erstaunlich es sein mag, dieses acht Monate alte Baby, das noch nicht sprechen konnte, hatte ein Mittel entdeckt, ihrer Mutter das Gefühl des Versagens zu geben. Es fällt uns schwer, die volle Intelligenz und Geschicklichkeit kleiner Kinder zu erkennen. Jede Mutter, die lernt, besser zu beobachten, wird zugeben müssen, daß Babys unheimlich schlau sind!

Der neun Monate alte Norbert war ein normales Kind von taubstummen Eltern. Er kroch auf dem Fußboden und stieß mit dem Kopf gegen das Tischbein. Er setzte sich, wandte sein Gesicht der Mutter zu und fing an zu schreien. Sein Gesicht wurde rot, der Mund öffnete sich weit, Tränen kamen aus den Augen — aber kein Laut kam aus seinem Mund! Die Mutter eilte zu ihm, nahm ihn auf und tröstete ihn. Selbst die Kleinsten können rasch jede Lage abschätzen. Norbert dachte nicht daran zu schreien, weil er spürte, daß seine Eltern darauf nicht reagieren. Ältere Kinder von taubstummen Eltern zeigen ihren Zorn nicht durch Schreien, sondern indem sie mit den Füßen stampfen. Die Eltern spüren die dadurch hervorgerufenen Erschütterungen und reagieren darauf.

In unserem Beispiel war es die Aufgabe der Mutter, Lisa beim Wechseln der Windeln zur Mitarbeit zu gewinnen. Zuerst muß sie den Zweck von Lisas Verhalten erkennen. Sie wird dann wissen, was zu tun ist, und sich nicht mehr aus dem Gleichgewicht bringen lassen. Zweitens sollte sie ihren Tagesplan ändern, um mehr Zeit für das tägliche Bad zu haben, welches sie zur Erziehung benützen kann. Wenn dann Lisa sich wieder in einer Art bewegt, die das

Anziehen erschwert, kann die Mutter ganz ruhig und mit einem warmen Lächeln sie festhalten und zur gleichen Zeit mit ihr sprechen: »Du kannst mir helfen und du kannst stille sein, siehst du? Wie nett und ruhig sie sein kann ...« Es spielt keine Rolle, ob Lisa die Worte versteht. Sie versteht die Bedeutung! Es ist sehr leicht, Anerkennung durch Lächeln zu zeigen. Dies wird Lisa spüren und entsprechend reagieren. Es ist auch nicht schwer, durch ein Stirnrunzeln Ärger zu zeigen. Auch dies bemerkt das Baby sofort und reagiert — mit einer weiteren Demonstration seiner Macht, die Sache zu erschweren. *Fühlt* die Mutter keinen Ärger, sondern nur *liebende Festigkeit,* wird ihre Tochter es verstehen. Die Mutter kann Lisa loslassen, sobald sie keinen Widerstand mehr leistet. Wird sie wieder unruhig, kann Mutter sie wieder ruhig festhalten. Auf diese Weise kann Lisa zur Mitwirkung erzogen werden.

In unserer zunehmend demokratisch-sozialen Atmosphäre finden wir es notwendig, uns ab und zu Gedanken zu machen, was wir mit unseren Worten meinen. »Mitarbeit« ist sicherlich eines dieser Worte. Früher, als nur die Herrschenden Autorität besaßen, bedeutete Mitarbeit, zu tun, was befohlen war. Der Unterlegene mußte mit dem Herrschenden »zusammenarbeiten«. Die Demokratie bringt eine neue Bedeutung für dieses Wort: *Wir* müssen zusammenarbeiten, um den Forderungen der Situation gerecht zu werden. Größere Gleichberechtigung und Freiheit in einer demokratisch-sozialen Umgebung bedeutet auch größere Verantwortlichkeit. Wir haben die Macht der überlegenen Stellung verloren und brauchen dafür Methoden, Mitarbeit zu gewinnen. Wir können von den Kindern nicht einfach verlangen: »Arbeite mit mir zusammen.« Genauso wenig können wir sagen: »Du hast zu tun, was ich will.« Wir können aber ihre freiwillige Mitarbeit gewinnen.

Außer dem allmorgendlichen Betten machen, gab die Mutter jedem ihrer vier Kinder täglich verschiedene Pflichten. Sven mußte das Badezimmer sauber machen, Gerti das Geschirr abtrocknen, Renate das Wohnzimmer abstauben und Rosemarie den Müll wegtragen. Jeden Tag ermahnte die Mutter ihre Kinder, dann schalt sie sie, und schließlich schrie sie und verhängte häufig Strafen, damit die Arbeit getan wurde. Ihre übliche Bemerkung, die sich an alle vier Kinder richtete, war: »Besser, wir helfen alle zusammen, sonst werden vier Kinder da sein, die sich nicht zu freuen haben.«

Es ist offensichtlich, was die Mutter meint: »Tut was ich euch gesagt habe, sonst ...!« Sie hat autoritär entschieden, was jedes Kind tun soll, und versucht nun, dies mit Gewalt durchzusetzen. Alle vier Kinder lehnen sich gegen diese Zwangsmethode auf und haben mit ihrem rebellischen Trotz auch »Erfolg«. Wenn die Mutter diese häuslichen Pflichten verteilt, zeigt sie ihren Entschluß, den Herrn zu spielen. Die Kinder reagieren mit der Einstellung: »Versuche es doch und schau, ob du es fertig bringst! Du wirst nichts erreichen, bis du nicht wütend wirst!« Dies ist ein Kampf um Macht, keine Zusammenarbeit. Die Mutter versucht, den Kindern ihren Willen aufzudrücken, statt ihre Mitarbeit bei der Lösung der häuslichen Probleme zu gewinnen. Wie kann die Mutter die Kinder zu wirklicher Zusammenarbeit anregen? Sie kann sich Zeit für ein Gespräch mit allen Familienmitgliedern nehmen. Man stellt eine Liste aller notwendigen Arbeiten auf, und die Mutter sagt, was *sie* tun kann. Dann fragt sie wegen der restlichen Arbeiten. Der Vater und die Kinder können sich die Arbeiten aussuchen, die sie ausführen wollen. Auf diese Art beweist die Mutter ihre Achtung für die Kinder. Sie erlaubt ihnen die Wahl und die Entscheidung. Wenn jemand die gewählte Aufgabe nicht ausführt, wird nichts gesagt — die Arbeit wird auch nicht getan. Nach einer Woche ruft die Mutter wieder alle zusammen. »Sven hat es auf sich genommen, diese Woche das Wohnzimmer sauber zu halten. Er hat es aber nicht getan. Was können wir tun?« Das »wir« gibt der ganzen Gruppe die Verantwortung und erlaubt der Mutter keine autoritäre Rolle. Alle Vorschläge werden nun genau überlegt, bis die ganze Gruppe zu einer Lösung kommt. Der Druck, den die ganze Gruppe ausübt, ist wirksam, während Zwang durch einen Erwachsenen weiter nichts als Rebellion hervorruft. Diese Methode, Probleme zu lösen, kennzeichnet den Familienrat, über den wir später sprechen werden.

Worauf es uns hier ankommt, ist das Funktionieren der heutigen Familien als Gruppe. Die Gruppe als solche regt jeden einzelnen zur Mitarbeit mit den anderen zum Wohle aller an. Die Aufmerksamkeit jedes Gruppenmitglieds soll auf die Bedürfnisse der Familie als Ganzes gerichtet werden. Zusammenarbeit bedeutet die gemeinsame Tätigkeit *jedes* Mitglieds mit dem Ziel, das Beste für alle zu erreichen. Zusammenarbeit in einer vierköpfigen Familie kann mit einem Wagen mit vier Rädern verglichen werden. Jedes Mitglied ist ein Rad, während das Zusammenleben der Familie der Wagen ist. Alle vier Räder müssen rollen, damit der Wagen sich bewegt. Bleibt ein Rad stehen, bewegt sich der Wagen nur ruckweise oder wendet sich sogar von der gewünschten Richtung ab. Fällt ein Rad aus, kann sich der Wagen ohne Reparatur gar nicht bewegen. Jedes Rad ist ebenso wichtig wie das andere, und keines ist das wichtigste. Die Richtung des Wagens hängt von der Zusammenarbeit aller vier Räder ab. Wollte jedes Rad unabhängig sein, könnte sich der Wagen nicht bewegen und wäre nutzlos. Die Größe der Familie macht keinen Unterschied. Der Familienkörper des Wagens kann durch jede Zahl von Rädern unterstützt werden.

Wenn wir davon sprechen, Kinder zur Zusammenarbeit zu erziehen, setzen wir unsere eigene Mitwirkung voraus. Niemand soll einem anderen »nachgeben«; man muß das Gefühl haben, daß sich alle gemeinsam und in Harmonie auf ein ersehntes Ziel hin bewegen. Ist die Harmonie des Familienlebens gestört, können wir sicher sein, daß die Zusammenarbeit unterbrochen wurde — das eine oder andere der Räder bewegt sich nicht. Es ist sogar möglich, daß wir es sind!

Jeder einzelne in der Familie kann dazu erzogen werden, sich vorzustellen, was das Beste für die Gruppe wäre. »Was erfordert die *Situation*?« Darüber nachzudenken, was *ich* will, daß andere tun, ist hoffnungslos veraltet, denn das heißt, unseren Willen anderen aufzudrücken und die Achtung für andere zu verletzen. Andererseits dürfen wir auch nicht ungebührlichen Forderungen anderer nur »des lieben Friedens willen« nachgeben. Dies verletzt unsere Selbstachtung. Wollen wir unseren Kindern helfen, Zusammenarbeit zu lernen, müssen wir uns immer wieder vor Augen halten, daß dies nur durch die Anerkennung allgemeiner Grundregeln erreicht werden kann.

Einer unserer schädlichsten Fehler ist die Meinung, Kinder müßten irgendein Mindestalter erreicht haben, bevor wir sie zu Hause helfen lassen. Wenn so ein kleiner Tolpatsch den Tisch decken will, sagen wir: »Dazu bist du noch zu klein!« Ist sie aber sechs Jahre alt, *verlangen* wir, daß sie den Tisch deckt. Dann ist es ihr aber auch schon bewußt, daß wir so lange ohne ihre Hilfe durchgekommen sind, warum sollte sie uns also jetzt helfen? Ungezählte Gelegenheiten, wo unsere Kinder einen Beitrag leisten könnten, lassen wir ungenützt vorübergehen. *Erlauben* wir einem Kind jedoch, sich von Anfang an nützlich zu machen, hat es Freude daran und ist auf seine Leistung stolz.

Der sieben Jahre alte Walter hatte eine Woche lang die Grippe. Die fünfeinhalbjährige Dora und die vierjährige Lore hatten das Spielzimmer ganz für sich. Jeden Samstagmorgen wurde das ganze Haus geputzt, wobei jeder mithalf. Heute stand Walter zum ersten Male wieder auf. Als es Zeit war, das Spielzimmer zu säubern, sagte er: »Ich sehe nicht ein, warum ich helfen soll. Ich war die ganze Woche nicht hier und habe nichts in Unordnung gebracht.« »Ja, ich glaube, du hast recht, Walter«, sagte die Mutter, »aber ich möchte beinahe wetten, daß Dora und Lore dich helfen lassen, wenn du sie fragst.« Walter überlegte sich dies einen Augenblick und half dann den Mädchen, die Spielsachen aufzuräumen und abzustauben, während die Mutter den Staubsauger benützte. Walter bemerkte, daß das oberste Brett des Spielregals sehr unordentlich aussah. »Vielleicht können wir das in Ordnung bringen, damit es netter aussieht!« schlug er vor. Die drei Kinder arbeiteten glücklich mit ihrer Mutter zusammen. Als sie fertig waren, rief Dora aus: »Schau, wie nett es jetzt aussieht!« »O sicher«, stimmte Walter bei. »Und wir haben alle dazu geholfen«, fügte er stolz hinzu.

Walters ursprüngliche Ansicht war nicht ganz unrichtig, und sein Widerstand war verständlich. Diese Familie hatte jedoch gute Beziehungen zueinander. Mutters Einfall half die Mitarbeit von Walter zu gewinnen, da sie seinen Standpunkt gelten ließ, aber seine Aufmerksamkeit augenblicklich auf die Forderungen der Situation richtete sowie auf die Hilfe, die er seinen jüngeren Schwestern leisten konnte.

Sie legte es nahe, es sei eine Ehre zu helfen, womit sie Walter ansprechen konnte, da er ja der älteste ist. Walter entdeckte selbst, daß er die Rolle des Anführers spielen konnte, indem er vorschlug, das Spielregal in Ordnung zu bringen. Alle hatten eine schöne Zeit miteinander, und es wurde etwas Wesentliches getan.

Um ein Kind zur Mitarbeit zu gewinnen, wird es manchmal nötig sein, ihm zu helfen, wieder seinen Platz in der Familie zu finden. Wollen wir das Problem Elisabeths auf Seite 21 kurz noch einmal ansehen. Elisabeth ist sich ihres neuen Platzes in der Familie nicht bewußt. Sie braucht Hilfe. Die Mutter suchte fachlichen Rat. Es wurde ihr Elisabeths Meinung, nur ein kleines hilfloses Baby habe Wert, erklärt. Dadurch konnte die Mutter sehen, daß es ein großer Fehler war, die von Elisabeth angebotene Hilfe abzulehnen. Für Elisabeth wurde ein Programm entworfen, damit sie das Gefühl für ihren Wert wieder finde.

Der erste Schritt der Mutter war, die Situation dadurch zu verbessern, daß sie sich die Hilfe Elisabeths im Kinderzimmer sicherte. Sie bat sie, ihr die Flasche vom Herd in der Küche zu bringen. Elisabeth stürmte ärgerlich aus dem Haus. Später kam sie mit nassen Hosen zurück. Da die Mutter das ernste Problem Elisabeths erkannte, schimpfte sie nicht und machte kein großes Aufhebens davon. Sie hielt Elisabeth in ihren Armen und fragte sie, ob sie wieder ein Baby sein möchte. Elisabeth brach in Tränen aus und schmiegte sich noch enger an. In vollem Verständnis tröstete sie die Mutter. Dann schlug sie vor, Elisabeth solle wieder in ihrem — schon längst zu klein gewordenen — Kinderbettchen schlafen. Sie war bereit, ihr die Windeln zu wechseln, die Flasche zu geben und für sie alles genau so zu tun wie für ihren kleinen Bruder. Elisabeth war entzückt, als die Mutter am nächsten Morgen kam, um ihre Windeln zu wechseln, ehe sie dies für das Baby tat. Sie freute sich über die Flasche um sechs Uhr. Sie erhielt genau dieselbe Nahrung wie das Baby. Im Laufe des Tages bat Elisabeth um Spielzeug, um im Bett damit zu spielen, und die Mutter gab ihr die Babyspielsachen. Als sie um ihre Farbstifte bat, antwortete die Mutter: »Ein kleines Baby kann diese doch nicht benützen. Du bist mein kleines Baby!« Jedesmal, wenn Elisabeth einen Wunsch hatte, der ihr Babyalter überstieg, bekam sie dieselbe Art von Antwort, die aber in einem Ton erfolgte, der Wärme und Zuneigung ausdrückte. Am Nachmittag des zweiten Tages erklärte Elisabeth heftig, daß sie ein großes Mädchen sei und nicht ein kleines Baby sein wolle. »Gut, fühlst du dich groß genug, um deinem kleinen Bruder zu helfen, der nichts für sich selbst tun kann?« Elisabeth reagierte sofort. Die Mutter ermutigte sie weiterhin, groß zu sein, und das Babyspielen verschwand. In dieser Situation zeigte die Mutter Elisabeth durch Handeln viel mehr, als sie ihr je durch Worte hätte sagen können. Sie erlaubte Elisabeth, selbst herauszufinden, daß die Vorteile, groß und tüchtig zu sein, zufriedenstellender sind als die Vorteile, ein Baby zu sein. Durch ihr Handeln gab die Mutter Elisabeths Beweggründen eine andere Richtung und half ihr, wieder ihren Platz als ein großes Mädchen, das helfen konnte, zu finden.

Die Mutter und der fünfjährige Eddie stiegen in den Wagen, um Vati am Bahnhof abzuholen. Es war ein bitter kalter Tag, aber Eddie kurbelte das Fenster herunter. Die Mutter sagte: »Wir werden losfahren, sobald du das Fenster hochgekurbelt hast.« Eddie wartete. Die Mutter saß völlig teilnahmslos da. Eddie sagte: »Ich werde das Fenster hochkurbeln, sobald du anfährst.« Die Mutter sagte nichts, sondern wartete. Eddie sagte: »Na dann gut, ich werde das Fenster hochkurbeln, sobald du den Schlüssel in das Zündschloß steckst.« Die Mutter wartete immer noch, ohne ein Wort zu sagen und zeigte die Haltung innerlicher Zurückgezogenheit. Eddie kurbelte schließlich das Fenster hoch. Die Mutter ließ den Motor an, lächelte Eddie zu und fragte: »Sieht die Sonne nicht wunderbar auf dem Schnee aus? Schau, wie es glänzt und glitzert, wie tausend Diamanten.«

Die Mutter vermied es zu befehlen: »Kurbel das Fenster hoch« und hielt sich so von einem Machtkampf fern. Sie sagte einfach, was *sie* tun würde, und blieb ohne Aufregung fest. Als Eddie immer noch versuchte, sie dazu zu bringen, ihm nachzugeben, wenigstens teilweise, wartete sie nur. Als Eddie den Forderungen der *Situation* entsprach, anerkannte dies die Mutter mit ihrem Lächeln und lenkte seine Aufmerksamkeit auf etwas anderes, und zwar in freundlicher Weise. Eddies ziemlich rasche Mitarbeit zeigt, daß er für die Festigkeit seiner Mutter Achtung hat.

Die neunjährige Nanna und ihre Freundin machten Halsketten aus Makkaroni. Die Mutter kam herein und trug den zehn Monate alten Ralf. »Nanna, paß auf das Baby auf«, befahl sie. »Ich hole Vati ab.« »Ach Mutti, er bringt alles durcheinander! Warum muß ich immer nach ihm schauen?« »Halt den Mund und tue wie ich dir sage!« Als die Mutter ging, schaute Nanna nach Ralf, der schon auf die interessanten Dinge zukroch. Sie zog ihn zurück und gab ihm einen Teddybär. Ralf warf ihn auf die Seite und krabbelte rasch auf die Töpfe mit den Makkaroni zu. Als die Mutter zurückkam, brüllte Ralf wie am Spieß, und Nanna schrie ihn an. Die Mutter beteiligte sich an der allgemeinen Aufregung: »Kannst du nicht einmal eine Viertelstunde lang nach Ralf schauen, ohne mit ihm Streit zu bekommen?«

Mutters Zorn und ihr eiliger Befehl riefen in Nanna sofort Widerstand hervor. Würde die Mutter nur einen Augenblick nachdenken, wäre es ihr klar, daß sie sich auch sofort widersetzen würde, wollte eine Freundin ihr so befehlen.

Der Ton unserer Stimme und die Art, wie wir etwas sagen, sind wichtige Umstände beim Gewinnen oder Verlieren von Mitarbeit. So oft sind wir uns klar, daß das Kind unserer Bitte Widerstand leisten wird, entweder weil sie wie in obigem Beispiel zur unrechten Zeit erfolgt, oder weil die Art dessen, was getan werden muß, dem Kind unangenehm ist. Bei solchen Gelegenheiten neigen wir dazu, unsere Stimme kategorisch zu erheben, in der Hoffnung, damit den Widerstand zu überwinden. Tatsächlich steigern wir ihn nur.

Höflichkeit allein bringt es oft fertig, die Mitarbeit der Kinder zu gewinnen. Wir können unsere Forderung so formulieren, daß wir damit Verständnis für den Gesichtspunkt des Kindes ausdrücken. »Es tut mir leid, daß ich dich unterbrechen muß«, oder »es ist mir klar, daß du es vielleicht nicht gern tust, aber es würde mir im Augenblick sehr viel helfen ... « oder »ich würde es sehr zu schätzen wissen, wenn du ... könntest.« Solche Sätze helfen, Streit zu vermeiden, den Widerstand zu vermindern und Mitarbeit zu gewinnen.

Die zehnjährige Anke lebte in einer Vorstadt, wo es keine öffentlichen Verkehrsmittel gab. Ihre beste Freundin, Bianka, mit der sie sehr vertraut war, wohnte so weit weg, daß man nicht zu Fuß gehen konnte. Mit dem Rad zu fahren war bei dem Winterwetter nicht ratsam. Die beiden Mädchen wollten jeden freien Augenblick zusammen sein. Bald kam es so weit, daß die eine oder andere Mutter beinahe täglich ihre Tochter hin- und zurückfuhr. Hatten die Mütter keine Zeit, gab es enttäuschte Mädchen, und die Situation wurde immer unbefriedigender.

Zusammenarbeit war also notwendig. Als Anke und ihre Mutter eines abends Geschirr wuschen und die Stimmung freundlich war, besprachen sie miteinander das Problem. Die Mutter erklärte ihre Lage, zeigte Verständnis für Ankes Recht, ihre Freundin zu sehen, glaubte aber, es sich nicht leisten zu können, dauernd hin und her zu fahren. »Hast du keine Idee, was wir tun könnten?« »Ja, wir könnten uns vielleicht etwas weniger sehen.« »Wie oft in der Woche glaubst du, könnte ich dich zu Bianka fahren?« Das Mädchen dachte einen Augenblick nach. »Ich glaube zweimal in der Woche. Wenn dann Bianka auch zweimal in der Woche hierher kommt, wären wir etwa gleich.« »Gut«, antwortete die Mutter, »ich werde dich gern zweimal in der Woche dorthinfahren.« »An welchen Tagen?« Die Mutter dachte einen Augenblick nach. »Am Dienstagabend und Samstagnachmittag bin ich gewöhnlich frei. Wärst du damit einverstanden?« »Ich glaube, das wäre schön, weil ich dann sicher weiß, wann ich gehen kann.«

Die Situation ist nun durch Zusammenarbeit gelöst worden. Weder Mutter noch Anke fühlen sich genötigt, und jedes anerkennt die Rechte des anderen. Natürlich heißt das auch, daß die Mutter jetzt verpflichtet ist und keine anderen Vereinbarungen zu diesen Zeiten treffen kann, ohne sich vorher mit Anke zu beraten.

Der elfjährige Fred hat plötzlich seinen Vater verloren. Er und seine Mutter lebten in einer Vorstadt und fuhren jeden Samstag in die Stadt, um ihm Musikstunden zu ermöglichen. Fred wollte diese Stunde auf Mittwochnachmittag verlegen — seine einzige freie Zeit —, damit er am Samstag in der Fußballmannschaft mitmachen könne. Die Mutter traf sich jedoch jeden Mittwoch mit Freunden und ging deshalb nicht auf Freds Bitte ein. Sie langten deshalb auf einem toten Punkt an, denn jeder fühlte sich unverstanden. Die Mutter kam zur Beratung.
Fred legte seinen Gesichtspunkt dar, den wir verstanden, aber nicht billigten. Es war jedoch sinnlos, mit ihm zu streiten oder ihn zur Nachgiebigkeit zu zwingen. Dies hätte nur sein Gefühl des Unrechts vergrößert und seine Beziehung zur Mutter verschlechtert. Wir schlugen ihm vor, nachdem die Mutter zur Beratung gekommen wäre, würden wir empfehlen, er solle seine Musikstunde am Mittwoch haben. Fred war sich nicht ganz sicher. Er hatte das Gefühl, die Mutter würde nicht nachgeben — sie war dazu zu stur. (Es ist erstaunlich, wie viele Kinder glauben, ihre Eltern seien stur, während die Eltern überzeugt sind, nur die Kinder seien es.) Wir versicherten ihm, seine Mutter würde unseren Rat annehmen. Plötzlich war Fred nicht mehr so überzeugt, ob es recht wäre. »Warum nicht? Die Vorteile, die du vom Fußballspiel am Samstag hast, sind größer als das, was die Mutter vom Mittwoch hat.« »Nein«, antwortete der Junge, »das ist nicht so. Seit Vati tot ist, sind diese Freunde für Mutter sehr wichtig. Es wäre doch nicht gut, wenn sie diese Zusammenkunft vermissen würde.« »Ja, was kann man dann tun?« »Ich glaube, wir lassen am besten alles beim alten.«

Warum kapitulierte Fred plötzlich? Sobald es ihm klar wurde, daß seine Gründe und Rechte verstanden und geschätzt wurden, verlor er das Gefühl, gezwungen zu werden, und war in der Lage, die Forderungen der Gesamtsituation zu prüfen.
Jeder wird unvernünftig, wenn er sich gezwungen fühlt. Wir können Mitarbeit nicht dadurch gewinnen, daß wir versuchen, unseren Willen jemand anderem aufzudrücken.
Tatsächlich finden wir, daß *alle* Menschen in ihren gegenseitigen Beziehungen zusammenarbeiten, nur sehen wir selten, worin diese

Zusammenarbeit besteht. Was not tut, ist, die Art der Zusammenarbeit zu ändern. Zum Beispiel arbeiten David und Georg auf Seite 32 f. tatsächlich zusammen, um den augenblicklichen Zustand beizubehalten. Wenn der »gute« David Georg dazu herausfordert, »schlecht« zu sein, geht der letztere darauf ein. Der »gute« David würde sich beträchtlich aufregen, wenn sein »schlechter« Bruder sich wie ein »guter« Junge benehmen würde. Dies würde David in seiner Stellung bedrohen. Beide Jungen arbeiten zusammen, um die Mutter zu beschäftigen, indem sie David loben und Georg schelten muß. Jeder von den dreien, der diese nun einmal bestehende Wechselwirkung und diese gegenseitige Zusammenarbeit aufgeben würde, würde die ganze Situation ändern. Georg zu sagen, daß auch er »gut« sein könne, wäre sinnlos. Solange er glaubt, daß er nicht »gut« sein kann, selbst wenn er »gut« sein wollte, würde sein Bruder seine Bemühungen verdoppeln, ihn »schlecht« zu machen. Die Mutter kann jedoch durch ihr Verständnis die Wechselwirkung zwischen den beiden ändern, indem sie ihre Reaktion auf das, was die Jungen tun, ändert. Weiß die Mutter, daß Georg sich selbst als den »schlechten« sieht, kann sie sich weigern, seine Meinung zu übernehmen. Sie braucht sich auf keinerlei Bemerkungen über »gut« oder »schlecht« einzulassen. Jedesmal, wenn David demonstriert, wie gut er ist, kann die Mutter es ruhig hinnehmen und sagen: »Fein, ich bin froh, daß du dich darüber freust.« Jedesmal, wenn Georg unartig ist, könnte die Mutter ihn in den Arm nehmen und sagen: »Ich verstehe.« Wenn Eltern glauben, dies sei schwierig, haben sie recht. Wer hat behauptet, daß es *leicht* ist, Eltern zu sein?

## 15. Kapitel

# KEINE UNGEBÜHRLICHE AUFMERKSAMKEIT GEBEN

Die Familie war in den Sommerferien. Vater war zum Fischen weggegangen, und die Mutter arbeitete in der Küche. Die zweijährige Hilda stand an der Tür. »Mami?« »Ja?« »Mami?« »Ja, mein Liebes?« »Mami —« »Ja, Liebes, was ist denn?« »Mami!« Die Mutter ging zu ihrem Kind: »Was?« »Spazieren gehen?« »In einer kleinen Weile.« Die Mutter ging in ihre Küche zurück. Hilda blieb an der Tür stehen und preßte ihre Nase an das Glas. »Mami?« »Ja?« Dasselbe wurde dreimal wiederholt. Als das Kind ein viertes Mal damit begann, ging die Mutter wieder zu ihr. »Ist schon gut, Hilda, wir machen einen kleinen Spaziergang. Ich muß aber das Mittagessen fertig machen.« Mutter nahm sie bei der Hand, half ihr die Treppen hinunter, und sie machten einen kleinen Spaziergang.

Hilda geht nicht zur Mutter, sondern bringt es fertig, die Mutter kommen zu lassen. Die Mutter gibt den ungebührlichen Forderungen Hildas nach.

Ein Kind, das dauernd Aufmerksamkeit will, ist immer ein unglückliches Kind. Es meint, ohne Aufmerksamkeit keinen Wert, keinen Platz zu haben. Dauernd sucht es eine Bestätigung seiner Wichtigkeit. Da es diese anzweifelt, kann auch noch soviel Bestätigung keinen großen Eindruck machen. Die Mutter antwortet dem Kind, aber wenige Minuten später fragt es wieder: »Beachtet mich Mutter immer noch? Zähle ich immer noch?« Dies ist ein nie endender Kreislauf des Zweifels. Welch bejammernswerte Situation! Wie kann die Mutter helfen?

Wenn Hilda erreicht, daß ihre Mutter auf jede kleine Laune reagiert, wird dieser Vorgang so grundlegend, daß kein Platz für andere Werte bleibt. Nehmen wir aber an, die Mutter ziehe sich zurück und reagiere nicht mehr auf diese ungebührlichen Forderungen. Hilda würde dann, nachdem sie die gewohnte Befriedigung nicht mehr findet, — wahrscheinlich nach anfänglicher Rebellion — verschiedene neue Wege erkunden, um das Gefühl des Dazugehörens zu erlangen. Sie braucht Hilfe, um konstruktive Wege zu finden, sonst könnte ihre Suche sie zu destruktiverem Verhalten verleiten. Sie benötigt Aufmerksamkeit; diese kann gegeben werden, wenn das Kind nett und freundlich ist. Wie die Dinge im Augenblick liegen, verrät die Mutter einen Mangel an Selbstachtung, wenn sie ihrer Tochter erlaubt, sie zum Sklaven zu machen. Sie zeigt aber auch durch ihre Reaktion einen Mangel an Achtung für Hilda und ihren Zweifel an deren Fähigkeit, ohne ihre Dienste auszukommen.

Die Mutter sollte nicht mehr zu Hilda gehen, wann immer sie ruft. Sie kann das erste Rufen freundlich beantworten, ohne ihre Arbeit zu verlassen, und sagen, daß sie im Augenblick beschäftigt ist. Ruft Hilda dann wieder, braucht sie nicht zu antworten. Zwei können dieses Spiel spielen! Das Kind kann schreien, die Mutter aber nimmt an, daß Hilda zu ihr kommen müsse, da sie mit Notwendigem beschäftigt ist. Die Mutter hat das Recht, ihre Arbeit fortzusetzen und die Pflicht, ihr Kind zur Achtung für die Forderungen der Situation zu erziehen. Hilda hat nicht das Recht, spazierenzugehen, wann immer sie möchte. Gut für sie, daß die Mutter nicht das Recht hat, Hildas Launen nachzugeben! Sie muß die Wohltaten entdecken, die der Bejahung der Ordnung und der Forderungen der Situation entspringen. Für Spaziergänge sollte eine bestimmte Zeit festgesetzt werden. Sollte Hilda trotzdem zur Mutter kommen und sie außer der Reihe um einen Spaziergang bitten, könnte die Mutter sagen: »Jetzt ist nicht die Zeit dafür, Hilda.« Damit sollte die Sache erledigt sein. Ohne Rücksicht darauf, was Hilda tut, sollte die Mutter fest bleiben und sich weiter mit ihrer Arbeit beschäftigen.

Am Nachmittag hatte die Mutter den Besuch einer Freundin. Plötzlich kam Marie, die jüngste von dreien, herein, um sich über ihre Spielkameradin zu beklagen. Die Mutter bemerkte: »Ich nehme an, sie fühlt sich an diesem Nachmittag nicht so wohl.« »Warum, Mutti?« Die Mutter versuchte, auf das »Warum« eine Antwort zu geben. Jedesmal, wenn die Mutter ausgesprochen hatte, fragte das Kind ein weiteres »Warum«. Schließlich bat die Mutter Marie, zu ihrem Spiel zurückzugehen, damit sie sich wieder ihrem Besuch widmen könne. Marie ging hinaus, kam aber bald mit weiteren »Warums« zurück. Ein großer Teil der Besuchszeit wurde damit ausgefüllt. Schließlich gestand die Mutter ihrer Freundin: »Das ist ihre Art, meine Aufmerksamkeit zu erregen, wenn ich in Gesellschaft bin.«

Die Mutter weiß ganz genau, was Marie will. Marie ist das Baby und meint, alle Aufmerksamkeit auf sich lenken zu müssen. Die Mutter mit sich zu beschäftigen und davon abzuhalten, sich zu sehr einer Freundin zu widmen, ist viel wichtiger, als ihre eigenen Freundschaften mit Gleichaltrigen zu entwickeln. Trotzdem scheint sich die Mutter über das unrichtige Benehmen ihrer Tochter nicht im klaren zu sein. Sie entschuldigt sie. Zuerst muß die Mutter erkennen, daß das Kind sie nur deshalb mit sich beschäftigt, weil es glaubt, es habe das Recht, der Mittelpunkt der Aufmerksamkeit zu sein. Dann erst kann sie, indem sie keine ungebührliche Aufmerksamkeit gibt, Marie helfen, sich zu entwickeln und selbständig zu werden.

Es ist schwierig, ein Kind zu erziehen, wenn Gäste da sind. Bei der ersten Unterbrechung hätte die Mutter sagen können: »Wir haben jetzt Besuch. Glaubst du, du kannst mit *deinen* Freundinnen spielen und uns allein lassen oder möchtest du auf dein Zimmer gehen?« Dies gibt Marie die Wahl und kann größere Bereitwilligkeit zur Zusammenarbeit hervorrufen.

Wir sollten immer aufmerken, wenn ein Kind dauernd »warum« fragt. Wie oft will es wirklich etwas wissen? Wir unterschätzen unsere Kinder. Ungezählte Male fragt ein Kind »Warum?«, obwohl es die Antwort kennt. Um die Aufmerksamkeit der Eltern, die es schon bekommt, zu behalten, ist es damit beschäftigt, sich das nächste »Warum« zu überlegen. Was verrät sein Gesicht? Interesse? Hat es nachgedacht? Wir sollten dies gut beobachten. Meist ist ein dauerndes »Warum« nur eine müßige Frage, die das

Kind benützt, um die Eltern mit sich zu beschäftigen. Es spürt die elterliche Sucht zu »lehren«. Wir können den Unterschied zwischen einer echten Frage und einer Scheinfrage sehr leicht feststellen. Kommen die Fragen wie am Schnürchen, hängen sie nicht logisch zusammen, wiederholen sie sich in Form und Inhalt und kommt eine neue Frage, ehe die alte beantwortet ist, so können wir sicher sein, daß wir auf das Kind hereingefallen sind. Wir können dann ein wissendes Lächeln aufsetzen und sagen: »Ich spiele das ‚Warum-Spiel' gern mit dir, aber im Augenblick muß ich etwas anderes tun.« Auch weiter nichts als ein wissendes Lächeln und eine etwas aufgeworfene Lippe können schon genügen. Kinder lassen sich nicht gern ertappen. Wir sollten deshalb nicht überrascht sein, wenn das Kind eine betonte Unschuld, Unmut oder gar verdoppelte Bemühungen erkennen läßt, um weitere Aufmerksamkeit zu erregen. In diesem Augenblick ist es am besten, sich zurückzuziehen.

Der fünfjährige Jochen, der zweitjüngste von vieren, ist das »gute Kind« der Familie. Etwas bringt jedoch die Mutter zur Verzweiflung. Jedesmal, wenn sie telefoniert, bringt er es fertig, sie zu unterbrechen. Er muß ihr etwas zeigen, bittet, ins Freie zu dürfen, möchte einen Freund kommen lassen, will etwas zum Essen, braucht etwas, was außerhalb seiner Reichweite ist, oder will wissen, wo gewisse Spielsachen sind. Manchmal unterbricht die Mutter ihr Gespräch, um Jochen zu antworten. Ein andermal schimpft sie: »Laß mich jetzt allein, bis ich fertig bin!« In diesem Fall fängt Jochen meistens damit an, seine kleine Schwester zu ärgern und sie zum Schreien zu bringen!

Jochen ist in der Stellung eines mittleren Kindes. Er fühlt sich mehr oder weniger »außerhalb«. Er hat aber eine wunderbare Methode gefunden, seine Wichtigkeit zu beweisen. Er findet es hoffnungslos, Mutters Aufmerksamkeit zu bekommen, wenn sie sich mit dem Baby beschäftigt. Telefoniert sie aber, kann er sie von jedem Erwachsenen losbringen!

Jochen ist übertrieben ehrgeizig. Er möchte die ganze Zeit beachtet werden und ist nur deshalb »gut«, um die Anerkennung seiner Mutter zu gewinnen, nicht um sachlich nützlich zu sein. Die Mutter muß ihn davon abbringen, ungebührliche Aufmerksamkeit zu suchen. Zuerst muß sie erkennen, daß der »gute Junge« sich gewöhnlich seines Platzes nicht sehr sicher ist. Sie muß Interesse für ihn zeigen, aber nicht in dem Zeitpunkt, wo er stört, um Aufmerksamkeit zu erregen. Am Telefon sollte die Mutter das Gespräch fortsetzen, als ob das Kind nicht da wäre, sogar wenn sie kein Wort des anderen Telefonteilnehmers versteht. Sie kann die Freundin, mit der sie telefoniert, einweihen, damit sie versteht, was sonst vielleicht verrückt klingt. Auf keinen Fall sollte die Mutter während des Gesprächs nachgeben. Dies erfordert viel Mut und Entschiedenheit, besonders wenn Jochen damit beginnt, seine Schwester zu ärgern. Keine Sorge! Die kleine Schwester wird sich schon wehren. Jochen dazu zu erziehen, sich selbst zu genügen und nicht von Aufmerksamkeit und Anerkennung abhängig zu sein, ist die Bemühung wert.

Immer wenn wir aufhören, auf die ungebührlichen Forderungen eines Kindes nach Aufmerksamkeit einzugehen, müssen wir Achtung schenken, wann es zur Mitarbeit bereit ist. Dies wird dem Kind helfen, seine Methoden zu überprüfen. Spielt Hilda glücklich allein, kann die Mutter zum Beispiel sagen: »Wie nett, daß du dich mit dir selber beschäftigen kannst.« Wenn Marie mit ihren Spielkameraden gut auskommt, könnte die Mutter bemerken: »Ich freue mich, daß du so schön spielen konntest.« Ist Jochen nett, ohne damit etwas Besonderes erreichen zu wollen, kann die Mutter sich so ausdrücken: »Ich bin froh, daß du so gern mit uns zusammen bist.«

Kinder brauchen unsere Aufmerksamkeit. Wir müssen uns aber den Unterschied zwischen gebührender und ungebührlicher Aufmerksamkeit klarmachen. Finden wir uns zu einer Zeit, wo die Situation es nicht rechtfertigt, übermäßig mit dem Kind beschäftigt und fühlen uns ärgerlich oder gar verzweifelt, dann können wir sicher sein, ungebührlichen Forderungen gegenüberzustehen. Wir müssen die Situation beurteilen. Was erfordert sie? Kann das Kind ohne unser Dazwischentreten damit fertig werden? Wie wirkt unsere Reaktion auf das Selbstvertrauen des Kindes? Beweist sie ihm, daß es auch ohne uns fertig wird, oder veranlaßt sie das Kind, so zu bleiben, wie es sich selbst sieht, nämlich hilflos, schwach oder bedürftig? Man kann im Leben nur dadurch Befriedigung finden, daß man den Forderungen der Situation entsprechend Beiträge leistet. Um unseren Kindern zu dieser Erkenntnis zu verhelfen, müssen wir aufhören, es ihnen möglich zu machen, mit ihrem kurzsichtigen »Bekommen« Erfolg zu haben.

16. Kapitel

# SICH NICHT AUF EINEN MACHTKAMPF EINLASSEN

»Leere die Hundeschüssel!« verlangte die Mutter streng von Sibylle. »Ja, warum soll *ich* das tun?« »Ich sagte dir, du sollst die Hundeschüssel leeren, junge Dame, jetzt tu es!« »Ich sehe nicht ein, warum ich das tun muß!« »Weil ich es dir gesagt habe.« Das Mädchen zog ihre Schultern hoch und vermied es geschickt, das zu tun, was die Mutter verlangt hatte. Einige Stunden später fand die Mutter die Hundeschüssel immer noch schmutzig und voll Ameisen. Sie rief Sibylle. »Ich glaube, ich sagte dir schon vor mehreren Stunden, daß du diese Schüssel leeren sollst. Warum tust du es nicht? Schau sie an! Ganz bedeckt mit Ameisen. Kümmere dich jetzt endlich darum!« »Ja, ist schon recht.« Sibylle hat damit ihre Mutter, die inzwischen wieder weggegangen war, versöhnt, beachtete aber nach wie vor nicht die Schüssel. Etwas später sah die Mutter, daß die Schüssel immer noch schmutzig war. Diesmal gab sie Sibylle eine Ohrfeige, die diese mit unbewegtem Gesicht und ohne Tränen entgegennahm. »Wenn du nicht sofort die Schüssel sauber machst, mußt du heute früh ins Bett. Fernsehen kannst du heute abend dann auch nicht. Außerdem wirst du noch eine Tracht Prügel kriegen, aber nicht zu knapp. Jetzt tu es endlich.« »Ja, ist recht.« Sibylle beugte sich über die Schüssel, als sich die Mutter entfernte, aber sie säuberte sie nicht. Spät am Abend entdeckte die Mutter die Schüssel, die immer noch schmutzig und ungeleert war.

Sibylle und ihre Mutter befinden sich in einem Kampf um Macht. Die Mutter versucht, Sibylle zum Gehorsam zu zwingen. Sibylle zeigt aber, wer der Stärkere ist!

Solche Kämpfe um Überlegenheit zwischen Kindern und Eltern nehmen in alarmierendem Maße zu. Machttrunkene Kinder werden mehr und mehr von verzweifelten Eltern zu Erziehungsberatungsstellen und Psychologen gebracht. Wieso? Was ist der Grund, daß sich die Kinder heute ihren Eltern gegenüber so benehmen, wie wir nie auch nur daran zu denken gewagt hätten? Wie ist das möglich? Das Problem wird durch die allgemeine kulturelle Wandlung, deren Zeugen wir sind, hervorgerufen. Die Kinder spüren die heutige demokratische Atmosphäre und widersetzen sich unseren Versuchen, Autorität und Überlegenheit zu bekunden, indem sie *ihre* Macht zeigen und wiedervergelten. Es entsteht ein Teufelskreis, in dem die Eltern versuchen, sich zu bestätigen, und die Kinder den Krieg erklären. Sie wollen weder beherrscht noch gezwungen werden. Alle Versuche, sie zu unterdrücken, sind sinnlos. Kinder sind bei einem Kampf um Macht viel geschickter als wir. Sie werden nicht durch irgendwelche Folgen, selbst durch eventuell gefährliche Auswirkungen ihrer Handlungsweise gehemmt. Das Heim wird zum Schlachtfeld. Es gibt keine Zusammenarbeit und Harmonie. Statt dessen erleben wir Ärger und Zorn.

Die Mutter ließ sich von der zwölfjährigen Olga das Versprechen geben, sie würde ihre Vesperbüchse reinigen und die Thermosflasche ausspülen, sobald sie von der Schule heimkomme. Für einige Tage ging dies ganz gut. Eines Tages vergaß es aber Olga. Die Mutter ärgerte sich, als sie auf dem Büfett die Vesperbüchse mit Resten und die Thermosflasche mit saurer Milch fand. Sie schalt und predigte. Olga versprach, es nicht mehr zu vergessen. Einige Tage später dachte sie wieder nicht an ihre Pflicht. Dies Mal erinnerte sich die Mutter, vom Gebrauch logischer Folgen gehört zu haben. So ignorierte sie die Situation, ärgerte sich aber innerlich. Sie dachte bei sich selbst: »Ich werde es ihr schon zeigen!« Am nächsten Morgen packte sie Olgas Brote in Papier ein und legte Geld für Milch auf den Tisch. Olga wußte, was los war, denn die Mutter hatte die Vesperbüchse auf dem Büfett stehen lassen. »Ich werde sie ganz sicher nicht reinigen!« dachte sie rebellisch. Die faulenden Reste und die sauere Milch blieben auf dem Büfett stehen. Olga bekam weiterhin ihr Vesper in Papier.

Die Mutter ärgerte sich mehr und mehr, als dies so weiterging. Schließlich lud sie ihren Zorn auf ihre Tochter ab. Olga stand mit niedergeschlagenen Augen da, machte aber keine Anstalten, die Büchse zu säubern. Schließlich schob die Mutter sie in ihrer Verzweiflung in die Küche, stand dabei und schlug sie wiederholt, bis sie die Büchse gesäubert hatte. »Wirst du wohl von jetzt an daran denken?« schrie die Mutter. »Ja, Mutter«, versprach Olga. Am nächsten Tag ließ sie die Büchse jedoch wieder schmutzig stehen. In völliger Hoffnungslosigkeit beschloß die Mutter, die ganze Angelegenheit auf sich beruhen zu lassen. »Du kannst dein Vesperbrot in Zukunft ruhig in einer Papiertüte mitnehmen.« »Das ist mir sehr recht, denn kaum eines der anderen Kinder bringt seine Brote in einer Büchse.«

Der Tag, an dem Olga ihre Vesperbüchse nicht säuberte und ihre Mutter ärgerlich wurde, war der Gipfel ihres Machtkampfes. Immer noch versuchte die Mutter, Olga dazu zu bringen, ihre Vesperbüchse zu säubern. Tatsächlich benützte sie logische Folgen als Bestrafung. »Ich werde es ihr schon zeigen«, ist Wiedervergeltung, was dasselbe wie Bestrafung ist. Olga spürte den Zorn ihrer Mutter, obwohl die Mutter diesen verbergen wollte. Die Mutter hat die Natur logischer Folgen nicht wirklich erkannt. Als sie das Vesper in eine Tüte steckte und Geld für die Milch bereitlegte, vermied sie die logischen Folgen. Sie fuhr fort, das Mädchen zu bedienen, obwohl diese nicht willens war, mitzuarbeiten. Hätte sie die natürlichen Folgen eintreten lassen, dann hätte sie das Vesperbrot wie üblich gerichtet. Da aber keine saubere Büchse da war, hätte sie es einfach auf dem Büfett liegen lassen sollen. Alles weitere wäre Olgas Sache gewesen.
Olga wollte ihrer Mutter zeigen, daß man sie nicht zwingen kann, ihre Vesperbüchse zu säubern. Lieber wollte sie alles erdulden, als dieser Forderung nachzugeben. Wie hätte die Mutter die Situation ohne Machtdemonstration handhaben können?
Zuerst muß die Mutter wegen der Vesperbüchse *wirklich* unbeteiligt sein. Sie gehört Olga. Wenn sie sie nicht saubermachen will, dann muß sie ohne sie zurechtkommen.
Die Mutter kann nur entscheiden, was *sie* tun will. Erstens haben faulende Reste und sauere Milch sicherlich keinen Platz in der Küche. Sie dort zu lassen, ist Wiedervergeltung seitens der Mutter. Neben Olga zu stehen und sie dazu zu bringen, die Büchse zu säubern, heißt Gewalt anwenden und setzt den Machtkampf fort, wie wir es am nächsten Tag sehen, als das Mädchen trotz ihres Versprechens die Büchse wieder nicht reinigte. Die Mutter wurde zornig, weil Olga so trotzig war. Sie fühlte ihre Autorität be-

droht und wollte Olga vor Augen führen, daß sie ihren Trotz nicht durchlasse. Wieviel besser wäre es gewesen, wenn die Mutter versucht hätte herauszufinden, warum Olga so dickköpfig ist. Hätte sie dann ihre Methoden geändert, wäre kein Trotz notwendig gewesen! In diesem Fall wollte das Kind die Vesperbüchse nicht mitnehmen, da nur sehr wenige Kinder in ihrer Klasse Vesperbüchsen benützen. Warum hat sie das nicht gleich gesagt? Weil sie diese Situation benützte, um die Mutter in einen Machtkampf zu verwickeln; und sie hat gewonnen. Die Mutter hat aufgegeben. Eine freundliche Unterredung mit Olga hätte der Mutter darüber Aufschluß geben können, was ihre Tochter von der Vesperbüchse hielt. So hätte dieser lange und schmerzliche Kampf vermieden werden können. »Ich sehe, Olga, daß du heute deine Vesperbüchse nicht gesäubert hast. Ich nehme an, du willst dein Vesper nicht in der Büchse mitnehmen. Wäre es dir lieber, wenn ich das Vesper in eine Tüte tue und dir Geld für Milch gebe?« Dies hätte den Machtkampf sofort beendet.

Geben wir einem Kind einen Befehl, riskieren wir jedesmal einen Machtkampf. Das heißt nicht, daß wir unsere Kinder nicht zu richtigem Verhalten bringen oder beeinflussen können. Es heißt nur, wir müssen wirkungslose Verhaltensweisen und Maßnahmen aufgeben.

Der fünfjährige Jupp brachte seine Mutter zur Verzweiflung. Sie sagte das ihm und auch anderen in seiner Gegenwart. Sie stritt sich dauernd mit ihm. Jupp schien das nicht viel zu kümmern. Schläge halfen nur für einen kurzen Augenblick, wenn überhaupt. Zum Beispiel ging Jupp immer noch nicht regelmäßig auf die Toilette, obwohl die Mutter ihn jahrelang zur Regelmäßigkeit zu erziehen versucht hatte.

Diesen Morgen schickte sie ihn nach dem Frühstück auf die Toilette, er kam aber zurück und sagte, er könne jetzt nicht. Sie ließ ihn zum Spiel ins Freie und machte sich an ihre Arbeit. Um die Mittagszeit, während sie einige Kleider in den Schrank räumte, bemerkte sie einen typischen Geruch. Sie sah nach und fand, daß Jupp sein »großes Geschäft« in Vaters Hut gemacht hatte! Sie stürmte aus dem Haus, fand ihn, brachte ihn herein, zeigte ihm den Hut und verprügelte ihn tüchtig. Er machte sofort in die Hosen, aber sie glaubte, es sei wegen der Schläge. Jupp machte jedoch den ganzen Tag seine Hosen naß und auch sein Bett in der Nacht.

Schon seit seiner frühen Kindheit sorgte sich die Mutter um Jupps Verdauung. Sie sagt: »Du wirst etwas machen, wenn ich es dir sage!« Jupps Handlungsweise sagt: »Ich werde es machen, wo und wann es mir gefällt!« Sehr früh benützte der Junge diese Methode, um eine übermächtige Mutter zu besiegen. Das tägliche Zusammenleben zwischen Jupp und seiner Mutter war ein dauernder Kampf um Überlegenheit. Es wird für die Mutter nicht leicht sein, diese Beziehung zu ändern, solange sie sich nicht klarmacht, was los ist und was sie dazu tun kann.
So viele Eltern rufen ähnliche Schwierigkeiten für sich selbst hervor, wenn sie die Erziehung zur Sauberkeit zu wichtig nehmen. Der Unterschied zwischen der normalen Besorgtheit und der übertriebenen liegt in unserer Haltung. »Bestehen wir darauf«, daß das Kind die richtigen Gewohnheiten lernt, fordern wir es zum Widerstand heraus. Ermutigen wir es in seinem Bemühen, sauber zu sein, können wir seine Mitwirkung erwecken. Benützt das Kind nach einer angemessenen Zeit des Trainings seine »Unfähigkeit«, diese Funktionen zu beherrschen, um dadurch ungebührliche Aufmerksamkeit zu erregen oder dem Druck der Eltern zu widerstehen, ist es Zeit, sich zunächst zurückzuziehen und sich überhaupt nicht mehr dafür zu interessieren, das heißt, der Natur ihren Lauf zu lassen, bis die Beziehung zum Kind sich gebessert hat. In allen diesen Fällen finden wir einen allgemeinen Kampf um Überlegenheit. Wir können diesen Kampf zuerst auf anderen Gebieten abbrechen, wo die Situation, Ordnung ohne Streit aufrechtzuerhalten, günstiger ist. Was das Bettnässen angeht, kann die Mutter dem Kind erlauben, in einem nassen Bett zu liegen oder sein Bettzeug selbst zu wechseln, wenn es sich unbehaglich fühlt. Ist das Kind weit über das Windelalter hinaus, kann sie es in dichte Höschen stecken und es naß bleiben lassen. Natürlich darf das Kind nicht den Wohnzimmerteppich oder Möbel naß machen.

Sonst muß es, bis es trocken ist, eben da bleiben, wo eine Pfütze keinen Schaden anrichtet. Dies kann alles in einer beiläufigen Art durchgeführt werden, in der Haltung: »Das ist dein Problem. Du wirst es lösen, wenn du soweit bist. Bis dahin aber gibt es Grenzen.« Wenn die Befriedigung durch besondere Aufmerksamkeit oder durch das Gewinnen eines Kampfes nicht mehr gegeben ist, kann das Kind sich entscheiden, diese unangenehme Lage aufzugeben.

Hier mögen vielleicht manchen Lesern Zweifel kommen. Es *gibt* Zeiten, zum Beispiel bei drohender Lebensgefahr, da wir Gewalt anwenden müssen. Wir benützen ja auch eine Art von Zwang, wenn wir fest bleiben oder wenn wir uns in einer Lage befinden, wo körperliche Kraft benötigt wird, um Ordnung zu erhalten.

Der fünfeinhalbjährige Bertolf durfte nicht in den Kindergarten gehen, da er stark erkältet war. Eines Nachmittags wurde das Wetter sehr schön, der Schnee fing an zu schmelzen, und Bertolf wollte ins Freie. »Nein, mein Junge, du hustest immer noch zuviel.« Der Junge verzog seinen Mund. Etwas später hörte die Mutter die Tür ins Schloß fallen. Bertolf war in Stiefeln und warm angezogen zum Spielen hinausgegangen. Die Mutter rannte ihm nach, nahm ihn bei der Hand und sagte ihm, er solle wiederkommen. Er leistete Widerstand. Die Mutter nahm ihn auf und trug ihn. »Tut mir leid, Bertolf, du kannst heute noch nicht draußen sein.« Der Junge tobte und schrie. Die Mutter zog seinen Mantel mit Gewalt aus; sie wußte, Überhitzung wäre jetzt nicht ratsam. Bertolf rannte aus Wut zur Tür. Die Mutter stand ruhig und fest an der Tür und hielt sie zu. Sie sagte sonst nichts und versuchte auch nicht, seinen Zorn zu beschwichtigen. Als Folge des Schreiens und der Aufregung fing er heftig zu husten an. Die Mutter sagte nichts, sondern blockierte nur weiter den Weg hinaus. Schließlich brach Bertolf aus: »Ich hasse dich, ich hasse dich, ich hasse dich!« Er rannte zu seinem Zimmer und warf sich auf sein Bett. Die Mutter ging wieder an ihre Arbeit und überließ Bertolf seinem Wutausbruch.

Für den unerfahrenen Beobachter sieht dies wie ein Machtkampf aus. Bertolf wollte hinaus, und die Mutter benützte Gewalt, um ihn daran zu hindern. Sie ließ sich jedoch *nicht* in einen Machtkampf ein. Der Unterschied liegt in der Haltung der Mutter. Die Mutter mußte fest bleiben und Ordnung aufrechterhalten, wie es die Situation verlangte. Sie erreichte beides — ohne ein Gefühl des Ärgers, der Enttäuschung oder der verletzten Autorität. In diesem Falle bedeutete Ordnung, den Regeln der Gesundheit zu gehorchen. Der Kampf zwischen Bertolf und seiner Mutter war kein Machtkampf, weil die Mutter ruhig und fest blieb, ohne sich aufzuregen. Dies ist ein wichtiger Hinweis. Immer, wenn wir wissen wollen, ob in einer gegebenen Situation ein Machtkampf besteht oder nicht, können wir fragen: »Wie groß ist mein persönliches Interesse an dieser Angelegenheit?«

Viele Eltern geben sich Selbsttäuschungen hin, wenn sie meinen, etwas für das Kind zu tun. Sind wir dessen so sicher? Oder steht unser Prestige auf dem Spiel? Gewinnen *wir* irgend etwas? Erreichen wir eine persönliche Befriedigung, wenn das Kind mitmacht? Wollen wir unserer Umgebung ein gehorsames Kind vorführen? Legen wir Wert darauf, als »gute« Eltern zu gelten? Als erfolgreiche Eltern? Wollen *wir* die Oberhand behalten?

Eine andere Art, herauszufinden, ob wir uns in einem Machtkampf befinden oder nicht, ist die Beobachtung der Folgen. Macht das Kind so weiter wie zuvor, trotz unserer »Erziehung«? Zeigt es Trotz? Sind *wir* ärgerlich? Oder gekränkt?

Ein dritter Test ist der Ton unserer Stimme. Damit verraten wir uns ganz bestimmt. Klingt er befehlend, ärgerlich, fordernd, hartnäckig? Festigkeit wird gewöhnlich ruhig ausgedrückt, während Machtkämpfe üblicherweise durch Wortschlachten und zornige Worte betont werden.

Bertolf hatte einen Wutausbruch, weil er nicht seinen Willen durchsetzen konnte. Die Mutter ignorierte sein »Ich hasse dich«. Sie wußte, es galt nur für den Augenblick und war ein Teil seiner Herausforderung. Nachdem sie die Ordnung aufrechterhalten hatte, traf es sie nicht mehr. Bertolf löste den Rest des Problems selbst. Hätte sich die Mutter in einen Machtkampf verwickeln lassen, wäre sie durch seine Reaktionen erschüttert gewesen.

Die Mutter parkte den Wagen. Der zweijährige Günther wollte nicht aussteigen. Die Mutter bat. Günther verneinte. »Günther, es ist Zeit für meine Verabredung. Komm jetzt und sei ein guter Junge.« Günther zog sich weiter zurück und wollte nicht herauskommen. Die Mutter wandte sich an ihre Freundin: »Was kann ich tun?«

Sie kann ihn herausnehmen! Fest, ruhig, sachlich, um Ordnung zu erhalten und den Forderungen der Situation zu entsprechen. Die Mutter braucht sich deshalb nicht zu ärgern. Kein Machtkampf findet statt, wenn die Mutter kühl und ruhig bleibt.

Um den häufigen Machtkampf voll zu verstehen und Methoden zu entwickeln, ihn zu vermeiden, müssen wir unsere Stellung als Eltern in einem neuen Licht sehen. Wir müssen uns unserer neuen Rolle als lenkender Helfer bewußter werden und unsere traditionellen Vorstellungen von Autorität aufgeben. Wir haben einfach keine Autorität mehr über unsere Kinder. *Sie* wissen es, auch wenn *wir* es oft nicht wissen wollen. Wir können nicht mehr fordern oder zwingen, sondern müssen lernen, zu lenken und anzuregen. Die folgende Gegenüberstellung läßt die neuen Verhaltensweisen erkennen, die nötig sind, um Harmonie und Mitarbeit in der Familie zu fördern. Auf der Linken haben wir die autokratischen Einstellungen und auf der Rechten diejenigen aufgeführt, die für unsere heutige Gesellschaft erforderlich sind.

Wenn die Einstellungsweisen auf der rechten Seite der Aufstellung mehr oder weniger zur zweiten Natur werden, laufen wir weniger Gefahr, uns in einen Machtkampf verwickeln zu lassen. Richten wir unsere Aufmerksamkeit auf die Forderungen der Situation und nicht mehr auf »er muß mir gehorchen«, werden wir die Möglichkeiten erkennen, die richtige Reaktion des Kindes anzuregen. Immer wenn wir uns einem Kind mit dem Entschluß nähern, es »dazu zu bringen«, irgend etwas zu tun, spürt es dies und versteift sofort seine Rebellion. Diese Auflehnung kann nun entweder eher passiv sein, wie Sibylle es versucht hatte, als sie die Hundeschüssel nicht leerte und reinigte, oder sie kann zur aktiven Form der Rache werden, wie Jupp es getan hatte, als er den Hut seines Vaters für sein »großes Geschäft« benützte.

| *Autokratische Gesellschaft* | *Demokratische Gesellschaft* |
|---|---|
| Eine Autoritätsperson | Einer, der verständig neue Wege weist |
| Macht | Einfluß |
| Druck | Anregung |
| Forderungen stellen | Mitarbeit gewinnen |
| Bestrafung | Logische Folgen |
| Kritisieren | Ermutigen |
| Äußerer Zwang | Selbst bestimmen lassen |
| Beherrschen | Beraten |
| Kinder dürfen gesehen, aber nicht gehört werden | Zuhören! Das Kind achten |
| *Du* tust es, weil *ich* es sage | *Wir* tun es, weil es notwendig ist |
| Auf das Prestige bezogen | Auf die Situation bezogen |
| Persönliches Beteiligtsein | Sachliche Loslösung |

Unser Prestige wird am meisten erschüttert, wenn unsere Kinder uns trotzen. Hier können wir die größte Änderung erleben. Wir brauchen uns nur damit zu befassen, was die Situation erfordert, und können den Angriff auf unsere eigene Würde vergessen.

Viele der Regeln, die wir schon besprochen haben, sind auf den Machtkampf anwendbar. Das Wichtigste ist, fest zu sein — und zwar mit dem, was *ich* tun werde und nicht damit, wozu ich das Kind bringen will. Dann entscheiden die Eltern als diejenigen, die neue Wege weisen, was die Forderungen der Situation sind, und arbeiten auf eine Erfüllung dieser Forderungen und nicht der eigenen Neigung hin.

Verständnis, Ermutigung, logische Folgen, gegenseitige Achtung, Achtung für Ordnung, Regelung des Tageslaufs und die Gewinnung der Mitarbeit, all dies sind Methoden, einen Machtkampf zu beenden. Besteht schon ein Machtkampf, ist die Anwendung der logischen Folgen oft zwecklos. Eine noch so gut herbeigeführte Folge wandelt sich dann in Bestrafung, weil die Eltern sie als Waffe in ihrem Kampfe benützen.

Der wichtigste Schritt für alle Eltern ist die Erkenntnis der eigenen Rolle im Machtkampf. Das ist nicht leicht. Es erfordert dauernde Wachsamkeit, sonst werden wir darin verwickelt, ohne es zu merken. Wir müssen fortgesetzt daran denken: »Ich kann tatsächlich meine Kinder nicht dazu bringen oder sie zwingen, irgend etwas zu tun oder zu lassen. Auch die Tricks in allen Büchern können mein Kind nicht zur Mitarbeit *zwingen.* Kinder müssen *gewonnen* werden. Das richtige Verhalten muß angeregt und nicht gefordert werden. Das heißt aber nicht, daß ich immer nachgeben muß. Ich kann meine Erfindungskraft, meinen Takt und mein Gefühl für Humor benützen, um die Bereitschaft des Kindes hervorzurufen. Und ich kann nein sagen, ohne deshalb in einen Streit zu geraten. Dies gibt Eltern tatsächlich viel mehr Mittel in die Hand als der bloße Gebrauch von Gewalt. Die Entwicklung dieser Fertigkeiten bringt die schöpferische Kraft, die in uns allen ist, zur Geltung. Kennen wir einmal die Regeln, fallen uns alle möglichen Spielarten ein. Das Wichtigste ist, uns der Tatsache bewußt zu werden, daß wir wirklich etwas tun *können,* außer den sinnlosen Versuchen der Gewaltanwendung.

## 17. Kapitel

# SICH VOM STREIT ZURÜCKZIEHEN

In jeder unangenehmen Situation zwischen Eltern und Kindern gibt es zwei Seiten. Die Störung ist das Ergebnis eines Konflikts zwischen zwei Beteiligten. Wenn der eine aufhört, kann der andere den Streit nicht fortsetzen. Ziehen sich Eltern vom Schlachtfeld zurück, hat das Kind keine Zuhörerschaft mehr und keinen Gegner — nichts und niemand zu besiegen, niemand, der sich ihm gegenüber als Herr aufspielt. »Es wurde ihm das Segel aus seinem Wind genommen.« (Dieser Satz ist zutreffender als der übliche, denn niemand kann ein Kind vom »Wind machen« abhalten — deshalb ist sein »Wind« nicht kontrollierbar. Man kann aber sich selbst aus seinem Wind entfernen, der dadurch sinnlos und lächerlich wird.)

Jeden Abend um 19.30 Uhr begann der Kampf um das Zubettgehen. Der vier Jahre alte Horst war ein Meister in der Verlängerung dieses Kampfes. »Komm, Horst, es ist Zeit ins Bett zu gehen«, sagte die Mutter ruhig. »Noch nicht, Mami, ich bin noch nicht müde.« »Es ist aber jetzt deine Zeit«, versuchte die Mutter zu überreden. »Ja, gleich, wenn ich dieses Bild vollends gemalt habe«, fing der Junge zu verhandeln an. »Du kommst jetzt sofort!« sagte die Mutter lauter. »Du kannst dein Bild morgen zu Ende malen.« Als die Mutter versuchte, seine Sachen wegzuräumen, schrie Horst und nahm die Farbstifte in seinen Arm, um dies zu verhindern. Die Mutter wollte nicht Gewalt anwenden und gab nach. »Also gut, dann male dieses Bild fertig.« Horst konzentrierte sich wieder auf sein Buch, ein feines Lächeln im Mundwinkel. Die Mutter setzte sich aufs Bett, um zu warten. Der Farbstift des Kindes bewegte sich immer langsamer. Ungeduldig sagte die Mutter: »Du hältst mich nur zum Narren, komm jetzt und mach fertig.« »Ich möchte, daß es wirklich hübsch wird, ich muß aufpassen«, war die geschickte Antwort des Jungen. Die Mutter wartete ungeduldig noch ein Weilchen, dann bemerkte sie, sie werde die Farbstifte jetzt wegräumen, da sie nicht mehr benötigt würden. Horst protestierte. Die Mutter bestand darauf. Horst ließ widerwillig die Mutter einige Farbstifte wegräumen und neckte sie dabei dauernd, indem er sie festhielt oder so tat, als ob er sie verlieren würde. Als alles aufgeräumt war, fand Horst noch viele Wege, um die Schlafenszeit hinauszuzögern. Er trödelte im Badezimmer, tobte im Bett herum und wollte noch etwas trinken. Schließlich brachte die Mutter ihn so weit, daß er im Bett lag, und ging wieder ins Wohnzimmer. Einige Minuten später war ihr Sohn wieder auf, rannte zur Toilette und holte sich noch einen Gutenachtkuß. Um 21 Uhr war er immer noch nicht ruhig. Schließlich verlor die Mutter die Geduld und verhaute ihn. Horst brach in Tränen aus. Der Vater kam an die Tür und schimpfte mit der Mutter: »Ich verstehe nicht, warum du jeden Abend dieses Theater haben mußt. Horst! Halt den Mund. Geh in dein Bett und bleib dort.« Endlich war Frieden.

Das unmittelbare Ziel Horsts ist die Überlegenheit. Er zeigt seine Fähigkeit, zu tun, was er will, und seine Mutter in einen Kampf zu verwickeln. Er wird in seinem Glauben an seine eigene Macht durch die Mutter bestärkt, die ihn mit ihren Forderungen zu beeindrucken sucht und dann nachgibt. Horst sollte zu Bett gehen. Die Mutter weiß jedoch nicht, wie sie das fertigbringt.
Es gibt verschiedene Wege, dieses Problem zu lösen. Der eine ist, sich vom Streit zurückzuziehen. Vielleicht könnten Mutter und Vater eine entsprechende Vereinbarung treffen. Wollen wir doch einmal sehen, wie dies funktionieren würde.

Während der Spielstunde am Nachmittag sagt die Mutter zu Horst: »8 Uhr ist deine Zeit, ins Bett zu gehen. Ich werde dir sagen, wenn es Zeit für dein Bad ist. Vati und ich werden dir um 8 Uhr gute Nacht sagen. Darnach können wir uns leider nicht mehr um dich kümmern.« Um 19.30 Uhr beginnt die Mutter, das Bad für Horst einlaufen zu lassen, und ruft ihn. »Ich möchte noch etwas spielen«, antwortet der Junge trotzig. »Dein Badewasser ist fertig, mein Lieber«, sagt die Mutter und geht ins Wohnzimmer. Um 8 Uhr gehen Mutti und Vati in Horsts Zimmer. Horst spielt immer noch. »Gute Nacht, mein großer Junge.« Der Vater nimmt seinen Sohn hoch und gibt ihm einen Kuß. »Bis auf morgen früh!« »Gute Nacht, Liebling, ich wünsche dir einen schönen Traum!« Die Mutter küßt ihn, und die Eltern gehen ins Wohnzimmer zurück und schalten den Fernsehapparat ein. »Aber ich habe noch nicht mein Bad gehabt!« schreit Horst und rennt in das Wohnzimmer. Mutter und Vater tun so, als ob Horst schon schlafen würde. Horst klettert auf Mutters Schoß. »Ich möchte mein Bad, Mutti!« wimmert er, als er sein Gesicht Mutters Gesicht nähert. »Georg komm, wir machen uns etwas zu essen!« (Diese List ermöglicht es, daß Horst keinen Schoß mehr hat, auf dem er sitzen kann.) Die Mutter erhebt sich und läßt Horst heruntergleiten. Er tut nun alles, was er kann, um die Aufmerksamkeit seiner Eltern zu bekommen. Er schreit und stampft, steht auf seinem Kopf, zieht die Eltern an den Beinen, aber nichts hat Erfolg. Endlich geht er auf sein Zimmer und zieht sich aus. Dann kommt er wieder heraus und bittet darum, ihm sein Pyjama zuzuknöpfen. Mutter und Vater sind aber in das Fernsehen vertieft und tun weiter so, als ob er schon im Bett wäre und schlafen würde. Etwa 9.30 Uhr klettert Horst in sein Bett, ohne Hilfe, sein Pyjama nicht zugeknöpft, und weint sich in den Schlaf.

Mutter und Vater blieben fest. Sie haben gute Nacht gesagt und sind dann nur noch dafür verantwortlich, was *sie* tun. Sie haben sich zurückgezogen und Horst das Feld überlassen. Er verdoppelt verzweifelt seine Bemühungen, sie in einen Kampf zu verwickeln, um ihn zu Bett zu bringen. Er versucht sogar, durch Weinen ihr Mitleid zu erregen. Immer noch bleiben sie fest. Eine neue Art der Erziehung hat begonnen, die die Beziehung des Jungen zu seinen Eltern und zur Ordnung grundsätzlich ändert. In kürzester Zeit wird Horst für sein Bad fertig sein, und Mutter und Horst können eine halbe Stunde angenehm miteinander verbringen. Um 8 Uhr kommen Mutter und Vater, sagen gute Nacht und lassen ihn in seinem Zimmer. Geht der Junge einige Minuten später wieder auf die Toilette oder will er etwas trinken oder einen Kuß, tun Mutter und Vater wieder so, als ob er schlafe. Er wird dann wahrscheinlich zu Bett gehen. Es ist anzunehmen, daß Horst innerhalb einer Woche bereit ist, 8 Uhr als das Ende seines Tages gelten zu lassen. Natürlich kann sich eine solche Situation nur ergeben, wenn die Eltern nicht wissen, wie man ein Kind zu beeinflussen vermag. Sie müssen jetzt neue Methoden versuchen.

Eine andere Möglichkeit, einen Machtkampf zu vermeiden, während wir einen Vierjährigen zu Bett bringen, wäre, ihn — ohne

Worte — fest aber ruhig bei der Hand zu nehmen, und zwar zur richtigen Stunde, ihn auszuziehen, zu waschen und dann sich völlig zurückzuhalten, wenn er stört. Dies könnte so weit gehen, daß wir uns ins eigene Schlafzimmer zurückziehen und die Tür abschließen.

Die dreieinhalbjährige Silvia rannte in die Küche, wo die Mutter kochte. »Ich möchte etwas trinken, Mami!«, bat sie jammernd. »Hör mit diesem Gejammer auf, Silvia. Du bekommst nichts, bis du es im richtigen Ton verlangst.« »Ich möchte aber etwas trinken«, jammerte das Kind weiter. »Ich kann dieses Jammern nicht aushalten, höre damit auf.« Silvia wimmerte und hielt sich am Bein ihrer Mutter fest und vergrub ihr Gesicht. »Möchtest du jetzt auf nette Art fragen?« »Bitte kann ich etwas zu trinken haben?« winselte Silvia. »Zum Teufel mit dir, hier hast du es!« Die Mutter gab ihr das Wasser.

Man kann oft hören, alle Kinder müßten durch eine Zeit hindurch, in der sie besonders viel quengeln. Man sagt uns, wir sollen geduldig sein, die Kinder würden es bald ablegen. Jedoch ist es nicht unbedingt nötig, das Jammern zu »dulden«. Silvia zeigt ihre Macht, daß sie tun kann, was sie will, trotz der Forderung ihrer Mutter. Die Mutter verlangte: »Hör damit auf!« Silvia machte aber weiter, und die Mutter gab nach.

Es gibt aber etwas, was wir tun können. Wir können uns einfach weigern, auf eine im jammernden Ton vorgetragene Bitte einzugehen. Wir müssen uns zurückziehen — aber ohne dabei zu reden! Wenn wir als willkommene Zielscheibe dastehen, können wir es kaum vermeiden, nachzugeben. Die Mutter muß sich dafür Zeit nehmen. Sie kann das Gas abdrehen und ins Badezimmer gehen!

Wir nennen dies die »Badezimmer-Methode«. Das ist der eine Platz im Haus, wo man anerkanntermaßen allein hingeht. (Vorausgesetzt, es ist eine Toilette darin. Sonst kann man ja ein Bad nehmen!) Es ist ein absolut idealer Platz, sich zurückzuziehen. Wir sollten dafür ein kleines Regal mit Büchern oder Zeitschriften haben und ein Radio, um den Lärm zu übertönen. Jedesmal, wenn Silvia jammert, verschwindet die Mutter in das Badezimmer. Sie sagt nichts — es ist nicht notwendig. Silvia wird dann sehr rasch den Ton ihrer Stimme ändern.

Die Mutter hörte ein Geräusch in der Küche und schaute nach. Sie fand den vierjährigen Lothar auf dem Büfett, wie er sich gerade Zucker holte. »Du kannst jetzt keinen Zucker haben, Lothar, es gibt gleich Mittagessen.« Sie nahm ihren Sohn herunter. »Ich möchte aber jetzt Zucker haben!« schrie er. »Nein, Lothar, ich mache eben das Essen fertig!« »Zucker!« schrie der Junge. »Lothar, bitte benimm dich!« Das Kind warf sich auf den Boden und brüllte und trat um sich. »Möchtest du, daß ich dir Prügel gebe?« stieß die Mutter ärgerlich aus. »Höre jetzt mit dem Unsinn auf!« »Ich hasse dich, ich hasse dich!« »Lothar, so etwas darfst du nicht sagen!« Der Wutausbruch des Jungen verstärkte sich. »Lothar, mache einen Punkt, hier hast du *ein* Stück Zucker. Höre jetzt aber mit dem Geschrei auf.« Lothar gab langsam nach und nahm schließlich den Zucker, den die Mutter ihm hinhielt.

Die Mutter weigerte sich zuerst, aber Lothar zwang sie, nachzugeben. Lothar gewann den Kampf und stärkte sein Vertrauen in die eigene Macht. Die Mutter vermag Wutausbrüche dadurch sinnlos zu machen, daß sie sich von der Szene zurückzieht. Sie kann den Zucker wegnehmen und beim ersten Geschrei ins Badezimmer gehen. Lothar kann seinen Wutausbruch im leeren Zimmer haben, aber ohne Zuhörer hat er keinen Sinn.

Die Mutter und der fünfjährige Axel hatten am Nachmittag Freunde besucht. Axel hatte gespannt zugesehen, wie Kurt, der Sohn der Freundin der Mutter, seinen Willen durchsetzte, indem er einen Wutausbruch entwickelte. Während des Essens verließ Axel den Tisch, um ins Badezimmer zu gehen. Es war eine schon längst bestehende Sitte des Hauses, daß jeder, der den Tisch während des Essens verließ, nicht mehr an den Tisch zurückkehren konnte. Solange er draußen war, erzählte die Mutter dem Vater hastig von ihrem Besuch am Nachmittag. Er verstand. Die Mutter entfernte Axels Teller. Axel kam zurück. Als er sah, daß sein Teller weg war, warf er sich auf den Boden, genau wie Kurt es getan hatte. Mutter und Vater setzten ihr Essen fort, wie wenn Axel nicht da wäre. Plötzlich hörten sie ihn murmeln: »Ach, was hat das für einen Sinn? Sie schauen ja gar nicht zu mir her!« Die Mutter konnte kaum ein Lachen unterdrücken.

Die zehn Monate alte Angelika kroch auf dem Boden, während die Mutter bügelte. Nach dem Bügeln setzte die Mutter das Baby in ihr Ställchen zurück. Angelika war dagegen und schrie. Die Mutter versuchte, ihre Aufmerksamkeit abzulenken, aber Angelika warf sich nach hinten, bog ihren Rücken und schrie nach Herzenslust. Die Mutter ging ins Badezimmer. Zehn Minuten später kam sie zurück und fand Angelika zufrieden mit ihrem Ball spielen.

Sogar ein zehn Monate altes Baby versucht, seinen Willen durchzusetzen. Die Mutter erzieht Angelika dazu, Ordnung anzuerkennen. Sie achtet Angelikas Entscheidung, es mit einem Wutausbruch zu versuchen, und überläßt ihr das *Feld*, gibt aber nicht die gewünschte Aufmerksamkeit oder Bedienung.

Sich zurückziehen von der Konfliktsituation ist ein eindrucksvoller Schritt. Es darf aber nicht so aussehen, als ob wir uns vom *Kind* zurückziehen. Liebe, Zuneigung und Freundlichkeit bleiben bestehen. Sich zur *Zeit des Konflikts* zurückziehen, hilft tatsächlich die Freundschaft erhalten. Ist ein Kind besonders herausfordernd, dann fühlen wir in diesem Augenblick natürlich keine Freundlichkeit, sondern neigen mehr dazu, ihm eine zu langen. Die Feindlichkeit auf beiden Seiten stört unsere Beziehung. Sobald wir gelernt haben, uns sofort und schweigsam zurückzuziehen, werden wir sehen, wie erstaunlich unsere Kinder reagieren. Da sie das tiefe Bedürfnis haben, dazuzugehören, bringt ein leeres Schlachtfeld sie aus der Fassung. Es dauert nicht lange, und sie ändern ihr Benehmen, um das sinnlose Schauspiel ihrer Wut zu vermeiden. Wenn diese Maßnahme einmal Brauch geworden ist, anerkennen Kinder sehr rasch ihre Grenzen. Gehen sie über diese Grenzen hinaus und ziehen sich die Eltern von der Situation zurück, geben Kinder gewöhnlich den Kampf auf und deuten ihren Wunsch nach erneuter Zusammenarbeit an. Viel hängt davon ab, wie stark der Zwiespalt geworden war. Im allgemeinen benötigt man mehr als nur Zurückziehen, um aus dem gegenseitigen Kampf herauszukommen. Sich zurückziehen ist aber der erste und notwendige Schritt, um zu einer besseren Beziehung zu kommen und das Kind beeinflussen zu können. Solange man weiterkämpft, wird das nie gelingen. Da die Erziehung unserer Kinder zur Mitarbeit unser Ziel ist, haben wir hier eine ausgezeichnete Methode, um diese Mitarbeit zu gewinnen.

Vielleicht ist es nicht ganz leicht, dieses Vorgehen als richtig zu erkennen. Beim ersten Hinsehen scheint es, als ob wir dem Kind etwas »durchlassen«. Wenn wir jedoch die Beweggründe des Kindes prüfen, entdecken wir, daß es in den meisten Konfliktsituationen unsere Aufmerksamkeit wünscht oder uns in einen Machtkampf hineinziehen will. Ermöglichen wir dies, so geben wir wirklich dem Plan des Kindes nach und bestärken sein irrtümliches Ziel. Aus diesem Grunde sollte unsere Erziehung sich auf die Grundlage des Problems richten und nicht auf die Oberfläche. Es ist nutzlos, das schlechte Verhalten eines Kindes mit Worten zu »verbessern« suchen. Wollen wir ein Kind zu einem richtigeren Betragen erziehen, müssen wir einen Wandel seiner Einstellung bewirken. Führen alle seine Versuche, den eigenen Willen durchzusetzen, nur zu einem leeren Schlachtfeld, wird es bald herausfinden, wieviel mehr es durch Sicheinfügen gewinnen kann. Wenn nicht alles nach seinem Kopf geht, lernt es, die Forderungen der Situation zu beachten. Auf diese Weise kann es Achtung entwickeln, Achtung für die Wirklichkeit und für seine Eltern, die ja die bestehende soziale Ordnung vertreten.

Hat sich diese Methode, sich zurückzuziehen, einmal *zu Hause* eingebürgert, ist es auch leichter, mit Konflikten in der Öffentlichkeit fertig zu werden. Es ist genauso wirksam, wenn wir uns im Geiste ins Badezimmer zurückziehen. Kinder sind außerordentlich feinfühlig. Sie spüren, wenn wir uns nicht in einen Kampf hineinziehen lassen. Sie sahen die Wirkung einer solchen Haltung in der Geschichte von Sabine auf Seite 95. Als die Mutter ruhig weiterging, während Sabine einen Wutausbruch hatte, zog sie sich vom Konflikt zurück. Sabine erkannte dies, gab auf und folgte ihrer Mutter, die sie sofort, ohne irgendeinen Tadel, freundlich empfing, so daß der Spaziergang vergnügt endete. Wir werden ernsthaft getestet, wenn sich unsere Kinder öffentlich schlecht aufführen. Wir fühlen Scham und Demütigung, weil sie uns als »schlechte« Eltern erscheinen lassen. Kinder benehmen sich in der Öffentlichkeit genau so, wie sie zu Hause erzogen wurden. Sind sie zu Hause außer Rand und Band, so werden sie sich auch öffentlich schlecht benehmen, und wir bekommen, was wir verdienen. Das Unangenehme ist dabei, daß sie sich in der Öffentlichkeit noch schlechter betragen, weil sie unsere Verletzbarkeit spüren. Dann kann man ruhig mit den Kindern das Feld verlassen, gleichgültig, ob das Essen im Restaurant serviert wurde oder der Besuch für längere Zeit beabsichtigt war. Also wiederum, richten wir unsere Aufmerksamkeit auf die Forderungen der Situation und nicht auf unsere persönliche Annehmlichkeit, so haben wir den Schlüssel zur Lösung des Problems in der Hand.

18. Kapitel

# HANDELN, NICHT REDEN

»Wie oft muß ich euch noch sagen, ihr sollt vor dem Essen eure Hände waschen? Raus mit euch, alle drei! Und kommt ja nicht mit schmutzigen Händen zurück!« Drei Stühle wurden zurückgestoßen, drei Kinder verließen den Tisch, während die Mutter ihr ein Jahr altes Baby weiterfütterte.

»Wie oft muß ich euch noch sagen ...?« Tausendmal gesagt von Millionen von Eltern, dient dieser Satz nur dem einen Zweck: Dem Ausdruck der Verzweiflung. Als Erziehungsmethode ist er völlig sinnlos. Die Tatsache, daß wir sogar fragen »wie oft?« zeigt an, daß das »Sagen« seinen Zweck nicht erfüllt. Kinder lernen sehr rasch, aber nicht immer, was die Eltern erreichen wollen. Man muß ihnen nur einmal »sagen«, was unrichtig ist. Jedes weitere Reden lehrt sie nur, daß man das Unrichtige ruhig fortsetzen kann, obwohl es nicht getan werden soll.

Warum kommen die drei Kinder immer wieder mit schmutzigen Händen zu Tisch? Was ist ihre verborgene Absicht? Nun, was sind die Folgen? Was tut die Mutter? Sie macht großes Aufhebens davon. Da sitzt das Baby der Familie und verlangt Mutters Aufmerksamkeit. Plötzlich wird sie der schmutzigen Hände gewahr. Die drei haben sich nicht an eine Regel gehalten, aber dadurch nur noch mehr Aufmerksamkeit der Mutter auf sich gelenkt. Die Mutter spielt geradezu in ihre Hände und dient ihrem Zweck. Es wäre töricht, die Hände zu waschen, denn dann könnten sie die Mutter nicht mit sich beschäftigen.

Will die Mutter wirklich das Verhalten ihrer Kinder ändern, muß sie *handeln.* Worte sind wertlos. Achtung für die Kinder verbietet ihr, ihnen den eigenen Willen aufzuzwingen. Sie kann aber entscheiden, was *sie* tun will. »Ich setze mich nicht mit euch an den

Tisch, wenn ihr schmutzige Hände habt!« Die Mutter entfernt die Teller und gibt niemandem, der mit schmutzigen Händen kommt, etwas zu essen.

Sie braucht nicht einmal zu erklären, warum sie nichts zum Essen gibt. Jetzt ist die Situation verändert. Die Kinder können damit ihre Mutter nicht mehr mit sich beschäftigen. Welchen Sinn hat es also, sich die Hände nicht zu waschen?

Die Mutter sah zufällig aus dem Küchenfenster hinaus und bemerkte Bernhard, der mit seinen acht Jahren der älteste ihrer vier Kinder war, wie er mit seinem Luftgewehr auf das Fenster des Nachbarn zielte. »Bernhard, komm herein, ich möchte mit dir sprechen.« Der Junge senkte das Gewehr und ging langsam zu seiner Mutter, die die Tür für ihn offen hielt. Sie führte ihn ins Zimmer, setzte ihn auf den Schemel und sich selbst auf einen Stuhl. »Mein Lieber, du weißt genau, als wir dir das Luftgewehr gaben, sprachen wir mit dir über dessen Gefahren. Wir bauten dir sogar einen besonderen Schießstand im Spielzimmer, wo die Kugeln niemand verletzen oder nichts kaputtmachen können. Stimmt das?« Bernhard schaute mit weitgeöffneten, unschuldigen Augen seine Mutter an und machte den Eindruck, für diese kleine Konferenz großes Interesse zu haben, gab aber keine Antwort. »Weißt du, daß die Kugeln das Fenster von Herrn Müller kaputtmachen können?« Die Augenbrauen des Jungen gingen hoch. »Du siehst, mein Lieber, hinter den Kugeln steckt schon eine ganz ordentliche Kraft. Im richtigen Winkel geschossen, würde das Fenster kaputtgehen. Das möchtest du aber doch nicht haben?« Bernhard senkte seine Augen. »Schließlich weißt du ja, wenn du wirklich das Fenster kaputtmachen würdest, müßten wir dafür zahlen. Das möchtest du doch auch nicht haben?« Bernhard schaute wieder seine Mutter ernsthaft an, sagte aber immer noch nichts. »Möchtest du jetzt nicht dein Gewehr ins Spielzimmer herunterholen und in dem Stand, den wir für dich extra gemacht haben, schießen? Ich glaube, das wäre doch sehr nett.« Der Junge nickte mit dem Kopf, bewegte seinen Fuß hin und her und sagte: »Ich glaube, ich spiele im Freien.« »Gut, mein Lieber, aber lasse das Gewehr hier. Einverstanden?« »Einverstanden!« mit einem Schulterzucken.

Einige wenige Tage später fand die Mutter ihren Sohn, wie er auf Flaschen und Kannen aus naher Entfernung schoß. Sie rief ihn wieder zu einer Besprechung herein und wiederholte, wie vorsichtig man mit dem Gewehr sein müsse. Sie erinnerte ihn erneut an die Gefahr von

Querschüssen. Bernhard schien abermals den Eindruck ernsthafter Aufmerksamkeit zu machen. Nach diesen »Reden« ließ er sein Gewehr im Zimmer stehen und ging zum Spielen ins Freie.

Die Mutter ließ sich durch die Ansicht, man muß dem Kind »erklären«, leiten und hielt es nicht für richtig, Bernhard zu bestrafen oder zu »bändigen«. So blieben ihr nichts als Worte. Viele Eltern reihen in einer unendlichen Kette Wort an Wort. Das Kind, das mit seinem Benehmen ja eine Absicht verfolgt und deshalb nicht daran denkt, dieses Benehmen zu ändern, betrachtet alles Gerede als langweilig und wird sehr rasch dagegen unempfindlich. Es wird »muttertaub«. Diese Taubheit dehnt sich allmählich auf jeden aus, der Worte als ein Mittel des Lenkens von Kindern ansieht. Alle Eltern und Lehrer kennen Kinder, die »kein Wort, von dem was ich sage, hören«. Und doch setzen sie diese sinnlose Methode fort und verdoppeln noch ihre zwecklosen Bemühungen!

Worte sollten als Mittel des Gedankenaustausches dienen. In einer Konfliktsituation ist das Kind jedoch nicht bereit zuzuhören. Worte werden zu Waffen und können keine Wirkung beim Kind erzielen. In dieser Zeit ist seine Taubheit hundertprozentig. Was auch zu ihm gesagt wird, ist nur Munition für seine eigenen Erwiderungen. Was herauskommt, ist ein Wortkrieg. Sogar wenn das Kind keine Antwort gibt, ist es rebellisch und beweist dies durch sein Benehmen. Passiver Trotz oder aktive Mutwilligkeit sind die häufigsten Formen des kindlichen Verhaltens.

Bernhard tat so, als ob er zuhöre, weil dies seiner Absicht diente. Tatsächlich hörte er nicht ein einziges Wort, das die Mutter ihm sagte. Er dachte nicht daran, sich nach diesen Unterweisungen zu richten. Sich den Anschein zu geben, zuzuhören, war ein kleiner Preis dafür, seinen eigenen Willen durchzusetzen. Hätte die Mutter ihn und seinen Gesichtsausdruck genau beobachtet, wäre es ihr nicht entgangen, daß Bernhard sich über sie lustig machte.

Wenn das Erklären keinen Sinn hat und die Mutter nicht an Bestrafung glaubt, was kann dann getan werden? Die Mutter kann handeln und Bernhard das Gewehr wegnehmen. »Es tut mir leid, daß du dich nicht an unsere Regeln halten willst. Wenn du dazu bereit bist, kannst du das Gewehr wieder haben.« Das kann man ein- oder zweimal so handhaben; geht es weiter, sollte das Gewehr ganz entfernt werden. Man braucht dabei kein Wort zu verlieren.

Leider hat diese Geschichte von Bernhard eine sehr traurige Fortsetzung. Er benützte weiterhin sein Gewehr, wie er wollte. Eines Tages zielte er aus ganz kurzer Entfernung auf eine Flasche, die Kugel prallte zurück und drang in sein Auge, das er dadurch verlor.

»Isa, zieh deine Hosen hoch. Wenn du so auf deinem Pyjama herumtrittst, wirst du fallen. Und geh jetzt ins Bett.« Die Mutter wandte sich wieder ihren Gästen zu und erklärte: »Ich habe diesen Pyjama gestern beim Ausverkauf erstanden. Er ist ihr zu groß, aber Sie wissen, wie Kinder alles Neue gleich anziehen wollen. Tatsächlich habe ich ihn für nächstes Jahr gekauft.«

Jetzt schauten alle nach dem Mädchen, das immer noch auf der Treppe stand und glücklich jedermann zulächelte. Sie schaute auf ihre Füße herab, die in den zu langen Beinen der Pyjamahose verborgen waren, und versuchte, jeden Fuß zu bewegen. Die Überlänge hing verführerisch herab. Sie schaute wieder mit einem glücklichen, aber etwas schelmischen Lächeln hoch und schätzte die Gruppe ab. Die Mutter befahl wieder: »Isa, bitte ziehe dir jetzt die Hosen hoch, ehe du darüber fällst. Geh jetzt endlich nach oben.« Das Kind wandte sich langsam und wippte das eine Pyjamabein eine Stufe hoch, brachte das andere in dieselbe Stellung, wandte sich wieder um und schaute die Gruppe unten an. Die Mutter war wieder ihren Gästen zugewandt, und Isa stand einige Augenblicke da und hörte der Unterhaltung zu. Dann setzte sie sich, streckte beide Beine aus und schüttelte sie. Die Mutter, die die lächelnden Blicke ihrer Gäste sah, wandte sich herum: »Isa! Möchtest du hinfallen? Zieh die Hosen jetzt hoch und gehe endlich auf dein Zimmer. Karl komm, nimm sie hoch.« Isa wandte sich und kletterte rasch die Treppen hoch, ohne auf die herabhängenden Pyjamahosen zu achten, und kam gerade oben an, als ihr Vater erschien.

Wie oft sehen wir alle möglichen Gefahren, die unsere Kinder umgeben, und warnen sie vor ihnen! Würden sie tatsächlich uns zuhören, müßten sie Angst haben, sich in irgendeiner Richtung zu bewegen! Mütter reden zuviel. Sie benützen Worte als Drohung und machen Kindern damit Angst.

Isa wußte ganz genau, wie sie mit den langen Beinen ihrer Pyjamahose fertig würde. Ihre Bewegungen waren viel zu bewußt, um Unkenntnis der damit verbundenen Gefahr zu bekunden. Sie war Herr nicht nur über die Pyjamahosen, sondern auch über ihre Mutter. Sie fand die Sorge ihrer Mutter um sie ganz angenehm. Daß sie ins Bett gehörte, wußte sie und benützte diese Gelegenheit, Mutters Aufmerksamkeit von ihren Gästen ab und auf sich zu lenken. Für Isa ist dies ein Beweis ihres Geschicks, die Mutter mit sich zu beschäftigen. Je bedrohlicher die Situation, desto größer ihr Sieg. Und die Mutter hat genauso reagiert, wie Isa es erwartete.

Das Handeln der Eltern könnte oft aus nichts anderem bestehen, als den Mund zu halten. Eltern, die dies zum ersten Male versuchen, mögen es als große Anstrengung empfinden. Sie glauben, in jeder Situation müsse unbedingt *etwas getan* werden. Es dauert jedoch nicht lange, bis sie entdecken, daß gerade ihr Schweigen die Spannung der Situation vermindert und oft die Familienharmonie wiederherstellt. Manche Mütter können jedoch auch mit geschlossenem Mund schreien!

Die Mutter hätte Isa überhaupt nichts über den Pyjama sagen sollen. Sie hätte handeln müssen und dem Kind die Wahl lassen, ob es selbst ins Bett gehen oder getragen werden will.

Eines Sonntags stand der fünfjährige Tilmann in der Ecke der Sonntagsschule und weinte. Die Mutter redete ihm zu und bat ihn, damit aufzuhören. »Wenn du nicht mit Weinen aufhörst, gehe ich jetzt weg und lasse dich allein.« Der Junge weinte noch lauter. »Jetzt gehe ich aber *wirklich.*« Tilmann schrie und schob sich hinter der Mutter langsam zur Tür. Sie schlüpfte aus der Tür, kam aber sofort zurück, als Tilmann einen durchdringenden Schrei von sich gab. »Tilmann, du hast hierzubleiben, und höre endlich mit dem Weinen auf.« Jetzt kam der Lehrer. »Frau X, warum gehen sie nicht einfach. Tilmann wird sich schon richtig verhalten.« »Ich fürchte, er verläßt die Kirche. Er machte uns schon Schwierigkeiten, als wir von zu Hause weggingen.« »Ich bin überzeugt, daß Tilmann mitmacht, sobald er soweit ist. Wir freuen uns, wenn du bei uns bist, Tilmann. Vergiß nicht, daß wir Freunde sind.« Die Mutter ging, und Tilmann hörte mit Weinen auf, blieb aber noch eine Weile in der Ecke stehen. Der Sonntagsschullehrer wandte sich seiner Klasse zu. Es dauerte nicht lange, und der Junge schloß sich den anderen an.

Einem schreienden, rebellischen Kind gegenüber fühlte sich die Mutter hilflos und versuchte, ihren Sohn durch einschüchternde Worte zu zwingen. Sie redete noch mehr und drohte schließlich, was sie doch nicht wahrzumachen beabsichtigte. Sie wollte ihn dazu bringen, mit Weinen aufzuhören, statt sich seinem Zwang zu entziehen. Weinen ist oft nichts anderes als »Wasserkraft«.

Der fünfjährige Gottfried kletterte über die Einkaufswagen in dem Selbstbedienungsladen, turnte am Geländer herum und setzte sich dann aufs Drehkreuz. »Gottfried, komm herab, du wirst dich verletzen.« Der Junge hörte nicht auf die Mutter, sondern hing sich mit den Knien an die Stange. »Komm jetzt, Gottfried, ehe du dir weh tust.« Die Mutter nahm sich einen Einkaufswagen, ihr Sohn setzte sich wieder auf das Drehkreuz und behinderte damit andere Frauen. Die Mutter rief: »Gottfried, sofort kommst du herab, du bist ja anderen im Weg.« Gottfried kletterte herab und auf einen Stapel der Wagen hinauf. »Gottfried, komm jetzt!« Die Mutter machte sich an ihre Einkäufe. Gottfried spielte weiter an den Schienen und Drehkreuzen, bis seine Mutter fertig war und nach ihm suchte.

Wenn ein Kind nicht auf Worte reagiert, dann ist es offenbar, daß die Eltern nicht imstande waren, das Kind zur Mitarbeit zu erziehen. Sie sind sich dessen kaum bewußt und verdoppeln bei der nächsten Gelegenheit ihre Bemühungen, das Kind zu »lehren«, indem sie mit ihm »vernünftig reden«, natürlich mit demselben Ergebnis.
Um aus dieser Schwierigkeit herauszukommen, müssen wir lernen, Worte durch Handeln zu ersetzen. Wir sollten den Leitspruch annehmen: »Zur Zeit des Konflikts halte deinen Mund und handle.«

Gottfried ist muttertaub. Die Mutter sollte ihren Mund halten und handeln. Statt dessen hofft sie auf seine Mitarbeit, indem sie mit Gefahren droht. Gottfried weiß es besser. Er weiß genau, was sein Körper tun kann und wie wenig Gefahr tatsächlich damit verbunden ist. Nur wenige Kinder würden sich verletzen, wenn sie über Geländer und Drehkreuze in einem Selbstbedienungsladen klettern.

Als die Mutter herausfand, daß ihre Worte keinen Eindruck machten, zog sie sich zurück und ließ Gottfried als den unbestrittenen Sieger zurück. Am Schluß aber suchte sie ihn noch, um ihm zu sagen, sie gehe jetzt, damit er ja nicht ganz allein zurückbliebe. Gottfried hat offensichtlich seine Mutter viel besser dazu erzogen, zu tun, was *er* will, als sie ihn zu richtigem Verhalten erzogen hat.

Das unartige Verhalten von Kindern in Selbstbedienungsläden nimmt so zu, daß es schon als normal angesehen wird. Tatsächlich ist aber ein Laden kein Spielplatz. Die Kinder können dazu erzogen werden, diesen Unterschied zu verstehen und sich entsprechend zu verhalten.

Ehe sie in den Laden gehen, könnte die Mutter sagen: »Gottfried, der Laden ist kein Spielplatz. Du kannst mit mir die Gänge entlanggehen und helfen einkaufen.« Wenn Gottfried nun auf die Einkaufswagen springt, kann die Mutter ihn sofort bei der Hand nehmen, aus dem Laden führen und ins Auto setzen. »Es tut mir leid, wenn du dich im Augenblick im Laden nicht richtig verhalten willst. Du kannst hier auf mich warten.« Wenn kein Wagen zur Verfügung steht, kann die Mutter Gottfried bei der Hand nehmen und bei sich behalten. Dann kann sie ihn wieder loslassen, um zu sehen, ob er sich richtig zu benehmen vermag.

Mit diesem festen Verhalten kann die Mutter Gottfried zeigen, daß sie es ernst meint. Als nächsten Schritt kann sie ihn am Tag darauf gleich gar nicht mehr mitnehmen, ihm am übernächsten Tag aber die Gelegenheit geben, mit ihr zu kommen, falls er glaubt, sich benehmen zu können. Sie muß der Versuchung widerstehen, Worte als Drohung zu benützen: »Wenn du dich nicht richtig benimmst, mußt du im Wagen bleiben. Das möchtest du aber doch nicht? Willst du also jetzt artig sein?« Natürlich will er nicht.

Die einzigen zwei Handlungsweisen, die keine Feindlichkeit ausdrücken — und deshalb die Feindlichkeit auch nicht vermehren —, sind der Gebrauch natürlicher Folgen, oder, wenn dies nicht möglich ist, das Entfernen von der Situation.

Der vier Jahre alte Johannes rannte über die Beete, die Mutter im Garten gerade frisch angelegt hatte. »Johannes, gehst du gleich aus meinem Garten heraus!« Das Kind sprang jedoch dauernd hin und her über die neugesäten Beete, wie wenn es seine Mutter nicht gehört hätte. »Johannes, raus mit dir, du machst ja alles kaputt.« Ohne auf sie zu achten, sprang er nach wie vor kreuz und quer. Noch viermal schrie die Mutter ihm zu. Er rannte so lange zwischen den Beeten her, bis er müde war, dann rannte er mit einem Lachen zu den Büschen und setzte sich in den Schatten. Die Mutter sah ihn an und ging wieder an ihre Arbeit.

Einige Tage später rannte Johannes über ein neu eingesätes Beet im Garten einer Nachbarin. Absichtlich ging er mit kleinen, stampfenden Schritten über die feine Erde in den Reihen. Die Nachbarin nahm ihn fest bei der Hand, führte ihn zum Tor des Zaunes und sagte: »Schau, in diesem Garten bist du nicht willkommen. Bleibe draußen!« Als sie hochschaute, sah sie Johannes' Mutter kommen und merkte, daß diese sie gehört haben mußte. »Hat er irgend etwas beschädigt?« fragte die Mutter. »Natürlich!« antwortete die Nachbarin verärgert. »Er ist zu klein, um schon zu verstehen, daß er nicht über die Blumenbeete gehen soll, und ich möchte ihn jetzt oder in Zukunft nicht in diesem Garten haben.« »Tut mir leid«, antwortete die Mutter gekränkt. Die Nachbarin fuhr fort: »Er hört auf mich genauso wenig wie auf sie. Besser, er kommt nicht mehr in diesen Garten zurück.« Johannes brach in Tränen aus. »Mein armer Liebling«, tröstete ihn die Mutter und nahm ihn auf. Sie ging in ihren Garten zurück und drückte das schluchzende Kind an ihre Schulter, als sie ihn erneut tröstete: »Diese gemeine alte Frau!«

Johannes ist ein irregeleiteter Junge, der überzeugt ist, keinen Platz zu haben, falls er nicht seinen Willen durchsetzt. Er ist ein Tyrann. Er tut, was er will, und niemand kann ihn davon abhalten — wenigstens nicht mit Worten! Er hört erst auf, die Beete seiner Mutter zu zerstampfen, wenn *er* soweit ist und nachdem er die Mutter genügend geärgert hat. Die dauernden Ermahnungen der Mutter trafen taube Ohren. Da sie nichts tut als reden, macht Johannes auch weiterhin, was er will.

Die Nachbarin auf der anderen Seite handelte. Sie führte ihn aus ihrem Garten hinaus. Natürlich zeigte sie ihren Ärger sowohl über Johannes als auch über seine Mutter in ihren Bemerkungen über seine Größe und seinen Mangel an Gehorsam. Johannes' Mutter sah, daß er angegriffen wurde, und tröstete ihn sofort, was sicherlich nicht richtig war. Hat ihr Sohn sich so benommen, daß er Ärger und Feindlichkeit hervorrief, so hätte er die Ablehnung seines Verhaltens erleben müssen und nicht mit falscher Sympathie dagegen abgeschirmt werden sollen. Durch ihr Mitleid ermutigte die Mutter Johannes noch mehr, seine Rolle als Tyrann zu spielen. Er weiß jetzt nicht nur, daß er zu Hause tun kann, was er will, sondern daß die Mutter ihn außerhalb der Familie vor allen unangenehmen Folgen seines willkürlichen Verhaltens schützen wird. Johannes' tyrannisches Benehmen wird aber nirgends hingenommen werden können. Tyrannen üben keine soziale Funktion aus. Tatsächlich möchte Johannes sich zugehörig fühlen. Er lebt allein in einer Erwachsenen-Welt und ist so sehr das geliebte Kind, das spät ins Leben kam, daß seine Eltern jeder Laune nachgeben und sich zu seinen gehorsamen Sklaven machen. Dadurch haben sie seine natürliche Neigung, durch Nützlichkeit sich zugehörig zu fühlen, untergraben und ihn dazu ermutigt, fälschlicherweise anzunehmen, nur einen Platz zu haben, wenn er alle drohenden Erwachsenen besiegt.

Um Johannes aus seiner irrtümlichen Einstellung herauszuhelfen, müßten seine Eltern zuerst erkennen, daß ihre Art, ihre Liebe zu zeigen, nicht richtig ist. Hierauf sollten sie handeln und nicht reden.

Auf Johannes hätte es während der Gartenszene viel mehr Eindruck gemacht, wenn die Mutter ihn bei der Hand genommen und ruhig ins Haus geführt hätte. »Es tut mir leid, daß du jetzt glaubst, dich nicht richtig benehmen zu können. Sobald du dazu bereit bist, kannst du wieder herauskommen.« Die Mutter braucht keine weiteren Erklärungen wegen seines Verhaltens zu geben. Er weiß ganz gut, daß er nicht über die neugesäten Beete rennen soll. Da Johannes schon ein Tyrann ist, wird er auf diese neue Behandlungsweise mit scharfem Widerstand reagieren. Fängt er wieder an, über die Beete zu stampfen, kann die Mutter ihn wieder ins Haus nehmen und abermals sagen: »Wenn du glaubst, dich wieder benehmen zu können, darfst du herauskommen.« Man sollte Johannes immer wieder die Gelegenheit geben, es zu versuchen, und er sollte immer ins Haus zurückgebracht werden, wenn er keine Bereitwilligkeit zur Mitarbeit zeigt. Solange die Mutter dabei kühl bleibt und ihr Recht, Ordnung zu erhalten, ruhig durchführt, läßt sie sich in keinen Machtkampf verwickeln. Ihre Festigkeit wird verstanden werden, und schließlich wird ihr dieses Handeln Achtung verschaffen. Johannes hat es bitter notwendig, Achtung zu lernen. Handeln und nicht Worte werden dies bewirken.

## 19. Kapitel

# »KEINE FLIEGEN VERSCHEUCHEN!«

Die Mutter schob die beinahe zwei Jahre alte Carmen in ihrem Sportwagen, als diese ihren Fuß herausstreckte und die Spitze des Schuhs auf dem Weg schleifen ließ. »Nein, nein, Carmen!« Das Mädchen zog den Fuß zurück, ließ ihn aber nach einigen Minuten wieder auf dem Weg schleifen. Jedesmal sagte die Mutter: »Nein, nein, Carmen!« Schließlich hatte die Mutter aber genug und versetzte dem Fuß des Mädchens einen Schlag. »Ich sagte dir, du sollst damit aufhören!« schrie sie. Carmen ließ für den Rest des Spazierganges ihren Fuß im Wagen.

»Hartmut, komm beeile dich, es ist spät!« Die Mutter rief ihren Siebenjährigen und kümmerte sich weiter um die Zubereitung des Frühstücks. »Hartmut, komm jetzt!« wiederholte sie ein paar Minuten später und wieder einige Minuten darnach. Schließlich ging sie zur Tür und erhob ihre Stimme: »Jetzt kommst du aber sofort!« Hartmut kam herbeigesprungen und setzte sich an den Tisch.

»Hör auf mit deiner Schnupferei, Ruprecht«, wandte sich der Vater an seinen Achtjährigen, der unter Heuschnupfen litt. Die Familie war beim Fernsehen, und Ruprecht, der in das Geschehen auf dem Bildschirm vertieft war, schnupfte bald wieder. Der Vater ärgerte sich und bat ihn wieder, damit aufzuhören. Das Schnupfen dauerte aber so lange, bis der Vater endlich seine ganze Aufmerksamkeit auf Ruprecht richtete und verlangte: »Holst du dir jetzt endlich ein Taschentuch und hörst mit dieser Schnupferei auf?« Ruprecht tat widerwillig, was ihm gesagt wurde.

In jedem der vorhergehenden Beispiele hat das Kind seine Eltern zu einer gereizten Reaktion veranlaßt, die mit »Fliegen verscheuchen« beschrieben werden kann. Durch störendes Betragen gereizt, neigen wir dazu, es mit »hör auf«, »laß das«, »nein, nein«, »beeile dich«, »sei ruhig« usw. zu beseitigen, wie wenn wir eine Fliege, die uns stört, verscheuchen wollten. In jedem dieser Beispiele wurden die Eltern schließlich heftig. Während dies eine völlig

»natürliche« Reaktion ist, ist sie als Erziehungsmethode unwirksam — das Kind bekommt dadurch den Eindruck, es müsse erst, wenn wir heftig werden, auf uns achten! Da dies nicht unsere Absicht ist, sollten wir uns selbst beobachten, was wir tun, wenn uns sein Benehmen stört. Unsere Reaktion, »Fliegen verscheuchen«, ist unsere Antwort, wenn das Kind unsere Aufmerksamkeit haben will. Es weiß ganz genau, was es tun oder nicht tun sollte und würde sich von selber richtig verhalten, wenn es ihm nicht wichtiger wäre, uns mit sich zu beschäftigen. Unser wahlloser Gebrauch von Ermahnungen hat keine Bedeutung für das Kind und ist auch für uns wertlos, da wir ja mehr erreichen möchten, als Aufmerksamkeit für solche Verfehlungen zu geben. Wollen wir, daß ein Kind mit irgend etwas aufhört oder daß es sich der Ordnung anpaßt, müssen wir der Angelegenheit unsere volle Aufmerksamkeit schenken, und zwar von Anfang an, und fest bleiben, bis unsere Forderung erfüllt ist.

Manchmal handelt es sich nur darum, uns für die Erziehung des Kindes Zeit zu nehmen. Carmens Mutter könnte einfach aufhören, den Wagen weiter zu schieben, wann immer der Fuß des Kindes zum Vorschein kommt. Worte sind nicht notwendig. Carmen wird bald verstehen und ihren Fuß im Wagen lassen, wenn sie weitergeschoben werden will. Das ruhige Beharren der Mutter ist als Erziehungsmethode viel wirksamer als ihr dauerndes »Nein, nein!« und der Schlag am Schluß.

Zu anderen Zeiten kann es wirksamer sein, die logischen Folgen anzuwenden. Hartmuts Mutter könnte ihm erklären, sie wolle sich in Zukunft nicht mehr darum kümmern, ob er an den Frühstückstisch komme oder nicht; dies sei seine Sache. Wenn die unnötigen Worte aufhören, wird Hartmut verstehen, daß seine Mutter es ernst meint. Es ist seine Sache, ob er rechtzeitig an den Frühstückstisch kommt oder ohne Frühstück zur Schule geht. Sie kann Hartmut nicht durch Nörgeln dazu bringen, sein Verhalten zu ändern. Er wird höchstens »muttertaub«.

Ruprecht *hat* ein Problem mit seinem Heuschnupfen. Und dieses

Problem macht ihn in seiner Familie bemerkbar, wenn er schnupft. Außerdem, wer will wirklich mitten in einer spannenden Schau wegrennen und sich ein Taschentuch holen? Der Vater weiß jedoch, daß Schnupfen leicht eine unangenehme Gewohnheit werden kann, und er will nicht, daß Ruprecht sie entwickelt. So verscheucht er Fliegen, und Ruprecht schnupft weiter. Der Vater könnte seine ganze Aufmerksamkeit vom Fernsehapparat seinem Sohn zuwenden und mit einem ruhigen »Ruprecht!« sich dessen Aufmerksamkeit verschaffen. Dann braucht er ihn nur anzusehen. Wahrscheinlich wird der Junge sich erheben und ein Taschentuch holen. Auf diese Weise kann der Vater seinen Einfluß durch ein ruhiges Beharren ausüben. Worte sind nicht unser einziges Mittel der Verständigung. Oft sind sie das unwirksamste. Wollen wir eine Wandlung im Verhalten unseres Kindes bewirken, so müssen wir unser eigenes Benehmen beobachten. Ist das, was wir tun, wirksam oder wischen wir lediglich eine Störung zur Seite?

## 20. Kapitel

# NICHT IMMER GEFÄLLIG SEIN — DEN MUT ZUM »NEIN« HABEN

»Mutter, kaufe mir einen neuen Ball!« verlangte Sven. »Ja wozu denn?« »Ich mag meinen alten Ball nicht mehr. Komm geh mit mir, damit wir einen kaufen können!« »Sven, ich bin zu müde. Wir können das morgen tun.« »Jetzt!« Der Junge stampfte mit dem Fuß. »Sven, bitte, wir waren heute schon so oft weg. Zuerst waren wir schwimmen, dann hattest du deine Reitstunde, dann gingen wir wieder schwimmen. Kann ein neuer Ball nicht bis morgen warten?« »Ich möchte jetzt gehen und jetzt einen neuen Ball haben.« Die Mutter wies nochmal darauf hin, daß sie zu müde sei. Ihr Sohn schrie und weinte und fluchte und trat sie schließlich mit den Füßen. Zuletzt gab sie nach, ging mit ihm in den Laden und kaufte einen neuen und größeren Ball.

Die Mutter fühlt sich schuldbewußt; sie glaubt, Sven komme zu kurz, weil sie sich vom Vater scheiden ließ. Um dieses Unglück wiedergutzumachen, möchte sie Sven alle möglichen Vorteile bieten. Sven spürt ihre Einstellung und macht davon Gebrauch, wenn immer er etwas will. Würde die Mutter auf Svens völlig unvernünftige Forderungen »nein« sagen, würde er sich enttäuscht fühlen. Die Mutter glaubt, er habe genug zu tragen und solle keine weiteren Beeinträchtigungen erleben.
Es gibt wirklich keinen Grund, seinen Wünschen nicht nachzugeben, solange die Mutter sicher ist, daß sie dies bis zu seinem Tod tun kann. Auch für Sven besteht kein Grund, zu lernen, wie man mit einem »nein« fertig wird, solange die Mutter garantieren kann, daß sie immer da sein wird, um ihm jede Enttäuschung zu ersparen. Unter diesen Bedingungen kann die Mutter ihre Rolle als verächtliche Sklavin weiterspielen und sich von ihrem Tyrannen mißbrauchen und treten lassen. Und er braucht sich nicht an Ordnung zu halten, kann sie mißachten und sich selbst als mächtigen Mann sehen, der verlangt und bekommt und immer mehr

Geschicklichkeit entwickelt, sie durch seine Zornausbrüche zu beherrschen.

»Mutti, kann ich bitte heute abend mit Lilli ins Kino gehen?« fragte Karla am Telefon. »Ihre Mutter nimmt uns mit.« »Nein, Karla, du weißt, daß du in der Schulzeit nicht in eine Abendvorstellung gehen darfst.« »Aber Mutti, es ist etwas besonders Gutes und am Wochenende wird es nicht mehr laufen.« »Was ist denn so Besonderes daran?« »Es ist eine wirklich gute Hundegeschichte — du weißt — aus dem Buch. Du hast doch die Anzeige gesehen. Bitte, bitte, laß es mich diesmal mitmachen; ich werde morgen bestimmt nicht müde sein — ich verspreche es dir.« Die Mutter überlegte. Ich hasse, ihr etwas zu versagen, das ihr so viel bedeutet. Sie hat Tiergeschichten so gern. Und es *ist* eine gute Geschichte. Ich nehme an, daß dieses eine Mal nichts ausmacht. Außerdem, wenn ich sie nicht gehen lasse, wird sie den ganzen Abend so häßlich sein, daß ich es nicht aushalte. »Na, dann gut, aber komme gleich nach dem Kino heim.« Die Mutter hörte, wie Karla am anderen Ende glücklich rief: »Sie sagt, ich kann gehen!«

Karla hat ihre Mutter gut erzogen. Sie ist sehr geschickt und logisch mit ihren Forderungen und weiß sich Mutters Sucht, gefällig zu sein, zunutze zu machen. Würde die Mutter aber tatsächlich nein sagen, würde Karla sie strafen, indem sie unerträglich häßlich zu ihr wäre. Karla bekommt, was sie will. Die Mutter erlaubt ihr, die nötige Ordnung beiseitezuschieben und die üblichen Regeln zu durchbrechen. Die Unfähigkeit der Mutter, »nein« zu sagen, zeigt einen Mangel an Achtung für sich selbst, für Karla und deren Gesundheit, für die üblichen Regeln und für Ordnung. Würde die Mutter Buch führen, wäre sie erstaunt, wie viele solcher Wünsche »nur dieses eine Mal« erfüllt werden. Jeder einzelne kann durchaus vernünftig erscheinen, aber die Regelmäßigkeit solcher »Siege« sollte der Mutter zu denken geben. Es ist die in der Forderung enthaltene Drohung, die die Forderung diktatorisch macht.

Der Wunsch, einem Kind soviel wie möglich zu Gefallen zu tun, ist verfehlt, weil er zu einer sklavischen Einstellung führt, die im Kind Selbstsucht hervorruft. Karla betrachtet das Leben als eine

Gelegenheit, ihren Willen durchzusetzen, sonst ... Ihre Aufmerksamkeit ist auf sich selbst und ihre Wünsche gerichtet, nicht auf die Forderungen der Situation. Ihre Fähigkeit zur Zusammenarbeit geht verloren. Falls ihr Wille nicht befolgt wird, macht sie es allen unerträglich. Karla ist verwöhnt. Sie hat keine Ahnung, wie man mit einem »Nein« fertig werden, wie man Beschränkungen freundlich hinnehmen und das Beste daraus machen kann. Und das Traurige ist, daß Karla später im Leben schrecklich benachteiligt sein wird, wenn sie sich in Situationen befindet, wo sich niemand darum kümmert, ihr gefällig zu sein.

Unsere Kurzsichtigkeit macht es oft schwierig, die Wirkung unseres Nachgebens auf lange Sicht zu erkennen; denn unser Entgegenkommen, unser Gefälligsein bringt üblicherweise Frieden ins Haus, wenn auch nur für beschränkte Zeit. Es ist deshalb vernünftig, nicht *immer* gefällig zu sein. Die Kinder müssen lernen, mit einer Enttäuschung fertig zu werden. Das Leben der Erwachsenen ist voll davon. Es ist reiner Unsinn, anzunehmen, ein Kind würde dies später schon erlernen. Welche Zauberkraft könnte diese Einstellung, die in der Kindheit hätte entwickelt werden müssen, plötzlich später entwickeln? Ein Gleichgewicht zwischen Gefälligsein und Neinsagen braucht sorgfältige Überlegung. Wenn die Regeln des Tageslaufs und die Ordnung des Heimes eine Versagung erfordern und die Mutter den Mut hat, »nein« zu sagen, kann Karla die unbedingt notwendige Fähigkeit entwickeln, Enttäuschungen zu ertragen.

Der vierjährige Paul begleitete seine Mutter beim Einkaufen und trug eine geladene Wasserpistole. Die Mutter wandte sich gerade noch zur rechten Zeit um, um zu sehen, wie er damit einer Dame mitten ins Gesicht schoß. »Paul, schäme dich, du weißt, daß du das nicht darfst! Tu dieses Ding sofort weg.« Das Kind senkte die Pistole, wie wenn es sie in das Futteral tun wollte, schmollte und blickte auf den Boden. Einige Minuten später sah er dieselbe Dame und spritzte ihr wieder ins Gesicht. Zu Tode erschrocken nahm die Mutter die Pistole weg und entschuldigte sich bei der Dame.

Paul schrie und stampfte. Die Leute fingen an aufmerksam zu werden.

Die Mutter gab ihm rasch die Pistole zurück: »Ist ja schon gut, komm wir gehen!« Sie hatte nicht den Mut, nein zu sagen, und konnte es nicht ertragen, daß die Leute hersahen, als ihr Kind schrie. Paul wurde dazu erzogen, sich in seinen Ansprüchen gerechtfertigt zu fühlen und seinen Willen auf jeden Fall durchzusetzen. Er wiederum hat seine Mutter so gut erzogen, daß sie bereit ist, sich seiner Tyrannei zu unterwerfen.

Viele Kinder drücken ihren Ärger in sehr heftiger Art aus, wenn man ihnen etwas versagt. Trotzdem ist eine Mutter verpflichtet, die Ordnung aufrechtzuerhalten: Sie kann es nicht zulassen, daß Paul anderen Leuten Wasser ins Gesicht spritzt. Da er sich nicht zurückhalten will, kann sie ihm die Pistole nicht lassen. »Wenn du glaubst, du kannst die Pistole im Futteral lassen, bis wir heimgehen, darfst du sie wieder haben.« Die Mutter muß sein Recht, seinen Ärger zu zeigen, respektieren, aber auch genauso ihr Recht, nein zu sagen und es ernst zu meinen! Es ist unangenehm, wenn die Leute herschauen; die Erziehung des Kindes ist aber wichtiger. Wir müssen lernen, uns auf die Forderungen der Situation zu konzentrieren und uns nicht damit zu befassen, »was die Leute wohl denken«. Die Mutter muß zwischen ihrer verletzten Eitelkeit und ihrer Verpflichtung als Mutter entscheiden.

Der dreijährige Willi stand jammernd vor einem Regal im Spielzeugladen. »Was möchtest du denn, Willi?« »Das!« Willi wies auf ein Spielzeugakkordeon, das er versuchte zu erreichen. »Nein, Willi, das macht zuviel Lärm. Du kannst das nicht haben. Ich kaufe dir ein kleines Auto.« Das Kind quengelte: »Ich möchte kein Auto, ich möchte das!« Die Mutter ignorierte es und schaute sich andere Sachen an dem gegenüberliegenden Regal an. Willi hing sich an das Bein seiner Mutter und schrie: »Ich will es, ich will es, ich will es!« »Hör um Gottes willen endlich damit auf. Also von mir aus kannst du es haben!« Als die Verkäuferin das Paket der Mutter gab, wollte der Junge es sofort haben. »Wenn wir heimkommen, bekommst du es. Hier ist es zu laut.« Willi schrie heftig: »Jetzt, jetzt, jetzt!« »Gut, du kannst es tragen, aber nimm es nicht aus dem Paket heraus.« Willi riß sofort das Papier auf. Die Mutter sah hilflos um sich. Er setzte das Akkordeon in Bewegung und machte damit einen unglaublichen Lärm. »Ist gut, Willi, du weißt jetzt, wie es tut. Warte, bis wir heimkommen, sonst muß ich es dir wegnehmen.« Wieder betätigte er das Instrument. Die Mutter nahm es ihm weg. Er schrie wie am Spieß, bis sie es ihm zurückgab. Abermals ließ er alle Register erschallen. Die Mutter wurde wild. »Willst du jetzt warten, bis wir hier heraus sind?« Auf Willi machte dies keinerlei Eindruck. Schließlich schob die Mutter ihren Sohn aus dem Laden. »Du machst mich noch wild. Warum konntest du nicht wenigstens warten, bis wir draußen waren?«

Die Mutter hat nicht den Mut, »nein« zu sagen und Willis Ärger auszuhalten. Unter allen Umständen muß sie ihm zu Gefallen sein. Willi hat seine Mutter fest an der Kandare.

Tatsächlich gibt es keinen Grund, einem Kind jedes Spielzeug, das es sieht und haben möchte, zu kaufen. Es ist auch keinerlei Anlaß vorhanden, ihm jedesmal etwas zu kaufen, wenn es mit uns einkaufen geht. Dies zieht nur die Launen eines Kindes groß und gibt ihm die Meinung, ein Recht darauf zu haben: »Wenn Mutti mir nichts kauft, hat sie mich nicht mehr gern.« Das Kind ist tatsächlich am Spielzeug nicht so sehr interessiert, wie an der Bestätigung, daß die Mutter ihm dauernd etwas *geben* muß.

Spielzeuge sollten einen nützlichen Zweck erfüllen oder ein Bedürfnis stillen. Sie sollten an besonderen Tagen, an denen Geschenke zu erwarten sind — oder entsprechend der Jahreszeit —, gegeben werden, wie z. B. Springseile im Frühling, Ball- und Wasserspiele im Sommer, Zimmerspiele im Winter usw. Der Einkauf muß wohlüberlegt sein. Das Kind bekommt gewisse Vorstellungen über Geld und Einkaufen, wenn es uns begleitet. Wird seinen Ansprüchen keine Grenze gesetzt, nimmt es an, daß Geld ihm unbeschränkt zur Verfügung steht. Sein Gefühl für den Wert materieller Dinge wird entstellt.

Willis Mutter würde ihm in Wirklichkeit eine viel echtere Liebe entgegenbringen, wenn sie ihm nicht so zu Gefallen wäre, sondern eine feste Haltung gegen unüberlegtes Kaufen einnehmen würde. Wie die Sache liegt, ist sie völlig unfähig, Ordnung zu halten, weil sie keinen Mut hat und die Vergeltungsmaßnahmen des Kindes fürchtet. Deshalb kann sie nicht »nein« sagen und fest bleiben.

»Wir brauchen heute wieder Kornflocken, Laura, möchtest du dir welche aussuchen?« Freudig betrachtete die sechsjährige Laura das Regal mit diesen Dingen, wählte eine Schachtel und legte sie in den Einkaufskorb. Die Mutter war mit ihrer Wahl einverstanden, worauf das Mädchen zu einem anderen Regal mit Süßigkeiten rannte, sich Bonbons aussuchte und sie auch der Mutter brachte. »Nein, Laura, nicht heute. Wir haben zu Hause genug Süßigkeiten.« »Aber gerade die möchte ich heute.« »Das nächste Mal, wenn wir wieder einkaufen«, sagte die Mutter und lächelte. »Komm, hilf mir jetzt mit den Orangen.« Laura legte die Bonbontüte zurück und folgte ihrer Mutter zur Obstecke.

Die Mutter zeigte ein vernünftiges Bestreben, Laura gefällig zu sein. Sie ließ ihr die Wahl der Kornflocken und gab ihr damit einen Teil an der Verantwortung. Als Laura jedoch eine unvernünftige Bitte äußerte, sagte die Mutter in freundlicher Weise »nein« und gewann die Mitarbeit ihrer Tochter, indem sie die Befriedigung für spätere Zeit in Aussicht stellte. Und was noch wichtiger war, sie ließ Laura bei etwas anderem weiter helfen. Laura lernt dadurch, wie man sinnvoll einkauft.
Es ist nur natürlich, daß wir unseren Kindern gefällig sein wollen, denn die Erfüllung ihrer Wünsche gibt auch uns eine tiefe Befriedigung. Wollen wir jedoch dem Kind auf Kosten der Ordnung gefällig sein oder geben wir seinen ungebührlichen Forderungen aus Angst nach, dann müssen wir wegen der damit verbundenen Gefahren sehr auf der Hut sein. Wir sollen nicht willkürlich alle Wünsche und Ansprüche des Kindes verneinen. Entsprechen sie aber nicht der Ordnung oder den Forderungen der Situation, müssen wir den Mut haben, zu unserem »Nein« zu stehen, welches ja nur der Ausdruck unseres besten Wissens und Gewissens ist.

## 21. Kapitel

# NICHT IMPULSIV HANDELN, SONDERN DAS UNERWARTETE TUN

Jedesmal, wenn die drei Wochen alte Dorothee schrie, rannte ihre Mutter, um zu sehen, ob alles in Ordnung sei. Sie nahm sie auf, begutachtete sie von allen Seiten, hielt sie und wartete, bis sie wieder einschlief. Dann legte sie sie sanft in ihr Bettchen zurück.

Dorothee schreit — die Mutter nimmt sie auf. Dieses Ritual wird jedesmal wiederholt, wenn sie schreit. Als Folge schreit Dorothee immer, wenn sie aufgenommen werden will. Ist das nicht eine erfolgreiche Methode? Schon ein Kleinstkind erspürt seine Umgebung und was es mit ihr machen kann. Dorothee bei jedem Schreien aufzunehmen ermutigt sie, Aufmerksamkeit und Bedienung zu fordern, um sich zugehörig zu fühlen. Kleine Babys sind so wunderbar anschmiegsam, und es ist so entzückend, sie im Arm zu halten, daß es nicht schwierig ist, diesem Impuls nachzugeben. Wären wir uns aber klar, daß wir dadurch unserem Baby das Recht auf Ruhe nehmen und ihm statt dessen einen irrtümlichen Begriff davon geben, wie man seinen Platz in der Welt finden kann, würde unsere elterliche Liebe uns dann nicht dazu führen, im Interesse des Kindes anders zu handeln? Ein gewisser Plan, der Zeit für Ruhe und Zeit für Liebhaben vorsieht, hilft einem Kleinstkind, das Regelmaß im Leben zu entdecken und die Annehmlichkeit der Ordnung. Es ist deshalb wesentlich, diesen ersten Impuls zu unterdrücken. Statt dessen sollten wir uns überlegen, was die *Situation* erfordert.

Der Vater, der achtjährige Bodo, die sechsjährige Maria und die dreijährige Stella machten einen Schneemann. Bodo verlor bald das Interesse daran und begann mit einem eigenen Spiel, indem er sich auf dem Schnee eine Gleitbahn machte. Als der Vater gerade den Kopf auf den Schneemann setzen wollte, rutschte der Junge auf ihn zu und schlug dabei den Schneeball aus seinen Händen. »Oh, tut mir leid, Vati, das wollte ich nicht!« »Paß doch auf!« sagte der Vater ärgerlich. Einige Minuten später schliff Bodo auf Maria zu und warf sie dabei um. Ihr Fuß blieb im Fuß des Schneemanns stecken und beschädigte ihn. Sie brach in Tränen aus. »Bodo geh ins Haus. Es ist, glaube ich, besser, wenn du nicht hier bist.«

Der Vater, der seinem Impuls nachgab, tat genau, was Bodo von ihm erwartete. Bodo, zweimal enttrohnt, und dazu noch von Mädchen, glaubt, keinen Platz in dieser Familie zu haben. Das ist der Grund, weshalb er an der gemeinsamen Tätigkeit »Interesse verlor«. Er benimmt sich so, um die Wahrheit seiner Meinung zu beweisen, obwohl er sich des Grundes für sein Benehmen nicht bewußt ist. Auf jeden Fall bringt er es fertig, ausgeschlossen zu werden. Er ist wirklich nicht besonders nett. Kein Wunder, daß sein Vater und die Schwestern ihn nicht bei sich haben möchten.

Bodo braucht jemanden, der ihn versteht und ihm hilft. Hätte der Vater verstanden, daß er glaubt, keinen Platz im Leben zu haben, und wüßte er, warum er die Zurückweisungen hervorruft, hätte er diesen ersten Impuls vermieden, Bodo wegzuschicken. Er wäre nicht so leicht auf Bodos Trick hereingefallen. (Natürlich ist es nicht leicht, der oft sehr starken Provokation eines Kindes zu widerstehen.)

Die ganze Situation hätte eine andere Wendung genommen, wenn der Vater das Unerwartete getan hätte. Da Bodo schleifen will, könnte er anregen, mit dem Bau des Schneemannes wenigstens eine Zeitlang aufzuhören und sich Bodo bei seinem Schleifspiel anzuschließen. Der Vater könnte das Gejammer Marias ignorieren und begeistert vorschlagen: »Bodo, du führst uns, und wir werden den Schnee in einem weiten Pfad so niedertrampeln, daß wir alle eine Schleifbahn haben können.« Da Bodo guten Muts war, hätte er wahrscheinlich mitgemacht. Ein solches Handeln beugt dem Versuch des Jungen vor, zurückgewiesen zu werden, wandelt seine Rolle in die eines Anführers und hilft dazu, Vergnügen zusammen zu erleben. Störendes Verhalten kann so in konstruktive nützliche Tätigkeit gewandelt werden.

»Wie lange hast du jetzt schon Halsweh, Rudolf?« fragte die Pflegerin den Vierjährigen. Die Mutter antwortete für ihn. »Er klagte schon gestern morgen darüber.« »Er hat öfters Halsweh«, fiel die achtjährige Beate ein. Die Pflegerin richtete ihre Frage wieder an Rudolf: »Ist es dir heiß?« Wieder antwortete die Mutter: »Er schien diesen Morgen keine Temperatur zu haben.« »Hast du etwas zum Frühstück gehabt?« »Er trank etwas Milch.« »Antwortet die Mutter immer an deiner Stelle?« Die Mutter lachte. »Nein, nicht immer. Wenigstens versuche ich es. Seine Schwester tut es dauernd, und es macht mich verrückt.«

Rudolf bringt es sehr geschickt fertig, andere für sich sprechen zu lassen. Er ist das Baby, das keine Gelegenheit hat, selbst etwas zu sagen. Von Anfang an entmutigt, hat er erkannt, daß er sich stumm und teilnahmslos — auch in seinem Gesichtsausdruck — zurückziehen und die fähigen und zungenfertigen Frauen alles machen lassen kann. Er mag dagegen sein, aber wenn man genau hinsieht, kann man beobachten, daß er sich immer wieder bedienen läßt. Die scheinbaren Herrscher sind tatsächlich seine Sklaven!

Will die Mutter Rudolf groß werden lassen, muß sie zuerst lernen, den Mund zu halten. Ihr Impuls, für ihn zu sprechen, bringt sie — und den Jungen — in Schwierigkeiten. Sie muß auch Beates Antworten für Rudolf ignorieren. Auch Beate glaubt, ihre Überlegenheit über das Baby zu zeigen, wurde tatsächlich aber nur in seinen Dienst gestellt.

»Welche Marmelade willst du, Rudolf?« Er könnte antworten, wartet aber. Irgend jemand wird für ihn schon antworten und tatsächlich, Beate springt schon ein. »Er möchte die Erdbeermarmelade.« »Rudolf kann selbst sprechen. — Warum warten wir nicht, bis *er* sagt, was er will?« Es gibt so lange keine Marmelade, bis der Junge sagt, was er will.

Reagieren wir impulsiv auf das, was ein Kind tut, können wir ziemlich sicher sein, daß wir nur das tun, was es von uns erwartet, obgleich das Kind selbst sich dieser Tatsache gewöhnlich nicht bewußt ist. Ob das Kind nun jammert oder schmeichelt, während wir telefonieren — wenn wir reagieren, erfüllen wir seinen

Wunsch nach unserer vollen Aufmerksamkeit. Fühlen wir uns zum Schimpfen herausgefordert, weil es mit schmutzigen Schuhen den frischgefegten Flur verunreinigt, will es uns wahrscheinlich in einen Machtkampf hineinziehen. Knöpfen wir seinen Mantel für es zu, weil es damit Schwierigkeiten hat, so verstärken wir seine eigene Auffassung der Hilflosigkeit und stellen uns in seinen Dienst; das ist die Stärke des »schwachen« Kindes.

Der sechsjährige Klaus kam von der Schule und fand den Nachtisch am Fensterbrett, wo er zum Kühlen stand. Er steckte seine Finger in den Pudding und schleckte sie mehrmals ab. Dabei wurde er von der Mutter erwischt. »Klaus, jetzt bekommst du keinen Pudding als Nachtisch.« Bei Tisch servierte die Mutter zuerst dem Vater seinen Pudding und dann den anderen, ließ aber Klaus aus. Der Vater fragte warum. Die Mutter erklärte die Situation, während Klaus seinen Kopf hängen ließ und mit einem traurigen Ausdruck im Gesicht dasaß. Schließlich sagte der Vater: »Willst du ihm keinen Pudding geben?« »Nein, ich sagte, er dürfe zur Strafe keinen haben.« »Sei nicht so streng, schließlich hat er doch nur versucht, wie der Pudding schmeckt.« Vater bestand darauf, die Mutter gab nach und ließ Klaus seinen Nachtisch haben.

Der Vater hatte Mitleid mit Klaus, der so traurig und verletzt aussah, daß er sich mit ihm gegen die »gemeine alte« Mutter verbündete, die so unvernünftig war. Geschickter Klaus! Er zog den Vater auf seine Seite und gab der Mutter das Gefühl, hartherzig zu sein. Welch wundervolle Wiedervergeltung — welch feine Rache! Der Vater folgte dem ersten Impuls und bestärkte Klausens Racheplan, der sich durch den tief bewegenden Ausdruck der Traurigkeit bekundete. Der Vater hätte seinen Impuls unterdrücken und sich in diesem Fall nicht einmischen sollen. Der Konflikt besteht zwischen Mutter und Klaus (siehe Kapitel 26).

»Manfred, komm sofort her und räume deine Kleider auf. Wie oft muß ich dir noch sagen, du sollst dein Zimmer aufräumen, ehe du zur Schule gehst? Tu deine schmutzigen Sachen in den Wäschekorb. Deine Schuhe gehören in den Schrank. Deine Jacke auf den Bügel. Um Gottes willen! Ein neunjähriger Junge sollte wissen, wie man sein Zimmer in Ordnung hält. Ich kann nicht verstehen, warum du so schrecklich schlampig bist! Was hat nur all dieses Gerümpel auf deinem Pult zu tun?« usw. usw.

Der Versuch der Mutter, durch Worte zu herrschen, ist völlig sinnlos. Manfred ist deshalb schlampig, weil er damit seine Mutter besiegt, die will, daß er ordentlich ist. Er hat seine Mutter in einen Machtkampf verwickelt, in dem er tausend Siege über sie erringt. Sie tut, was Manfred will — sie hält den Konflikt aufrecht, so daß er sie weiterhin besiegen kann. Er mag schließlich die Dinge aufräumen, aber wird dabei seinen Unmut zur Schau tragen (was die Mutter wütend macht), und morgen beginnt dasselbe Spiel von vorne.

Es gibt einige unerwartete Dinge, die die Mutter tun könnte. Er würde sicherlich nicht erwarten, daß sie sich vom Machtkampf zurückzöge. In einem freundlichen Augenblick könnte die Mutter sagen: »Manfred, ich kann mich jetzt nicht mehr darum kümmern, wie dein Zimmer aussieht. Du kannst es so haben, wie *du* es willst. Schließlich ist es dein Zimmer und geht mich tatsächlich nichts an.« Es wäre ein Fehler, dies in dem Moment zu sagen, wo Manfred in die Schule muß. Dann ärgert sie sich nämlich über die Unordnung, und Manfred würde darin eine neue Taktik sehen, ihn zu zwingen. Damit wäre nichts erreicht. Die Mutter muß sich tatsächlich nicht mehr verantwortlich *fühlen*. Es ist sein Problem. Er soll es lösen. Sie wäscht *nur* die Wäsche, die er in den Wäschekorb warf. Lassen wir doch die logischen Folgen eintreten. Da ist kein Grund zum Reden! Beim Großreinemachen könnte sie Manfred fragen, ob er möchte, daß sie ihm helfe, sein Zimmer aufzuräumen. Entsprechend seiner Entscheidung muß sie sich dann verhalten. Sie sollte aber niemals die Unordnung in seinem Zimmer erwähnen, darüber etwas sagen oder sich deshalb gar aufregen. Dies ist nicht leicht, es ist aber notwendig, wenn sich die Mutter vom Machtkampf mit dem Jungen zurückziehen und ihren Sohn zu richtigem Benehmen anhalten will. Sollte die Mutter fühlen, daß sie auf die eine oder andere Art Manfred immer noch zwingen kann, sein Zimmer aufzuräumen, setzt sie den Machtkampf fort und ist selbst an ihrer Niederlage schuld. Sie muß andere und bessere Methoden anwenden, um den Jungen zur Mitarbeit und Sauberkeit zu gewinnen.

Von frühester Kindheit an sind Kinder damit beschäftigt, Wege und Mittel zu entdecken, um ihren Platz zu finden und Bedeutung oder Wichtigkeit zu bekommen. Wenn sie eine Methode gewahren, dieses Ziel zu erreichen, halten sie sich daran fest, gleichgültig, wie oft sie gescholten oder bestraft werden. Das Unangenehme der elterlichen Reaktion vermindert nicht die Befriedigung, sich wichtig zu fühlen.

Das Kind ist sich des Zwecks seines störenden Verhaltens, nämlich Aufmerksamkeit zu erregen oder seine Macht zu zeigen, nur selten bewußt. Oft merken weder es noch seine Eltern, daß dies ein Teil seines Versuchs ist, einen Platz zu finden und zur Familie zu gehören. Verletzt sein Verhalten die Ordnung und macht es Zusammenarbeit unmöglich, so benützt es unrichtige Methoden, um dieses grundlegende Ziel zu erreichen, und unsere impulsive Reaktion verstärkt gewöhnlich seine irrtümliche Meinung. Es wird nicht nur weiter entmutigt, sondern auch überzeugt, daß es keine andere Möglichkeit des Verhaltens gibt.

Schauen wir auf unsere Reaktion, so können wir entdecken, was das Kind davon hat. Hören wir auf, weiter zu reagieren, wie wir es seither taten, dann werden ihm seine Bemühungen bald als nutzlos erscheinen. Hierauf kann es vielleicht eine bessere und nützlichere Methode versuchen, besonders wenn wir es in kluger Weise anregen, seine Stellung auf konstruktivere Art zu erlangen.

## 22. Kapitel

# NICHT ZU SEHR BESCHÜTZEN

»Jürgen, Jürgen!« Die Mutter stand an der Eingangstür und rief ihren Siebenjährigen, der einige Häuser weiter weg spielte. Da sie keine Antwort bekam, ging sie ihn suchen. »Jürgen, glaubst du nicht, du solltest einen Pullover anziehen? Es ist diesen Morgen etwas kühl.« »Nein, Mami, mir ist es warm.« »Ich glaube doch, du solltest einen haben, ich bringe ihn dir.« Die Mutter ging zum Haus zurück, brachte den Pullover und zog ihn Jürgen an.

Eine Mutter, die zu sehr beschützen will, spielt die hohe Autorität, die entscheidet, wann es Jürgen warm oder kalt ist. Jürgen nimmt ihre Entscheidungen hin, weil er damit seine Mutter dauernd mit sich beschäftigen kann. Nachdem die Mutter entschieden hat, daß er einen Pullover braucht, blieb er, wo er war. Durch seine Passivität zwang er sie, heimzugehen und ihn zu bedienen. Die Mutter, dieser gegenseitigen Wechselwirkung unbewußt, denkt, sie habe die Situation ganz in der Hand.

»He Mutti, können wir zum Laden gehen und etwas kaufen? Wir wollen einen Limonadestand aufmachen.« »Nein, Joachim, ich kann euch nicht allein in den Laden gehen lassen.« »Ach, Mutti, es ist doch nur ein paar Häuser entfernt, bitte!« bettelte Joachim, der sieben Jahre alt war. »Bitte Mutti, laß uns gehen, es ist ein so heißer Tag, und wir könnten viel verkaufen«, fügte der fünfeinhalbjährige Markus hinzu. »Ich kann jetzt nicht mit euch gehen, und ihr seid zu klein, um allein zu gehen. Außerdem müßtet ihr ja so vieles kaufen! Papierbecher, Zitronen und alles das, und wo würdet ihr denn eueren Stand machen?« »Außen, am Eingang, eine Menge Leute würden kaufen.« »Nein, das glaube ich nicht.« Und die Mutter brachte ihre Jungen von dieser Idee ab. Als sie nach draußen gingen, sagte Joachim spöttisch: »Ach, sie hat vor allem Angst!« Markus nickte.

Die Mutter hat vor allem Angst. Sie fürchtet, den Jungen könne etwas geschehen, wenn sie nicht in der Nähe ist. Sie versucht, sie vor jedem Schaden zu beschützen, was ein natürliches und normales Verlangen ist; sie übertreibt aber. Überall sieht sie Gefahren lauern, die sie zu verhüten sucht.

Wir können unsere Kinder nicht vor dem Leben schützen, sind aber verpflichtet, sie zu Mut und Stärke zu erziehen, um dem Leben die Stirn zu bieten. Der Wunsch der Mutter, ihre Jungen vor jedem möglichen Harm zu beschützen, kann eine sehr entmutigende Wirkung haben. Es kann sie hilflos und ganz von ihr abhängig machen. Und hier ist auch der Schlüssel zum Verständnis der irrtümlichen Haltung der Mutter.

Unter dem Vorwand, für ihr Wohl besorgt zu sein, lassen wir unsere Kinder im Zustand der Hilflosigkeit und Abhängigkeit, damit wir groß, mächtig und beschützend erscheinen, und zwar in den Augen des Kindes genauso wie in unseren eigenen. Die heutigen Kinder dulden jedoch solche Bemühungen nicht. Sie rebellieren gegen unsere überlegene und beherrschende Stellung.

Der zweite Grund für unsere übermäßig beschützenden Bemühungen ist der eigene Zweifel an der Fähigkeit, unsere Probleme zu lösen; wir haben deshalb noch weniger Vertrauen in die Fähigkeit kleiner Kinder, für sich selbst zu sorgen.

Für den Augenblick haben Joachim und Markus Mutters Befehl hingenommen, aber mit Ärger und nicht mit Achtung. Sie runzeln die Stirn über ihre Ängstlichkeit.

Die Art, mit der ein Kind übermäßig beschützende Eltern behandelt, hängt von den Zielen des Kindes ab. Die gefährlichste Reaktion ist die des vierten Ziels, der Hilflosigkeit. Völlig entmutigt kann das Kind aufgeben und erwartet, vor allen Schwierigkeiten des Lebens beschützt zu werden.

Vor zwei Monaten wurde entdeckt, daß der sechsjährige Volker an Zuckerkrankheit leidet. Täglich bekommt er eine Dosis Insulintabletten, die die Mutter seine »Vitamine« nennt. Es wurde ihm nichts über seinen Zustand gesagt. Die Mutter rechtfertigt ihr Handeln damit, sie wolle nicht, daß Volker »komisch« werde. Alle Besprechungen mit dem

Doktor finden in Abwesenheit Volkers statt. Sie erinnert ihn täglich, daß er nur essen darf, was sie ihm gibt, damit die »Vitamine« wirken.

Die Besorgtheit der Mutter ist verständlich. Wenn ein Kind eine organische Krankheit hat, bemühen wir uns, daß es nicht zu sehr von ihr beeinflußt wird. Jedoch dienen Ausflüchte und Lügen selten diesem Zweck. Die Mutter beschützt zu sehr. Sie will die Situation beherrschen und die Verantwortung für seine Nahrung auf sich nehmen. Schließlich muß Volker einmal von seinem Zustand erfahren, weil er selbst damit fertig werden muß. Hat Volker die Masern, würde die Mutter ihm sagen, was los ist, und ihn pflegen. Masern gehen vorüber, so daß sie nicht so schrecklich wirken wie Zuckerkrankheit, die ein Leben lang dauern kann. Die letztere ist einem Kind viel schwieriger zu erklären. Volker mit seinen sechs Jahren ist sicherlich alt genug, zu verstehen, daß er Medizin braucht, um seinen Körper zu unterstützen. Eine beiläufige Haltung am Anfang wird dem Jungen helfen, von selbst eine gesundheitsfördernde Einstellung zu entwickeln. »In deinem Körper ist eine Drüse, die nicht richtig funktioniert. Wir müssen ihr mit dieser Medizin, die Insulin genannt wird, helfen. Das Insulin kann aber nicht wirken, wenn man dieser Drüse zuviel zu tun gibt, so müssen wir vorsichtig mit deinem Essen sein.« Volker kann langsam gewahr werden, daß er eine bestimmte Krankheit hat, mit der er aber fertig werden und trotzdem ein normales Leben führen kann. Es ist Volkers Problem. Er braucht Hilfe und Ermutigung, um sich der Situation anzupassen. Die beste Ermutigung ist unsere Überzeugung, daß er es meistern wird. Wenn er älter wird und mehr über die körperlichen Funktionen lernt, kann seine Kenntnis dieser Krankheit vergrößert werden. Die häufigen Urinuntersuchungen können ihm erklärt werden. »Damit können wir sehen, ob die Drüse genügend Hilfe bekommt.« Fühlt sich die Mutter durch das Problem nicht überwältigt, kann sie Volker den besten Weg zeigen, sein Problem zu meistern. Solange sie ihn vom Problem abschirmt, verneint sie ihm das Recht, zu lernen, wie man damit fertig wird.

Es gibt nichts Enttäuschenderes, als zu versuchen, das Unmögliche zu tun. Wir können nicht alles in die Hand nehmen und das Leben beherrschen, weder für unsere Kinder noch für uns selbst. Der verzweifelte Versuch, dies zu tun, ist einer der Hauptgründe für das Elend um uns herum. Unsere Kinder lernen von uns, das Unvermeidliche zu bekämpfen, besonders wenn wir versuchen, sie vor allen Härten und Unannehmlichkeiten zu beschützen. Nachdem wir dies eine Zeitlang erreicht haben, meint das Kind, wir sollten es weiter so tun. Die folgende Enttäuschung führt zu Ärger und Übelnehmen — nicht nur gegen die Eltern, sondern gegen das Leben selbst, daß es nicht erlaubt, so zu sein, wie wir wollen. Die »verwöhnte Brut« ist das Kind, das sich in dauerndem Zorn befindet, weil das Leben sich nicht nach seinen Wünschen richtet. Welch eine sinnlose und armselige Forderung! Unglücklicherweise verliert ein Kind nicht unbedingt seine »Verwöhntheit«, wenn es erwachsen wird. Sie kann zu seiner grundsätzlichen Haltung gegenüber dem Leben werden. Verhätscheln und verzärteln wir unsere Kinder und versuchen wir, sie vor dem Leben zu schützen, ist unser Geschenk für sie ein ohnmächtiger Zorn gegen eine feindselige Welt.

Um diesen schlimmen Fehler zu vermeiden, müssen wir uns klarmachen, daß wir weder allmächtig noch allwissend sind. Wir haben aber die Verpflichtung, unsere Kinder in Methoden, Mitteln und Haltungen zu unterrichten, mit denen sie das Leben meistern können. Die Formel ist: Laßt uns zuerst untersuchen, was uns gegenübersteht. Dann können wir eine Antwort auf die Frage finden: »Was kann ich dabei tun?« Auch ein sehr kleines Kind kann durch den Gebrauch einfacher Fragen zu einer Erkenntnis der störenden Situation geführt werden. Kinder haben sehr aktive Gehirne. Laßt sie uns zu deren richtigem Gebrauch erziehen.

»Mutter! Gerhard hat mein Buch zerrissen!« schrie Berthold in heftiger Wut über die Handlungsweise seines Babybruders.

Berthold hat sein Problem genannt — und seine Reaktion gezeigt.

Mutter soll es für ihn lösen und etwas tun. Am liebsten wäre ihm, sie würde Gerhard bestrafen.

»Ach, mein Lieber, es tut mir sehr leid, daß das Buch zerrissen ist. Leider können wir *dabei* jetzt nichts mehr tun. Was könntest du aber tun, daß Gerhard in Zukunft kein anderes Buch zerreißt?« »Ich weiß nicht!« schrie Berthold zornig, »du mußt aber irgend etwas unternehmen, damit das aufhört.« Die Mutter blieb trotz Bertholds Ärger ruhig. »Denke darüber nach, was *du* tun kannst, Berthold, und wir werden später darüber sprechen.« »Ich möchte, daß jetzt etwas getan wird!« Die Mutter ging ins Badezimmer. Später, als Berthold wieder ruhig war, brachte die Mutter das Gespräch wieder darauf. Berthold, der sich an das »Unrecht« erinnerte, reagierte zuerst mit erneuter Feindseligkeit, aber die Mutter beachtete sie nicht. »Du weißt, Berthold, wir können Gerhard nicht dazu bringen, mit dem Zerreißen aufzuhören. Was sonst könnte man tun?« Durch dauernde, geschickt gestellte Fragen brachte die Mutter Berthold endlich so weit, daß er sehen konnte, er könne seine Bücher außerhalb Gerhards Reichweite unterbringen.

Es ist die Meinung unserer Überlegenheit über unsere Kinder, die uns dazu führt, zu glauben, sie seien zu klein, um ihre Probleme zu lösen oder eine Enttäuschung hinzunehmen. Dieser falsche Eindruck muß erkannt und durch unser Vertrauen in die Fähigkeiten des Kindes und durch unseren Wunsch, das Kind zu lenken, ersetzt werden. Natürlich überlassen wir ein Kind weder seinem Schicksal, noch lassen wir es die volle Belastung des Lebens auf einmal erfahren. Wir benützen unseren Verstand! Statt eine Front zu sein, hinter der das Kind in Unschuld sich sonnt, werden wir ein Sieb, das die Erfahrungen des Lebens in kleinen Beträgen durchläßt, mit denen das Kind fertig werden kann. Wir sollten dauernd für Gelegenheiten bereitstehen, um zurückzutreten und unser Kind *seine* Kraft selbst erfahren zu lassen. Wir müssen bereit sein, einzugreifen, wenn das Problem für das Kind zu groß wird. Dieses Vorgehen können wir am Tage seiner Geburt beginnen. Schritt für Schritt, mit vorsichtiger Lenkung können wir unserem Kind das Leben und seine Probleme, seine Herausforderungen und Befriedigungen weiterreichen.

## 23. Kapitel

# DIE UNABHÄNGIGKEIT FÖRDERN

### *Niemals für ein Kind etwas tun, was es selbst tun kann*

Diese Regel ist so wichtig, daß sie dauernd wiederholt werden sollte.

Die fünfjährige Marianne war das Entzücken ihrer Mutter. Sie war ganz besonders hübsch, und ihre Mutter pflegte und kleidete sie wunderschön. Sie badete sie täglich, zog ihr die Kleider an, band die Schuhriemen für sie, bürstete und kämmte ihr Haar. Marianne war eine richtige Puppe; bezaubernd, reizend und gewinnend. Sie konnte keine Knöpfe zumachen, keine Strümpfe anziehen, weder den Unterschied zwischen der Vorder- und der Rückseite ihres Kleides noch zwischen dem linken und dem rechten Schuh erkennen.
Eines Abends während einer Mutter-Studiengruppe wurde darüber gesprochen, daß wir für ein Kind nie etwas tun sollten, was es selbst tun kann. Mariannes Mutter war aufgebracht. »Aber ich *will* alles für Marianne tun. Ich *liebe* es, für sie zu sorgen. Sie ist alles, was ich habe!«

Könnte Mariannes Mutter sehen, was sie ihrem Kind antut, wäre sie zu Tode erschrocken. Tatsächlich ist die Liebe zu ihrer Tochter nur Eigenliebe. Sie glaubt die über alles liebende Mutter zu sein, deren Leben dem Dienst an ihrem Kind gewidmet ist. Marianne aber wird gelehrt, hilflos, abhängig, unangepaßt und nutzlos, ja minderwertig zu sein. Wahrscheinlich glaubt sie, nur dann einen Platz zu haben, solange alles für sie getan wird und die Mutter sie bedient. Sie kann keinen aktiven Beitrag leisten; alles was sie bieten kann, ist ihr Scharm, den sie passiv zur Schau stellt.
Im nächsten Jahr muß Marianne zur Schule gehen. Dann kann die Mutter nicht mehr alles für sie tun, und Marianne wird ratlos umherirren. Ihr Mut ist untergraben und ihre Hilflosigkeit noch mehr. Sie mag sich einer Krisis gegenübersehen, auf die sie völlig unvorbereitet ist.

Immer wenn wir für ein Kind etwas tun, was es selbst tun kann, zeigen wir ihm, daß wir größer, besser, fähiger, gewandter, erfahrener und wichtiger sind als es. Dauernd bekunden wir die uns angemaßte Überlegenheit und die ihm unterstellte Unterlegenheit. Und dann verstehen wir nicht, wenn es sich unfähig fühlt und untüchtig wird!

Für ein Kind etwas tun, was es selbst tun könnte, ist außerordentlich entmutigend, da es dadurch der Gelegenheit beraubt wird, seine eigene Stärke zu erleben. Es zeigt unseren völligen Mangel an Glauben an seine Fähigkeit, seinen Mut und sein Vermögen, entzieht ihm das Gefühl der Sicherheit, welches nur auf der Erkenntnis der eigenen Fähigkeit beruhen kann, Probleme zu lösen, und verneint ihm das Recht, Selbständigkeit zu entwickeln — alles nur, um unsere Vorstellung der eigenen Unentbehrlichkeit aufrechtzuerhalten. Wir bekunden damit einen ungeheueren Mangel an Achtung für das Kind als Person.

Mutter, die vierjährige Hanna und die beinahe dreijährige Wally zogen sich ihre Mäntel an, um im Schnee zu spielen. Dies war immer etwas Besonderes für die Mädchen, da Mutter wirklich Spaß am Umhertollen hatte und mit ihnen gern einen Schneemann baute. Hanna zog einschließlich ihrer Schuhe alles ohne Mühe an. Wally trödelte und schmollte. Sie stand lediglich vor ihrem Schneeanzug, machte aber keinen Versuch, ihn anzuziehen. »Wally, zieh doch deinen Anzug an!« ermahnte Mutter, als sie ihre eigenen Schuhe anzog. Wally steckte ihren Daumen in den Mund und stand hilflos da. »Um Himmels willen, Wally, was ist mit dir los? Setz dich hin und tu, was ich dir gesagt habe.« »Ich kann nicht«, wimmerte das Kind, »tu du es.« »Na also, komm her.« Die Mutter zog Wally ungeduldig an. Hanna beobachtete dies mit großer Zufriedenheit.

Wally ist das Baby, das gelernt hat, durch Unfähigkeit und Hilflosigkeit die Aufmerksamkeit der Mutter zu erregen und von ihr bedient zu werden. Die Fähigkeit der älteren Schwester vermehrt ihre Entmutigung. Hanna ist zufrieden, wenn Wally hilflos bleibt, da sie so ihre eigene überlegene Stellung festigen kann. In ihrer Ungeduld verstärkt die Mutter die falschen Pläne beider Mädchen.

Sie gibt Wallys Hilflosigkeit nach und tut für sie, was sie eigentlich selbst tun müßte. Wally hat keine Gelegenheit, unabhängig zu werden, solange die Mutter ungeduldig und in Eile ist und die bequemere Lösung wählt. Wally hat sehr viel Ermutigung nötig. Sie braucht eine andere Meinung von sich selbst und eine neue Methode, um ihren Platz zu finden. Was sie nicht braucht ist Bedienung! Es erfordert Zeit und Geduld, um sie zu ermutigen. Nachdem die Mutter Wally gezeigt hat, wie sie in ihren Anzug kommt, sollte sie sich zurückziehen und ihr gestatten, allein damit fertig zu werden. Vielleicht wäre es klug, Wally mehr Zeit zu geben und sie früher anfangen zu lassen. Dann sollte man sie geduldig ermutigen, nicht zur Eile antreiben. »Du kannst es, Wally, du bist ein großes Mädchen.« Wenn Wally sagt, sie könne es nicht, darf die Mutter dies nicht hinnehmen; sie kann sich mit hilfreichen Worten abwenden: »Natürlich kannst du es, versuche es nur. Wenn du fertig bist, kommst du mit uns.« Es ist möglich, daß Wally die Situation auf die Spitze treibt. Sie kann jämmerlich schreien und sich nicht weiter bemühen. Diesmal kann sie eben Mutter und Hanna nicht folgen. Die Mutter muß ihren Impuls unterdrücken, Mitleid zu haben und Wallys Hilflosigkeit dadurch nachzugeben, daß sie ihr schließlich doch beim Anziehen hilft. Wenn Wally herausfindet, daß sie bei dem Vergnügen im Schnee nicht mitmachen kann und daß sich niemand um ihre bejammernswerte Situation kümmert, kann sie ihren Entschluß ändern und ihr Problem selbst lösen.

Die dreijährige Bea spielte zu Füßen ihrer Mutter, die bügelte. »Mutti, ich möchte, daß du jetzt mit Bügeln aufhörst.« »Ich muß noch zwei Hemden bügeln, Liebes, und dann bin ich fertig.« »Ich muß aber auf die Toilette«, wimmerte Bea. »Du kannst selber gehen«, antwortete die Mutter sanft. »Nein, ich kann nicht, Mutter, ich möchte, daß du mit mir gehst.« »Tut mir leid, ich bügele noch.« »Ich kann aber nicht selber gehen.« Die Mutter lächelte ihre Tochter an und sagte nichts mehr. Das Kind warf sich auf den Boden, um einen Wutausbruch zu beginnen, schien einen Augenblick nachzudenken, stand auf und ging allein zur Toilette.

Die Mutter hatte sich bei der Erziehungsberatungsstelle Rat geholt. Bea, ein einziges Kind, hatte die Mutter völlig in ihren Dienst gestellt. Die Mutter zieht sich jetzt von den ungebührlichen Forderungen ihrer Tochter zurück und läßt sie unabhängig werden.

Vorhergehende Erfahrungen hatten gezeigt, daß sie durch einen Wutausbruch nicht mehr bekommen konnte, was sie wollte — deshalb fing sie noch damit an, überlegte es sich aber. Als die Mutter trotz des Wunsches des Mädchens nicht mit Bügeln aufhörte, probierte Bea Hilflosigkeit als eine Methode aus, um die Mutter wieder in ihren Dienst zurückzuzwingen. Die Mutter aber weigerte sich ruhig und sanft, für Bea etwas zu tun, was sie selbst tun konnte. Sie ließ sich auch nicht in einen Wortkampf verwickeln. Bea reagierte mit zunehmender Selbständigkeit und einem Gefühl der Unabhängigkeit von fremder Hilfe.

Die Mutter und die dreieinhalbjährige Karin betraten den Aufzug des großen Mietwohnhauses. Karin streckte sich so hoch sie konnte und drückte den Knopf Nr. 5. Ein anderer Passagier lachte trocken: »Wir werden jetzt wohl an allen Stockwerken anhalten!« »Nein, nein, sie drückte den richtigen Knopf«, verteidigte sie die Mutter. »Wirklich?« fragte der Mann erstaunt. »Ja, sie weiß es.« Karin strahlte.

Obwohl Karin noch so klein ist, daß Mutter mit ihr zum Spielplatz gehen muß, lehrt Mutter sie Unabhängigkeit, indem sie sie soviel wie möglich tun läßt. Karin ist sehr stolz darauf, so groß zu sein, um den richtigen Knopf zu erreichen. Sie weiß, daß sie vieles selbst tun kann. Und welche Befriedigung muß es für sie sein, diesen großen Aufzug in Bewegung zu setzen und wieder anzuhalten.

Von frühester Kindheit an zeigen unsere Kinder, daß sie vieles selber tun wollen. Das Baby möchte den Löffel haben, weil es sich selber füttern will. Nur allzuoft bringen wir die Kinder von diesen frühen Versuchen ab, um ein »Unglück« zu verhindern, und rufen damit Entmutigung und eine falsche Meinung des Kindes von seinen eigenen Kräften hervor. Wie schade! Es ist so viel leichter, das Baby wieder zu säubern, als seinen verlorenen Mut wieder herzustellen. Sobald ein Kind den Wunsch zeigt, selbst etwas zu tun, sollten wir davon Gebrauch machen und es ihm zulassen, wenn immer es ihm möglich ist — und es gibt so viele Möglichkeiten für ein Kind, sich selbst und anderen zu helfen, viel mehr als wir gewöhnlich glauben. Es braucht dazu unsere Hilfe, Überwachung, Ermutigung und Training. Dafür müssen wir sorgen.

Wir haben aber nicht das Recht, alles für das Kind zu tun und es davon abzuhalten, freiwillige nützliche Beiträge zu leisten. Wir müssen vor derartigen Impulsen auf der Hut sein. Ohne zu merken, was wirklich vor sich geht, dehnen wir die Hilfe für unsere Kinder aus Gewohnheit viel zu lange aus. Kinder haben unsere Hilfe gern, denn es gibt ihnen ein gewisses Gefühl der Macht, Bedienung zu fordern. Ihre Fähigkeiten bereiten aber noch mehr Zufriedenheit, wenn man sie helfen läßt. Wie das Kind wächst, führt es seine natürliche Neigung dazu, mehr und mehr Dinge für sich selbst und für andere zu tun. Diese Neigung kann aber durch Angst, durch übertriebene Beschützung und den leicht erreichbaren Dienst der Eltern erstickt werden. Dadurch entdeckt das Kind rasch einen positiven Wert seiner Schwäche. Nebenbei wird es entmutigt und nimmt an, nicht fähig zu sein, selbst etwas zu tun, glaubt unzulänglich zu sein und hat keine hohe Meinung von seinen eigenen Fähigkeiten. Dies verstärkt nun wieder seine Neigung, in der Bedienung durch andere Trost zu finden, was seine bereits geschwächte Selbstsicherheit und sein Selbstvertrauen weiter herabsetzt. Aufmerksame Eltern können eine solche Entwicklung durch Beachtung unserer Regel am Anfang dieses Kapitels verhindern. Dies klingt sehr einfach. Die Praxis wird jedoch schwierig, wenn wir in Eile oder gewohnt sind, alles selber zu tun. Oft werden wir uns nicht klar, daß das Kind groß genug ist, um etwas selbst in die Hand zu nehmen. Wir neigen dazu, seine Fähigkeiten zu verkleinern und seine Hilflosigkeit zu überschätzen. Erwarten wir von einem Kind zu viel, heißt das, wir wollen ihm unsere

Forderungen aufbürden. Vertrauen in seine Fähigkeiten ist eine Form der Achtung. Wir sollten ein waches Gefühl für diesen feinen Unterschied entwickeln.

Als Teil einer Planaufgabe der weiblichen Pfadfinder sollte Judith den örtlichen Tierarzt befragen. »Mutter bitte rufe ihn für mich an.« »Warum soll ich telefonieren?« »Ich weiß nicht, was ich sagen soll«, antwortete Judith. »Ja, was willst du denn von ihm?« »Ich möchte mit ihm über die Gesundheit von Pferden sprechen.« »Gut, dann sage es ihm.« »Ich weiß aber nicht wie«, weinte Judith unglücklich. »Ich glaube, du kannst dir das selbst zurechtlegen, Liebes.« »Bitte, Mutti, rufe ihn für mich an«, bettelte das Mädchen. »*Ich* möchte aber nichts über die Gesundheit von Pferden wissen, Judith, das ist nicht meine Aufgabe. Du kannst es tun, versuche es nur.« Judith zog sich unglücklich zurück und rief nicht an. Die Mutter tat sonst nichts. Bei dem nächsten Treffen der Pfadfinder fragte Judiths Anführerin, was sich bei dem Gespräch mit dem Tierarzt herausgestellt habe. Sie gab beschämt zu, sie habe den Anruf nicht gemacht. »So rufe doch diese Woche an, Judith, dann haben wir alles, um unseren Plan fertigzumachen.« An diesem Abend bat Judith ihre Mutter wieder, für sie zu telefonieren. Wieder weigerte sich die Mutter. »Ich weiß aber die Telefonnummer nicht.« Die Mutter gab ihrer Tochter das Telefonbuch mit einem gewinnenden Lächeln. »Versuch es nur, Liebes, du kannst es tun.« Judith brauchte lange Zeit, um die Nummer zu finden; dann stand sie noch länger sinnend vor dem Telefon. Als sie den Mut bekam und anfing zu wählen, verließ die Mutter das Zimmer. Etwas später kam Judith mit strahlendem Gesicht herbeigelaufen. »Ach war der nett, Mutti. Er hat mir so viel erzählt, und jetzt kann ich diesen Plan zu Ende bringen.« Mutters Lächeln zeigte ihre Befriedigung. »Ich bin so froh, daß du willens warst, es selbst zu tun«, und sie umarmte Judith.

Die Mutter war sich über Judiths Angst klar, eine unbekannte Person anzurufen, einen Fremden etwas zu bitten und mit einer völlig neuen Situation fertig zu werden. Ihr erster Impuls war, ihr zu helfen. Sie erkannte aber rasch Judiths Notwendigkeit zu lernen und machte von dieser Gelegenheit Gebrauch, um Judith ihr Problem selbst lösen zu lassen. Sie wußte, daß der Anreiz, diese Aufgabe fertig zu machen und eine Pfadfinder-Belohnung zu bekommen, sie dazu bringen würde, durchzuhalten. Sie hatte auch zu Judiths Fähigkeiten Vertrauen und vermied es, sie zu zwingen. Sich zurückzuziehen gab Judith Raum zur Entwicklung. Der Gewinn für Judith war ihre zunehmende Unabhängigkeit, für Mutter ihre Befriedigung über die wirksame Anregung.

Dies war eine heikle Situation, die von der Mutter viel Feingefühl erforderte. Wir müssen vorsichtig sein, nicht zu viel zu verlangen, und in der Lage sein, die Fähigkeiten eines Kindes richtig einzuschätzen. Die Mutter ermutigte Judith, indem sie in ihrem Glauben, sie könne dies selber tun, fest blieb. Als das Mädchen schließlich anfing zu wählen, verließ die Mutter das Zimmer, so daß Judith keine Angst vor Mutters Urteil zu haben brauchte, wie sie es fertig brächte und ob sie frei genug sei, das Gespräch selbst zu führen.

Nur sehr wenige Eltern würden absichtlich die Selbständigkeit ihres Kindes lähmen. Aus diesem Grunde müssen wir uns der Gefahr der übermäßigen Beschützung bewußt werden und für Gelegenheiten, Unabhängigkeit anzuregen, bereit sein.

Jede Mutter erinnert sich an die Erregung bei den ersten Schritten ihres Babys. Viele Familienfilme halten dieses aufregende Erlebnis fest. Gelegenheiten für dasselbe Gefühl des Stolzes ergeben sich dauernd im Leben eines Kindes, wenn die Eltern wach genug für die verschiedenen Schritte der Entwicklung sind. Die Art, wie wir die ersten Schritte eines Babys herbeiführen, muß bei allen anderen Wachstumsstufen eines Kindes wiederholt werden. Die Mutter geht zurück, weg vom Baby und hält ihre Hände aus — so daß es sie gerade nicht erreichen kann. Dann ermutigt sie es. Sie gibt ihm Raum, sich unabhängig von ihrer Unterstützung zu bewegen. Es macht den Versuch. Hat es Erfolg, die Mutter zu erreichen, strahlt es im Triumph, und die Mutter ist über diese Leistung glücklich. So ist es auf allen anderen Gebieten — wir müssen zurücktreten, dem Kind Raum lassen, unsere Hilfe verweigern, aber Ermutigung verleihen.

## 24. Kapitel

# SICH NICHT IN EINEN STREIT VERWICKELN LASSEN

Die meisten Eltern regen sich sehr über die endlosen Kämpfe zwischen Geschwistern auf. Sie lieben jedes einzelne Kind, und es tut weh, wenn diejenigen, die man liebt, sich gegenseitig hassen und verletzen. Ein großer Teil der zur Kindererziehung nötigen Zeit und Energie wird verbraucht, um Streitigkeiten zu schlichten und die Kinder zu »lehren«, miteinander auszukommen. Viele Kinder »wachsen« schließlich aus dem Kampfalter heraus und beginnen, wenn sie größer werden, sich zu schätzen und gern zu haben. Andere setzen die Feindlichkeit bis ins Alter fort und schließen nie mit ihren Geschwistern Frieden. Noch so vieles Predigen scheint die Reibungen nicht zu vermindern. Sie werden dauernd fortgesetzt. Die meisten Eltern haben alle möglichen Methoden versucht, um die Streitigkeiten zu beenden — und sie setzen ihre vergeblichen Versuche immer weiter fort. Streit zwischen Geschwistern ist so allgemein, daß er als »normale« Form des kindlichen Verhaltens hingenommen wird. Er ist aber *nicht* normal, selbst wenn er so regelmäßig beobachtet werden kann. Kinder *müssen nicht* kämpfen. Es gibt Familien, in denen die Kinder nicht streiten. Wenn sie miteinander nicht auskommen, so ist in ihrer Beziehung etwas unrichtig. Niemand kann sich ehrlich wohl fühlen, wenn er streitet. Kinder, die fortwährend streiten, müssen irgendeine Befriedigung dabei erreichen, und zwar nicht so sehr durch den Kampf als durch die Folgen.

Diese Ansicht setzt voraus, daß wir ihr Benehmen als zweckgerichtet erkennen. In diesem Licht können wir uns mit den üblichen »Erklärungen« für die Streitigkeiten nicht zufrieden geben, z. B. sie seien durch Aggressivität oder durch natürliche Triebe oder Eigenschaften usw. »verursacht«. Nach unserer Meinung muß das Betragen eines Kindes im Rahmen des Feldes, in dem es sich abspielt, verstanden und sein Zweck erkannt werden.

Die achtjährige Luzia und der fünfjährige Karsten saßen vor dem Fernsehapparat, während die Mutter das Essen bereitete. Karsten schob sich näher an Luzia heran. Sie rückte ab. Er legte sein Bein über ihr Bein. Sie stieß ihn weg. Dann lehnte er sein ganzes Gewicht auf Luzia. »Hör auf!« sagte Luzia ruhig, etwas ärgerlich, aber immer noch in die Geschichte auf dem Bildschirm versunken. Auch Karsten sah zu, aber nicht so aufmerksam wie Luzia, und begann mit seinem Finger das Muster auf ihrer Bluse nachzufahren. Sie schlug seine Hand mit ihrer Faust weg. »Hör jetzt auf, hab ich gesagt.« Karsten kicherte. Er streckte seine Hand aus und fuhr mit dem Finger um Luzias Ohr. Sie packte seine Hand und biß ihn in den Arm. »Au!« Karsten schrie und fing an zu weinen. Die Mutter stürzte ins Zimmer. »Was ist denn wieder los?« fragte sie zornig. Sie begriff sofort Karstens ängstliches Schreien und die Weise, in der er seinen Arm hin und her bewegte, indem er ihn gegen den Körper preßte. Sie stürzte zu ihm, nahm ihn auf und umarmte ihn. Er streckte seinen Arm aus. Man konnte die Spuren der Zähne sehr gut sehen. »Luzia!« »Er hat mich dauernd belästigt.« »Es spielt gar keine Rolle, was er tut. Du hast nicht das Recht, so zu deinem Bruder zu sein.«

Was war die Absicht dieses Kampfes? Was waren die Folgen?
Karsten, das Baby, sucht die Beschützung seiner Mutter. Deshalb versucht er, eine Situation hervorzurufen, in der er sie bekommen wird. Luzia fühlt sich ungerecht behandelt, weil die Mutter sich auf Karstens Seite stellt. Jetzt kann sie das Eingreifen der Mutter dazu benützen, um dieses Gefühl der Benachteiligung zu verstärken. Deshalb tut sie, was die Mutter am meisten haßt — sie beißt; sie weiß, daß Mutter dann Karsten hilft. Da sich Karsten herausfordernd benahm, fühlte sie sich natürlich mißbraucht, zuerst durch Karsten, hierauf durch die Mutter, die seine Partei ergriff. Ohne Luzias Art der Vergeltung wäre die Mutter ihrem Sohn nicht beigestanden und hätte sogar erkennen können, daß *er* es war, der störte.
Was hätte die Mutter tun können? Zuerst hätte sie den Impuls unterdrücken müssen, zu rennen, wenn geschrien wird. Das ist für

manche Mütter sehr schwer. Denken wir doch einen Augenblick darüber nach: Der Schrei erregt Mutters Aufmerksamkeit, und zwar in dramatischer Form. Im Augenblick ist er jedoch der einzig gefährliche Ton. Dann kommt das Weinen. Das Haus stürzt aber nicht zusammen, das Fernsehgerät explodiert nicht, es gibt keinen anderen Laut als das Weinen. Gut, da muß ein Kampf stattgefunden haben, und Karsten scheint körperlich oder seelisch verletzt zu sein. Es wird aber nicht so schlimm sein, sonst würde er lauter heulen, und Luzia würde wahrscheinlich angelaufen kommen, wenn etwas Schreckliches passiert wäre. Also warum soll ich mich einmischen?

Damit eine Mutter sich so verhalten kann, braucht sie Erfahrung mit der Möglichkeit, sich in einen Streit nicht hineinziehen zu lassen. Wollen wir annehmen, sie folgt ihrem ersten Impuls und stürzt ins Zimmer, um zu sehen, was geschehen ist. Jetzt muß sie sich aber zügeln, um nicht einem weiteren Impuls zu folgen, nämlich, über die Spuren der Zähne erschrocken zu sein. Nachdem sie entdeckt hat, daß ein Kampf den Schrei veranlaßte, kann sie sich ohne ein Wort in die Küche zurückziehen. Denn wenn Karsten nicht gebissen werden will, wird er eben aufhören müssen, sich herausfordernd zu betragen. Dieses Sichzurückziehen der Mutter gibt die Verantwortung für die Beziehung zwischen Karsten und Luzia dahin, wo sie hingehört. Wir haben keine »Macht«, die Beziehungen zwischen unseren Kindern zu regeln. Trotzdem können wir das Wechselspiel zwischen ihnen durch unser Handeln beeinflussen. Wir vermögen uns so zu verhalten, daß die befriedigenden Folgen des Kampfes nicht eintreten; dadurch regen wir ein neues Vorbild für ihre Beziehungen an. Um das zu tun, muß die Mutter lernen, die Absicht hinter dem Verhalten der Kinder zu erkennen.

»Hört um Gottes willen endlich mit der Streiterei auf. Ihr macht mich noch verrückt«, schrie die Mutter aus dem anderen Zimmer. »Gudrun läßt mich nicht mein Programm sehen«, schrie Knut zurück. »Und ich habe das Recht, *mein* Programm zu sehen«, antwortete Gudrun stürmisch. Mit einem Seufzer ging die Mutter müde in das Wohnzimmer, um den Streit zu schlichten.

Die Mutter gibt uns den Schlüssel zum Zweck dieser Kampfsituation. Die Kinder streiten sich um das Programm im Fernsehen. Die Mutter *ärgert* sich. »Ihr macht mich verrückt«, stellt sie fest. Vielleicht ist es nicht einfach zu erkennen, aber dies ist der Zweck des Streits — er macht die Mutter »verrückt«. Er ist ein außerordentlich wirksames Mittel, ihre Aufmerksamkeit zu erregen. Die Streiterei ärgert sie, hält sie in Spannung und ist der Anlaß, mit dem, was sie gerade tut, aufzuhören und als Schiedsrichter zu kommen, um die Sache in Ordnung zu bringen. In Wirklichkeit gibt sie den Kindern ungebührliche Aufmerksamkeit und Bedienung.

Die Mutter könnte aufhören, sich über den Streit zu ärgern, sobald sie erkennt, daß sie nicht unbedingt etwas tun *muß*. Ein großer Teil unserer Verärgerung kommt von unserem übertriebenen Verantwortungsgefühl für unsere Kinder und ihr Wohl. Als Folge können wir uns nicht von *ihren* Problemen fernhalten. Die Auseinandersetzung über das Fernsehprogramm betrifft Gudrun und Knut. Sie geht die Mutter eigentlich gar nichts an. Macht sie sich dieses einfache Prinzip einmal klar, dann braucht sie sich nicht mehr zu ärgern. Sie macht deshalb mit ihrer Arbeit einfach weiter und überläßt es Gudrun und Knut, ihr Problem zu lösen. Wenn die Mutter nicht herbeigerannt kommt, wird sehr wahrscheinlich eines der Kinder kommen. Die Mutter kann antworten: »Es tut mir leid, daß ihr euch streitet, ich bin aber sicher, ihr findet eine Lösung.« Sie schiebt die Verantwortung den Kindern zu — wohin sie gehört — und läßt sich nicht in etwas hineinziehen, was sie nichts angeht. Damit beraubt sie die Kinder der erwarteten Folgen, die das Streiten als nützlich erscheinen lassen.

Was auch der Anlaß für die Auseinandersetzung der Kinder sein mag, Eltern machen die Dinge nur noch schlimmer, wenn sie sich einmischen, den Streit schlichten oder die Kinder trennen wollen.

Immer wenn Eltern sich in einen Kampf einmischen, berauben sie die Kinder der Gelegenheit, zu lernen, ihre Konflikte selbst zu lösen. Wir alle erleben Situationen, in denen es Auseinandersetzungen gibt, und wir alle müssen die Fertigkeiten entwickeln, mit Konfliktsituationen fertig zu werden. Wir müssen das Geben und Nehmen des Lebens lernen.

Jedesmal, wenn die Mutter entscheidet, wer welches Programm sehen darf, stellt sie sich als Autorität hin, und die Kinder lernen nichts über Zusammenarbeit, Anpassung und ehrliches Spiel. Solange wir für unsere Kinder unnötige Dinge tun, können sie nicht lernen, auf sich selbst gestellt zu sein. Dies bezieht sich auf das Streiten genauso wie auf die Entwicklung von Unabhängigkeit. Ein Kind, dessen Streitigkeiten immer von anderen in Ordnung gebracht werden, kann nie lernen, mit schwierigen Situationen selbst fertig zu werden und wird immer seine Zuflucht im Streit sehen, wenn es Widerstand findet oder seinen Willen nicht durchsetzen kann.

Es ist für Eltern besonders schwer zu erkennen, wieso Streit unter den Kindern sie nichts angeht. Sie betrachten es als ihre Pflicht, die Kinder zu »lehren«, nicht zu streiten. Und sie haben recht. Es kommt aber darauf an, ob wir mit unseren Lehrmethoden Erfolg haben. Unglücklicherweise bringen Einmischen und Schiedsrichterspielen nicht die erwartete Lösung. Während es im Augenblick die Kinder vom Streiten abhalten kann, lehrt es sie aber nicht, wie man den nächsten Streit vermeidet oder wie man einen Konflikt auf andere Art schlichten kann. Wenn unsere Einmischung die Kinder befriedigt, warum sollten sie aufhören zu kämpfen? Hat ein Kampf nur eine Wunde oder blutige Nase (was ja wieder heilt), sonst aber keine vorteilhaften Nebenergebnisse zur Folge, dann wird das Kind dazu neigen, weitere Verletzungen zu vermeiden und seinen Konflikt auf eine andere Art zu lösen. In dieser Weise kann jedes Kind sogar ein Verantwortungsgefühl für seine Geschwister entwickeln. (Natürlich kann die Mutter die erlittene Wunde behandeln, aber ohne Partei

zu ergreifen und ohne irgendeine Bemerkung, wer wohl recht oder unrecht hatte. »Es tut mir leid, daß du dich in euerem Streit verletzt hast«, ist vollauf genügend.)
Der folgende Bericht stammt von einer Mutter in einer Eltern-Studiengruppe.

Mein Mann und ich fingen an, die Kämpfe der beiden Kinder nicht mehr zu beachten. Gewöhnlich kam ein Kind, um über das andere zu petzen, und wir mischten uns sofort ein und bestimmten den Schuldigen. Es war ein nervenzermürbendes Schauspiel, in dem ich schrie und Schläge austeilte. Von einer einzigen solchen Sitzung fühlte ich mich für den Rest des Tages wie gerädert. Dann begann ich zu sagen: »Ich glaube, ihr könnt euer Problem selber lösen.« Darauf verhielt ich mich absolut ruhig, egal was mir erwidert wurde. Sehr rasch konnte ich alles, was passierte, ignorieren, und genauso rasch hörten die Kinder damit auf, Hilfe zu wollen. Eines Tages hörte ich das jüngere sagen: »Ich werde Mama sagen, was du getan hast.« Das ältere sagte: »Das hat keinen Sinn. Sie wird dir nur sagen, daß wir das selber klären könnten.« Das war das letzte, was ich hörte. Ich kann ihnen nicht schildern, welche Wandlung dies bewirkt hat — daß man nicht mehr Partei ergreifen und sich blau ärgern muß, wenn ein Kind das andere übervorteilt. Ich lernte, daß die meisten Kämpfe tatsächlich nur darum gingen, meine Aufmerksamkeit zu erregen, und daß ein jüngeres Kind gut oder viel besser für sich selber sorgen kann, als man im allgemeinen annimmt. Ich glaube jetzt ganz *fest*, daß Eltern sich in Streitigkeiten ihrer Kinder nicht einmischen sollten. Das ist nicht nur gut für die Kinder, sondern es nimmt auch 90 % der Gespanntheit weg, die mit der Erziehung von Kindern verbunden ist.

Die Mutter saß auf dem Balkon und sprach mit Nachbarn. Die vierjährige Mila ging ins Haus, gefolgt von ihrem jüngeren Bruder Beo. Er brauchte etwas länger, um die Treppen hochzukommen, so daß Mila schon durch die Tür war, als er dort ankam. Sie schloß sorgfältig die Tür, als Beo herein wollte, und hatte dabei ein gespanntes, ernstes, verschlossenes Gesicht. Beo schrie. Die Mutter jagte die Treppen hoch, stieß die Tür auf, packte Mila und gab ihr Schläge. »Warum behandelst du deinen Bruder so? Du hättest seine Finger einklemmen können. Jetzt bleibst du im Haus, bis du dich wieder ordentlich benimmst.« Die Mutter nahm Beo auf, ging zu ihrem Stuhl zurück und behielt ihn auf ihrem Schoß. Bald kletterte er herunter und spielte weiter. In der

Zwischenzeit konnte man unterdrücktes Schluchzen aus dem Hause hören. Es verging einige Zeit. Schließlich ging die Mutter zu Mila. »Bist du so weit, daß du wieder ein nettes Mädchen bist?« Weiteres Schluchzen. Mutter nahm sie hoch. Mila kuschelte ihren Kopf an die Schulter ihrer Mutter. Die Mutter trug sie aus dem Haus und saß mit ihr auf ihrem Schoß da. »Komm, komm, du bist wieder Muttis gutes Mädchen. Ich weiß, daß du nicht mehr so schlecht sein wirst.«

Nicht alle Kämpfe zwischen Kindern spielen sich mündlich ab. Das Baby Beo bekommt viel beschützende Aufmerksamkeit. Die tüchtige Mila hat eine natürliche Abneigung gegen ihre Entthronung, die jedesmal verstärkt wird, wenn die Mutter Beo beschützt. Sie sehnt sich nach Mutters Aufmerksamkeit als Zeichen ihrer Liebe und fand heraus, daß nach der Bestrafung die Liebe kommt. Hätte die Mutter wirklich gesehen, was sich ereignete, hätte sie bemerkt, wie Mila sorgfältig darauf achtete, die Tür zu schließen, ohne Beos Finger einzuklemmen. Dies zeigt den Wunsch nach Aufmerksamkeit und nicht nach Rache an. Wäre es das letztere gewesen, hätte Mila tatsächlich die Finger des Jungen eingeklemmt. Es war nicht ihre Absicht, ihren Bruder zu verletzen, sondern die Mutter hereinzuziehen — sie zuerst zu provozieren und dann die Mutterliebe zu erfahren, nachdem sie »böse« gewesen ist. Und diese Methode funktionierte wunderbar!
Wird bei einem Streit das Jüngere mißhandelt, können Eltern meist sicher sein, daß die älteren Kinder eine große Sache anzetteln, tatsächlich aber wenig Schaden anrichten. Eine Mutter gab folgenden Bericht:

Sie ging gerade an der offenstehenden Tür des Kinderzimmers vorbei und sah, daß der vierjährige Kuno einen Spielzeug-Lastwagen über die elf Monate alte Lydia hielt. Es sah so aus, als ob er sie damit auf den Kopf hauen wollte. Lydia fing zu schreien an. Eingedenk der vielen Ermahnungen, sich in Streitigkeiten nicht einzumischen, die sie in der Erziehungsberatungsstelle gehört hatte, nahm die Mutter ihren ganzen Mut zusammen und ging vorüber. Sie spähte jedoch heimlich von einem anderen Zimmer aus durch einen Türspalt. Zu ihrem Erstaunen sah sie, wie Kuno die Tür beobachtete, an der sie gerade vorbeigegangen war, und den kleinen Lastwagen sanft auf Lydias Kopf senkte und wieder hob, wobei er sie kaum berührte.

Nun konnte die Mutter wirklich glauben, was ihr gesagt worden war. Kuno und Lydia arbeiteten zusammen, um sie hereinzuziehen. Schon mit elf Monaten wußte Lydia, daß die Mutter herbeirannte, wenn sie schrie und daß Kuno bestraft würde. Und Kuno kannte genau die Reaktion der Mutter, wenn er Lydia zum Schreien brachte. Die Kinder arbeiten wie eine Mannschaft, um die Mutter in Lauf zu setzen.

Bedroht ein Kind ein anderes mit einem gefährlichen Gegenstand, kann die Mutter ruhig kommen und diesen Gegenstand entfernen. Die Hauptsache ist, ruhig zu bleiben, ohne Aufregung, ohne Worte und all das Theater, das Kinder so geschickt inszenieren können.

Beim Mittagstisch hatten die Eltern keine Gelegenheit, ohne dauernde Unterbrechungen miteinander zu sprechen. Die Familie bestand aus Rosi und Bertram, vier und sechs Jahre alt, Mutters Kindern aus ihrer ersten Ehe, sowie Klaus und Maja, fünf und sieben Jahre alt, Kinder des Vaters aus seiner vergangenen Ehe. Rosi kickte Klaus' Beine. »Vati, Rosi stößt mich«, beklagte sich Klaus. Die Mutter mischte sich ein. »Rosi, halte deine Füße ruhig und benimm dich ordentlich.« Rosi machte sich ans Essen. »Vati, Bertram gibt mir nicht das Salz«, wimmerte Maja. »Gib das Salz, Bertram«, verlangte die Mutter. Bertram gab das Salz. »Mutti, Klaus stößt dauernd meine Ellbogen«, war Bertrams Klage. Dieses Mal mischte sich der Vater ein. »Behalte deine Ellbogen, wohin sie gehören, Klaus!« Der Junge winkelte seine Ellbogen an. »Mutti, Maja hat mein Mundtuch«, jammerte Rosi. »Gib Rosi ihr Mundtuch, Maja!« verlangte der Vater. Eins nach dem anderen ärgerten sich die Kinder gegenseitig, und der Unterlegene schrie sofort nach Gerechtigkeit. Schließlich explodierte der Vater. »Wann hört ihr Kinder endlich mit dieser dauernden Streiterei auf? Können wir nicht *eine* Mahlzeit in Frieden haben? Ich habe jetzt genug von diesem Theater. Der nächste, der sich vorbeibenimmt, wird eine gehörige Tracht Prügel bekommen.« Die Kinder beendeten das Mahl ohne weitere Zwischenfälle; jedermann war aber gespannt und unglücklich.

Die Zwistigkeiten der Kinder beschäftigen dauernd ihre Eltern — nicht ohne Absicht. Dafür verzichten sie gern auf das Glück.

Interessant ist, wie jedes Kind sich bei seinem natürlichen Elternteil beklagte und wie der Elternteil des Störenfrieds versuchte, die Situation in Ordnung zu bringen. Jedes Kind ärgerte ein Kind des anderen Elternteils, weil es der beste Weg war, seinen eigenen Elternteil mit sich zu beschäftigen. Und es funktionierte prächtig.

In einigen Familien beschützen die Eltern ihre Stiefkinder, in anderen ihre eigenen. Aber in jedem Fall werden die Kinder das hervorrufen, was sich am wirkungsvollsten erweist.

Die Tatsache, daß die Kinder damit aufhörten, als ihnen mit Schlägen gedroht wurde, zeigt ihre Absicht, Aufmerksamkeit zu erregen. Sonst hätte eine solche Drohung nur zu vermehrter Störung geführt. Sie hatten alles für den Augenblick Erreichbare erwirkt und gaben sich damit zufrieden. Auch jedes einzelne Kind fügte sich, nachdem es ihm gelungen war, die Aufmerksamkeit der Eltern zu erregen, das Ziel, dem der Streit diente.

Beide Eltern können ihren Kindern nur dann helfen, wenn sie aufhören, diese ungebührliche Aufmerksamkeit zu geben, und die Kinder ihr Problem selbst lösen lassen. Stört das Verhalten der Kinder am Tisch den Frieden der Familie, können die Eltern sich weigern, mit ihnen zu essen, bis sie bereit sind, die Mahlzeit weniger unerfreulich zu machen. Sobald ein Streit anfängt, können alle vier Kinder zusammen gebeten werden, den Tisch zu verlassen. Auf diese Weise können sie lernen, bei Tisch miteinander auszukommen. Mit diesem Verfahren beteiligen sich die Eltern nicht am Streit, ergreifen keine Partei und zeigen Festigkeit.

Die sechsjährige Susi saß neben ihrem Bruder Helmut, neun Jahre alt, der mit seinem Konstruktionsbaukasten spielte. Der siebeneinhalb Jahre alte Arno half ihm dabei. Alles war ruhig und heiter, bis Susi hinterhältig Helmut mit dem Fuß stieß. »Hör damit auf, Susi«, schrie Helmut, als sie es zum zweiten Male tat. »Womit?« fragte Susi mit gespielter Unschuld. Schließlich hatte sie ja nur ihren Fuß bewegt. Konnte sie etwas dafür, wenn Helmut im Weg war? Wieder geschah es. Helmut schlug Susi mit der Faust. Sie sprang auf, wimmerte und rannte zum Fenster, um hinauszusehen. Dann rannte sie zu einem Seitenfenster und von dort zum rückwärtigen Schlafzimmer. Hier konnte sie ihre Mutter im Rosenbeet arbeiten sehen. Jetzt ließ sie einen durchdringenden Schrei ertönen und brach in Tränen aus. »Muttiii!« schrie sie vom Fenster aus. »Helmut hat mich richtig geschlagen.« Die Mutter hörte mit ihrer Arbeit auf und kam ins Haus. Sie sah den roten Fleck auf Susis Arm, tröstete sie und ging ins Zimmer der Knaben. »Helmut, warum hast du Susi geschlagen?« »Sie fing damit an«, verteidigte sich der Junge. »Ich tat nichts, du hast mich geschlagen«, schrie Susi, »ich habe überhaupt nichts getan.« »Natürlich hast du!« schrie Helmut. »Du hast mich mit deinem Fuß gestoßen, einige Male. »Mutti, ich habe ihn nicht gestoßen, ich habe mich nur etwas bewegt und mein Fuß hat ihn dabei berührt. Ich habe ihn nicht gestoßen.« »Du Riesenbaby«, explodierte Helmut, »so fest habe ich dich schließlich nicht geschlagen.« Die Mutter unterbrach: »Du solltest dich schämen. Susi ist die Kleinste in der Familie, und du bist der Größte. Du solltest ein gutes Beispiel geben. Du bist nur ein großer Kerl, wenn du jemand schlagen kannst, der kleiner ist als du. Jetzt entschuldige dich bei deiner Schwester und schlage sie ja nie wieder.« Während die Mutter Helmut ausschalt, beobachtete Arno die ganze Situation. »Ich schlage sie nicht, Mutti«, erinnerte er sie. »Ich weiß, mein Lieber, du bist ein guter Junge. Helmut, du machst mir so viel Schwierigkeiten! Warum kannst du dich nicht ordentlich aufführen? Jetzt entschuldige dich.« Susi trocknete ihre Tränen, stand da und beobachtete mit tiefem Interesse Helmut. Ihr Kinn war beinahe auf die Brust gesunken, und sie beobachtete unter ihren Augenbrauen hervor. Ein verdächtiges Lächeln spielte um ihre Lippen. »Tut mir leid«, murmelte Helmut und sah auf den Boden. »So, jetzt spielt wieder nett zusammen«, ermahnte die Mutter. »Als Geschwister solltet ihr euch liebhaben und überhaupt nicht miteinander streiten.« Die Mutter verließ das Zimmer. Helmut begab sich wieder an seinen Baukasten. »Petze!« stieß er hinter zusammengebissenen Zähnen hervor. »Mutti hat gesagt, du sollst mir gegenüber nett sein, weil ich die Kleinste bin«, sprach Susi verächtlich. »Hau jetzt ab! Der Baukasten gehört mir, und ich will dich nicht hier in der Nähe haben.« Susi sprang aus dem Zimmer. »Petz nur wieder, Baby«, schrie ihr Helmut nach. Susi fand die Mutter in der Küche. »Mutti, Helmut läßt mich nicht mitspielen und ärgert mich«, jammert sie. Die Mutter ging wieder in das Zimmer der Jungen. »Um Gottes willen, Helmut, was ist in dich gefahren? Warum läßt du Susi nicht mit euch spielen?« »Sie bringt alles durcheinander«, murmelte Helmut. »Helmut, du bist einfach ungezogen. Komm jetzt in die Küche und setz dich auf den Stuhl, bis du so weit bist, wieder mit deiner Schwester zu spielen.« Die Mutter packte Helmut am Arm, während

Susi mit »gerechtem« Zorn zuschaute, führte ihn in die Küche und schupste ihn in den Stuhl. Er hielt seine Augen gesenkt. Die Linien seines Mundes verrieten absolute Rebellion. Zufrieden wandte sich Susi Arno zu. »Komm Arno, wollen wir draußen spielen?« »Gut, spielen wir im Zelt!« Die zwei sprangen aus dem Haus und schlugen die Tür zu.

So oft wünschen wir, auch in unserem Hinterkopf Augen zu haben. Hätte die Mutter nur auf den Gesichtsausdruck der Kinder geachtet! Helmut, von allen Seiten mit der schweren Verantwortung des ältesten belastet, hat es nicht leicht, sich seinem »guten« jüngeren Bruder und seiner »Baby«-Schwester anzupassen. Die Beziehungen zwischen den Kindern beruhen auf starker Konkurrenz und sind hochexplosiv. Die Mutter macht in ihrem ehrlichen Bemühen, den Streit durch Trennen der Kämpfer zu beenden, sowie durch Predigen gegen Kampf und für die geschwisterliche Liebe die Sache nur noch schlimmer. Sie ergreift die Partei des herausfordernden Babys, indem sie es gegen das ältere und größere Kind verteidigt. Ihre übermäßige Beschützung verstärkt Susis Meinung von sich als »Baby«, das besondere Aufmerksamkeit verlangen darf. Mit sechs Jahren ist Susi gut in der Lage, für sich selbst zu sorgen, und braucht keine Beschützung mehr. Selbst wenn das ältere und größere Kind sie wirklich verfolgt, ist sie durchaus fähig, sich zu verteidigen. Stempelt die Mutter Helmut zum Schuldigen, fällt sie auf Susis Absicht herein, Helmut zu unterdrücken und sich selbst zu erhöhen. Dieses typische Verhältnis können wir immer beobachten, wenn Eltern sich in den Streit der Kinder einmischen. Sobald ein Kampf beendet scheint, ist ein neuer schon wieder im Entstehen. Wenn Eltern Partei ergreifen, wird ein Kind der Sieger, und das andere erleidet eine Niederlage. Man kann ziemlich sicher sein, daß der Sieger, das heißt, derjenige, dem es gelingt, die Eltern von seiner Unschuld zu überzeugen, gewöhnlich den Kampf anfängt, indem er seinen Rivalen offen oder versteckt herausfordert. Die Gunst der Eltern zu gewinnen und sie auf seiner Seite zu haben, macht es durchaus bezahlt, dafür Schläge von seinem Bruder zu riskieren. Rivalität zwischen Geschwistern liegt solchen Kämpfen zugrunde. Wie könnten Worte oder Predigten über brüderliche Liebe eine Wirkung haben, wo sie doch dem Schuldigen helfen, der sich gern als Opfer aufspielt? Eine Moralpredigt vermehrt nur die Schwierigkeiten, weil damit ein Gebot gegeben wird, das man nicht erfüllen kann und das nur die Spannung noch vermehrt.

Hätte die Mutter nur eine Sekunde lang Susi angesehen, dann hätte sie eine neue Einsicht in das Verhältnis zwischen den Kindern gewonnen. Das Gesicht des Kindes, das nicht gescholten wird, zeigt gewöhnlich einen Ausdruck der Befriedigung. Das gescholtene Kind steht wieder einmal in Ungunst! Susi rief diesen Kampf absichtlich, wenn auch nicht bewußt, hervor, um Helmut Schwierigkeiten zu machen. Dies gab ihr ein erregendes Gefühl und verstärkte ihre Rolle. Die Tatsache, daß Susi hinausrannte, um zu finden, wo ihre Mutter war, ehe sie schrie, ist ein sicheres Zeichen dafür. Arno benützte die Situation, um jedermann daran zu erinnern, wie »gut« er ist, und damit seine Stellung zu festigen. Helmut findet sich immer wieder in der Rolle des »Unartigen«. Er sieht sich hoffnungslos zu dieser Rolle verdammt und versucht deshalb nicht einmal, den Streit mit Susi zu vermeiden. Die Mutter verstärkt durch ihre Einmischung die Auffassung jedes Kindes von sich selbst, das heißt, die irrtümliche Meinung seines eigenen Wertes; sie zeigt den Kindern, statt sie zu lehren, mit Kämpfen aufzuhören, wie vorteilhaft es ist, weiter zu streiten.

Würde die Mutter die ganze Situation ignorieren, ihr Vertrauen in Susis Fähigkeit, für sich selbst zu sorgen, ausdrücken, und den Kindern die Lösung ihrer Auseinandersetzungen selbst überlassen, so hätte der Streit bald seine Vorteile verloren. Susis durchdringender Schrei ist eine Methode und nicht das Ergebnis eines Schlages. Läßt sich die Mutter nicht mehr durch das Geschrei Susis beeindrucken, kann diese sich entscheiden, diese unnütze Methode aufzugeben.

Wenn Mutter und Vater miteinander streiten, können die Kinder sie leicht nachahmen. Sie sehen diese Methode bei den Erwachsenen als Mittel, sich gegenseitig überlegen zu fühlen. Ein rebellisches Kind kann sich aber auch in der Gegenrichtung bewegen und Werte entwickeln, die dem »Familienwert« entgegengesetzt sind.

Bei einem Streit findet auch immer ein Kampf um Macht statt. Sozial gleichwertige Menschen brauchen Konflikte nicht als Möglichkeit zu benützen, ihre Überlegenheit zu zeigen. Sie können einen Konflikt ohne Sieg oder Niederlage beilegen. Wird aber das Gefühl der eigenen Stellung durch die Bewegung eines anderen bedroht, artet der Konflikt zum Kampf aus. Feindlichkeit wird erregt, um die Gebote der Höflichkeit und Rücksicht außer acht zu lassen; man versucht, seine verlorene Geltung auf Kosten des Gegners wiederzugewinnen. Ergreifen wir die Partei des Babys, das heißt, schützen wir das jüngste Kind gegen das älteste und verteidigen wir das scheinbar mißhandelte, dann verstärken wir sein Ziel, durch Schwäche und Mängel ganz besondere Rücksicht zu bekommen. Damit bekräftigen wir gerade das, was wir vermeiden wollen. Kinder, die auf sich selbst angewiesen sind, schaffen eine viel gleichwertigere und gerechtere Beziehung unter sich, als wir es je ihnen aufdrängen könnten. Durch den Einfluß der Wirklichkeit lernen sie Diplomatie, Gleichberechtigung, faires Spiel, Gerechtigkeit, Rücksicht und Achtung voreinander zu entwickeln. Wir können dazu am besten helfen, indem wir uns von einer solchen Situation zurückziehen und ihnen Platz lassen.

Man soll und kann eine freundliche Aussprache über Streit und Kampf haben, aber ohne nur im geringsten mit dem Finger auf jemand zu weisen oder zu predigen. Dann kann man mit den Kindern die Wege und Arten besprechen und ausarbeiten, Schwierigkeiten beizulegen. Dies ist jedoch im Zeitpunkt des Kampfes nicht möglich, weil Worte in diesem Augenblick nicht »lehren« oder »helfen«, sondern nur zusätzliche Waffen sind.

## 25. Kapitel

# SICH DURCH FURCHTSAMKEIT NICHT BEEINDRUCKEN LASSEN

»Ja, aber ich muß unbedingt um fünf Uhr zu Hause sein«, sagte die Mutter zu ihrer Freundin. »Wieso?« »Weil ich Elsbeth sagte, daß ich um fünf Uhr kommen würde. Sie wird am Fenster stehen und auf mich warten. Wenn ich nicht zur Zeit heimkomme, bekommt sie Angstzustände. Sie weint dann so, daß sie hysterisch wird.«

Elsbeth hat ihre Mutter gründlich erzogen. Sie benützt ihre Angst, um die Mutter zu beherrschen. Elsbeths Angst ist keine Einbildung, sie hat sie wirklich. Ihr Leben ist aber dadurch nicht sehr erfreulich, und ihre Mutter will natürlich dieses Unglück nicht noch vergrößern. Wie konnte sich eine solche Situation entwickeln?

Wir alle haben Gefühle. Sie sind der Brennstoff, mit dem wir den Ofen des Handelns heizen. Ohne sie wären wir unbestimmt, schwach, richtungslos. Auch wenn wir es uns nicht eingestehen, *wir* rufen die Gefühle hervor, die unsere Absichten unterstützen. Wir haben die Wahl des Brennstoffs, den wir benützen, um uns den nötigen Auftrieb zu geben. Elsbeth ist nicht von dieser Angst »besessen« — wie wenn Angst eine Art Geist wäre, der in sie eindringt! Elsbeth besitzt die Angst und benützt sie. Die Tatsache, daß sie die Angst selbst hervorruft, macht sie deshalb nicht unwirklicher.

Die Möglichkeit, Angst als Methode zu benützen, wurde von Elsbeth wahrscheinlich zufällig entdeckt. Als sie die Vorteile, die sie auf diese Art erreichen konnte, bemerkte, machte sie natürlich davon Gebrauch. Jetzt ist sie im eigenen Netz gefangen. Die Mutter hat ihren Anteil an der Verantwortung dafür, weil sie sich von Elsbeths Angst beeindrucken ließ und ihr dadurch das Gefühl des »Erfolgs« verschaffte.

Wir alle kennen Angst und wissen, daß wir in diesem Zustand

nicht richtig funktionieren. Deshalb scheint Angst ein Luxus zu sein, den wir uns nicht leisten sollten. Tatsächlich erlebt man im Augenblick wirklicher Lebensgefahr keine Angst, sondern nur vorher oder nachher, wenn wir daran denken, »was geschehen kann« oder »was hätte geschehen können«. Ist man in einen Verkehrsunfall verwickelt, hat man viel zu sehr mit der Klärung der Situation zu tun, als daß man Angst empfinden könnte. Zittern und Herzklopfen beginnen erst nach dem Unfall. Wir benötigen also keine Angst, um Gefahren zu vermeiden. Im Gegenteil, Angst vergrößert gewöhnlich die Gefahr; sie verstärkt unsere Überzeugung, wir seien unfähig, einer gefährlichen Situation Herr zu werden. Unsere Angst, irgend etwas nicht tun zu können, lähmt uns so, daß wir es wirklich nicht können.

Wir müssen zwischen Schreck und Angst unterscheiden. Lärm oder Fallen kann ein kleines Kind erschrecken. Das ist aber nur eine kurze, vorübergehende Reaktion. Das Gefühl der Angst als Fortsetzung des ersten Schrecks entwickelt sich erst, wenn auch die Eltern »erschrecken« und deshalb auf die fortgesetzten Ängste des Kindes reagieren.

Ein kleines Kind, das sich plötzlich einer neuen, überraschenden und drohenden Situation gegenübersieht, hat verschiedene Möglichkeiten. Es kann anhalten und warten, was die Erwachsenen tun, oder es kann sich zurückziehen und weglaufen. Es kann aber auch die Angst ausprobieren.

Der sechzehn Monate alte Mark sah zum erstenmal einen Hund, als ihn die Mutter zum Besuch von Freunden mitnahm. Als er dieses fremde, sich bewegende Ding sah, klammerte er sich an die Mutter. Alle Erwachsenen um ihn herum machten großes Aufheben: »Er tut dir nichts, Mark, siehst du? Komm, streichle ihn. Er hat dich gern, hab keine Angst.« usw. usw.

Mark beurteilte die Situation rasch — und richtig! Unsicher darüber, was er tun sollte, entschied er sich, die durch die Reaktion der Erwachsenen ihm nahegelegte Angst zu benützen, um seine Verwirrung zu verbergen und das Getue und die Aufregung weiter zu genießen. So kann der Gebrauch der Angst beginnen. Ein überängstlicher lauter Ton in der Stimme und das aufgeregte Verhalten der Erwachsenen bei solchen Anlässen ist für die Entwicklung der Angst besonders günstig. Und es lohnt sich, durch Furchtsamkeit all diese Reaktionen unter den Erwachsenen hervorzurufen! Das ist gewöhnlich nur der Anfang. Verstärkte Angst erzeugt weitere übertriebene Versicherungen und sogar eine *ganz* besondere Aufmerksamkeit, wie z. B., aufgenommen und getröstet zu werden. So wurde natürliches Zögern in Angst umgesetzt, die sich als sehr nützlich erwies, um bei den Erwachsenen Beachtung zu finden.

Kinder sind geborene Schauspieler. Sie haben keine Hemmungen, weil sie sich über die Folgen ihres Verhaltens nicht viel Gedanken machen. Allmähliche Erfahrung der Auswirkung gewisser Verhaltensweisen führt die Jugendlichen dazu, eine Maske zu entwickeln, die sie als Erwachsene beibehalten. Wir alle haben gewisse Absichten, die wir nicht einmal uns selbst eingestehen, weil sie sozial nicht annehmbar sind. Kleine Kinder kümmern sich nicht darum, was sozial annehmbar ist, und reagieren deshalb frei und offen. Ihre Gefühle sind offenkundig. Sehen sie sich einer neuen und unerwarteten Situation gegenüber, dann halten sie sich zurück, beobachten und schauen nach Anhaltspunkten, wie z. B. der Reaktionsweise der Erwachsenen. Die Erwachsenen ließen Mark ihre Erwartung, daß er Angst habe, erkennen. Diesen Erwartungen entsprach er, indem er sie in seinen Dienst stellte.

Die Mutter hätte Vertrauen in Marks Fähigkeit haben können, eine neue Erfahrung zu meistern. Sie könnte sich zurückziehen und ihm das Feld überlassen, um damit fertig zu werden. Vor allem sollte sie aufhören, sich über Marks mutmaßliche Reaktion Gedanken zu machen und zu versuchen, diese für ihn zu arrangieren. Mark vermag das Problem allein zu lösen. Obwohl er sich fürchtet, kann die Mutter völlig unbeeindruckt bleiben. Tatsächlich aber hatte die Mutter Angst, Mark würde Angst bekommen, und rief dadurch gerade das hervor, was sie vermeiden wollte — seine

Ängstlichkeit. Falls jedoch Mark seine Mutter mit seiner Angst nicht beeindrucken kann, dann hört dieses Gefühl auf, ihm von Nutzen zu sein.
Manchmal kann Furcht dazu benützt werden, um einen dramatischen Schreck zu erzielen.

Mit fünf Jahren hatte Magda keine Angst vor Grashüpfern. Eines Tages sprang jedoch ein besonders großer an ihr hinauf. Sie gab einen kleinen, erstaunten Schrei von sich. Während sie versuchte, den Grashüpfer von sich wegzuwischen, geriet er in ihr Kleid. Dieses Gefühl war nicht sehr angenehm, so daß sie wieder schrie — aber hauptsächlich deshalb, weil ihr erster Schrei ihren neunjährigen Bruder zum Lachen gebracht hatte. Ihre Versuche, den Grashüpfer loszuwerden, erschienen ihm immer lächerlicher. Sie schrie lauter und lauter, weil sie sich über ihn ärgerte. Die Mutter kam bleich und aufgeregt aus dem Haus gerannt.
An diesem Abend kam ihr Bruder mit geschlossenen Händen zu ihr. »Ich hab etwas für dich.« »Was?« Er öffnete seine Hände und ein Grashüpfer sprang heraus. Magda schrie, daß einem das Blut erstarrte, und beide Eltern rannten herbei. Sie tadelten den Bruder und schalten Magda für ihre Albernheit. Von jetzt an schrie Magda immer, wenn sie einen Grashüpfer sah. Sie wußte aber, wenn auch etwas unter der Oberfläche, daß sie tatsächlich keine *solche* Angst vor Grashüpfern hatte. Es war nur, weil ihre Furcht einen so dramatischen Schreck erzeugen konnte.

Das Dümmste, was Magdas Eltern sagen können, ist, daß sie albern sei. Dies ist eine Herausforderung, ihren schreckerfüllten Zustand beizubehalten. Würden die Eltern sich durch ihr Geschrei nicht beeindrucken lassen, könnten sie den Zweck der Angst ausschalten.

Der vierjährige Benno spielte mit der elektrischen Eisenbahn unterm Weihnachtsbaum. Plötzlich zuckte er zurück und schrie. Er hatte einen elektrischen Schlag erhalten. Die Mutter, die dabeisaß, erfaßte die Situation und nahm ihn auf, um ihn zu trösten. »Das ist nichts weiter, Liebling, du hast einen elektrischen Schlag bekommen, das ist alles. Mit der Eisenbahn ist irgend etwas nicht in Ordnung. Wenn Vati heimkommt, wird er es reparieren.«
Am Abend behob der Vater den Schaden, aber Benno wollte nicht mehr mit der Eisenbahn spielen. Er steckte seinen Kopf jedesmal in Mutters Schoß, wenn der Vater versuchte, ihn zum Spielen mit der

Eisenbahn zu bringen. Schließlich tauschten die Eltern Blicke aus. Die Mutter schüttelte ganz leicht ihren Kopf, Vater nickte dazu, ließ die Eisenbahn und setzte sich mit der Zeitung hin. Sonst wurde nichts gesagt. Benno ging nicht mehr an die Eisenbahn, und zwei Tage später baute der Vater sie mit dem Rest der Weihnachtsdekoration ab und räumte sie in eine Schachtel. Benno sah ernst zu, ohne irgend etwas zu sagen. Als er ins Bett gebracht wurde, bemerkte er jedoch: »Vati, ich möchte mit meiner Eisenbahn spielen!« »Wir werden sie bald wieder auspacken, Benno. Welche Geschichte soll ich dir heute abend vorlesen?«

Bennos Widerwille, mit der Eisenbahn zu spielen, war nach dieser unangenehmen Erfahrung nur natürlich. Seine Eltern verstanden dies. Als er aber weiter Widerstand leistete und nicht glauben wollte, daß Vater es in Ordnung gebracht habe, und als er begann, sie mit seinen ängstlichen Erwartungen zu beschäftigen, ließen die Eltern alles auf sich beruhen und »nahmen ihre Segel aus seinem Wind«. Es war ihnen klar, daß Benno noch zu jung war, um die Gesetze der Elektrizität zu verstehen. Sie versuchten nicht, ihn durch Erklärungen, die die Auffassungsfähigkeit seines Alters übersteigen, dazu zu bringen, seine Furcht zu überwinden. Dadurch hatte Benno keine weiteren Vorteile. Die Eisenbahn wurde weggeräumt, und dann wollte er wieder mit ihr spielen. Seine Angst hatte keine Gelegenheit mehr, als ein nützliches Werkzeug zu dienen. Der Vater vermied Tadel und jede Predigt über Dummheit. Er akzeptierte das Handeln seines Sohnes. Als Benno nach der Eisenbahn fragte, versprach er, sie bald wieder herzutun, und wechselte das Thema.

Die Mutter versuchte, Martina zu helfen, ihre Angst vor der Dunkelheit zu überwinden. Sie brachte die Dreijährige ins Bett, machte das Licht im Hausgang an und im Schlafzimmer aus. »Mami, Mami«, schrie Martina voll Angst. »Ist schon gut, Liebes«, beruhigte sie die Mutter. »Ich verlasse dich nicht. Es ist wirklich nichts da, vor dem man Angst haben müßte. Siehst du? Deine Mutti ist gerade hier.« »Ich möchte aber das Licht an, ich habe Angst vor der Dunkelheit.« »Das Licht im Hausgang brennt ja, Liebes, und deine Mutter ist hier.« »Du gehst nicht weg?« »Nein, ich sitze hier, bis du einschläfst.« Es dauerte lange, bis

Martina einschlief. Immer wieder erhob sie sich, um zu sehen, ob ihre Mutter noch da sei.

Die Mutter dachte, sie könnte Martina langsam dazu bringen, sich an die Dunkelheit zu gewöhnen, indem sie das Licht weiter weg tat. Sie merkte jedoch nicht, wie Martina ihre Angst benützte, um die Mutter bei sich zu behalten und in ihren Dienst zu stellen.

Kinder, die Angst zeigen, wirken sehr überzeugend. Sie scheinen so klein und hilflos zu sein; das Leben muß ihnen ja erschreckend vorkommen. Verstehen wir aber den Beweggrund des kindlichen Verhaltens, dann können wir feststellen, daß unsere Reaktion dem Kind nicht hilft, sondern es noch mehr zum Gebrauch der Angst als ein Mittel des Herrschens veranlaßt.

Die Mutter kann das Licht im Schlafzimmer löschen, das im Hausgang brennen lassen, Martina ins Bett bringen, aber nicht auf ihre Angst reagieren und sie mit einem Wort der Ermutigung verlassen. »Du wirst sehen, daß du deine Angst verlieren kannst.« Wenn Martina schreit, tut die Mutter so, als ob ihre Tochter schlafen würde.

Die Mutter kann so jedoch nur handeln, wenn sie die allgemeine Ansicht, es wäre grausam, die Leiden des Kindes zu ignorieren, als Vorurteil erkennt. Wir fühlen uns so sehr getrieben, ein leidendes Kind zu trösten. Machen wir uns jedoch klar, daß wir das Leiden nur vermehren, wenn das Kind den Lohn unserer vollen Aufmerksamkeit und Sympathie bekommt, können wir den Unsinn dieser Methode gewahr werden.

Unsere Kinder können die Schwierigkeiten des Lebens nicht überwinden, wenn sie voller Ängste sind. Angst vermindert die Fähigkeit, Probleme zu lösen. Je ängstlicher man ist, desto mehr beschwört man die Gefahr herauf. Ängste sind ein wunderbares Mittel, Aufmerksamkeit zu erregen und andere in seinen Dienst zu stellen.

Natürlich ist es notwendig, Kinder Vorsicht für wirklich gefährliche Situationen zu lehren. Vorsicht und Angst sind aber nicht dasselbe. Vorsicht ist eine vernünftige und mutige Erkenntnis möglicher Gefahren, während Angst einen entmutigten und lähmenden Rückzug bedeutet. Unsere Kinder müssen Vorsicht lernen, wenn sie die Straßen überqueren und wenn sie von Fremden angesprochen werden. Sie müssen wissen, daß Schußwaffen tödlich sein können und keine Spielzeuge sind und daß nur dort geschwommen werden darf, wo die Wassertiefe den eigenen Fähigkeiten entspricht.

Dies alles kann aber ohne Angstmachen gelehrt werden. Es ist eine Sache des Erkennens von Grenzen, des Lernens, wie man mit schwierig oder gefährlich erscheinenden Situationen fertig wird. Angst untergräbt den Mut. Angst ist gefährlich. Kindern dient sie als Zweck. Wenn Eltern nicht auf ihre Ängste reagieren, werden Kinder sie nicht entwickeln, und Eltern und Kinder werden beide frei bleiben von den nachfolgenden Qualen und Leiden.

Soweit Moritz sich erinnern kann, hörte er seine Mutter von den Schmerzen der Geburt und den Leiden und Qualen bei Operationen erzählen. Vor drei Monaten wurde entdeckt, daß Moritz eine Geschwulst in seinem Bein hatte, die operiert werden mußte. Als es ihm gesagt wurde, schrie und weinte er und machte hysterische Szenen. Er wollte lieber an der Geschwulst sterben, als sich operieren lassen. Die Mutter versuchte, ihn zu trösten, selbstverständlich ohne Erfolg. Der Tag der Operation nahte, und strenge Maßnahmen mußten ergriffen werden, um den Jungen im Zaum zu halten. Seine Angst war so groß, daß die übliche Dosis des Beruhigungsmittels vor der Operation viel zu klein war, um zu wirken.

Schmerz ist ein Teil des Lebens. Es gibt keine Möglichkeit, vor ihm zu fliehen. Die Erzählungen der Mutter könnten ihr Versuch sein, sich als leidgeprüfte Heldin zu zeigen. Moritz hatte aber kaum Erfahrung mit wirklichen Schmerzen und entwickelte in seiner Einbildung Vorstellungen über Operationen, die die Wirklichkeit weit überstiegen. Und im Gegensatz zu seiner Mutter hatte er kein Verlangen, ein Held zu sein! Angesichts der vor ihm liegenden Schmerzen war er nicht bereit, sie mutig auf sich zu nehmen. Die Mutter hatte besonderes Mitleid mit seiner Angst, weil sie selbst die »Schrecken« von Operationen kannte. Weit entfernt,

ihrem Sohn zu helfen, eine schwierige und unvermeidliche Situation zu meistern, vergrößerte sie durch ihre Versuche, ihn zu trösten, unbewußt noch seine Angst.
Eltern wollen ihr Kind niemals leiden sehen. Es gibt jedoch Zeiten, da Schmerzen unvermeidlich sind. Das mutige Kind *leidet tatsächlich weniger*. Angst macht den, der leiden muß, widerspenstig und vermehrt tatsächlich den Schmerz. Wir müssen unseren Kindern helfen, Schmerz und Unglück hinzunehmen. Nur wenn wir uns von seiner Angst beeindrucken lassen, wird das Kind furchtsam und ängstlich.

Ein Cowboy-Vater von drei »rauhen Reitern« hatte seine eigene Methode, den natürlichen Mut zu verstärken. Wenn immer ihm eine Verletzung gezeigt wurde, sagte er: »Ach, zu dumm. Tut ein bißchen weh, wie? Mach dir keine Sorgen, es kommt schon wieder in Ordnung.« Eines Tages wurde sein Sechsjähriger von einem Füllen, das er gerade zureiten wollte, abgeworfen. Einen Augenblick benommen, saß das Kind auf der Erde und schüttelte seinen Kopf. Vater sprang über den Zaun und ging beiläufig zu seinem Jungen, um den Schaden anzusehen. Der Knabe wollte aufstehen, wimmerte aber vor Schmerz und hielt seinen Arm hin, damit er ihn sehen könne. Der Arm war offensichtlich gebrochen. »Sieht aus wie ein gebrochener Arm, mein Junge.« »Macht nichts, Vati, es kommt wieder in Ordnung. Es tut aber ganz schön weh.« Er fing zu weinen an, als die lähmende Wirkung des Falls aufhörte und die Schmerzen sich vermehrten. »Ja, ich glaube schon, daß es das tut, Sohn. Ich glaube sogar, daß es so weh tut, daß man weinen kann. Tun wir den Arm in eine Schlinge und machen eine kleine Reise zum Doktor.« Der Vater machte mit seinem Halstuch eine Schlinge und steckte den verletzten Arm zart hinein. Der Junge schrie, als der Vater den Arm bewegte. »Ja, das muß ziemlich weh tun.« Er half dem Jungen auf seine Füße, der aber nach wenigen Schritten ohnmächtig wurde. Der Vater hielt ihn fest. Einige Minuten später kam der Junge zu sich und wimmerte: »Es tut weh, Vati, aber es kommt schon wieder in Ordnung, nicht?« »Gewiß mein Junge, und der Schmerz wird nicht für ewig sein — nur ein Weilchen. Du bist jetzt wirklich ein ›rauher Reiter‹, mein Lieber«.

## 26. Kapitel

# VOR DER EIGENEN TÜR KEHREN

Arthur kam heftig weinend in die Küche gerannt. »Mama, Papa hat mich gehauen«, sagte er unter Schluchzen. Die Mutter ließ ihre Arbeit stehen, legte den Arm um ihren Sohn und tröstete ihn. »Ja, warum denn?« »Er sagte, ich sei frech, und langte mir dann eine.« »Ist schon gut, Liebling, ich werde mich darum kümmern. Du brauchst nicht mehr zu weinen.« Sobald Arthur sich beruhigt hatte, ging die Mutter zur Garage, wo der Vater arbeitete. In dem nachfolgenden Streit der Eltern erklärte die Mutter (zum hundertsten Male), daß sie nicht an körperliche Bestrafung glaube, und der Vater machte es ebenso klar, daß Arthur auch sein Sohn sei, und wenn er ihm sagte, er solle sein Fahrrad aufräumen, erwartete er keine freche Antwort. Arthur stand in der Nähe und beobachtete alles, was vor sich ging.

Das persönliche Verhältnis zwischen zwei Menschen geht nur diese beiden Menschen an. Arthurs Beziehung zu seinem Vater betrifft ihn und seinen Vater, und die Mutter sollte nicht versuchen, dieses Verhältnis zu beherrschen. Kommt der Junge zu ihr, um Vati zu »verpetzen«, könnte sie höchstens sagen: »Es tut mir leid, Arthur. Wenn du nicht haben willst, daß Vati dich schlägt, kannst du vielleicht einen Weg finden, dies zu vermeiden.« Etwas später, wenn der augenblickliche Streit sich gelegt hat, könnte sie sich mit Arthur besprechen, um ihm zu helfen, wie er es vermeiden kann, geschlagen zu werden. Will die Mutter Erzieher sein, kann sie es sich nicht leisten, Partei zu ergreifen. Wie die Dinge im Augenblick liegen, ist jedoch Arthur mit dem gegenwärtigen Verhältnis ganz zufrieden. Alle drei Mitglieder in dieser Familie arbeiten tatsächlich wunderbar zusammen. Wollen wir doch die Handlung untersuchen und sehen, wieso eine solche Feststellung berechtigt ist.

Arthur gelingt es gut, die Meinungsverschiedenheiten zwischen den

Eltern in Gang zu halten. Die Mutter ist offensichtlich das herrschende Glied der Familie. Sie und ihr Sohn sind sich in der Bemühung einig, den Vater zu unterdrücken. Arthur benützt den Punkt des mangelnden Einverständnisses zwischen ihnen geschickt für seine eigenen Zwecke. Er vergewissert sich, daß die Mutter immer noch sein »Held« ist, der ihn beschützt und ihm hilft, die Forderungen des Vaters zu mißachten. Während Arthur gewandt seine Eltern zu diesem Zweck dirigiert, leidet seine Entwicklung darunter. Statt zu lernen, mit feindlichen Situationen fertig zu werden, sucht er Schutz vor ihnen. Ohne Arthurs Spiel und den Schaden zu erkennen, der damit seiner Selbsteinschätzung getan wird, fällt die Mutter auf ihn herein. Der Vater, entschlossen, Mutters Nachgiebigkeit zunichte zu machen, schlägt den Jungen weiterhin, wenn er sich herausgefordert fühlt. Die Mutter, entschlossen, die ganze Umwelt ihres Sohnes zu beherrschen und den Vater zu zwingen, sich ihrer Methode anzupassen, schilt den Vater. Arthur gewinnt in allen Richtungen. Sohn und Mutter arbeiten zusammen, um den Vater niederzuhalten. Vater und Arthur arbeiten zusammen, um einander zu zeigen, wer der Herr ist.

Das ist aber kein harmonisches Familienleben, und Arthur lernt nicht, Achtung vor anderen, besonders vor seinem Vater zu haben. Natürlich möchte er nicht geschlagen werden. Er ist aber willens, dies zu erdulden, um seinen Vater bloßzustellen und die Gunst der Mutter zu gewinnen. Die Mutter glaubt nicht an körperliche Bestrafung und sieht es deshalb nicht gern, wenn Arthur geschlagen wird. So benützt sie diese Gelegenheit, um ihrem Mann Vorschriften zu machen. Sie sollte vor ihrer eigenen Tür kehren und aufhören, alles beherrschen zu wollen. Sie hat das Recht, ihrer eigenen Überzeugung zu folgen, indem *sie* ihren Sohn nicht schlägt; sie hat aber nicht das Recht, ihrem Mann zu sagen, wie *er* den Sohn behandeln soll. Das Verhältnis zwischen Arthur und seinem Vater ist nicht ihr, sondern deren Problem.

Dies ist für viele nicht leicht zu verstehen. Sollen wir nicht darauf sehen, daß ein Kind richtig behandelt wird? Ja, in gewisser Hinsicht sind wir dafür verantwortlich. Was ist aber »richtige« Behandlung? Es bedarf einer »Autorität«, um diese Frage zu entscheiden. In einer demokratischen Familie gibt es aber keine solche Autorität. Dazu kommt, daß wir in der Erkenntnis der schöpferischen Kraft des Kindes und seines Rechts, sich zu entscheiden, gewahren, wie jedes Kind auf seine eigene Art einen großen Teil der ihm widerfahrenden Behandlung selbst hervorruft. Es ist deshalb unsere Pflicht, die Gesamtsituation, die Ziele des Kindes und die Wechselwirkung der Beziehungen zu verstehen. Mit dieser Kenntnis können und müssen wir das Kind dazu erziehen, Ordnung anzuerkennen und den Forderungen der Situation Rechnung zu tragen. Dies ist der einzige Weg, wie wir richtiges Verhalten fördern können.

Es ist nur natürlich, daß Eltern, als zwei Individuen, über viele Dinge verschiedene Vorstellungen haben. Und es ist schön, wenn sie sich über die Art der Erziehung einigen. Eine solche Einigung ist aber *nicht notwendig*. Das Kind bildet sich seine eigene Meinung darüber, wie es sich zu jeder Person seiner Umgebung verhalten will. Wegen dieses aktiven Anteils des Kindes an jeder seiner Beziehungen behandelt jeder Elternteil jedes Kind anders, auch wenn Übereinstimmung in den allgemeinen Richtlinien besteht. Dies ist der Grund, warum Kinder durch die verschiedene Behandlung seitens Mutter, Vater, Großeltern und anderen Verwandten nicht verwirrt werden. Sie wissen gewöhnlich ganz genau, aus jeder Beziehung für sich selbst den größten Nutzen herauszuholen.

Außerdem finden wir einen merkwürdigen Zusammenhang zwischen dem Vertrauen einer Mutter in ihre Fähigkeit, Kinder zu erziehen, und ihrer Kritik des Verhaltens anderer Familienmitglieder. Je weniger sie sich fähig fühlt, mit den Problemen ihres Kindes fertig zu werden, desto sicherer weiß sie, was andere tun sollten. Gelingt es ihr, ihr eigenes Benehmen zu verbessern, dann ist ihr das, was andere tun, nicht mehr so wichtig. Diese sind hinfort nur noch ein Teil der Wirklichkeit der Gesamtsituation, mit der sie zu tun hat.

Die siebenjährige Esther ist das einzige Enkelkind. Die Großmutter väterlicherseits ist in sie vernarrt und überschüttet sie bei jeder Gelegenheit mit Geschenken. Mutter und Vater schenken nur, was sie vernünftig und passend finden. Esther erhielt von ihrer Großmutter zu Ostern sechs Geschenke, fünf an ihrem Geburtstag und zehn zu Weihnachten. Sie öffnete die Geschenke von Mutter und Vater, dankte ihnen und freute sich in einer natürlichen Weise daran. Nachdem sie aber das letzte Geschenk von Großmutter geöffnet hatte, beklagte sie sich: »Ist das *alles*?« Einige Tage später entdeckte die Mutter, daß Esther alle nur möglichen Geschenktage auf ihrem Kalender mit einem roten Bleistift dick angestrichen hatte.
Durch diese »Schatzgräber«-Haltung beunruhigt, sprach die Mutter mit Vater und bat ihn, seine Mutter zu ersuchen, ihre Geschenke einzuschränken. Der Vater weigerte sich. Er sah Mutters Verlangen nicht als vernünftig an. Es folgte eine heftige Auseinandersetzung wegen der Schwiegermutter. Die Mutter war überzeugt, daß die Großmutter Esther hoffnungslos verwöhne.

Arme Mutter! Sie hat absolut kein Vertrauen zu ihrem eigenen Einfluß auf ihr Kind und sieht Gefahren viel größer als sie wirklich sind. Da Mutter und Vater vernünftig Geschenke geben, zeigt Esther ihnen gegenüber keine Haltung des Habenwollens, sondern nur gegenüber der Großmutter. Die Mutter kann nicht dauernd die Großmutter überwachen. Was Großmutter tut, geht sie nichts an. Das Verhältnis zwischen Großmutter und Esther geht diese beiden an. In dieser Situation kann die Mutter darauf vertrauen, daß ihre Art, Geschenke in vernünftiger Weise zu geben, ein Beispiel abgibt, welches Großmutters Freigebigkeit entgegenwirkt. Es ist jedoch wesentlich, daß Kinder nicht nur lernen, Geschenke zu bekommen, sondern auch Geschenke zu geben. Esther sollte Großmutters Geburtstag nicht vergessen und ihr Geschenke geben oder noch besser *machen*, auch an Weihnachten und Ostern. Um alles andere sollte die Mutter sich nicht kümmern und Esther ihre Beziehung zur Großmutter selbst bilden lassen. Überdies, wenn

Esther zu viele Spielsachen bekommen sollte, könnte die Mutter mit Esther besprechen, wie man einige Sachen beiseite legen könnte, so daß das Kind immer wieder neue Spielsachen vorfände, ohne auf neue Geschenke zu warten. Dadurch kann dem Kind ein Sinn für Sparsamkeit, selbst in der größten Fülle, beigebracht werden. Auf diese Weise kann die gefährliche Verschwendung der Großmutter zu einem erfolgreichen Erziehungsmittel werden.

Jedes Kind lebt in einer Umgebung, die außer den Eltern andere Erwachsene einschließt. Großeltern und Verwandte sind gewöhnlich die ersten und nächsten Kontakte, denen Nachbarn, Freunde der Eltern, Lehrer und ein immer größer werdender Personenkreis folgen. Es ist so gut wie unmöglich, den Einfluß aller dieser Menschen auf das Kind zu kontrollieren. Ist das Kind ungünstigen Einflüssen ausgesetzt, neigen wir dazu, uns gegen den betreffenden Erwachsenen zu stellen, in der Hoffnung, dadurch seinen Einfluß auf das Kind zu vermindern oder auszuschalten. Dies ist völlig sinnlos. Weder braucht das Kind vor seiner Umgebung beschützt zu werden, noch ist es nötig, diese Umgebung zu ändern. Was es wirklich braucht, ist Führung bei seinen Reaktionen. Der Reiz, dem das Kind ausgesetzt ist, ist viel weniger wichtig als seine Reaktion darauf. Das Kind ist ein Individuum und entwickelt als solches seine persönliche Beziehung zu jeder Person, mit der es in engen Kontakt kommt. Unsere Kinder brauchen Erfahrung mit einer großen Anzahl von Personen, damit sie die Menschen verstehen und beurteilen lernen. Es ist unsere Pflicht, solche Gelegenheiten beim Schopfe zu fassen, um das Kind bei der richtigen Meinungsbildung zu unterstützen.

Die Beziehung zu den Großeltern ist die Quelle so manchen Kummers in den heutigen Familien. Diese Tatsache allein zeigt schon die Wandlungen in unserer Gesellschaft und den Bruch mit der Tradition. Töchter und Söhne haben völlig andere Vorstellungen, wie Kinder erzogen werden sollen, und lehnen die Einmischung ihrer Eltern ab. Machen sie den Fehler, ihre Eltern zwingen zu wollen, ihre Methoden anzunehmen, stören sie nur das bestehende Verhältnis. Eltern können eine Konfliktsituation mit Großeltern dadurch vermeiden, daß sie ihnen das Recht auf ihre Überzeugung zuerkennen. Und dann tun sie das, was *sie* für recht halten. Großeltern haben Freude an ihren Enkeln. Ihre Stellung gibt ihnen alle Vorrechte, aber wenig Verantwortung für ihre Enkelkinder. Regen sich Eltern über das »Verwöhnen« durch die Großeltern auf, so zeigen sie damit ihren eigenen Pessimismus und den Zweifel an ihrer Fähigkeit, ihr Kind zu beeinflussen. Jede Bemühung, die Großeltern zu »korrigieren«, ist falsch und nutzlos; sie vergrößert nur Spannung und Streit. Das Verhältnis zwischen Kind und Großeltern ist Sache des Kindes und seiner Großeltern. Wir müssen jedoch dem Kind helfen, richtig auf sie zu reagieren. Eine verwöhnende Großmutter kann dem Kind den Eindruck vermitteln, es sei berechtigt, zu bekommen und zu tun, was es will, und jeder, der seinen Wünschen zuwider ist, sei sein Feind. In einem solchen Fall braucht das Kind unsere Unterstützung, um seine Meinung zu ändern. Nur wenn sie dem Kind bei *seiner* Einstellung hilft, ist eine Mutter in der Lage, zu verhindern, daß Großeltern dem Kind einen falschen Eindruck vom Leben und seinen eigenen Rechten geben.

Der sechsjährige Bert hatte seinen Vater besucht, der von der Mutter geschieden war und wieder geheiratet hatte. Als er heimkam, war geronnenes Blut an seiner Nase zu sehen. Die Mutter fragte besorgt, was geschehen sei. »Sie schlug mich, bis meine Nase blutete.« »Ja, warum denn? Was hast du denn getan?« »Ich las ihr mein Buch vor.« »Ja warum hat sie dich aber geschlagen?« »Weil ich ein schwieriges Wort nicht lesen konnte.« Die Mutter war wütend. Welches Recht hatte diese andere Frau, ihr Kind zu schlagen? Am Abend rief sie voller Wut ihren früheren Mann an und am nächsten Tag beriet sie sich mit dem Rechtsanwalt. Daraus entstand eine große Aufregung, aber etwas Greifbares kam nicht dabei heraus.

Bei der Vielfalt unserer heutigen Beziehungen sind solche Zwischenfälle ziemlich häufig. Scheidung und Wiederheirat lassen sowohl für Kinder wie für Erwachsene komplizierte Situationen entstehen. Alte Feindschaften, die die Scheidung verursachten, werden verstärkt, und oft sind die Kinder nicht nur unschuldige Zuschauer. Sie beziehen ihre eigene Stellung in dieser Verwirrung und spielen oft den einen gegen den anderen aus. Man kann sich gut vorstellen, wie ein Kind weitere Störungen hervorruft, um Zuneigung und »Trost« zu finden. Darauf sollten Mütter nicht hereinfallen. Kann Bert in dieser komplizierten Situation keine weitere Störung verursachen und kümmert sich die Mutter nicht mehr darum, was geschieht, wenn er das andere Heim besucht, dann vermag Bert ein besseres Verhältnis zur zweiten Frau seines Vaters zu entwickeln. Die Mutter kann Bert am besten dadurch helfen, indem sie ihm vorschlägt, sich nächstes Mal vielleicht nicht mehr so zu benehmen, daß er Schläge bekommt. »Es ist deine Entscheidung, Bert. Ich bin sicher, du findest eine Möglichkeit, ohne Streit mit ihr auszukommen.«

Ein Nachbar kam zum Vater, um sich über Philipp zu beklagen, der mit seinem Fahrrad in das Rad seines Sohnes gefahren war. Dadurch sei Edgar gestürzt und habe sich verletzt. (Beide Jungen waren neun Jahre alt.) Der Nachbar war offensichtlich ärgerlich und verlangte, der Vater solle Philipp bestrafen, damit »dieses dauernde Streiten aufhöre.« »Philipp fängt immer damit an!« »Es tut mir leid, daß Sie sich darüber aufregen. Aber glauben Sie nicht, daß die Kämpfe zwischen den Jungen *ihr* Problem sind?« Erstaunt hielt der Nachbar einen Augenblick inne und fragte dann: »Was meinen Sie damit?« »Ich glaube, daß das Verhältnis Philipps zu seinen Freunden sein Problem ist. Ich bin überzeugt, daß beide Jungen miteinander auskommen können, wenn wir sie sich selbst überlassen.« »Aber Edgar wird dauernd verwundet. Philipp tut immer etwas, um ihn zu verletzen. Und ich habe jetzt genug davon.« Der Vater mußte ein Lächeln unterdrücken, weil Edgar größer und schwerer als Philipp war. »Auch Philipp kommt oft verletzt heim. Aber ich glaube, wenn wir uns beide nicht darum kümmern, werden die *Jungen* es müde werden, sich gegenseitig zu verletzen.« »Ich glaube, es ist langsam Zeit, daß Sie sich mehr um Ihren Jungen kümmern.« »Ich habe keine Idee, wie ich *bewirken* kann, daß Philipp mit irgend etwas aufhört, wenn ich ihn nicht persönlich zurückhalte und jede Minute bei ihm bleibe. Ich glaube nicht, daß ein solches Handeln ihm helfen würde, mit anderen Kindern oder mit Problemen, die zwischen ihnen auf-

tauchen, fertig zu werden. Natürlich werde ich mit Philipp sprechen und sehen, ob ich ihm helfen kann, die Situation zu verbessern. Das ist aber auch alles, was ich tun kann.«
Nachdem der Nachbar weg war, kam Philipp, der von einem anschließenden Zimmer die Unterhaltung gehört hatte, halb großspurig, halb zögernd herein. Jeder beobachtete einen Augenblick den anderen. Der Vater sagte nichts. »Ja, ich fuhr auf der einen Seite und ...« »Ich möchte keine Einzelheiten hören, Philipp. Ich möchte nur wissen, ob du und Edgar Freude an diesen Kämpfen habt. Es sieht so aus, als ob seine Leute sich darüber ärgern.« Ein Grinsen und unterdrücktes Lachen waren Philipps einzige Antwort. »Vielleicht können du und Edgar andere Spielmöglichkeiten herausfinden. Es ist deine Entscheidung. Wir wollen sehen, was du daraus machst.«

Das Zusammenleben mit anderen ist ein Teil der Wirklichkeit des Lebens. Es ist unsere Aufgabe, dem Kind zu helfen, die richtige Einstellung zur Wirklichkeit zu entwickeln. Edgars Vater versucht, die Wirklichkeit zu beherrschen oder zu ändern. Er hilft Edgar nicht, sondern gibt ihm den falschen Eindruck, der Vater stehe immer zur Verfügung, um Dinge in Ordnung zu bringen. Edgar seinerseits macht keine Anstrengungen, um die Kunst des Zusammenlebens zu lernen. Im Gegensatz dazu erhielt Philipp die Verantwortung für seine eigenen Beziehungen. Ohne zu predigen, hat der Vater vorgeschlagen, Philipp solle seine eigene Einstellung überprüfen, und hat dann Philipps Interesse durch seine letzten Worte geweckt.

Margot beklagte sich bei ihrer Mutter: »Ich hasse Fräulein C. Sie ist eine blöde Lehrerin. Und so ungerecht!« »Was ist denn passiert, Margot?« »Oh, sie macht mich immer vor der Klasse lächerlich. Sie macht immer häßliche Bemerkungen, daß ich nicht rechtschreiben kann, und wenn ich meine Hand strecke, ruft sie mich nie auf. Heute nahm sie mein Heft und las alle Fehler der Klasse vor. Ich könnte sie umbringen!« Margots Ärger und Demütigung übermannten sie, und sie brach in Tränen aus. Die Mutter war aufgeregt. »Ich werde mit ihr sprechen, Margot. Das ist wirklich keine Art, ein Kind zu behandeln.«

Die Mutter hat recht. Kinder lernen nicht durch Demütigung. Sie ist jedoch nicht in der Lage, die Lehrerin umzuerziehen. Der Zorn gegenüber der Lehrerin würde nur noch Öl ins Feuer gießen. Wäre die ganze Wahrheit bekannt, könnte man sicherlich erkennen, daß auch Margot nicht ganz schuldlos ist, indem sie die Haltung der Lehrerin provozierte. Eine gewisse Bewegung ihrer Schultern und die Art, die Augen zu senken, zeigte ihre Verachtung für »solch eine blöde Lehrerin«.

Ohne Zweifel ist das Verhältnis zwischen Margot und ihrer Lehrerin nicht gut. Es ist die Aufgabe der Mutter, ihrer Tochter zur Erkenntnis zu verhelfen, wie sie zu diesem schlechten Verhältnis beiträgt, und ihr eine Handlungsweise zu empfehlen, die ihr die Situation in der Schule in einem besseren Licht erscheinen lassen würde. Margot so weit zu bringen, ihren eigenen Beitrag einzusehen, muß in einer indirekten Weise erfolgen. »Glaubst du, daß sich eine Lehrerin glücklich fühlt, wenn eine Schülerin sie nicht gern hat?« Oder: »Was würdest du tun, wenn du die Lehrerin wärst und eine deiner Schülerinnen würde dich hassen?« Weiter: »Fräulein C. mag dumm sein, wie du sagst; ich weiß es nicht. Unglücklicherweise kann niemand von allem immer das Beste haben. Wir sollten aber aus dem, was wir haben, das Beste machen. Ich bin überzeugt, daß du im Augenblick nicht gerade glücklich bist. Vielleicht könnten wir etwas ausdenken, was du tun könntest, um dich glücklicher zu fühlen.«

Würde die Mutter Margots Stellungnahme kritisieren, so würde dies die Feindseligkeit des Kindes nur vermehren und sie dazu bringen, ihre Haltung zu verteidigen. Ergreift die Mutter andererseits Margots Partei, dann würde sie ihr provozierendes Benehmen in der Schule nur unterstützen. Der Hinweis auf ihr Unbehagen und die offene Aussprache über dieses Problem werden Margot helfen, eine Verhaltensweise, die mehr auf Mitwirkung gerichtet ist, zu suchen, um ihre Unzufriedenheit zu zerstreuen.

Hans, ein einziges Kind, war in der Schule nicht gut und mußte zu den Hausaufgaben gezwungen werden. Jeden Abend nach dem Essen setzte sich der Vater zu ihm hin, um ihn zu beaufsichtigen. Er befragte und drillte den Jungen bei jeder Lektion. Viele dieser Sitzungen endeten damit, daß Hans heftig weinte und der Vater verärgert und enttäuscht war. Des Knaben Arbeit wurde nicht besser.

Tatsächlich wird der Vater erzogen, dem Jungen zu helfen, und Hans beweist jeden Abend, daß ihn niemand zum Lernen zwingen kann. Solange der Vater entschlossen ist, daß sein Sohn in der Schule gut sein *muß*, und solange er ihm bei seinen Hausaufgaben »hilft«, so lange wird Hans nicht viel lernen.

So merkwürdig es klingt, der Vater sollte sich um seine eigenen Angelegenheiten kümmern. Lernen ist die Aufgabe von Hans — nicht die des Vaters.

Üblicherweise bitten viele Lehrer immer noch die Eltern, darauf zu achten, daß die Kinder ihre Hausaufgaben machen. Nehmen wir diese Aufgabe an, so provozieren wir gewöhnlich einen Machtkampf. Beraten wir uns jedoch mit den Kindern und legen wir mit ihnen die Zeit fest, wann sie arbeiten, und helfen wir ihnen hierauf, diesen Plan einzuhalten, dann werden wir imstande sein, den erforderlichen Anreiz zu bieten.

Falls ein Kind ungewöhnliche Schwierigkeiten hat, ist es angezeigt, einen Nachhilfelehrer zu nehmen. Es ist sehr fraglich, ob Eltern diese Rolle selbst übernehmen sollen, sogar wenn sie Lehrer sind. Die mangelnde Bereitschaft des Kindes, zu lernen, Verantwortung auf sich zu nehmen oder eine unangenehme Aufgabe durchzuführen, ist gewöhnlich die Folge eines falschen Verhältnisses zu den Eltern. Ein solches Kind ist geneigt, dem Druck der Eltern Widerstand zu leisten, da sie ihm zeigen wollen, daß es lernen *muß*. Unter diesen Umständen vergrößert weiterer elterlicher Zwang nur den Machtkampf. Einem solchen Kind können wir am besten dadurch helfen, daß wir uns in keinen Kampf einlassen, einen Nachhilfelehrer nehmen und es dem Kind klarmachen, daß niemand es zum Lernen zwingen kann. »Es ist deine Sache. Du hast dich zu entscheiden, ob du lernen willst oder nicht.«

Ein ähnliches Problem erhebt sich bei den Kindern, die ein Musikinstrument spielen möchten und zum Üben angehalten werden.

Einmischung und Zwang der Eltern wandeln die durch die Musik mögliche Freude in eine widerliche Aufgabe. Auch hier sollten wir nicht vor fremden Türen kehren. Es ist Sache des Musiklehrers, das Kind zum Üben anzureizen.
Vor der eigenen Tür kehren heißt nicht, das Kind seinem Instrument und dem Lehrer zu überlassen. Wir sind in der Lage, zu ermutigen, nicht durch Druck oder Kritik, sondern indem wir Situationen herbeiführen, wo es vor einer kleinen Zuhörerschaft spielen kann. Wir können ihm Gelegenheiten schaffen, mit anderen zu musizieren. Auf diese Art wird Musik zur willkommenen Aufgabe und besteht nicht lediglich aus einem verhaßten Üben.
In diesen Situationen müssen wir uns völlig klar sein, was die Verantwortung des Kindes ist, und sie ihm dann überlassen.

Mutter und Nora arbeiteten zusammen einen Taschengeldplan aus. Die Mutter war Witwe und mußte für ihren Lebensunterhalt aufkommen. Noras Wünsche fanden Berücksichtigung; sie erhielt genug Taschengeld, um ihr Essen, die Busfahrt, die Lernmittel in der Schule und gelegentliche Kinobesuche zu bezahlen. Zusätzlich war noch etwas übrig, um kleine Wünsche zu erfüllen. Eines Tages kam Nora mit ihrer besten Freundin heim, und die Mutter bemerkte, daß beide Mädchen neue Armbänder trugen. Sie fragte Nora, woher sie ihres hätte. »Ich habe dafür von meinem Taschengeld gespart.« Die Mutter sagte nichts mehr, bis Noras Freundin ging. Dann aber machte sie ihr Vorwürfe und wies darauf hin, wie hart sie zu arbeiten habe, um sie beide zu versorgen, und wie sie sich selbst vieles versage, damit Nora genug Taschengeld bekomme. Sie war tief verletzt, daß Nora ihr Geld für etwas ausgegeben hatte, das in der ursprünglichen Vereinbarung nicht vorgesehen war.

Die Mutter möchte alles kontrollieren, was Nora tut, sogar wie sie ihr Taschengeld ausgibt. Geben Eltern den Kindern Taschengeld, dann gehört es ihnen. Was sie damit tun, ist nicht Sache der Eltern. Zweifellos hatte Nora auf etwas anderes verzichtet, um für dieses Armband sparen zu können, und hatte ein Opfer gebracht für das, was sie wollte. Die Mutter würde sich sicherlich ärgern, wenn eine Freundin versuchte, sie dazu zu zwingen, ihr Geld so auszugeben, wie die Freundin es für richtig hält. Wahrscheinlich würde die

Mutter ihrer Freundin sagen, sie solle vor der eigenen Tür kehren. Aus demselben Grund und aus demselben Gefühl der Achtung heraus sollte die Mutter vor ihrer eigenen Tür kehren und es als Noras Angelegenheit betrachten, wie sie ihr Geld ausgibt. Mutters einzige Verantwortung besteht darin, bezüglich der Höhe des Geldes fest zu bleiben und niemals für Nora etwas zu bezahlen, was sie aus ihrem Taschengeld hätte begleichen müssen.

Sehen wir natürlich, daß unser Kind falsche Werte entwickelt, sind wir immer imstande, eine freundliche Besprechung herbeizuführen. Diese muß jedoch ohne Kritik und Predigen vor sich gehen, denn sonst würde das Kind nur noch fester bei seiner alten Meinung beharren. Redewendungen wie: »Ich frage mich, ob du in Betracht gezogen hast ...«, »Hast du daran gedacht ...?«, »Wie glaubst du wohl, daß es gehen würde, wenn jedermann so dächte?« geben Anlaß für ein Gespräch, ohne sofort eine rebellische Reaktion hervorzurufen. Es ist wichtig, eine Angelegenheit von allen möglichen Seiten zu beleuchten, auch wenn einige davon uns nicht angenehm sind, denn Sachlichkeit ist für jede echte Beurteilung notwendig. So können wir zusammen mit unserem Kind die Werte ausfindig machen, die jetzt und in Zukunft von Vorteil sein werden.

## 27. Kapitel

# KEIN MITLEID ZEIGEN

Mitleid hat ungemein schädliche Folgen, auch wenn es gerechtfertigt und verständlich ist.

Der siebenjährige Kaspar war von dem Programm für seinen Geburtstag, Ausflug und Picknick, begeistert. Solche Fahrten aufs Land waren verhältnismäßig selten. Die Mutter besprach den ganzen Plan mit ihm. Eine Liste von achtzehn Gästen schloß zwei andere Mütter ein, die bei der Beförderung der Kinder helfen würden. Der Tag kam näher und die Vorfreude von Kaspar und seinen Freunden wuchs. Als er an seinem Geburtstag aufwachte, war der Himmel von dicken schwarzen Wolken bedeckt. Ängstlich lief er zu seiner Mutter: »Es wird doch nicht regnen? Wir können doch trotzdem gehen? Können wir, puh?« Die Mutter hatte diese mögliche Schwierigkeit befürchtet und war über die Folgen einer solchen Enttäuschung besorgt. Natürlich hatte sie Vorkehrungen für den Fall des Regens getroffen, aber ein anderer Tag wäre eben nicht mehr sein Geburtstag — solche Dinge sind für Kinder so wichtig. Sie versuchte, den Jungen zu beruhigen. »Ich glaube, es wird hell werden, mein Lieber. Wollen wir noch etwas abwarten.« Kaspar frühstückte kaum und brachte den Morgen am Fenster zu. Um 2 Uhr wollte man losfahren. Mittags fing ein feiner Regen an — 12.30 Uhr — und daraus wurde eine Art Wolkenbruch. Es war nun klar, daß das Picknick verschoben werden mußte. Kaspar schluchzte herzerbrechend. Armer Junge, dachte die Mutter, welch schreckliche Enttäuschung für ihn. Zärtlich nahm sie ihn in ihre Arme. »Liebling, ich weiß, wie du dich fühlst. Es tut mir leid. Es ist eine schreckliche Enttäuschung für dich. Ich würde alles geben, damit der Regen aufhört. Wir können ja morgen gehen. »Morgen ist aber nicht mein Geburtstag! Heute ist er und ich will ihn heute feiern.« »Ich weiß, mein Lieber, es ist wirklich schade, daß es heute regnen muß.« »Es ist einfach nicht gerecht. Ich habe nie Glück!« »Komm, Liebling, hör jetzt auf, so zu weinen. Du weißt, daß ich wirklich nichts tun kann, damit der Regen aufhört.« Kaspar war untröstlich. Die Mutter war selbst den Tränen nahe, so sehr hatte sie Mitleid mit ihm.

Ein großer Teil von Kaspars bitterem Leid war unnötig. Kinder sind äußerst feinfühlig gegenüber der Haltung Erwachsener, auch wenn sie nicht offen zum Ausdruck kommt. Bemitleiden wir ein Kind, glaubt es, daß es das Recht hat, sich selbst zu bemitleiden. Sein Unglück wird dadurch nur größer. Statt den Tatsachen ins Auge zu sehen und das Notwendige zu tun, verläßt es sich mehr und mehr auf das Mitleid anderer und erwartet ihren Trost. Dabei verliert es mehr und mehr seinen Mut und die Bereitschaft, das Gegebene zu akzeptieren. Diese Haltung kann durchs ganze Leben beibehalten werden. Ein solches Kind ist überzeugt, daß die Welt ihm etwas schuldet, als Ausgleich für das, was es erlitten hat. Statt das Mögliche zu tun, rechnet es damit, was andere für es tun.

Kaspar fühlt sich gekränkt, weil die Dinge nicht den gewünschten Lauf nehmen. Er kann zum Sammler von Kränkungen werden. Mutters Ansicht, Enttäuschungen seien für ihn, der so klein ist, besonders hart, läßt dem Jungen die Tür weit offen, gerade das zu beweisen. Weit davon entfernt, durch die Möglichkeit getröstet zu werden, daß er ja am nächsten Tag seinen Geburtstagsausflug haben kann, glaubt er, sein ganzes Leben sei durch diesen einen Wolkenbruch ruiniert.

Mutters Annahme, Enttäuschungen seien für Kaspar zu schwer zu ertragen, verrät wenig Achtung vor ihrem Sohn. Sie betrachtet ihn als zu schwach und hilflos, um das Leben bestehen zu können. Ihre Art regt Kaspar an, diese falsche Meinung zu entwickeln.

Unsere Kinder lernen, Enttäuschungen zu ertragen, wenn wir Mitleid vermeiden.

Diese bittere Enttäuschung hätte von Anbeginn verhindert werden können. Als die Mutter den Plan mit Kaspar besprach, hätte sie sofort die Möglichkeit des schlechten Wetters zur Sprache bringen können. In diesem Fall würden sie den Ausflug eben am nächsten Tag machen. Ein beiläufiges In-Kauf-Nehmen schlechter Wetterbedingungen würde Kaspar gegen die tiefe Enttäuschung gefestigt haben. Es ist nur natürlich, daß er sich über Regen ausgerechnet an seinem Geburtstag nicht freut. Bleibt die Mutter selbst gleichmütig, kann sie ihrem Sohn helfen, mit dieser Tatsache fertig zu werden. Sie kann aber nicht helfen, wenn sie Mitleid mit ihm zeigt.

Nach einigen Monaten Kinderlähmung kam die neunjährige Regine aus dem Krankenhaus heim. Sie hatte Tragbänder an und konnte sich mit Hilfe von Krücken bewegen. Viel Zeit und Mühe wurden im Krankenhaus aufgebracht, um ihr beizubringen, für sich selbst zu sorgen und mit Hilfe der Krücken zu gehen. Man hatte der Mutter genaue Anleitungen gegeben und besonders betont, wie wichtig es sei, Regine zur Selbständigkeit zu verhelfen. Mutters Herz war durch die Tragödie ihres Kindes jedoch so belastet, daß sie nicht genug für sie tun konnte. Regine reagierte rasch auf die tiefe Besorgtheit ihrer Mutter. Als sie wimmerte: »Es ist zu schwer, ich kann nicht!« sprang Mutter hilfsbereit herbei. Weil das Gehen so schwierig war, half ihr die Mutter immer mehr. Regine saß im Rollstuhl, aus dem sie sich immer seltener erhob. Ihre Hände waren ungeschickt. Zur Erleichterung wurde sie von der Mutter gefüttert. Diese widmete ihre ganze Zeit dem Kind und tat alles für Regine. Sie wollte den harten Schlag, den das Leben ihr ausgeteilt hatte, wieder gutmachen. Sie bat Regine, doch das Gehen zu versuchen. Das Mädchen jammerte aber: »Es tut weh!«, und die Mutter gab nach: »Armes Kleines, wie schade!« Der Vater versuchte, Regine zu ermutigen, wurde aber durch Mutter eingeschüchtert, die ihm vorwarf, »zu viel vom Kind zu verlangen«. Die Eltern stritten sich deshalb, selbst in Regines Gegenwart. Diese zog sich vom Vater zurück und verließ sich mehr und mehr auf ihre Mutter. Innerhalb eines Monats hatte sich Regine aus einem lachenden, mutigen, sich selbst helfenden Kind, das aus dem Krankenhaus gekommen war, in einen verdrießlichen, fordernden, hilflosen Invaliden gewandelt. Bei dem vorgesehenen Besuch in der Klinik stellte sich heraus, daß Regines Zustand sich verschlechtert hatte. Die Ärzte rieten dazu, sie wieder ins Krankenhaus zu bringen. Mit gebrochenem Herzen und wütend über die offensichtliche »Härte« des Physiotherapeuten, der Regine nicht zur Mitarbeit bereit gefunden hatte, weigerte sich die Mutter. Nun schritt der Vater ein. Nachdem er sich mit den Ärzten besprochen hatte, wurde Regine, gegen den Protest der Mutter, wieder ins Krankenhaus gebracht. Es brauchte konzentrierte Bemühungen, Verständnis und Festigkeit, um die schädliche Wirkung des mütterlichen Mitleids zu überwinden und Regine wieder auf den Weg des Fortschritts zu bringen. Erst nachdem die Mutter einen Psychologen besucht hatte, konnte sie verstehen, wie ihr Mitleid Regine tatsächlich geschadet und den Rückschritt verursacht hatte. Sowohl Mutter als auch Regine machten bemerkenswerte Fortschritte und lernten, eine Tragödie in nützliche Bemühungen umzuwandeln.

Ein Kind, das körperlich benachteiligt, blind, taub oder verkrüppelt ist, wird leicht zum Gegenstand des Mitleids. Es ist beinahe gegen die menschliche Natur, für solche Kinder kein Mitleid zu zeigen. Schwestern und Therapeuten, die mit solchen Kindern arbeiten, wundern sich oft über deren Mut und Geschicklichkeit, eine solche Benachteiligung zu überwinden. Therapeuten kennen die Gefahr des Mitleids gut. Sie haben Kinder gesehen, die unter dem ungebührlichen, wenn auch liebenden Mitleid, das ihnen von wohlmeinenden Eltern und Verwandten entgegengebracht wurde, jeden Fortschritt zuschanden machten. Schwestern, Ärzte und Therapeuten sind häufig die Opfer elterlicher Wortschwälle, die Festigkeit fälschlicherweise als Härte, Grausamkeit oder mangelndes Mitgefühl ansehen. Natürlich ist es für Therapeuten viel leichter, Mitleid zu vermeiden, da sie gefühlsmäßig nicht so stark beteiligt sind. Selbst wenn sie längere Zeit mit einem Kind zu tun haben, können sie es lieben und trotzdem kein Mitleid zeigen. Statt dessen regen sie das Kind an, auf jede unter Schwierigkeiten gelungene Leistung stolz zu sein.

Die fünfjährige Birgit hatte hohes Fieber und Symptome, die nicht sofort erkannt werden konnten. Sie war sehr krank und wurde zur Untersuchung ins Krankenhaus gebracht. Außer der Sorge fühlte die Mutter eine innere Rebellion, daß so etwas gerade ihrem »Baby« passieren mußte. Birgit bekam Spritzen; auch wurden ihr Blutproben entnommen. Sie war nur halb bewußt, schrie aber jedesmal, wenn sie einen Einstich spürte. Die Mutter protestierte, weil sie glaubte, dies sei einem kranken Kind gegenüber grausam. Ihr Mitleid für Birgit wurde immer größer. Nachdem die Diagnose gestellt und man sich über die richtige Behandlung einig geworden war, ging es Birgit langsam besser, und schließlich durfte sie heim. Die Genesung ging nur langsam vor sich. Die Mutter tat alles Erdenkliche, um Birgit für diese lange und schwere Krankheit zu entschädigen. Als es ihr besser ging, stellte das Kind immer größere Ansprüche. Die Mutter, durch die langen Nachtwachen und Schlafunterbrechungen erschöpft, begann die Geduld zu verlieren. Schließlich zeigte sich das in einem Ausbruch. Fassungslos und erschüttert brach Birgit in Tränen aus. »Wie kannst du so gemein zu mir sein, wenn ich so krank war?« Reuevoll versuchte die Mutter noch mehr, wieder mit ihrem Kind Geduld zu haben.

Birgit hat Mutters ganzes Mitleid in Anspruch genommen und bemitleidet sich nun selbst. Die Mutter fühlt sich schuldig, weil sie ihre Geduld verloren hat, und gibt wieder den ungebührlichen Forderungen Birgits nach. Ein Teufelskreis wurde in Gang gesetzt.

Meistens fühlen wir für ein krankes Kind Mitleid. Natürlich braucht es unsere Aufmerksamkeit und unser Verständnis. Es kann nicht für sich selbst sorgen. Wir sind verpflichtet, ihm zu helfen. Dabei müssen wir aber unsere Haltung beobachten. Wir sollten uns klarmachen, wie groß die Versuchung ist, das arme, kleine, leidende Ding zu bemitleiden. Unglücklicherweise können wir ein Kind nicht vor Leiden schützen. Sie sind ein Teil des Lebens. Während der Krankheit können wir höchstens seine Bedürfnisse stillen, ihm helfen, das Leiden zu ertragen, und ihm zeigen, wie man sich unter Schwierigkeiten verhalten kann. Das kranke Kind braucht, mehr als das gesunde, unsere moralische Unterstützung, unseren Glauben an seinen Mut, unser Verständnis und unser Mitgefühl (Mitgefühl und Mitleid sind nicht dasselbe). Krankheit hat einen demoralisierenden Einfluß — sie beeindruckt das Kind mit seiner Kleinheit und Hilflosigkeit. Mitleid vergrößert die falsche Einstellung, vermindert seinen Widerstand und schwächt seinen Mut, denn es bedeutet auch eine herablassende Haltung. Die kluge Mutter erweist ihrem Kind die größte Güte, indem sie sich nicht verführen läßt, es durch ihre Behandlung hilfloser zu machen, als nötig ist. Die Zeit der Genesung ist für Mutter und Kind die schwierigste. Sie wird erleichtert, wenn Mitleid und ungebührliche Bedienung durch Mitgefühl und Mut ersetzt werden.

Die dreijährige Sandra saß glücklich auf ihrer neuen Schaukel. Die fünfjährige Meta, ein in früher Kindheit adoptiertes Nachbarkind, kam vom Nebenhause her, stieß Sandra von der Schaukel herunter und setzte sich selbst darauf. Sandra stand auf, schlug Meta und ging zur anderen Schaukel. Die Mutter sah vom Küchenfenster aus zu. Sobald Sandra auf der anderen Schaukel saß, stieg Meta von ihrer Schaukel herunter und wollte Sandras Schaukel benützen. Die Stimmen wurden lauter. Metas Mutter kam herbeigelaufen und sprach zu beiden Mädchen. Sie ermutigte Meta, sich für eine Schaukel zu entscheiden, setzte sie darauf und fing an, sie zu schaukeln. Meta änderte ihre Meinung und wollte jetzt die andere Schaukel haben. Ihre Mutter überredete Sandra zu diesem Wechsel. Dann schaukelte sie Meta und wollte anschließend Sandra schaukeln. »Ich kann allein schaukeln«, sagte Sandra. Sobald Sandra schaukelte, wollte Meta von neuem die Schaukel wechseln. Wieder war ihre Mutter einverstanden. Neugierig kam jetzt Sandras Mutter heraus. »Warum lassen Sie Meta immer ihren Willen durchgehen?« »Das arme Kind, ich tue *nie* etwas gegen sie. Ich werde nie fähig sein, den schlechten Start, den sie ins Leben hatte, wiedergutzumachen.« »Was meinen Sie mit schlechtem Start?« Metas Mutter flüsterte: »Ach wissen Sie, sie ist doch ein uneheliches Kind.«

Metas Mutter sieht sich als die gnadenvolle Heldin, die gekommen ist, um ein armes, unglückseliges, uneheliches Waisenkind zu retten. Alle Liebe und Nachgiebigkeit der Welt können nach ihrer Meinung nicht den schrecklichen Nachteil, durch den dieses Kind gezeichnet ist, ausgleichen.

Metas Mutter hat eine völlig unrealistische Anschauung. Ihr Mitleid, fern davon, dem Kind zu helfen, erzeugt gerade das Gegenteil. Das Kind war nicht gezeichnet — die Meinung seiner Adoptivmutter aber *hat* es gezeichnet — und tut es weiter. Meta ist so verwöhnt, daß es ihr unmöglich ist, irgendwelche nützlichen Beiträge zu leisten. Ohne sich dessen bewußt zu werden, hat auch sie die Haltung angenommen: »Ich bin ein unglückliches Kind. Die Welt muß das für mich wieder gutmachen.«

Adoptiveltern fallen leicht auf die Gefahr des Mitleids herein. Ein adoptiertes Kind hat nicht mehr Hindernisse zu überwinden als jedes andere Kind, wenn nicht die Adoptiveltern diese Hindernisse durch das irrtümliche Mitleid vergrößern. In seinen ersten

Jahren kann es nicht zwischen der Zugehörigkeit zu einer Familie durch Geburt oder Adoption unterscheiden. Sein wachsendes Verständnis für die Personen seiner Umgebung ist genau dasselbe wie bei einem Kind, das in der Familie geboren ist. Um seine zukünftige Anpassung ans Leben nicht zu erschweren, sollte es nie eine »besondere« Stellung haben. Kinder, die sich selbst in irgendeiner Art als etwas »Besonderes« betrachten, entwickeln falsche Meinungen, Werte und Erwartungen. Ein adoptiertes Kind braucht dieselbe Achtung und Sorge wie ein natürliches.
Eine Mutter von zwei adoptierten Kindern ließ sie beim Heranwachsen allmählich durch gelegentliche und natürliche Bemerkungen wissen, daß sie adoptiert sind. Als diese eines Tages genau wissen wollten, was das heißt, erklärte sie, daß es Leute gibt, die ein Baby haben, aber nicht für es sorgen können, während auf der anderen Seite Leute sind, die das gut können, aber keines haben. Ist es also nicht ein Glück, daß ein Baby den Platz wechseln kann?
Diese beiläufige Unterredung über die glückliche Lösung eines schwierigen Problems läßt keinen Platz für falsche Eindrücke. Adoptierte Kinder machen nur dann von ihrer Adoption Aufhebens, wenn ihre Eltern es tun.

Die neunjährige Bruni, der siebenjährige Jack und der sechsjährige Clemens lebten zusammen mit ihrer Tante Marion und ihren beiden Basen Frieda und Brigitte, acht und fünf Jahre alt, weil ihre Mutter im Krankenhaus war. Vater kam immer zum Abendessen und ging anschließend ins Krankenhaus zu seiner Frau. Manchmal ging auch Tante Marion mit, und dann unterhielt Onkel Heinrich alle Kinder mit lustigem Spielen und Geschichten. Tante Marion war gefühlsmäßig etwas aus dem Gleichgewicht, teils als Folge des plötzlichen Zuwachses von drei lebhaften Kindern, teils auch, weil sie große Angst um ihre Schwester hatte, mit der sie eng verbunden war. Die Erwachsenen kannten die kritische Verfassung der Mutter; sie hatte Krebs. Sie vermieden es sorgfältig, die Kinder den Ernst der Situation wissen zu lassen. Schon vor eineinhalb Jahren war die Mutter einmal im Krankenhaus, aber wieder heimgekommen. Immer wenn die Kinder fragten, wann die Mutter heimkäme, wurde ihnen heiter gesagt: »Jetzt dann bald.« Sie spürten das

Falsche dieser zuversichtlichen Bestätigung und bemerkten gut die besorgten Blicke und das Geflüster zwischen Vater und Tante Marion. Nicht fähig, sie zu verstehen, waren sie trotzdem aufgebracht, wurden ungehorsam, unsicher und gehemmt. Bruni vermißte die Obhut ihrer Mutter mehr als die anderen und verstand die Situation auch besser. Tante Marion bat sie um Hilfe für die jüngeren und beeindruckte sie mit ihren Verpflichtungen als älteste der Gruppe. Bruni nahm bereitwillig diese Verantwortlichkeit auf sich, entwickelte aber eine etwas herrische Haltung, die die jüngeren Kinder ablehnten. Dies vergrößerte noch die Verwirrung, unter der alle lebten.
Schließlich starb die Mutter, und die Trauer der Erwachsenen konnte nicht mehr verborgen bleiben. Man mußte es den Kindern sagen. Der Vater bat darum, mit seinen dreien ein Weilchen allein gelassen zu werden, und Tante Marion sollte es ihren zwei Kindern mitteilen. Marions Trauer grenzte an Hysterie. Der Vater versammelte seine drei und sagte, indem er seinen eigenen Kummer unterdrückte: »Kinder, ich muß euch etwas sehr Ernsthaftes sagen.« Die Kinder waren von der veränderten Atmosphäre im Haus bereits angesteckt. »Ist mit Mutter irgend etwas nicht in Ordnung?« fragte Bruni. »Mutti ging heute in den Himmel, um mit Jesus zusammen zu sein. Sie wird es dort sehr gut haben. Wir müssen jetzt alle sehr tapfer sein und füreinander sorgen.« Es dauerte einige Sekunden, bis die Bedeutung dessen, was Vater gesagt hatte, klar wurde. Außer sich, brach Bruni in Tränen aus. »Warum hat sie uns verlassen, Vati? Warum mußte sie jetzt in den Himmel? *Wir* wollen sie.« »Wir können jetzt nichts tun, Bruni. Gott hat sie gerufen, und wir können das, was Er tut, nicht in Frage stellen.« »Heißt das, daß Mami nie wieder heimkommt?« fragte Jack. »Ja, so ist es, mein Sohn«, antwortete der Vater sanft. »Aber ich will meine Mutti«, schluchzte Clemens. Vater tröstete sie ruhig, da er wußte, daß ihr Kummer sich äußern mußte. Als sich die Kinder etwas beruhigt hatten, sagte er: »Wir werden es ohne Mutter nicht leicht haben. Wir brauchen etwas Zeit, um uns daran zu gewöhnen, und wir müssen alle zusammenarbeiten und einander helfen. Bald werden wir Pläne machen müssen, was als nächstes zu tun ist.«
In diesem Augenblick kamen Marion und die Cousinen herein. Brigitte und Frieda weinten, hauptsächlich wohl, weil jedermann sonst auch weinte. Tante Marion nahm die Kinder in ihre Arme und stieß unter Schluchzen dauernd hervor: »Arme kleine Lämmer, arme kleine mutterlose Lämmer!« Der Vater schüttelte den Kopf, aber sie verstand ihn nicht. Die Kinder brachen erneut in Schluchzen aus, das bald zu

einer Art Hysterie ausartete. Der Vater gab Onkel Heinrich ein Zeichen, der seine Mädchen ruhig bat, ein Weilchen auf ihr Zimmer zu gehen. Die drei Kinder lösten sich von Tante Marion und wandten sich ihrem Vater zu. Onkel Heinrich überredete schließlich Tante Marion, sich etwas hinzulegen. Dann sprach der Vater, seine Arme um seine Kinder, eine gewisse Festigkeit in seiner Stimme: »Seht Kinder, wir sind alle traurig. Denkt daran, wir müssen Muttis Gedächtnis jetzt mit Mut und nicht mit Verzweiflung ehren. So wünschte sie es. Und ich bin sicher, ihr macht es so, wie sie wollte. Kommt jetzt und sammelt euch etwas.« Er wartete ruhig, bis die Kinder soweit waren. Als sie sich gefaßt hatten, sagte er: »Es ist Zeit fürs Abendessen. Tante Marion braucht unsere Hilfe. Vielleicht können wir alle helfen, das Abendessen auf den Tisch zu bringen.« »Vati, ich könnte jetzt nichts essen«, sagte Bruni unter unterdrückten Seufzern. »Das Leben geht weiter, Bruni. Es ist gut, wenn du heute nichts essen willst. Steht das Essen auf dem Tisch, geht es vielleicht doch.« Und mit weiteren Worten der Ermutigung verbesserte der Vater die Stimmung der Kinder und schlug jedem eine Arbeit vor.

Die Kinder waren durch das Mitleid, das Tante Marion bekundete, entmutigt. Der Vater zeigte Mut und das in diesem Augenblick notwendige Feingefühl. Indem er auf das hinwies, was getan werden mußte, brachte er seine Kinder so weit, wieder das Gleichgewicht zu finden.

Irgendwann im Leben jedes einzelnen spielen sich gewisse Tragödien ab. Von uns als Erwachsenen erwartet man, daß wir sie akzeptieren und das Beste aus der Situation machen. Unsere natürliche Neigung ist, in einer tragischen Situation Mitleid mit dem unschuldigen Kind zu fühlen. Unser wohlgemeintes Mitleid kann jedoch viel schädlichere Wirkungen haben als die Tragödie selbst. Ein Kind, das dadurch gelernt hat, sich selbst leid zu tun, wird unfähig, seine Verantwortungen auf sich zu nehmen, wenn es mit den Lebensaufgaben zu tun hat, und sucht vergebens nach jemand, der den vom Leben auferlegten Verlust wieder gutmachen kann. Es wird ihm schwerfallen, ein produktives Mitglied der Gesellschaft zu werden, weil seine Aufmerksamkeit völlig auf sich selbst gerichtet ist und darauf, was es als sein Recht bekommen sollte.

Eine der ernsthaftesten Schwierigkeiten für ein Kind stellt der Verlust eines Elternteils dar. Die Zeit nach einem solchen Verlust kann das ganze Leben des Kindes beeinflussen. Ist die Mutter gestorben, wird die Situation doppelt schwierig. Solche Kinder brauchen alle liebevolle Hilfe, die von jedermann in seiner Umgebung erwartet werden kann. Aber das Letzte, was sie brauchen, ist Mitleid. Mitleid ist ein negatives Gefühl — es macht das Individuum kleiner, schwächt sein Selbstvertrauen und zerstört seinen Glauben an das Leben. Der Tod ist ein Teil des Lebens. Er muß als solcher akzeptiert werden. Ohne Tod wäre Leben unmöglich. Natürlich sehen wir es nicht gern, daß Kinder durch den Tod des Elternteils verletzt werden. Unsere Trauer gibt aber dem Toten nicht das Leben wieder. Während sich der Tod abspielt, geht das Leben weiter. Und wenn es auch schwierig sein mag, Kinder müssen ihre Verpflichtung erkennen, weiterzumachen und mutig ihr Leben aufzubauen, sogar unter diesen besonders schwierigen Umständen. Mitleid zu dieser Zeit verbraucht gerade den Mut, den das Kind so dringend nötig hat.

### *Wir können unsere Kinder nicht vor dem Leben beschützen*

Die Kraft und der Mut, mit dem wir als Erwachsene die Schläge des Lebens empfangen, sind während der Kindheit entwickelt worden. Damals haben wir gelernt, sie in Kauf zu nehmen und weiterzumachen. Wenn wir hoffen, unsere Kinder zu einer mutigen Bejahung des Lebens zu bringen, wenn wir hoffen, sie die Befriedigung zu lehren, die aus der Überwindung von Schwierigkeiten kommt, und ihre Fähigkeit zu stärken, das zu tun, was als nächstes getan werden muß, müssen wir uns den Genuß des Mitleids verwehren.

Wir müssen zuerst die Gefahren des Mitleids erkennen, zu dem wir in unserer Gesellschaft neigen, um unseren ersten Impuls zu unterdrücken und dann unser Mitgefühl und unser Verständnis dadurch zu äußern, daß wir das Kind in seinem Kummer genauso unterstützen wie in seiner mutigen Suche nach dem Weg vorwärts. Das heißt auf keinen Fall, das Kind seinen Schwierigkeiten zu überlassen. Im Gegenteil, wir sammeln unsere Kräfte, um es genauso zu unterstützen wie einen Erwachsenen, der in der Patsche sitzt.

Jedermann hat einmal einen Mann getroffen, der kein Mitleid wollte und sich von jedermann zurückzog, der Mitleid als eine Form des Mitgefühls zeigte, weil er zu stolz war, um sich bemitleiden zu lassen. In einem solchen Fall müssen wir sehr vorsichtig sein, daß in der Äußerung unseres Gefühls des Verstehens kein Zweifel an der Fähigkeit dieser Person enthalten ist, das Unglück mutig zu ertragen. Genauso sollte es bei unseren Kindern sein. Unsere Achtung vor dem Kind erfordert, daß wir seinen Sinn für Würde unterstützen und nicht durch Erregung von Selbstmitleid vermindern. In Zeiten der Krise schauen Kinder auf die Erwachsenen und suchen nach einem Fingerzeig, wie man sich in ungewohnten Situationen verhält. Sie spüren unsere Haltung und benützen sie als Leitlinie.

Es ist nicht schwierig, zwischen Mitgefühl und Mitleid zu unterscheiden. Mitgefühl heißt »ich verstehe, wie du fühlst, wie sehr es schmerzt oder wie schwierig es für dich ist. Es tut mir leid und ich will *dir* helfen, die Härte deiner Situation zu überwinden.« Mitleid schließt dagegen eher eine untergründig gönnerhafte, überlegene Haltung gegenüber demjenigen ein, den man bemitleidet. »Du armes Ding, ich bemitleide dich. *Ich* werde alles tun, um für das, was du leiden mußt, Ersatz zu bieten.« Leid zu fühlen für *das,* was geschah, ist Mitgefühl. Leid zu fühlen für *dich,* dem es geschah, ist Mitleid. Wir neigen dazu, die Fähigkeit all derer, die wir als klein oder schwach ansehen, zu bezweifeln, und vermindern als Folge die schöpferische Kraft, die sie haben könnten, wenn unser Mitleid sie nicht dazu bringen würde, sich in traurige Passivität voller Klagen und Forderungen zurückzuziehen.

## 28. Kapitel

# NUR SPARSAM UND VERNÜNFTIG FORDERN

Thomas und seine Eltern besuchten Freunde. Man saß auf der Veranda und unterhielt sich. Thomas ging weg. »Thomas komm hierher zurück!« forderte die Mutter. Dann wandte sie sich wieder ihrer Freundin zu und sprach mit ihr weiter. Der Junge ging langsam um die Ecke des Hauses und zur Schaukel im hinteren Teil des Gartens. Hier blieb er stehen und lutschte an seinem Bonbon. Die Mutter erschien auf dem Gartenweg: »Tom, komm hierher!« Mit dem Zeigefinger wies sie auf die Stelle, zu der er kommen sollte. Thomas drehte sich um, hob sein Kinn, setzte sich auf die Schaukel und lutschte weiter. »Thomas, ich sagte dir, du sollst sofort hierher kommen«, rief die Mutter ärgerlich. Thomas hörte nicht mit Schaukeln auf. »Ich werd's deinem Vater sagen«, rief die Mutter, als sie zurückging. Thomas lutschte sein Bonbon zu Ende, warf den Stiel in das Blumenbeet und fing an, richtig zu schaukeln. Sonst geschah nichts. Er schaukelte eine Weile und ging schließlich gelangweilt zur Veranda zurück.

Thomas zeigte der Mutter seine völlige Mißachtung ihrer Wünsche. In dieser Situation bekam sie, was sie verdiente. Sie hatte etwas Unvernünftiges verlangt. Thomas reagierte mit offenem Trotz auf ihren »Befehl«. Zwischen Mutter und Sohn herrschte in diesem Augenblick ein ausgesprochener Machtkampf. Thomas siegte. Es gab wirklich keinen Grund, warum er nicht schaukeln sollte. Die Mutter versuchte nur, ihre Autorität zu beweisen, und Thomas wehrte sich dagegen. Außerdem vergaß sie zu handeln; sie benützte Worte als Waffen. Schließlich drohte sie damit, es dem Vater zu sagen. Thomas wußte offensichtlich, daß dies nur eine leere Drohung war. Aber selbst wenn sie ehrlich gemeint war, wäre sie falsch. Der Vater sollte nie in die Rolle gebracht werden, überlegene Autorität zur Schau zu stellen, da diese Rolle heute kaum mehr funktioniert.

Vernünftige Forderungen sind durch Achtung vor dem Kind und

Einhaltung der Ordnung gekennzeichnet. Eltern, die sich aufregen, weil ein Kind nicht »das tut, was ich sage«, stellen wahrscheinlich unvernünftige Forderungen und versuchen nur, das Kind zu »beherrschen«. Dies führt gewöhnlich zu einem Machtkampf. Solche Eltern erkennen nicht ihre Absicht, ihre Überlegenheit zu beweisen. Die Überlegenheit Erwachsener wird heute jedoch nicht mehr anerkannt. Kinder sind entschlossen, aus Prinzip ungehorsam zu sein, um der Beherrschung zu entgehen. Ein Kind, das sich unterdrückt oder beherrscht fühlt, straft mit Ungehorsam. Wir können die Konflikte vermeiden, wenn wir nur vernünftige und notwendige Forderungen stellen, und zwar in einer nicht autoritären Art.

Die zehnjährige Linda spielte einige Häuser weit entfernt. Die Mutter wollte sie zum Einkaufen schicken und rief sie von der Haustür aus. Linda spielte aber weiter und tat so, als ob sie die Mutter nicht höre. Als Linda nicht reagierte, gab es die Mutter auf. Wenige Minuten später rief sie wieder. Linda reagierte immer noch nicht. Schließlich sagte eines der Kinder: »Linda, deine Mutter ruft dich.« »Ja, ich weiß, aber bis jetzt hat sie noch nicht richtig geschrien!« Der Mutter war es ernst; statt aber weiter zu schreien, kam sie mit einem kleinen Riemen. Sie stürzte sich auf Linda, die erstaunt aufschaute. »Hast du mich nicht gehört? Jetzt kommst du heim!« Sie betonte jedes Wort mit einem Schlag des Riemens auf die Beine des Mädchens. Linda sprang hoch, fing zu weinen an und lief heim. Die Mutter folgte ihr und schlug sie bei jedem Schritt. Einige Minuten später ging Linda zum Einkaufen.

Linda war »muttertaub« geworden — ein Mißstand, der in den meisten Familien vorkommt.

Kinder sollten gewisse Pflichten übernehmen und zum allgemeinen Wohl der Familie beitragen. Einkaufen kann gut eine dieser Pflichten sein. Das Kind sollte zu dieser Aufgabe aber durch dauernde Wiederholung des Vorganges angeleitet werden.

Mutter und Linda müßten zusammen ein Programm ausarbeiten, das den Bedürfnissen der Familie entspricht und gleichzeitig das Recht Lindas, mit ihren Freundinnen zu spielen, anerkennt. Beim Mittagessen könnte die Mutter sagen: »Wir brauchen heute vor

5 Uhr einiges aus dem Laden. Um welche Zeit würdest du am liebsten gehen?« Wenn sich Linda entschieden hat, könnte die Mutter fragen: »Soll ich dich dann rufen?« Linda weiß jetzt, was von ihr erwartet wird, und hat die Gelegenheit, die Zeit selbst zu wählen. Da die Forderung jetzt vernünftig ist, wird Linda eher bereit sein, mit einem gewissen Stolz auf ihre Verantwortung zu reagieren.

Die Mutter saß im Wohnzimmer und nähte. Die achtjährige Poldi saß vor dem Fernsehgerät. »Poldi, bitte hol mir meine Zigaretten.« Das Kind sprang auf und brachte die Zigaretten. Wenige Minuten später sagte die Mutter: »Liebes, holst du das weiße Nähgarn für mich?« Poldi kam mit dem Garn an. Kurz darauf forderte die Mutter: »Liebling, bitte stelle die Platte unter den Kartoffeln auf klein.« Das Mädchen tat gern, was von ihm verlangt wurde.

Die Mutter behandelt Poldi wie einen Sklaven. Das Kind ist auch mit den unvernünftigen Forderungen einverstanden, weil es gefallen möchte. Es lernt nicht die Funktion eines selbstentscheidenden Individuums.

Die Eltern saßen im Garten hinter dem Haus und sprachen mit Freunden, die unerwartet gekommen waren. Die neunjährige Hella spielte in der Nähe mit zwei Mädchen aus der Nachbarschaft. Der achtzehn Monate alte Detlef war sehr unruhig, weil es für ihn jetzt Zeit zum Schlafen war. Die Mutter hielt ihn ein Weilchen, seine Unruhe wurde aber störend. »Hella«, rief sie, »bitte führe Detlef in seinem Wagen spazieren.« »Ach Mutter!« »Hella!« Das Kind seufzte, ließ ihre Freundinnen stehen und tat, was von ihr verlangt wurde.

Die Mutter hat eine sehr unvernünftige Forderung an sie gerichtet. Wir sollten nie ein Kind um das bitten, was wir selber nicht gern tun. Sie wollte mit ihren Freundinnen zusammen sein und bat Hella, ihre Freundinnen stehen zu lassen und sich um das störende Baby zu kümmern. Dies zeigt eine grobe Mißachtung von Hellas Rechten. Die Mutter hätte sich entschuldigen und Detlef zu Bett bringen sollen.

Wenn wir von einem Kind etwas wollen, müssen wir uns in die

Situation und die Fähigkeiten des Kindes einfühlen. Viele Kinder haben die Verantwortung, für jüngere Geschwister zu sorgen. Es sollte jedoch vorher eine Abmachung getroffen werden, wann und wie diese Verantwortung zu tragen ist. Natürlich kann eine Mutter in einer Situation, wo sie wirklich Hilfe braucht, das ältere Kind bitten.

In einer Situation, in der wir vom Kind »verlangen«, »jetzt sofort« etwas zu tun, ist Verdacht immer gerechtfertigt. Dies ist eine autoritäre Methode und stellt üblicherweise eine unvernünftige Forderung dar. Die Reaktion des Kindes »Ach, dauernd will sie etwas von mir!« weist auf ein Verhältnis hin, das Harmonie und Mitarbeit vermissen läßt. Wenn wir unsere Forderungen weniger häufig geltend machen und die Hilfe des Kindes erbitten, statt ihm zu befehlen oder Gehorsam zu verlangen, vergrößern wir Freundlichkeit und ein zufriedenstellendes Verhältnis.

29. Kapitel

# KONSEQUENT SEIN

Die Schuhverkäuferin brachte für Wiltrud verschiedene Schuhe zum Anprobieren. »Du kannst selber wählen, welche du willst«, sagte die Mutter. Die blauen schienen sehr nett zu sein. Wiltrud sagte aber sehnsüchtig: »Ich möchte die roten haben, Mutti.« Die Verkäuferin brachte die roten Schuhe, und das Kind war von ihnen entzückt. »Aber Wiltrud, die blauen sind doch viel praktischer. Sie passen zu allem. Bist du ganz *sicher*, daß du die roten möchtest?« »Ja, Mutter«, antwortete sie, als sie sich im Spiegel betrachtete. »Komm, probiere die blauen noch einmal an.« Wiltrud prüfte das Aussehen dieser dunkleren Schuhe im Spiegel. »Wir nehmen die blauen«, sagte die Mutter der Verkäuferin. »Nein, Mutti, ich möchte die roten.« »O Wiltrud! Die roten sind zu unpraktisch. Du wirst ihrer bald überdrüssig sein. Komm jetzt, sei ein gutes Mädchen und nimm die blauen.« Schmollend nahm das Kind die Entscheidung der Mutter hin.

Zuerst sagte die Mutter Wiltrud, sie könne wählen. Hierauf wählte sie selbst und überredete Wiltrud noch, damit einverstanden zu sein. Die Mutter ist weder konsequent noch hält sie ihr Wort.

Wollen wir unsere Kinder lehren, sich weise zu entscheiden, dann müssen wir ihnen die Gelegenheit dazu geben und notfalls Fehlurteile in Kauf nehmen. Sie lernen aus Erfahrungen, nicht aus unseren Predigten. Wiltrud sieht in ihrer Mutter die große Herrscherin, die ihr verweigert, was sie möchte. In ihrem Unmut kann sie nicht beurteilen, ob die Entscheidung praktisch ist oder nicht. Hätte die Mutter sich an ihr Versprechen gehalten und ihre Tochter die roten Schuhe haben lassen, dann hätte Wiltrud vielleicht selbst entdeckt, daß rote Schuhe nicht zu allen Kleidern passen. Da keine anderen Schuhe gekauft werden können, bis die roten Schuhe abgetragen sind, müßte Wiltrud mit ihrer Entscheidung leben und könnte nächstes Mal aus eigenen Stücken ein besseres Urteilsvermögen zeigen. Die Mutter hätte dann als Erzieherin gehandelt und nicht als Herrscherin.

Die dreijährige Heidi spielte am ersten warmen Tag des Sommers im Sandkasten in der Sonne. Die Mutter meinte, sie sei lange genug in der Sonne gewesen. »Setze deinen Sonnenhut auf, Heidi«, rief sie, während sie das Blumenbeet vom Unkraut säuberte. Heidi schien Mutter nicht zu hören und schüttete weiterhin Sand in ihren Eimer. »Heidi! — Ich sagte dir, du sollst deinen Hut aufsetzen.« Das Kind sprang aus dem Sandkasten und rannte zur Schaukel. »Heidi, komm hierher zurück. Ich möchte, daß du deinen Hut aufsetzst.« Das Mädchen wandte ihrer Mutter den Rücken zu und setzte sich auf die Schaukel. Die Mutter zuckte die Schultern und ließ die Angelegenheit auf sich beruhen.

Heidi wird offensichtlich zu Ungehorsam erzogen. Die Mutter sagt zuviel und handelt nicht. Sie stellt eine Forderung auf und achtet nicht auf ihre Durchführung. Heidi hat herausgefunden, daß sie Mutters Forderungen mißachten kann.
Die Mutter meint vielleicht, ihre Forderung entspringe der Sorge für Heidi und dem Wunsche, Sonnenbrand zu vermeiden, also der Achtung vor der Ordnung. Ihr Vorgehen verriet jedoch einen Mangel an Achtung vor Heidi und sich selbst, sowie auch vor den Sonnenstrahlen. Heidi kennt keinen Sonnenbrand und empfindet diese Forderung nur als tyrannisch, besonders da sie in Form eines Befehls erfolgte, der sofort Rebellion hervorruft. Mutters »Forderung« war die Einladung zum Machtkampf. Hätte die Mutter wirklich geglaubt, Heidi müsse durch den Sonnenhut geschützt werden, und hätte Heidi diese erste Forderung ignoriert, dann müßte die Mutter konsequent sein und dazu sehen, daß Heidi den Hut aufsetzt. Falls das Kind sich dagegen wehrt, müßte es ins Haus gebracht werden. Die Mutter muß lernen zu *überlegen,* ehe sie etwas verlangt, dann aber mit Festigkeit dabei zu bleiben.

»Mama.« Die sechsjährige Pauline zog an Mutters Rock, als sie beim Einkaufen an einem kleinen Karussell vorbeikamen. »Ja, was ist los?« »Kann ich einen Groschen haben?« »Wofür?« »Ich möchte auf dem Pferd dort reiten.« »Nein, Paulinchen, nicht heute.« »Bitte, Mama«, bettelte das Kind. »Ich sagte ‚nein', Pauline. Komm jetzt, ich habe noch viel zu besorgen.« Pauline fing an, bejammernswert zu weinen. »Um Gottes willen! Also von mir aus kannst du *einmal* fahren. Aber nur dieses eine Mal.« Die Mutter half Pauline auf das Pferd und wartete, während das Mädchen glücklich auf dem Pferd saß.

Zuerst sagte die Mutter »nein« und gab dann nach. Sie hatte nicht den Mut, nein zu sagen und fest zu bleiben, weil sie Mitleid mit dem armen Kind hatte, das weinte, als es nicht haben konnte, was es wollte.

Die Mutter erzieht Pauline dazu, ihre Worte zu mißachten und »Wasserkraft« zu benützen, um ihre Wünsche durchzusetzen. Es gibt eine sehr einfache Lösung zu diesem Problem. Pauline sollte Taschengeld haben. Wenn sie die Mutter um einen Groschen bittet, könnte diese antworten: »Du hast ja dein Taschengeld, Pauline.« Hat das Mädchen alles ausgegeben, dann ist damit die Sache erledigt. Die Mutter antwortet nicht, argumentiert nicht, reagiert nicht mit Mitleid, gibt nicht nach und gewährt auch keinen Vorschuß auf das nächste Taschengeld. Hat Pauline noch einen Groschen für das Karussell, ist es gut. Hat sie keinen mehr, ist es ihre Angelegenheit. Die Mutter muß konsequent bei ihrem »Nein« bleiben und sich nicht durch das Kind herausfordern lassen.

Die Mutter hatte es bis obenhin satt, Achim und Harald morgens aus dem Bett zu bringen. In einer Erziehungsberatungsstelle wurde ihr geraten, einen Wecker zu kaufen und es den Jungen zu überlassen, den Wecker aufzuziehen und zur Zeit aufzustehen. Am nächsten Morgen hörte sie den Wecker klingeln, dann wurde er abgestellt. Sie wartete. Nichts weiter geschah. Eine halbe Stunde später wurde ihr klar, daß die Jungen wieder eingeschlafen waren. Sie weckte sie. »Ich sagte euch, ihr müßt jetzt allein aufstehen, und meinte es ernst. Euer Wecker hat schon vor einer halben Stunde geklingelt. Kommt jetzt und steht auf!«

Die Mutter fing gut an, versagte dann aber, weil sie es tatsächlich nicht ernst meinte! Sie war inkonsequent. Immer noch möchte sie verantwortlich sein. Es ist immer noch *ihre* Angelegenheit, sie zu wecken.

Will die Mutter wirklich erreichen, daß die Jungen allein aufstehen, muß sie ihnen die Verantwortung geben und sich völlig zurückziehen. Es bleibt ihnen überlassen, den Wecker abzustellen und weiterzuschlafen. Wenn sie schließlich aufwachen, müssen sie in die Schule, egal wie spät es ist, und die Folgen tragen. Tag für Tag, ohne Nachgeben, muß die Mutter konsequent sein und bei ihrer Entscheidung bleiben. Nur wenn die Jungen herausfinden, daß sich die Mutter nicht mehr in einen Kampf hineinziehen läßt, werden sie bereit, die Verantwortung auf sich zu nehmen.

Der elfjährige Max und der neunjährige Roland hatten sich schon lange einen Hund gewünscht. Schließlich entschieden sich die Eltern, einen zu kaufen, aber nur unter der Bedingung, daß die Jungen die Verantwortung für das Füttern und die Pflege übernahmen. Sie versprachen es ganz fest. Der Hund wurde ausgesucht, und die Knaben waren überglücklich. Zuerst sorgten sie sorgfältig für ihren Liebling. Sobald aber der Reiz des Neuen erschöpft war, fingen sie an, ihn zu vernachlässigen. Die Mutter mußte sich immer mehr um das Hundefressen kümmern. Sie trieb die Jungen an, ermahnte sie und predigte, aber ohne Erfolg. Eines Tages drohte sie damit, den Hund wieder wegzugeben. Zwei Tage lang reagierten Max und Roland auf die Drohung. Eine Woche später gab die Mutter auf. Schließlich konnte sie den Jungen die Freude doch nicht nehmen, die sie beim Spiel mit dem Hund hatten.

Arme Mutter. Sie trägt die ganze Verantwortung, und die Kinder haben allen Spaß.

Am Abend des Tags, an dem der Hund zum ersten Male vernachlässigt wurde, könnte die Mutter fragen: »Was kann man tun, wenn ihr vergeßt, den Hund zu füttern?« Ein freundliches Gespräch kann folgen, in dem die Mutter klarmacht, daß sie die Verantwortung nicht auf sich nimmt. Das Tier zu vernachlässigen, wäre grausam. »Wie oft kann man das Füttern vergessen?« Die Jungen nennen eine Zahl. »Dann seid ihr damit einverstanden, daß wir nach soundsoviel Mal den Hund wieder weggeben?« Nach dem soundsovielten Male muß die Mutter konsequent sein und den Hund weggeben, nicht als Bestrafung, nicht im Ärger, sondern einfach als logische Folge der Vernachlässigung.

Konsequenz ist tatsächlich ein Teil der Ordnung und hilft, Grenzen aufzustellen. Beschränkungen geben dem Kind ein Gefühl der Sicherheit. Wir können nicht erwarten, daß unsere Erziehungsmethoden wirksam sind, wenn wir sie nicht konsequent anwenden. Dies bringt das Kind nur in Verwirrung. Dagegen lehrt Konsequenz das Kind, die Ordnung zu achten; es weiß genau, wo es steht.

## 30. Kapitel

# ALLE IN DAS GLEICHE BOOT SETZEN

Der Vater entdeckte, daß der neue offene Kamin mit Bleistift verschmiert war. Er ließ seine drei Töchter kommen und fragte jede, wer es getan habe. Keine gab das Vergehen zu. »Eine von euch lügt, ich möchte wissen, wer das ist. Ich dulde nicht, daß gelogen wird. Nun, wer hat es getan?« Er erhielt keine Antwort. »Gut, dann werde ich euch alle drei bestrafen.« Er packte jedes Mädchen und gab ihm Schläge. Dann forderte er wieder: »Wer hat den Kamin so verschmiert?« Schließlich gab die älteste diese Missetat zu. »So ist es besser. Mache es sauber.« Der Vater brachte einen Eimer mit Wasser, Bürste und einem Reinigungsmittel und stand dabei, bis sie alles ganz sauber gemacht hatte.

Allgemein herrscht die Meinung, wir sollten mit jedem Kind einzeln verhandeln und die Belohnung oder Bestrafung entsprechend verhängen. Es ist nicht leicht festzustellen, wie oft alle Kinder gemeinsam gegen die Eltern Stellung nehmen, entweder um ihnen eine Niederlage zu bereiten oder um sie mit sich zu beschäftigen. Jedes Kind mag dies in einer anderen Weise erreichen. Und es hat dieselbe Wirkung, ob sie sich alle gegenseitig beschuldigen oder gemeinsam die Anklage mißachten. In jedem Fall werden die Eltern in einen weiteren Konflikt hineingezogen.

Verhandeln wir nach irgendeiner Untat mit jedem einzelnen Kind, dann fördern wir eine »Wippen«-Aktion, bei der das eine Kind elterliche Zustimmung und Erhöhung auf Kosten des anderen sucht, das dadurch erniedrigt wird. Ein solches Verfahren verstärkt die Konkurrenz unter den Kindern, da wir eines gegen das andere ausspielen. Das »gute« sowohl als auch das »schlechte« Kind findet dabei viel Aufmerksamkeit und Anerkennung. Die Suche nach Anerkennung muß als falsches Ziel erkannt werden. Sie hindert die Entwicklung aller, zum Wohl der Familie beizutragen. Beitragen kann ein realistisches und erreichbares Ziel für alle werden und zur Einheit führen. Fördern wir unter unseren Kindern den Wettbewerb, so verstärken wir ihre falschen Ziele. Das »gute« Kind ist gut, nicht weil es nützlich sein will, sondern weil es *besser* und gegenüber dem Kind, das weniger Lob bekommt, bevorzugt sein will. Sein Interesse ist auf sich selbst gerichtet und nicht auf die Bedürfnisse des allgemeinen Wohls. Das »schlechte« Kind bleibt so, weil es Anerkennung auf seine Weise bekommen kann — aber auf der unnützen Seite des Lebens.

Wir können die bestehende intensive Konkurrenz und ihre schädlichen Wirkungen vermeiden, wenn wir alle Kinder als Gruppe behandeln, indem wir sie sozusagen in das gleiche Boot setzen. Das ist vielleicht der revolutionärste Schritt, den eine Mutter machen kann. Alle Kinder als Einheit zu behandeln, verletzt den Geist der Konkurrenz, des moralischen Urteils und der persönlichen Bevorzugung. Dadurch kann etwas erreicht werden, was ein biblisches Ideal ist, aber seinen Eindruck auf die moderne Gesellschaft verloren hat: Man soll der Hüter seines Bruders sein und nicht sein erbitterter Gegner.

In unserem obigen Beispiel hätte der Vater alle drei Mädchen zusammenrufen und sie alle den Kamin reinigen lassen können, ohne sich zu kümmern, wer diese Schmiererei gemacht hatte. Dies hindert das »gute« Kind, sein Gutsein zu beweisen und hemmt das »schlechte« Kind, seine Überlegenheit oder seine Rache zu beweisen.

»Aber«, werden Sie sagen, »ist es nicht ungerecht, die Unschuldigen etwas sauber machen zu lassen, was sie nicht verschmiert haben?« Die Kinder werden vielleicht dasselbe sagen, denn sie bekommen ihre Vorstellungen über Gerechtigkeit und Ungerechtigkeit von uns und benützen sie zu unserem Nachteil. Tatsächlich können die Kinder die Berechtigung dieses Vorgehens leicht erkennen. Sie wissen ungefähr, daß sie so oder so als Gruppe gegen uns arbeiten — das eine, indem es gut ist, ein anderes, indem es aggressiv ist, ein drittes, indem es hilflos ist usw. Ihre Konkurrenz richtet sich an unsere Adresse. Wenn wir ihren Wettstreit um elterliche Anerkennung ausschalten, dann haben die drei Mädchen Gelegenheit, Achtung voreinander zu entwickeln.

Denken wir ferner darüber nach, was wirklich gerecht ist, so täten wir jedem Kind unrecht, wenn wir seine falschen Ziele und seine irrtümliche Meinung von seiner Rolle und seinem Wert verstärken. Denn falsche Ziele und Meinungen verunmöglichen Harmonie und Zusammenarbeit. Alles hängt davon ab, was wir für unsere Kinder wünschen. Setzen wir sie alle in das gleiche Boot und machen sie als Gruppe für das, was jedes tut, verantwortlich, nehmen wir unsere Segel aus ihrem Wind. Sie haben *nicht* so sehr den Wunsch, *einander* zu beeindrucken, und so wird der Wind ihres falschen Verhaltens bedeutungslos.

Dasselbe gilt für Eifersucht unter Kindern. Sie ist so außerordentlich sinnvoll, weil sie auf die Eltern einen solchen Eindruck macht. Sie ruft alle Arten von grotesken Handlungen der Eltern hervor, um die Situation in Ordnung zu bringen. Eifersucht wird sinnlos, wenn sich die Eltern von ihr nicht beeindrucken lassen. Wie viele Eltern bleiben aber unbefangen? Und so wächst der Schmerz der Eifersucht dadurch, womit er genährt wird!

Die Empfehlung, alle Kinder in *ein* Boot zu setzen, funktioniert im allgemeinen besser als erwartet. Eine Mutter, die bei einer Elternstudiengruppe von dieser Methode gehört hatte, probierte sie aus und berichtete später das Folgende:

Sie hatte drei Kinder, neun, sieben und drei Jahre alt. Die zwei älteren hatten wenig Einfluß auf das Baby und beklagten sich gewöhnlich über seine besonderen Vorrechte. Eines Abends, kurz nachdem die Mutter von dieser Methode gehört hatte, spielte das Baby mit seinem Essen und verschmierte alles. Die Mutter sagte allen drei Kindern, sie sollten den Tisch verlassen, da sie nicht wüßten, wie man richtig ißt. Die älteren äußerten einen gewissen Widerwillen, aber alle drei verließen den Tisch. Von dieser Zeit an spielte das Baby nie wieder mit seinem Essen. Die Mutter war über die dramatischen Ergebnisse ihres Handelns erstaunt, verstand aber nicht, wieso es funktionierte.

Das störende Benehmen des Babys erwarb ihm spezielle Aufmerksamkeit. Es wurde dauernd ermahnt, richtig zu essen. Mutters

neues Verhalten beraubte es nicht nur dieser besonderen Aufmerksamkeit, sondern jetzt erlangten auch die älteren Kinder die Aufmerksamkeit der Eltern. Wenn die älteren Kinder diesen »Vorteil« mit dem Baby teilen, macht das störende Verhalten keinen Spaß mehr!
Diese Wirkung der gegenseitigen Verantwortung wird in folgendem Beispiel noch offenkundiger:

Der achtjährige Karlheinz war in der Mitte zwischen einem tüchtigen und fähigen älteren Bruder und einer »guten« jüngeren Schwester. Er war ein Quälgeist, log, stahl und hatte schon zweimal im Keller Feuer verursacht. Seine Hauptfreude war, die Wände mit Bleistift zu verschmieren. Die Mutter war machtlos. Als sie zur Beratung kam, wurde ihr geraten, alle drei Kinder als Einheit zu behandeln und *alle* für *sein* Benehmen verantwortlich zu machen. Dies war in scharfem Gegensatz zu ihren seitherigen Versuchen, Karlheinz zu tadeln und die anderen zu loben.
Zwei Wochen später kamen Mutter und Karlheinz zu einer weiteren Besprechung. Die Mutter war baß erstaunt und berichtete, daß Karlheinz sein unartiges Verhalten abgelegt habe. Er hatte wieder einmal die Wände verschmiert, worauf die Mutter sagte, es sei Aufgabe aller Kinder, die Wände zu reinigen. Karlheinz beteiligte sich nicht an den Reinigungsarbeiten, hat aber seither die Wände nicht mehr verschmiert. Als er deshalb befragt wurde, antwortete er: »Es macht keinen Spaß mehr. Die anderen müssen es ja reinigen.« (Unter ständiger Kontrolle der Mutter!)

Karlheinz war der Ansicht, schlechtes Betragen habe nur Sinn, wenn es zu einem Streit führe; mindestens kann die Mutter damit zu langen Verhandlungen herausgefordert werden. Er wollte sicherlich nicht, daß die anderen bekommen, was *er* wollte!
In einem Streit ist es schwierig, herauszufinden, wer schuldig ist. Sich zanken ist nicht das Ergebnis des falschen Verhaltens eines Kindes — alle tragen gleichermaßen zu der Störung bei, die das Ergebnis ihrer vereinten Anstrengungen ist. Das gute Kind ist oft der Anstifter, der das schlechte herausfordert und auf hundert Arten provoziert, um das gewünschte Ergebnis, nämlich die

Mutter hereinzuziehen, zu erreichen. Die Kinder sind immer gemeinsam tätig, ob sie nun zum Wohl der Familie oder zum Fortgang der Spannungen und Kämpfe beitragen. Bessert sich das »schlechte« Kind, dann wird üblicherweise das »gute« schlimmer. So sehr vereinen alle Kinder ihr Verhalten in ihrer gemeinsamen Front, wenn sie mit uns zu tun haben. Vermag die Mutter, das zu erkennen und alle Kinder als Gruppe zu behandeln, kann sie erstaunliche Erfolge erzielen. Auf diese Weise können die Kinder ihre gegenseitige Abhängigkeit einsehen und aufeinander aufpassen.

## 31. Kapitel

# AUF DAS KIND HÖREN

Viele kennen den Witz von dem Kind, das fragte: »Mutter, woher komme ich?« Die Mutter gab eine langatmige Erklärung über Vögel und Bienen. »Das weiß ich alles, Mutter. Was ich wissen möchte, ist, woher *ich* komme.« So erklärte die Mutter noch ausführlicher die Geburt von Babys. Der Junge war aber immer noch nicht zufrieden. »Mutter, Robert kommt von Hamburg und Peter kommt von Köln. Woher komme *ich*?«
Wir leiden unter einem allgemeinen Vorurteil, wenn wir annehmen, daß wir wissen können, was Kinder meinen, ohne ihnen wirklich zuzuhören. Wir reden so viel, daß wir nicht hören, was sie sagen. Und doch haben viele von uns Freude an einem populären Buch oder an einem Radio- oder Fernsehprogramm über die unverdorbene Weisheit der Kinder anderer Eltern. Für solches Vergnügen brauchen wir nicht in die Ferne zu schweifen. Es findet sich hier in unserem Heim. Alles, was wir tun müssen, ist *zuhören.*

Der achtjährige Adalbert half dem Vater, das Gepäck für den Familienausflug im Wagen zu verstauen. Ein kleines Handköfferchen mit dem Nachtzeug paßte einfach nicht mehr in den Kofferraum. »Vati, nimm doch Mutters Sitzkissen heraus und lege es auf den Rücksitz.« Der Vater hörte nicht auf Adalbert, packte alles wieder um und versuchte es erneut, ohne Erfolg. Während der Vater wegging, nahm Adalbert das Sitzkissen und beförderte es auf den Sitz. Als der Vater wiederkam, war er überrascht, daß das Handköfferchen plötzlich seinen Platz hatte.

Er hatte nicht zugehört, als der Vorschlag des Kindes so klar und richtig geäußert wurde. Unsere Kinder können sich den verschiedensten Situationen wunderbar anpassen. Sie vermögen tatsächlich intelligente Lösungen zu finden. Dabei verfügen sie über einen

Blick, die Dinge im richtigen Verhältnis zu sehen, von dem wir sehr vorteilhaft Gebrauch machen können.

Ein Vater von fünf Kindern kam zur Beratung. Nachdem er seine Probleme erläutert hatte, führte die Untersuchung der Situation zu ganz bestimmten Empfehlungen, um mit den Schwierigkeiten fertig zu werden. Hierauf wurde der Vater gebeten, das Zimmer zu verlassen, und die fünf Kinder kamen herein. Der Berater fragte, was sie wohl als Grund für den Konflikt ansähen. Ihre Erklärung war vollständig zutreffend. Auf die weitere Frage, was getan werden könnte, um den Konflikt zu beenden, gaben sie genau die gleichen Empfehlungen wie der Berater!

Der Vater hätte sich die Kosten der Beratung sparen können, wenn er nur daran gedacht hätte, seinen Kindern zuzuhören.
So oft wissen unsere Kinder, was wir falsch machen. Und doch sind wir überzeugt, daß nur *wir* das Recht haben, *ihnen* zu sagen, was *sie* falsch machen. Unser Stolz hindert uns daran, ihnen zuzuhören. Wieviel könnten wir von ihrer Einsicht lernen, würden wir sie als Gleichberechtigte behandeln und wirklich auf sie hören!

Kai, Marlies und Rotraud stritten sich, wer welches Programm fernsehen dürfte. Kai wollte den Cowboyfilm sehen, während die Mädchen das andere Programm haben wollten. Schließlich wurde die Mutter ungeduldig. »Kai, von euerer dauernden Streiterei habe ich genug. Geh auf dein Zimmer.« »Warum soll ich immer der Schuldige sein?« beschwerte sich Kai. »Keine Widerrede, Kai, geh raus!«

Die Mutter sollte auf Kai hören. Seine Frage war sehr berechtigt. Warum stempelt sie ihn immer zum Sündenbock? Weil sie auf den Trick der beiden Mädchen hereinfällt, Kai immer in Schwierigkeiten zu bringen. Würde die Mutter auf Kai hören, könnte sie bemerken, wie sehr sie selbst schuld an dieser ewigen Streiterei ist.

Der neunjährige John balgte sich mit seinem Hund im Wohnzimmer, obwohl dies streng verboten war. Junge und Hund rollten gegen ein Tischbein, warfen dabei eine Lampe herunter und zerbrachen die Birne. Ärgerlich schoß die Mutter herein, ließ eine zornige Predigt los und schloß: »So, jetzt darfst du heute nachmittag nicht schwimmen gehen.« »Das macht mir nichts aus«, erwiderte der Junge trotzig.

Natürlich macht es John etwas aus — sogar viel. Sein Stolz läßt ihn das aber nicht zugeben. Seine Antwort ist nur Ausdruck eines schon bestehenden Trotzes und besiegt die Mutter.
Oft ist es nötig, auf die Bedeutung *hinter* den Worten des Kindes zu hören. Johns »Das macht mir nichts aus!« heißt wirklich: »Auch Bestrafung kann mich nicht unterdrücken!« Schreit ein Kind: »Ich hasse dich!«, meint es: »Ich habe es nicht gern, wenn ich meinen Willen nicht durchsetzen kann.« Fragt es dauernd »Warum?«, sagt es: »Gib mir Aufmerksamkeit!«

Der zehnjährige Gisbert saß neben seinem Freund Pedro im Schulbus. Der Fahrer hörte die folgende Konversation: »Warum warst du gestern nicht in der Schule, Gisbert?« »Ich habe eben keine Lust gehabt und so stellte ich mir vor, krank zu sein, und war es auch.« »Wie warst du krank?« fragte Pedro. »Ich hatte Magenschmerzen.« »Warum?« »Ich wollte bei dieser Kälte nicht hinaus. Heute morgen hatte ich dasselbe Gefühl, aber Mutter hatte so stark eingeheizt, daß ich nicht noch einmal den ganzen Tag im Haus sein wollte. Zuerst hatte ich mir vorgenommen, krank zu sein, dann aber änderte ich meine Meinung. Ich mußte mich wirklich beeilen, den Bus zu bekommen und frühstückte nicht einmal, weil es mir immer noch nicht gut war.«

Kinder sind miteinander erstaunlich offen. Jedoch haben wir nur selten Gelegenheit, ihnen dabei zuzuhören. Gewöhnlich machen wir ein großes Theater, wenn wir zufällig etwas hören, so daß sie um so vorsichtiger werden.
Der Busfahrer hörte jedoch zu. Er vernahm, daß Kinder sich selbst krank machen können, um dem zu entgehen, was sie nicht möchten. Er lernte dabei auch etwas über die Bedeutung der Gleichberechtigung unter Kindern. Pedro akzeptierte Gisbert und seine Tat als Teil des Lebens. Er hielt ihm deshalb keine Predigt.
Jede aufmerksame Mutter lernt zwischen den verschiedenen Bedeutungen des Geschreis ihres Babys zu unterscheiden. Sie hört nur den Ton und weiß, ob ihr Baby unglücklich oder zornig ist. Wir

alle besitzen diese Gabe, aber scheinen keinen Gebrauch davon zu machen, wenn die Kinder älter sind. Wir hören das Geschrei eines Kindes und laufen wie verrückt herbei, um zu sehen, was los ist. So oft ist gerade unser Herbeirennen der Zweck des Geschreis. Würden wir einen Augenblick innehalten und zuhören, könnten wir eine Reaktion vermeiden, die dem irrtümlichen Ziel des Kindes dient.

Wieviel könnten wir gewinnen, wenn wir nur hören wollten!

32. Kapitel

## AUF DEN TON UNSERER STIMME ACHTEN

Wenn wir mit unseren Kindern sprechen, hören sie oft mehr auf unsere Stimme als auf unsere Worte. Es lohnt sich, uns selbst zuzuhören und beim Einkaufen, beim Spazierengehen oder einem sonstigen Zusammensein von Eltern und Kindern darauf zu achten, wie die Erwachsenen mit den Kindern sprechen. Sie tun dies selten im normalen Ton, den sie mit anderen Erwachsenen gebrauchen. Auch zu Hause sollten wir auf den Ton unserer eigenen Stimme achten. Was wollen wir damit ausdrücken? Was hört das Kind heraus?

So oft rufen wir das unangebrachte Verhalten des Kindes nur durch den Ton unserer Stimme hervor.

Billy sagte, er werde jetzt den Rasen gießen. »Nein, mein Junge«, erklärte die Mutter mit Festigkeit. »Du bleibst hier im Haus!« Billy beobachtete seine Mutter einige Minuten und stahl sich dann davon. Plötzlich wurde der Mutter das Geräusch des fließenden Wassers bewußt. Billy sprengte den Rasen.

Der mütterliche Ton der diktatorischen Festigkeit, durch den sie ihre Entschlossenheit ausdrücken wollte, war der Anlaß zum Machtkampf mit Billy. Eine Sechzehnjährige, die zufällig anwesend war, wurde gefragt, was sie im Ton von Billys Mutter gehört habe. »Sie hatte Angst, er werde doch nur tun, was er will. Es war ein Ton unechten Muts.« (Sehen Sie, was wir meinen?)

Der Vater half dem zehnjährigen Julius bei seinen Hausaufgaben. Julius schien nicht sehr viel davon zu verstehen. »Na, aber *das* verstehst du doch wenigstens!« sagte der Vater ziemlich ärgerlich. Julius beugte sich noch mehr über sein Buch und sah noch verwirrter aus.

Vaters Ton zeigte, daß auch er keine große Hoffnung für Julius' Lernen hatte. Damit verstärkte er die Entmutigung des Jungen.

Beim Einkaufen traf die Mutter eine Freundin, die sie seit Claires Geburt nicht mehr gesehen hatte. »Wie alt ist sie jetzt?« »Elf Monate.« »Ei, was bist du für ein Süßes!« Die Freundin kitzelte das Baby unterm Kinn und gluckerte dabei wie eine Henne.

Die einfältige Babysprache und die von oben her kommenden »einfachen Worte«, die wir bei kleinen Kindern benützen, zeigen unser Gefühl an, wie sehr wir sie als etwas Minderwertiges betrachten. Wir sprechen zu ihnen in einer Art und einem Ton, den wir *nie* mit Freunden verwenden würden. Gewöhnen wir es uns an, uns selbst zuzuhören, können wir bald erkennen, welch großen Mangel an Achtung wir unseren Kindern bekunden. Wir neigen dazu, von oben herab mit ihnen zu reden, unechte Heiterkeit zu verbreiten, Erregung auszustrahlen, um Interesse zu wecken, oder zuckersüß zu sprechen, um Zusammenarbeit zu erreichen. Wenn wir uns einmal der Irrtümer in unserer Stimme bewußt werden, können wir sie auch ändern. Nur wenn wir mit unseren Kindern wie mit Freunden sprechen, die gleichberechtigt sind, halten wir die Tür der beiderseitigen Verständigung offen.

## 33. Kapitel

# ES LEICHTER NEHMEN

Die fünfjährige Cora und die siebenjährige Cornelia standen beim Küchenbüfett und beobachteten die Mutter scharf, als sie zwei Schokoladenstücke auf die Waage legte, nach dem Gewicht sah und zwei weitere Stücke zulegte. »Coras Stück wiegt mehr, Mutti. Das ist nicht gerecht. Ich bekomme nicht so viel wie sie«, sagte Cornelia. »Nein, es ist genau dasselbe, genau dasselbe«, sang ihre Schwester. »Nein, Cora, Cornelia hat recht. Ich versuch es noch einmal.« Die Mutter wog die Schokoladenstücke noch genauer aus, bis jedes Mädchen genau gleich viel bekam.

Die Mutter geht viel zu weit bei ihren Bemühungen, gerecht zu sein. Entgegen ihrer Annahme ist solche übertriebene Sorge schädlich. Statt Frieden herbeizuführen, hat sie nur eine gespannte Atmosphäre geschaffen und die Konkurrenz zwischen den Mädchen verstärkt. Jedes ist entschlossen, seinen vollen Anteil zu bekommen und sich zu vergewissern, daß das andere nicht mehr bekommt. Zur selben Zeit sind die Mädchen verbündet, um die Mutter in der Spannung zu halten, möglichst gerecht zu sein. Wie in aller Welt geriet die Mutter in diese Schwierigkeit?
Sie hat die irrtümliche Überzeugung, sie müsse den Kindern gegenüber »gerecht« sein und dürfe keinerlei Bevorzugung zulassen. Wer kann aber immer hundertprozentig gerecht sein? Wie kann die Mutter im Leben alles so machen, daß Cora und Cornelia immer genau dasselbe bekommen? Die Überbesorgtheit der Mutter hat den Akzent auf das »Bekommen« gesetzt und nicht auf das Beitragen. Weder Cora noch Cornelia können glücklich sein, solange sie unter dieser falschen Voraussetzung leben.
Die Mutter muß sich entspannen, es leichter nehmen und sich nicht allzusehr um ihre Gerechtigkeit kümmern. Wenn sie sich entschlossen hat, jedem Mädchen zwei Schokoladenstücke zukommen zu

lassen, soll sie diese verteilen und es dabei bewenden lassen. Streiten sie sich darum, wer das größere Stück bekommen hat, soll sich die Mutter zurückziehen — notfalls ins Badezimmer. Es ist Sache der Mädchen, ihr Problem zu lösen.

Die Mutter ist sehr unglücklich, weil der dreijährige Raimund chronische Verstopfung hat. Seit er sechs Monate alt war und sie mit der Erziehung zur Sauberkeit angefangen hatte, zeigten sich Schwierigkeiten, ihn zur »Regelmäßigkeit« zu bringen. Schon als Kleinkind bekam er manchmal einen Einlauf. Jetzt findet sie es notwendig, ihm beinahe jeden Tag einen zu machen.

Die Mutter ist allzusehr um Raimunds Verdauung besorgt. Dies verbirgt ihre Entschlossenheit, daß ihr Sohn aufs Töpfchen muß, wenn *sie* es für richtig hält. Mutter und Sohn befinden sich tatsächlich in einem Machtkampf. Er weigert sich, Stuhlgang zu haben, also muß die Mutter es für ihn machen. Die Mutter hat recht, sich Sorge zu machen. Solange sie die Verantwortung für Raimund übernimmt, wird er es nie von selbst tun. Er ist gut dazu erzogen, seine Verdauung für sich sprechen zu lassen. Er kann diese Methode sein ganzes Leben beibehalten.
Die Mutter sollte es leichter nehmen und Raimund abführen lassen, wenn *er* soweit ist. Es ist seine Sache. Fühlt er nicht mehr die Notwendigkeit, seine Verdauung als eine Art Protest zu benützen, wird die Natur wahrscheinlich die normale Funktion wiederherstellen.

Die Mutter nahm die fünfjährige Dagmar mit sich, um in einem großen Selbstbedienungsladen einzukaufen. Dagmar blieb immer zurück. Bei jedem Schaukasten hielt sie an, um seinen Inhalt zu bewundern. Blieb dagegen die Mutter irgendwo stehen, um einen Einkauf zu machen, ging Dagmar weiter. Die halbe Zeit war die Mutter damit beschäftigt, auf Dagmar aufzupassen und hinter ihr herzulaufen. Schließlich verlor sie ihre Tochter ganz und empfand panische Angst. Als sie sie schließlich wieder fand, sagte sie: »O Dagmar, du hast mich zu Tode erschreckt. Um Gottes willen bleibe jetzt in meiner Nähe. Ich möchte dich in diesem großen Laden nicht wieder verlieren.« Das Kind schaute seine Mutter mit ernsten runden Augen an.

Dagmar spielt mit ihrer Mutter Verstecken. Es macht so viel Spaß zu sehen, wie die Mutter sich aufregt. Dagmar geht nicht verloren; sie weiß ganz genau, wo sie ist. Es ist Sache der Mutter, bei ihr zu bleiben.

Die Mutter sollte ihre Ängstlichkeit aufgeben, Dagmar zu verlieren, und sich Zeit zur Erziehung nehmen. Zwei können nämlich dieses Spiel spielen! Bemerkt die Mutter, daß Dagmar nicht mehr bei ihr ist, kann sie ruhig außerhalb ihrer Sicht bleiben. Das Kind wird bald feststellen, daß die Mutter nicht mehr nach ihr schaut, und wird dorthin zurückkehren, wo es die Mutter verlassen hat. Die Mutter ist nicht mehr da! Jetzt wird Dagmar etwas ängstlich und fängt an, ihre Mutter zu suchen. Die Mutter bleibt weiterhin außer Sichtweite, bis das Mädchen wirklich besorgt wird. Dann tritt sie wieder unter ihre Augen, aber so, daß es aussieht, als ob sie dies nur wegen des Einkaufens tue. Wenn Dagmar herbeirennt, verängstigt und weinend, braucht sich die Mutter dadurch nicht beeindrucken zu lassen, sondern kann ruhig sagen: »Es tut mir leid, daß wir einander verloren haben.« Diese Methode sollte jedesmal, wenn das Kind wegläuft, wiederholt werden. Macht die Mutter das Versteckspielen nicht mit, nimmt sie es nicht so schwer und sorgt sich nicht, ob Dagmar verlorengeht, dann wird das Kind bald darauf achten, seine Mutter nicht zu verlieren.

Die Mutter unterhielt sich mit einer Freundin im Wohnzimmer. Alle paar Minuten stand sie jedoch auf und schaute aus dem Fenster, um ihre zwei Kinder, sechs und vier Jahre alt, zu beobachten, die mit Nachbarkindern im Hofe spielten. Schließlich fragte die Freundin: »Was ist denn dort draußen Interessantes los?« »Eigentlich nichts. Ich will mich nur vergewissern, daß mit den Kindern alles in Ordnung ist.«

Mach es dir nicht so schwer, Mutter. Wenn etwas nicht in Ordnung ist, werden sie schon gerannt kommen!

Der zehnjährige Dieter hielt seine Mutter in dauernder Unruhe. Oft kam er nicht direkt von der Schule heim, wie er sollte. Eines Tages war es schon 17.30 Uhr, und Dieter war noch nicht zu Hause. Die Mutter geriet in Panikstimmung. Da der Junge mit dem Fahrrad zur Schule fuhr, war sie absolut sicher, daß er mit einem Auto zusammengestoßen war. Sie wollte eben das Krankenhaus anrufen, als Dieter kam, seine Hose und Schuhe naß und schmutzig. Er hatte einen Eimer mit schmutzig aussehendem Wasser dabei. »Dieter, wo bist du nur gewesen? Es ist 17.30 Uhr! Ich war schon völlig außer mir. Wo warst du?« »Ich war bei dem Weiher, den wir neulich von der Straße aus sahen. Schau, ich habe Kaulquappen.« »Wie oft habe ich dir schon gesagt, du sollst gleich nach der Schule heimkommen und es mich wissen lassen, wo du bist«, herrschte ihn die Mutter ärgerlich an. »Du hast kein Recht, mich so aufzuregen!« Dieters Gesicht blieb ungerührt, als die Mutter ihre Predigt fortsetzte. Am folgenden Tag ging die Mutter mit einer Freundin zur Erziehungsberatungsstelle. Bei der Aussprache wurde ein ähnliches Problem zur Sprache gebracht. Der Mutter kam eine Idee. Sie war durchaus freudig, wann immer Dieter heimkam. Aber einmal, als es wieder zu spät wurde, war *sie* nicht da!

So viele Sorgen, die wir uns mit unseren Kindern machen, sind unnötig. Und was noch schlimmer ist, diese wissen es und benützen sie als Werkzeug, um unsere Aufmerksamkeit zu bekommen oder um einen Machtkampf vom Zaune zu brechen oder sich zu rächen. Unsere Besorgtheit wegen eines möglichen Unglücks verhindert dieses auf keinen Fall. Wir können uns mit einem Mißgeschick erst dann befassen, *nachdem* es geschehen ist. Das beste ist, mehr Vertrauen zu unseren Kindern zu haben und es so lange leichtzunehmen, bis unsere Fähigkeit, mit einem Unglück fertig zu werden, wirklich aufgerufen wird.

Die Mutter hatte ihre Probleme. Als Berno sechzehn Monate alt war, mußte sie ihn wegen des Durcheinanders ihrer Scheidung und der Notwendigkeit zu arbeiten, in ein Pflegeheim bringen. Später — Berno war zwei Jahre alt — heiratete sie wieder und nahm ihn zu sich. Mit drei Jahren gab sie ihn vorübergehend wieder in das Heim, weil sie ihr zweites Baby bekam. Jetzt, mit fünf Jahren, scheint Berno sehr unglücklich zu sein. Gleichgültig, wieviel Liebe die Mutter ihm zu zeigen versucht, der Junge ist nicht davon zu überzeugen. Immer wenn Mutter »Nein« sagen oder Berno irgend einen Wunsch versagen muß, weint er erbarmungsvoll und schluchzt: »Du hast mich nicht lieb.« Die Mutter ist verzweifelt. Berno scheint so viele Dinge zu wollen, die ihre Mittel übersteigen oder die wirklich nicht gut für ihn sind. Sie weiß tatsächlich nicht mehr, wie sie ihn trösten kann.

Die Schwierigkeit liegt bei Mutters Schuldgefühl, das entstand, weil sie ihn in ein Pflegeheim gegeben hatte. Obwohl es unter den gegebenen Umständen das einzig Vernünftige war, glaubt sie versagt zu haben. Jetzt macht sie sich über die Wirkung dieses Erlebnisses schreckliche Sorgen und nimmt an, Berno habe sich verlassen gefühlt.

Berno stellt sich auf die Haltung der Mutter ein. Er kennt ihre verwundbare Stelle und benützt diese dauernd, damit sie sich tiefbesorgt um ihn kümmere. Damit beherrscht er seine Mutter. Solange er seine Zweifel an ihrer Liebe äußert, wird sie alles tun, um ihn davon zu überzeugen.

Die Mutter weiß, daß sie Berno liebt. (Er weiß es auch!) Sie könnte aufhören, auf seine »Zweifel« hereinzufallen, und lernen, keine Angst vor Berno zu haben. Sobald sie sich den Zweck seines Verhaltens klarmacht, vermag sie, es unwirksam zu machen. Wenn Berno schluchzt, kann die Mutter ganz beiläufig reagieren, indem sie sagt, es täte ihr leid, daß er sich so schlecht fühle.

Ein eifersüchtiges Kind stellt ein ähnliches Problem. Viele Eltern passen auf die ersten Zeichen des Neides auf das neue Baby auf und bald finden sie, wonach sie suchen! Unsere Bemühungen, dieses Gefühl im Kind nicht aufkommen zu lassen, hilft ihm, die Nützlichkeit dieses Gefühls zu entdecken. Ohne es zu wissen, *lehren* wir es, eifersüchtig zu sein! Solange wir uns durch die Eifersucht beeindrucken lassen, wird das Kind sie nützlich finden. Unsere beste Verteidigung gegen dieses bittere Gefühl ist, ruhig zu bleiben und kein Mitleid zu bekunden.

Wir können darauf vertrauen, daß ein Kind lernen kann, auch unangenehme Situationen in Kauf zu nehmen. Natürlich hat die Mutter, nachdem ein neues Baby geboren ist, nicht mehr so viel Zeit wie früher. Ein Kind wird sich aber an diese neue Rolle gewöhnen, sobald die Mutter kein Mitleid mit ihm hat und nicht versucht, das, was es »verloren« hat, wieder gutzumachen.

Es ist möglich, daß einige Kinder zeitweise mehr Vorteile bekommen als die anderen; aber auch das ist ein Teil des Lebens und

muß ohne viel Aufhebens in Kauf genommen werden. Das Kind wird Eifersucht nur benützen, wenn es sich lohnt.
Es ist erstaunlich, über wie vieles in unseren Kindern wir uns Sorgen machen können. Wir schauen nach Anzeichen von schlimmen Gewohnheiten, fragen sie nach schlechten Gedanken, sehen schwarz wegen ihrer moralischen Einstellung, bangen um ihre Gesundheit und beeindrucken sie mit unserer Deutung ihres fehlerhaften Verhaltens. Statt herauszufinden, was sie von einer gegebenen Situation halten, sagen wir ihnen, was sie denken sollen. Wir treiben sie dazu an, in der Schule gut zu sein, damit sie unserem Ansehen nützen, und zwingen sie zu Tätigkeiten, damit sie sich »entwickeln«. Beim geringsten Anlaß schöpfen wir Verdacht und wollen genau wissen, was sie jede Minute gemacht haben. Wir verhalten uns so, als ob unsere Kinder von Geburt schlecht wären und zum Gutsein gezwungen werden müßten. Ungeheuer viel Zeit und Energie verbrauchen wir, um das Leben unserer Kinder für sie zu leben. Wieviel besser wäre es für alle, wenn wir uns entspannen, unseren Kindern mehr Vertrauen und vor allem die Gelegenheit geben würden, ihr Leben selbst zu leben.
So viele Sorgen erwachsen, weil wir nicht wissen, was man tun soll. Es ist jedoch nicht notwendig, jedes kleine Problem sofort lösen zu wollen. So viele dieser kleinen Probleme verschwinden von selbst, wenn wir es uns nicht zu schwer machen, und zwar aus dem einfachen Grund, weil die Kinder viele Probleme hervorrufen, nur um uns besorgt zu machen. Uns zu bemühen, ihr Leben vollkommen zu gestalten, ist sinnlos. Wir werden damit keinen Erfolg haben.
Wir können lernen, was zu tun und was nicht zu tun ist; und wenn unsere Kinder sich nicht richtig benehmen, macht unser Vertrauen, wirkungsvoll handeln zu *können*, es möglich, die Dinge leichter zu nehmen. Sich zu entspannen und Freude an unseren Kindern zu haben, *ist* erreichbar.

## 34. Kapitel

# KEIN AUFHEBENS VON »SCHLECHTEN« ANGEWOHNHEITEN MACHEN

Die Mutter des vierjährigen Markolf hing gerade Wäsche auf, als sie ihn mit zwei Spielkameraden, teilweise hinter dem Unkraut des unbebauten Nachbar-Grundstückes versteckt, zusammen stehen sah. Sie blickte genauer hin und entdeckte, daß sie ihre Hosen ausgezogen hatten und pinkelten. Rasch lief sie zu ihnen hinüber, sandte die anderen zwei Jungen heim und zog Markolf ins Haus. Dieser fing zu weinen an. »Ich werde dich lehren, so etwas Schreckliches zu tun«, schrie die Mutter, während sie ihm eine tüchtige Tracht Prügel gab. »Mach das nie wieder. Du kommst ins Haus und gehst auf die Toilette. Jetzt auf dein Zimmer! Drei Tage lang darfst du nicht mehr hinaus zum Spielen.« Dann rief sie die Mütter der anderen Jungen an und erzählte, was geschehen war.
Als Markolf wenige Tage später wieder hinaus zum Spielen durfte, erhielt die Mutter einen Telefonanruf von einer Nachbarin. Markolf pinkelte auf den Fußweg vor ihrem Haus, während eine Gruppe Kinder, einschließlich zweier Mädchen, dabeistand und beobachtete. Die Mutter rannte hinaus und zog Markolf wieder ins Haus. Abermals schlug sie ihn, und zwar noch heftiger als zuvor. Am Abend erzählte sie es ihrem Mann. Der Vater schalt Markolf und drohte: »Wenn ich höre, daß du wieder so etwas getan hast, gebe ich dir eine Tracht Prügel, die du nie vergessen wirst.« Mit Unterbrechungen wiederholte sich dies jedoch den ganzen Sommer über. Jedesmal wurde Markolf verprügelt und mußte einige Tage zu Hause bleiben.

Es ist offensichtlich, daß die Strafe bei Markolf keine Wirkung hinterließ. Im Gegenteil, sie machte die Sache noch interessanter, und es gewährte ihm Vergnügen, zu sehen, ob er es tun konnte, ohne erwischt zu werden.
Mit einem Problem derartiger Natur kann man nicht einfach durch impulsives Handeln fertig werden. Sonst machen wir es nur noch schlimmer.
Das Klügste, was die Mutter tun kann, ist, Markolf ruhig hereinzurufen und ihm ohne Aufregung oder Moralpredigt zu sagen,

daß er zu Hause bleiben muß, solange er nicht weiß, wie man sich draußen richtig benimmt. Dies sollte die Mutter jedesmal tun, wenn Markolf entdeckt wird. Er weiß, daß er sich nicht richtig benimmt. Dies ist eine Situation zum Handeln und nicht für Erklärungen.

Je mehr Aufhebens wir von »schlechten« Angewohnheiten machen, desto störender werden sie. Dazu gehören alle Arten von geschlechtlichen Spielen, Bettnässen, Daumenlutschen und Nägelkauen. Wir setzen das Wort »schlecht« absichtlich in Anführungszeichen. Keine dieser Angewohnheiten ist »schlechter« als irgendeine andere Art des unrichtigen Verhaltens. Sie dienen dem unbewußten Ziel des Kindes genau wie jede andere Handlung. Nur die Meinung der Erwachsenen sieht sie als etwas Besonderes an. Unser erster Schritt bei der Handhabung dieser Probleme ist also, ihnen weniger Wichtigkeit beizumessen. Entdeckt das Kind einmal, daß es etwas getan hat, was die Eltern noch mehr als üblich aufregt, dann hat es eine noch stärkere Waffe zu seiner Verfügung, mit der es seine Eltern schlagen kann. Auch hier nehmen wir unsere Segel aus seinem Wind, wenn wir uns nicht beeindrucken lassen.

Jeder Psychologe weiß, daß die meisten Geschlechtsspiele unter Kindern glücklicherweise nie zur Aufmerksamkeit der Erwachsenen gelangen und daß sie deshalb keinen Schaden anrichten. Stellen wir fest, daß unser Kind onaniert oder sich mit anderen in Geschlechtsspiele einläßt, dann ist das beste, so zu tun, als ob wir es nicht merken. Aus der Onanie erwächst kein Schaden, solange wir keine Konflikte daraus entstehen lassen. Onanie und Daumenlutschen sind Formen des leichten Vergnügens, die anzeigen, daß das Kind auf der nützlichen Seite des Lebens noch keine Befriedigung gefunden hat. Versuchen wir, das Kind mit Gewalt oder Drohungen zu beeinflussen, so steigern wir sein Vergnügen. Das Kind wird so in seinem Entschluß bestärkt, sein Vergnügen beizubehalten und sich dagegen zu wehren, daß man es ihm wegnimmt. Die Angewohnheit festigt sich nun in ihrer zweiten Zielrichtung, der Niederlage tyrannischer Erwachsener. Nichts kann damit erreicht werden. Wir wollen das Kind etwas »lehren«; was wir aber tun, ist das Gegenteil. Wir können das Problem nur dadurch lösen, daß wir das Kind Befriedigung auf der nützlichen Seite des Lebens erfahren lassen, indem wir seine Interessen und Tätigkeiten erweitern. Man kann und soll sich mit dem Kind über seine Probleme unterhalten, aber ohne Moralpredigt, und ihm helfen, seine Auflehnung zu erkennen und seine Einstellung zu ändern.

Die dreijährige Margit lutschte am Daumen, aber mit einem Unterschied. Sie hielt ihre andere Hand vor ihr Gesicht, als ob sie dies verbergen wolle.

Margit zieht sich von ihrer Umgebung zurück und entwickelt Vergnügen als eine private Angelegenheit. Sie braucht niemand anderen.

Nach dem Essen beobachtete die Mutter den sechsjährigen Jean genau, damit er nicht zuviel Wasser trinke. Jede Nacht etwa um Mitternacht, ehe Mutter und Vater zu Bett gingen, weckten sie den Jungen und setzten ihn auf die Toilette. Trotzdem war Jeans Bett am Morgen oft naß. Sie bat ihn, sich mehr zu bemühen, sein Bett trockenzuhalten. Manchmal war sie wegen all der zusätzlichen Wäsche ärgerlich. Sie und Vater hatten jede Art von Bestrafung und Überredung benützt, die sie sich ausdenken konnten. Nichts schien zu helfen. Jean war ein Bettnässer.

Ein Kind, das sein Bett naß macht, ist gewöhnlich ein Kind, das alles tut, was es gerade möchte. Es ist davon überzeugt, sich nicht beherrschen zu können. Tatsächlich ist es nicht willens, die Forderungen einer gegebenen Situation hinzunehmen. All die besondere Aufmerksamkeit der Eltern dient nur dazu, seine Überzeugung, daß es nichts dafür kann, zu festigen. Schelten, Strafen und Bitten vergrößern nur seine Entmutigung. Es glaubt ganz einfach nicht mehr an seine Fähigkeit, trockenzubleiben.
Jean muß lernen, auf das, was getan werden muß, zu reagieren. Die Eltern können ihm dabei helfen, indem sie die Lösung des

Problems in seine Hände legen. Es ist *seine* Angelegenheit. Sie können sagen — aber nur, wenn sie es wirklich glauben —, daß sie sich wegen seines Bettes keine Sorgen mehr machen. »Wir werden dich in der Nacht nicht mehr aufwecken. Du kannst tun, wie du willst. Stört dich dein nasses Bettchen, darfst du aufstehen und das Leintuch wechseln.« Unbekümmert müssen die Eltern dabei bleiben. Die Unannehmlichkeit des nassen Betts ist eine natürliche Folge. Es braucht Zeit, die Meinung eines Kindes von sich selbst und sein Vertrauen in seine Fähigkeit, auf sich selbst aufzupassen, zu ändern. Wir dürfen keine Wunder erwarten.

Ein Kind, das an den *Nägeln kaut,* drückt im allgemeinen Ärger, Groll oder Trotz gegen die Ordnung aus. Auch hier ist die Angewohnheit ein Symptom und kein Problem für sich. Es ist sinnlos, zu schelten, zu demütigen oder Vorbeugungsmittel anzuwenden. Wir können das Kind nicht zwingen, damit aufzuhören. Wir können nur die Ursache zu heilen suchen.

Ein Kind, das *lügt* oder *stiehlt,* versucht gewöhnlich etwas durchzusetzen. Arrangiert das Kind die Situation so, daß wir sein Vergehen entdecken, dann hat es wohl unsere Aufmerksamkeit erregen wollen. Versuche, das Vergehen zu leugnen, dienen dazu, seine Überlegenheit und Macht zu zeigen. Es mag glauben, berechtigt zu sein, alles zu bekommen, was es wünscht, gleichgültig auf welche Weise. Oder es kann ein ungeheures Vergnügen daran haben, etwas zu tun, ohne dabei ertappt zu werden. Lügen oder Stehlen sind Symptome einer tiefer liegenden Rebellion. Natürlich muß ein gestohlener Gegenstand zurückgegeben oder ersetzt werden. Wir sollten aber kein Aufhebens machen, sondern uns beiläufig verhalten und uns nicht beeindrucken lassen. Dies kann für Eltern, die meinen, es sei ihre Pflicht, das Kind zu »lehren«, solche Dinge nicht zu tun, sehr schwierig sein. Aber ihr Zorn, ihre Kritik und Bestrafung lehren das Kind nicht, mit Lügen oder Stehlen aufzuhören. Im Gegenteil, sie geben ihm weitere Munition und vermehren das Vergnügen, um der Macht willen das Falsche zu tun und den Eltern eine Niederlage zu bereiten. Das Kind braucht nicht unsere »Belehrung«. Er weiß ganz gut, daß Lügen und Stehlen falsch sind. Unbewußt tut es das Unrichtige, weil es damit Erfolg hat.

Die fünfjährige Senta spielte mit einem Nachbarkind, das ein Dreirad hatte. Sie wünschte sich ein eigenes Dreirad. Die Eltern erklärten ihr, daß sie sich dies im Augenblick nicht leisten könnten. Eines Tages entdeckte die Mutter das Dreirad des Nachbarkindes hinterm Ofen versteckt. Sie war ungewöhnlich klug. »Gut«, dachte sie, »ich glaube, ich warte ein oder zwei Tage, um zu sehen, was geschieht.« Senta schien bedrückt zu sein. Das Dreirad blieb halb versteckt und die Mutter nahm keine Notiz davon. Spät am zweiten Nachmittag fragte sie Senta: »Warum nimmst du nicht Luzys Dreirad und fährst damit?« Bestürzt antwortete Senta: »Weil sie es dann sieht und ich es ihr zurückgeben muß.« »Dann hat es wohl keinen großen Sinn gehabt, es überhaupt zu nehmen?« Senta brach in Tränen aus. »Warum bringst du es ihr nicht zurück? Dann könnt ihr ja beide damit fahren.« Die Mutter gewann die Mitarbeit von Luzys Mutter, so daß kein großes Aufhebens gemacht wurde. Senta hatte eine Lektion gelernt.

Das wirkliche Problem lag in der Tatsache, daß Senta glaubte, ein Recht auf alles zu haben, was sie wollte. Die Mutter half ihr, herauszufinden, daß Diebstahl keine Lösung ist.
Ein Kind, das *flucht* oder »schlechte« Worte benützt, verläßt sich auf die Schockwirkung. Reagieren wir, wie erwartet, und sind schockiert oder machen eine große Sache daraus, so ermutigen wir es, weiterhin diese Worte zu gebrauchen. Wir können unsere Segel aus seinem Wind nehmen, indem wir uns dumm stellen: »Was ist das für ein Wort, das du da benützt? Ich verstehe es nicht, was bedeutet es?« Das Kind ist geneigt, eine Taktik aufzugeben, die keinen »Erfolg« hat.
Kinder, die »schlechte« Gewohnheiten zur Schau tragen, brauchen Hilfe und Verständnis. Die Angewohnheit ist ein Symptom. Durch Bekämpfung von Symptomen können wir nichts erreichen. Was sind die dahinterliegenden Gründe? Oft können wir durch freundliche und gelegentliche Gespräche zu einem Verständnis kommen. Vielleicht kann die Mutter zur Schlafenszeit, wenn gerade eine

glückliche Stimmung herrscht, eine Art Spiel machen und fragen: »Was hat dir am heutigen Tag gefallen?« Nachdem das Kind geantwortet hat, erzählt die Mutter, was *sie* gern gehabt hat. Dann kann sie weiter fragen: »Was hast du heute nicht gern gehabt?« Und jetzt kann sie dem auf die Spur kommen, was das Kind wirklich ablehnt. Diesen Aufschluß kann die Mutter als Grundlage für ihr Handeln benützen, aber nicht für Worte. Sie soll nichts dazu sagen, nicht versuchen, das, was dem Kind nicht gefallen hat, »wegzuerklären«. Fragen kann sie aber, was es glaubt, was man dabei machen könne. Dies ist eine Gelegenheit *zuzuhören.* Hat das Kind keine Antwort darauf, kann die Mutter das Spiel fortsetzen, indem sie sagt, was sie nicht gern hatte. Es sollte sich meistens aber um Dinge handeln, mit denen das Kind nichts zu tun hat, sonst hört es auf, ein Spiel zu sein und wird zur Kritik. Wir müssen sehr vorsichtig sein, nicht zu tief einzudringen. Sonst nimmt das Kind eine Abwehrstellung ein und schließt die Tür für weitere Bemühungen dieser Art. Das »Spiel« läßt sich von Zeit zu Zeit wiederholen und kann zum Mittel indirekten Gedankenaustauschs werden.

Wir dürfen von einem Kind nicht erwarten, eine schlechte Angewohnheit von heute auf morgen abzulegen. Es besteht sogar die Möglichkeit eigener Entmutigung, wenn trotz einiger Tage entsprechender Bemühungen die schlechte Angewohnheit beibehalten wird. Wir sind dann, genau wie das Kind, von seiner Unfähigkeit überzeugt, damit aufzuhören. Dann sollten wir einen Augenblick innehalten und nachdenken. Wird es wirklich noch daumenlutschen oder bettnässen, wenn es auf die höhere Schule geht? Natürlich nicht! Unser Pessimismus ist nicht gerechtfertigt. Wir wissen, es wird aufhören. Nach einer derartigen Mutspritze in unseren eigenen Arm, müssen wir nur unseren Glauben an das Kind auf dieses übertragen. Diese Angelegenheit erfordert Zeit und zusätzliche Ermutigung durch verstärkte Tätigkeit auf der nützlichen Seite des Lebens. Letzten Endes dürfen wir aber sicher sein, daß das Kind richtig reagieren wird. Infolge der Befreiung von unserer eigenen Entmutigung bildet unser Glauben und unser Vertrauen für das Kind eine zusätzliche Anregung. Vor allem sollten wir uns nicht zuviel Sorgen machen, es leichter nehmen und bereit sein, einige Dinge unvollkommen sein zu lassen.

Hierauf werden wir oft feststellen können, daß die Spannung aufhört und die schlechte Angewohnheit sowohl für das Kind wie für uns selbst weniger wichtig wird.

In vielen Fällen ist die Störung tiefergehend. Dann ist es angezeigt, einen Fachmann aufzusuchen. Dies sollte man wohl immer im Auge behalten, falls die Mutter nicht in der Lage ist, das Verhalten des Kindes zu verstehen oder Fortschritte in ihrer Beziehung zu machen. Wir werden wohl immer mehr Erziehungsberatungsstellen brauchen, um den gesteigerten Schwierigkeiten, die Eltern mit ihren Kindern haben, gerecht zu werden.

## 35. Kapitel

# VERGNÜGEN ZUSAMMEN ERLEBEN

In vergangenen Zeiten mit ihren großen Familien waren die Kinder aufeinander angewiesen, wenn sie Spaß haben wollten. Diese Sitte wurde von einer Generation der nächsten weitergegeben und herrschte bis zur Einführung des Massenvergnügens durch Radio und später Fernsehen. Jeder hört gern Geschichten vom Zusammengehörigkeitsgefühl einer Familie auf Grund ihrer gemeinsamen Umtriebe. Eine der eindrucksvollsten Szenen im »Nußknacker«-Ballett ist der gemeinsame Tanz von Kindern und Erwachsenen um den Weihnachtsbaum. Traurigerweise sind heute viele Familien so aufgeteilt, daß die Kinder ihr Vergnügen getrennt von den Eltern erleben, wobei die letzteren die Mittel dafür zur Verfügung stellen, aber nicht teilnehmen. Dies beruht teilweise auf den kulturellen Wandlungen, die Kinder gegen Eltern ausspielen, teilweise auch auf unserem Mangel an Geschick, demokratisch zusammenzuleben. Die Eltern sind so sehr darauf bedacht, ihren Kindern das Beste zu geben, daß sie sie machen lassen, was sie wollen.

Der Verlust gemeinsamer Interessen zwischen Eltern und Kindern ist auch die Folge der kindlichen Ablehnung der Erwachsenenwelt und der Unfähigkeit der Eltern, die Kinder als gleichberechtigte Partner anzusehen. In vielen Familien wollen die Kinder gar nicht, daß die Eltern mit ihnen spielen! In einem Zustand des »kalten Krieges« im eigenen Heim kann es kaum gemeinsames Vergnügen geben. Und doch wird Feindlichkeit vermindert und Harmonie hat wieder eine Chance, wenn Eltern und Kinder sich zusammen eines Spieles erfreuen.

Es ist Sache der Eltern, durch Spiele eine Atmosphäre der Zusammengehörigkeit hervorzurufen. Dies macht es uns möglich, das

Bild der großen Erwachsenen, die dauernd die kleinen Kinder tadeln und mit ihnen streiten, in das Bild einer Gruppe von Menschen mit gemeinsamen Zielen und Interessen zu wandeln.
Mit einem Baby zu spielen ist leicht. Ist ein Kind aber älter, scheinen wir die Fertigkeit, mit ihm zu spielen, verloren zu haben. Das Kind braucht jedoch dringendst diese Art der Teilnahme. Die Spielstunde kann der Angelpunkt der Harmonie und des Verständnisses zwischen Eltern und Kindern werden. Spiele zu Hause brauchen kein bitterer Wettstreit zu werden, sondern können eine Quelle des Vergnügens sein. Hier kann das Kind lernen, daß man nicht gewinnen *muß*, sondern nur am Spiel selbst Spaß haben kann. Das ist tatsächlich eine schwierige Lektion, da die meisten Erwachsenen nicht merken, wie viele Kinder nur daran interessiert sind, zu gewinnen, was immer sie tun. Jedes Heim sollte Spiele haben, die dem Alter des Kindes entsprechen. Eine festgesetzte Zeit für das Familienspiel kann ein Teil des Tageslaufs werden. Die Zeit, die wir für die Erziehung des kleinen Knirpses brauchen, kann leicht in eine gemeinsame Spielzeit geändert werden, sobald er größer ist. Natürlich muß nun auch die Uhrzeit gewechselt werden, damit möglichst alle Familienmitglieder teilnehmen können.

Ein Vater von fünf Kindern (drei Knaben und zwei Mädchen) war ein begeisterter Fußballer und spielte in der örtlichen Fußballmannschaft mit. Jeden Frühling, sobald das Wetter es erlaubte, fing er an, mit seinen Kindern zu »trainieren«. Auch das Dreijährige machte schon mit. Der Vater spielte ihnen die Bälle so zu, daß ihnen der Rückstoß gelingen mußte. Als die Kinder größer wurden, spielte er entsprechend ihrer inzwischen gewachsenen Fertigkeit. Die älteren Kinder ahmten die Haltung der Toleranz im Spiel mit den Jüngeren und weniger Geschickten nach, so daß alle mitmachen konnten. Sie freuten sich an der zunehmenden Geschicklichkeit des Jüngsten genauso wie der Vater. Er kritisierte nie ein schlechtes Spiel oder einen verfehlten Ball. Was er sagte, war ermutigend. Er selbst hatte offensichtlich großes Vergnügen dabei, und genauso erging es den Kindern.

Der achtjährige Hubert war ein fanatischer Fußballspieler. Fand in der

Nähe ein Fußballspiel statt, mußte er hingehen. Die Eltern bestanden darauf, daß er vorher immer um Erlaubnis frage, um zu wissen, wo er war. Eines Abends war Hubert nirgends zu finden. Es wurde dunkel, und der Vater wollte gerade die Polizei anrufen, als Hubert völlig unbekümmert heimkam. Die Ängstlichkeit wich dem Ärger. Der Vater wollte gerade auf ihn losgehen, als Hubert bat: »Warte noch einen Augenblick, Vati, ich möchte dir sagen, was passiert ist.« Er erklärte, daß er mit einer Gruppe älterer Jungen zu einem Spiel gegangen sei, das etwa 15 km entfernt war. »Vati, du nimmst mich nie zu einem Fußballspiel mit. Ich habe dich schon hundertmal gebeten. Du sagst immer, du wärest so beschäftigt und hättest etwas anderes zu tun.«
Dies öffnete dem Vater die Augen. Hubert wollte, daß sein Vater seine Interessen mit ihm teile! Der Vater handelte nach dieser Einsicht, und beide Eltern haben nun ein echtes Interesse an den örtlichen Spielen und Spielern, und alle drei gehen zusammen zu Fußballspielen.

Alle Kinder führen gern etwas auf. Die Eltern brauchen nicht immer nur zuzusehen. Sie können sich auch beim Spiel beteiligen. Kinder übernehmen besonders gern Erwachsenenrollen, wenn Eltern bereit sind, die Rolle der Kinder zu übernehmen. Jedes Märchen, jede allgemeine bekannte Geschichte kann zum improvisierten Spiel werden. Es braucht keine Zuhörerschaft. Laßt uns nur so »tun als ob«.

Es gibt so viele Dinge, die die ganze Familie beschäftigen können. Kurz vor Weihnachten verbringt eine Familie ihre Abende damit, zusammen Papierschmuck für den Baum zu machen. Vor einem anderen Fest werden reizende Papierkörbchen für den Eßtisch hergestellt. Jede Gelegenheit, wobei Papierdekorationen Verwendung finden können, wird zu einer schöpferischen Sitzung der ganzen Familie.

Eine andere Familie machte Phantasiereisen um die ganze Welt. Alle halfen, Unterlagen zu bekommen, Reiseprospekte usw., die nach Ländern getrennt zusammengestellt wurden. Jeder Sommerurlaub wurde zum Gegenstand des vorhergehenden Studiums der ganzen Familie.

Solche Unternehmungen hängen natürlich von den Interessen einer Familie ab. Die Begeisterung der Eltern steckt an, und die Kinder beweisen oft ganz besondere Fähigkeiten. Sie selbst lassen erkennen, was sie interessiert. Eine Familie baute nach einem gemeinsamen großen Ausflug ein »Museum« auf. Jeder Gegenstand, der auf das Erlebnis hinwies, wurde beschriftet und auf ein Regal des »Museums« gestellt. Jeder einzelne war. darauf bedacht, Kleinigkeiten für das Museum zu sammeln. Ein kleiner farbiger Glasscherben wurde ein Stück eines zerstörten Kirchenfensters. Ein Stückchen verrostetes Eisen wurde zum Überbleibsel einer alten Ritterrüstung. Ein Kind machte aus einer Maishülse eine Puppe, usw.

Zusammen singen schafft auch eine wunderbare Familieneinheit. Der Abendchor beim Geschirrspülen in einer Familie von acht Köpfen wurde zu einer Stunde wirklichen Vergnügens für die ganze Familie, weil es die »Singstunde« war, an der jeder teilnahm. Die Kinder lernten Lieder zu Hause und lehrten Lieder, die sie von der Schule heimbrachten. Als sie älter wurden, begannen sie mehrstimmig zu singen, und brachten es zu wirklichen Choreffekten, indem sie die Gruppe aufteilten und die verschiedenen Stimmen zusammen sangen.

Wenn Eltern wach und fähig sind zuzuhören, können sie alle Arten von Dingen entdecken, die die Kinder interessieren und mit Phantasie zu einer Angelegenheit der ganzen Familie gemacht werden können.

Gemeinsames Vergnügen bringt Menschen einander näher. Durch Spiele und Vorhaben, an denen alle Spaß haben, entwickelt sich ein Zusammengehörigkeitsgefühl. Dieses führt zu einer sozialen Gleichwertigkeit, die wieder eine entspannte und harmonische Atmosphäre schafft, die ein Teil des Familienlebens werden kann.

## 36. Kapitel

# KEINE ANGST VOR DEM FERNSEHEN

In fast jeder Familie, die ein Fernsehgerät hat, entstehen Probleme. Es gibt Streit, was und wann gesehen werden darf, und Eltern machen sich wegen falscher Eindrücke Sorgen, die die Kinder eventuell bekommen können. Die Passivität der Unterhaltung macht ihnen Kummer, wobei so viel Zeit für »Unsinn« vergeudet wird. Schularbeiten werden vernachlässigt, wenn die Kinder ein wirklich »gutes« Programm verfolgen. Man geht spät ins Bett, weil das »beste« Programm spät kommt. Schon richten sich die Mahlzeiten nach dem Fernsehprogramm. Viele Familien haben ihre Tischsitten geändert und essen jetzt vor dem Fernsehapparat, wobei jedes Mitglied isoliert in seiner Versunkenheit das Programm verfolgt. Eltern finden es bedenklich, weil die Mahlzeit nicht mehr ein gemeinsames Erlebnis ist, das die Familieneinheit fördert. Wie viele Mütter hatten schon das Gefühl, am liebsten mit dem Fuß in den Bildschirm zu treten! Statt dessen versuchen sie, Regeln für das Fernsehen aufzustellen. Dies führt zu Kämpfen und Zwietracht. Viele Eltern dulden kein Fernsehgerät im Haus, mit dem Ergebnis, daß die Kinder entweder zum Nachbarn gehen, um dort zuzusehen, oder sich dauernd beklagen, daß ihnen etwas versagt wird, was »alle anderen Kinder« haben.

Fernsehen wird bleiben. Es wirft neue Probleme auf; wir müssen aber lernen, sie zu lösen, statt uns an ihnen zu stoßen. Streiten die Kinder um das Programm, so können die Eltern entweder sich aus dem Streit heraushalten oder das Gerät abschalten, bis die Kinder zu einer Einigung gekommen sind. Wenn jedoch die Eltern in den Streit verwickelt werden, wird die Situation oft hoffnungslos kompliziert. Es handelt sich nicht darum, ob Eltern das Recht haben, ihr bevorzugtes Abendprogramm zu sehen, oder ob sie den Kindern nachgeben sollen, damit diese sehen können, was sie wollen; es handelt sich um ein *Familien*problem, und es muß durch die Familie gemeinsam gelöst werden. Die Frage lautet: »Was können *wir* in diesem Fall tun?« Nicht daß Eltern sagen: »Was muß *ich* tun, um die Zeit des Fernsehens zu regulieren?« Alle Mitglieder der Familie müssen gemeinsam zu einer Verständigung kommen. Dies ist gewöhnlich ein Punkt für den Familienrat. Ist die Zwietracht zu groß, so können Eltern das Gerät entfernen, und niemand, einschließlich der Eltern, kann ein Programm sehen, bis Übereinstimmung erreicht ist. (Ähnlich einem industriellen Streik, wo keine Arbeit getan wird, bis man zu einer Einigung kommt.)

Was die Schularbeiten angeht, können wir durch Gespräche mit dem Kind eine Vereinbarung erzielen. Es vermag selbst zu entscheiden, wann es seine Hausaufgaben machen und wann es fernsehen will. Die Mutter soll sich fest an diese Vereinbarung halten, und zwar durch Handeln, nicht durch Worte. Ist das Kind größer, erhebt sich die Frage: »Was kann man jetzt tun?« Das ältere Kind soll selbst eine Lösung vorschlagen.

Wollen Kinder über die Schlafenszeit hinaus fernsehen, müssen Eltern fest bleiben, um die übliche Ordnung aufrechtzuerhalten. Solange das Kind klein ist, können wir es ohne Worte ins Bett bringen. Das bedeutet keinen Machtkampf, solange die Mutter es beiläufig macht, ohne viele Worte. Ist das Kind älter, müssen wir uns fest an die mit ihm getroffene Vereinbarung halten. Dies ist alles nicht leicht, wenn es uns nicht gelingt, mit unseren Kindern ein Verhältnis des Vertrauens und der Zusammenarbeit aufzurichten. Tatsächlich stellt das Fernsehen kein Problem an sich dar, es ist lediglich ein Angelpunkt der mangelnden Zusammenarbeit zwischen Eltern und Kindern.

Die Qualität und der Inhalt des Fernsehprogramms gehen die ganze Nation an. Wir können jedoch nicht passiv dabeistehen und warten, bis die Regierung das Problem für uns löst. Es ist in unseren Heimen, und hier haben wir zu handeln.

Die elfjährige Johanna, die achtjährige Mona und der siebenjährige Reinhold haben besondere Freude an einem schrecklichen Gruselprogramm. Die Eltern glauben, es sei »kein Programm für Kinder«. Je mehr sie protestieren, desto mehr leisten die Kinder Widerstand. »Warum ist das schlecht? Es ist wirklich ein gutes Programm. Alle anderen Kinder sehen es!« Jede Woche gab es wegen dieses Programms Streit.

Wenn wir darauf bestehen, daß Kinder ein gegebenes Programm nicht sehen dürfen, fordern wir einen Machtkampf heraus. Oft bleiben die Kinder Sieger; es gibt kein mächtigeres Argument als was »alle anderen Kinder« tun. Versagen wir dem Kind auch ferner dieses Programm, sucht sich das Kind auf andere Art zu rächen. Welche Lösung gibt es da? Vor allem sind wir kaum in der Lage, unsere Kinder vor dem Fernsehen oder den dadurch vermittelten Eindrücken zu beschützen. Wir können jedoch dem Kind helfen, schlechten Geschmack und minderwertiges Vergnügen zu erkennen und darum zu vermeiden. Dies kann aber nicht durch Predigen erreicht werden! Worte werden oft als Waffen benützt, statt ein Mittel der Verständigung zu sein. Das Kind wird taub, sobald die Eltern mit Predigen anfangen. Wenn die Eltern jedoch Fragen stellen und dann *zuhören*, kann das Gespräch sehr vorteilhaft sein. Die Eltern können mit den Kindern das Programm ansehen und anschließend ihre Eindrücke in einer spielartigen Atmosphäre miteinander austauschen. »Was hältst du davon? War das, was der Mann tat, richtig? Was, glaubst du, fühlten die anderen? Wieso? Was sonst hätten sie wohl tun können?« Auf eine solche Weise helfen die Eltern dem Kind, wirklich nachzudenken und ein Programm kritisch zu beurteilen. Wenn Eltern *zuhören*, entwickeln Kinder die Fähigkeit, eigene Gedanken hervorzubringen — eine der dankbarsten Entdeckungen. Die Eltern dürfen das »Spiel« nicht dadurch stören, daß sie die Eindrücke, die das Kind äußert, »verbessern« wollen. Wir können das, was das Kind sagt, so hinnehmen, wie es gemeint ist. In der Folge müssen wir den im Laufe der Zeit eintretenden Fortschritt beobachten, und das

Kind wird selbst ein kritisches Auge entwickeln! Wollen Eltern gelegentlich ihre eigenen Gedanken mitteilen, so können sie dies in der Form einer provozierenden Frage tun. »Ich würde gern wissen, wie es wohl gewesen wäre, wenn ...« Oder »Was glaubst du, wäre wohl geschehen, wenn ...« Nach einer Wildwestgeschichte können wir fragen: »Kennst du gute Jungen? Macht es wirklich Spaß, jemand zu schlagen und zu quälen? Wie fühlt sich der Besiegte?« Durch solche Gespräche entwickeln wir eine gute Beziehung zum Kind, wenn wir es vermeiden, unsere eigenen Ideen den Kindern beizubringen, und sie anregen, selbständig zu denken. Kinder lernen nie, selbst zu denken, wenn *wir* es immer für sie tun und ihnen alles fertig vorsetzen. Besteht ein gutes Verhältnis, dann ist das Kind offen in seinen Antworten und wird uns sagen, was es denkt, das heißt, wenn es damit nicht irgendwelche Strafen oder Kritik und Spott hervorruft. In der Folge können wir von dem gesunden Urteil und der Kenntnis des richtigen und gerechten Spiels bei den Kindern vielleicht sehr überrascht werden.

Folgen wir der obigen Handlungsweise, werden wir gewahren, wie die meisten Kinder mit dem Fernsehen fertig werden. Sobald es nicht zur Quelle eines Machtkampfes wird, nimmt das Interesse oft ab. Unsere Besorgtheit für die allzu passive Unterhaltung können wir fallen lassen, wenn wir andere Arten des gemeinsamen Vergnügens herbeiführen. Wir sollten einem Kind nichts wegnehmen, weil es sonst glaubt, daß wir ihm unseren Willen aufzwingen wollen. Bieten wir dagegen etwas von größerem Interesse an, dann wird das Kind angeregt und beeinflußt, das weniger Erwünschte zu lassen.

Fernsehen braucht nicht zu einer Quelle des Streites zu werden, wenn wir wissen, was wir tun können und Vertrauen zu unserer Fähigkeit haben, mit den Problemen, die es bietet, fertig zu werden.

37. Kapitel

## RELIGION WEISE ANWENDEN

Welchem Glaubensbekenntnis wir auch angehören, es hat einen besonderen Platz in unseren Familien. Für die meisten Leute dient Religion als Anregung zum Streben nach einem Leben des Gutseins. Unser höchstes Trachten, unsere Ideale, unsere moralischen Werte entspringen unserer Religion und werden in ihr hochgehalten. Es ist deshalb schwierig zu sehen, wie der Gebrauch der Religion für ein Kind schädlich sein kann. Religion kann aber mißbraucht werden.

Der fünfjährige Viktor war den ganzen Morgen schlechter Laune. Alles, was die Mutter ihm vorschlug, schien ihm zu mißfallen. Ihre Geduld war langsam erschöpft. Schließlich gab sie ihm eine Zeitschrift und eine Schere zum Ausschneiden der Bilder. Sie machte sich wieder an ihre Hausarbeit. Später entdeckte sie, daß Viktor alle Bücher, die in seiner Reichweite waren, aus dem Bücherregal herausgezogen und im Zimmer zerstreut hatte. Alle Schubladen standen offen, und ihr Inhalt war auf dem Boden entleert. Außer sich rief sie den Jungen zu sich, schüttelte ihn und schrie: »Was ist mit dir los? Den ganzen Morgen warst du unartig. Du setzt dich jetzt bis zum Mittagessen auf den Küchenstuhl, und wenn ich dich daran anbinden muß. Weißt du nicht, daß Gott dich bestrafen wird, wenn du nicht lernst, gut zu sein? Er hat unartige Kinder nicht gern.«

Viktor ist kein glücklicher Junge. Er ist voller Zorn und möchte sich rächen. Je mehr die Mutter straft, desto mehr hat er das Gefühl, sich rächen zu müssen. Trotzdem möchte er gut sein, hat aber keine Idee, warum er sich schlecht benimmt.

Immer, wenn Eltern ein Kind mit »Gott wird dich strafen« bedrohen, gestehen sie damit ihr Versagen ein und überlassen das ganze Problem einer höheren Autorität. Das Kind spürt dies und ist etwas stolz darauf, daß niemand mit ihm fertig wird. Da

Bestrafung durch Gott nie auf dem Fuße folgt, verachtet es eine solche Drohung. Es ist deshalb völlig sinnlos, sie als Erziehungsmethode zu benützen.

Die Mutter ertappte ihre Tochter bei einer offensichtlichen Lüge. »Dörte, du weißt, daß man nicht lügen darf. Leute, die lügen, kommen so weit, daß sie nicht mehr ehrlich und aufrichtig sein können. Ihre Seelen werden unglücklich und gemein. Glaubst du, Gott und alle Seine Heiligen können solche Menschen gebrauchen? Gott will, daß wir ehrlich und wahrhaftig sind. Für Lügner gibt es keinen Platz im Himmel. Du mußt immer die Wahrheit sagen. Wahrheit ist das Gute. Wenn du lügst, bist du nicht gut.«

Es ist für ein Kind so viel leichter, gut zu sein, daß es nicht das Bedürfnis hätte, schlecht zu sein, wenn es nicht in seiner Umgebung auf Hindernisse gestoßen wäre, die es entmutigt und veranlaßt haben, sich dem falschen Verhalten als Ausweg aus seiner Schwierigkeit zuzuwenden. Da das Kind mit seinem falschen Verhalten einen Zweck verfolgt, ändern Moralpredigten weder etwas daran, noch beseitigen sie das Hindernis. Sie verstärken nur seine Entmutigung. Halten wir das Ideal, dem wir alle nachstreben, hoch und weisen darauf hin, wie weit das Kind davon entfernt ist, so vergrößern wir nur die Entmutigung, die ja schuld ist, daß es dieses Ideal nicht erreicht. Nicht die Verurteilung, die sich in den Moralpredigten ausdrückt, braucht das Kind, sondern ganz im Gegenteil unsere Ermutigung und Hilfe, um aus seiner Schwierigkeit herauszukommen.
Jedes Kind weiß, es sollte gut sein. Es weiß aber nicht, warum es »schlecht« ist (da ihm ja der Zweck seines Verhaltens unbewußt bleibt), und zweifelt daran, je seine Ideale erreichen zu können. Es entsteht ein Kampf zwischen dem Wissen, was es tun soll, und der Feststellung, was es tatsächlich tut. Da es nicht zur gleichen Zeit in zwei verschiedene Richtungen gehen kann, muß es lernen, sich zu verstellen. Es lernt, sich hinter guten Absichten zu verstecken, während sein wirklicher Zweck ganz das Gegenteil sein kann. Immer wenn Moral gepredigt wird, um gutes Verhalten an-

zuregen, finden wir unaufrichtige Kinder. Sie versuchen, unter allen Umständen im besten moralischen Licht zu erscheinen, und entwickeln eine fürchterliche Angst, ihre wirkliche Wertlosigkeit (ihre falsche Meinung von sich selbst ist für sie echte Wirklichkeit) würde hinter ihrer Maske sichtbar werden. Je mehr Energie sie für die äußere Erscheinung und die Angst verwenden, desto weniger haben sie für wahres Wachstum und Entwicklung übrig.

Eltern, die darauf bestehen, daß Kinder zur Sonntagsschule oder in die Kirche gehen, während sie zu Hause bleiben, geben den Kindern den Eindruck, als ob es zwei moralische Maßstäbe gäbe, einen für Kinder und einen für Erwachsene! Die Kinder müssen gehen, um zu lernen, wie man gut sein kann, während die Eltern dies schon wissen und diese Erziehung nicht mehr brauchen. Kinder fühlen aber häufig, daß die Eltern ihnen gegenüber schlecht und ungerecht handeln, und können nicht verstehen, wieso Eltern das Vorrecht haben, den Gottesdienst nicht mitmachen zu müssen. Ihr Gefühl für Gleichberechtigung wird dadurch verwirrt, was das Gefühl der Unterdrückung durch die Erwachsenen verstärkt. Es macht auch die religiöse Einrichtung zu einer unangenehmen Pflicht und verunmöglicht gerade den Zweck der religiösen Erziehung.

Ist ein Kind alt genug, um schon eine Meinung über das Leben nach dem Tode zu haben, und wird ihm mit der Bestrafung im Jenseits gedroht, dann kann es eine tödliche Angst vor dem Tod, vor der Zukunft, vor dem Unsichtbaren entwickeln. Eine solche Angst »biegt das Kind nicht zurecht«, sondern führt es zur Verkrampfung und versagt ihm die Freiheit des Wachstums und die Kraft, Verantwortung auf sich zu nehmen. Es befindet sich schon in Schwierigkeiten, sonst würde es sich nicht falsch benehmen. Es sieht sich jetzt zusätzlich einem unsichtbaren »Menschenfresser« gegenüber, der es für sein Unglücklichsein auch noch strafen will. Es kann sogar einen unausgesprochenen oder nicht offensichtlichen Haß gegen diesen strafenden Gott entwickeln. Da ein solches Gefühl jenseits der Ausdrucksmöglichkeit ist, wird die unechte

Fassade des Kindes noch vergrößert. Diese Art von Kampf zwischen seinen wirklichen Absichten und seiner Verstellung kann nur zu weiteren Störungen oder sogar zur Neurose führen.
Religiöse Erziehung kann dazu benützt werden, einem Kinde zu zeigen, wie die Religion schon vor langen, langen Zeiten gelehrt hat, daß gewisse Verhaltensformen sich als falsch herausgestellt haben, weil sie eine gute, glückliche Beziehung zwischen den Menschen verunmöglichen. Eltern und Kinder können Gespräche in der Form von Geschichten führen (man sollte die Kinder nie als Beispiele benützen) und die Möglichkeiten, Konflikte beizulegen, erkunden, damit Freundschaft und Harmonie wieder hergestellt werden können. Wir alle treffen auf Schwierigkeiten! Kinder müssen wissen, daß wir alle im selben Boot sitzen und daß auch wir Wege suchen müssen, um die Einheit zu erringen, die ein wesentlicher Teil des unendlichen Guten ist, bei welchem Namen wir es auch nennen.

## 38. Kapitel

# *MIT* DEN KINDERN, NICHT *ZU* IHNEN REDEN

Schon mehrmals haben wir Gespräche zwischen Eltern und Kindern über ihre gegenseitigen Probleme vorgeschlagen. Unsere Erfahrung hat uns gezeigt, daß nur sehr wenige Eltern wissen, wie man mit Kindern spricht. Meistens sprechen Eltern *zu* ihrem Kind, auch wenn dies in freundlicher Weise geschieht. Was das Kind aber hört, ist nichts als eine Predigt.

Die tragische, größte Schwierigkeit zwischen Jugendlichen und Erwachsenen besteht in der Abwesenheit einer wirklichen Verständigung. Die Tür kann während des Heranwachsens offengehalten werden, wenn in der Kindheit eine Beziehung der Zuneigung aufgerichtet wurde. Viel hängt von unserer Fähigkeit ab, dem Kind Achtung zu erweisen, auch wenn wir nicht immer mit ihm einverstanden sind. Überlegen wir uns dies, dann erkennen wir mit Ehrfurcht, welch ein Wunder die Entwicklung der kindlichen Denkfähigkeit ist. Aus eigener Kraft und oft ohne bewußtes Gewahrwerden beobachtet das Kind, empfängt Eindrücke, bringt sie in ein System und handelt dann entsprechend seinen Schlußfolgerungen. Es hat seinen »eigenen Sinn«! Allzuoft benützen wir diesen Ausdruck herabsetzend, um Ungehorsam und Rebellion damit zu kennzeichnen. Dieses »Vergehen«, seinen »Eigensinn«, wollen wir ihm austreiben und versuchen, es mit *unseren* Gedanken zu beeindrucken. Wir wollen seinen Charakter, seinen Verstand, seine Persönlichkeit bilden, als ob es ein Stück weichen Lehms wäre, uns gegeben, damit wir es »formen«. Vom Gesichtspunkt des Kindes erscheint dies als Tyrannei, und so ist es auch wirklich. Das heißt nicht, daß wir ein Kind nicht beeinflussen und führen können und sollen. Es heißt lediglich, wir können es nicht in unsere Form »zwingen«. Das war früher, in einer autokratischen Gesellschaftsordnung, möglich; heute, in unserer demokratischen Gesellschaft, können wir damit keinen Erfolg erzielen.

Jedes Kind verfügt über eine eigene schöpferische Kraft und trifft seine eigenen Entscheidungen. Es hat seine eigene Logik und formt seine Persönlichkeit nach eigenem Gutdünken.

Dies entbindet uns als Eltern nicht der Verpflichtung, die Kinder zu lenken und zu beeinflussen. Wir müssen aber wissen, was und wie wir zu lenken vermögen. Wir können viel durch Beobachtung lernen und die Zweckgerichtetheit des kindlichen Verhaltens entdecken. Wir sind fähig herauszufinden, was und wie Kinder denken. Das ist gar nicht schwierig, weil kleine Kinder sich so verflixt frei ausdrücken! Tadeln, kritisieren und ermahnen wir sie jedoch wegen ihrer Gedanken, lernen sie bald, sich nicht mehr solchen unangenehmen Erfahrungen auszusetzen. Und langsam schließen wir die Tür zur beiderseitigen Verständigung.

Nehmen wir andererseits die Vorstellungen eines Kindes frei hin, prüfen wir sie und untersuchen mit ihm die möglichen Folgen und stellen wir dann noch Fragen wie »Was kann dann geschehen?« »Wie wirst du dich dann fühlen?« »Was wird die andere Person empfinden?«, dann findet das Kind ein Gefühl der Kameradschaft in seinen Bemühungen, die Probleme des Lebens zu lösen. Zielgerichtete Fragen zu stellen, ist immer noch eine der besten Methoden, dem anderen etwas beizubringen. (Sokrates hat das schon vor 2400 Jahren herausgefunden.)

Es ist lächerlich zu erwarten, ein Kind habe nur »richtige« Vorstellungen. Ihm aber zu sagen, es habe »unrecht« und wir seien im »Recht«, bringt es nur in Verteidigungsstellung. (Genauso würde es uns ergehen.) Und das heißt *zu* ihm reden.

»Wolf! Du weißt, es ist nicht recht, deine Schwester zu hassen. Schäme dich. Du mußt sie lieben. Du bist ihr großer Bruder.« Das heißt *zum* Kinde reden. Andererseits: »Ich möchte gern wissen, warum ein Junge seine Schwester haßt? Hast du eine Ahnung?« »Weil sie mir im Wege ist!« »Was könnte ein Junge sonst noch tun, außer sie zu hassen?« Das ist ein Gespräch. Wir anerkennen die Tatsache des Hasses, den Wolf für seine Schwester hegt, ohne die Begriffe von Gut und Böse hereinzubringen. Dieser Haß besteht. Das Was und Warum — vom Standpunkt des Kindes her gesehen — ist es, was wir in den Brennpunkt rücken wollen.

Als Eltern neigen wir zu sehr dazu anzunehmen, wir wüßten, wie ein Kind fühlt. »Ich erinnere mich, wie mir zumute war, als meine Schwester Großmutters *ganze* Zuneigung bekam, weil sie so goldig aussah! Ich versuchte sie auszustechen, indem ich so gut und überlegen wurde.« Die Tochter dieser Mutter will aber ihre goldige Babyschwester auf unangenehme Art übertreffen, was die Mutter zu ihrer Zeit sich nicht hätte erlauben können. Vielleicht ist es besser herauszufinden, was die Gefühle der Tochter sind, und nicht anzunehmen, sie fühle genau so wie ihre Mutter, die die Gute und Überlegene sein wollte.

Wir müssen bereit sein zuzugeben, daß es mehr als einen Gesichtspunkt gibt und daß unsere Art, die Dinge zu sehen, nicht die *einzige* ist.

Sehr sorgfältig sollten wir zuhören, wenn das Kind einer anderen Meinung ist. Sagen wir irgend etwas, das es demütigt, schließt sich sofort die Tür für weitere Vertraulichkeiten. Wir müssen immer bereit sein, einen Gesichtspunkt, der sich von unserem unterscheidet, aber doch auch richtig sein kann, anzuerkennen und zu akzeptieren. »Du kannst recht haben, wir müssen darüber nachdenken und sehen, was dann geschieht.« Wir können dem Kind zugeben »Ich bin nicht deiner Meinung«, sollten aber immer hinzufügen: »Du hast aber das Recht, so zu denken, wenn du willst. Wollen wir doch einmal sehen, wie es weitergeht.« Im Falle wirklicher Gleichberechtigung muß jeder bereit sein, seine eigenen Gedanken umzudenken, nicht entsprechend einer festen Vorstellung von »richtig« und »falsch«, sondern gemäß den praktischen Folgen. Wollen wir die Meinung unserer Kinder ändern, dann müssen wir sie der Erkenntnis zuführen, daß ein anderer Weg günstigere Folgen hat. Es ist notwendig, unsere Kinder als Partner bei der Aufgabe, Familienharmonie zu schaffen, zu akzeptieren. Ihre Vorstellungen und Gesichtspunkte sind wichtig, besonders, da sie ja ihnen gemäß handeln! Ihre Ideen bilden die kindliche »private Logik«, ihre unbewußten Gründe für ihr Benehmen. Einem Kind zu sagen, es solle aufhören zu tun, was es selbst als falsch erkannte, ist sinnlos, weil das falsche Tun beabsichtigt ist, um ein irrtümliches Ziel zu erreichen. Solche Ermahnungen verstärken nur seine Entschlossenheit. Es fühlt, ein Recht auf seine eigene Meinung zu haben. Diese kann nicht durch Logik entwaffnet werden. Man muß die *Psycho*-Logik sehen, durch die sogar das Unangenehme erstrebenswert wird, solange es Aufmerksamkeit oder Macht mit sich bringt oder eine falsche Meinung von sich selbst verstärkt. Unserem Kind zuhören heißt, *seine* Logik entdecken. Ihm helfen heißt, es zu einem anderen Standpunkt führen, von dem aus es Vorteile sehen kann, die es vorher nicht erkannt hat. Ein Kind, das seine Macht zeigen will, kann auch geliebt sein wollen. In diesem Fall können wir die Schwierigkeit besprechen, beides zu erreichen. Es kann anfangen zu erkennen, daß es nicht geliebt werden kann, solange es den Tyrannen spielt, und es wird sich entscheiden müssen, was ihm lieber ist. Ihm geradeheraus zu sagen »Niemand hat dich gern, solange du den Tyrannen spielst«, wird nur weitere Feindseligkeit anregen. »Welche Gefühle haben Leute gegenüber einem Tyrannen? Wenn ein Tyrann geliebt werden will, was kann er tun? Kann er sich anders entscheiden?« Solche Fragen führen ein Kind zur Einsicht, worum es geht, und ebenso zur Erkenntnis der eigenen Rolle. Es muß sogar zugeben, daß es selber die Rolle, die es spielt, gewählt hat!

Angenommen, die Mutter hört ihre zwei Jungen miteinander streiten, weil der eine im Kartenspiel geschwindelt hat. Sie beschließt, sich nicht einzumischen. Später aber, zu einer Zeit ruhiger Freundlichkeit, führt sie ein Gespräch über Schwindeln herbei: »Ihr wißt beide, daß Schwindeln nicht recht ist. Es verdirbt auch den Spaß, den man haben kann, wenn man nett miteinander spielt. Warum entscheidet ihr euch nicht, euch an die Regeln des

Spiels zu halten und nicht zu schwindeln?« Das ist sehr nett gesagt, in einem freundlichen Ton, es ist aber kein Gespräch, sondern eine Predigt. Es ist logisch, aber nicht psychologisch.

Nehmen wir jedoch an, die Mutter spreche ein oder zwei Tage später mit ihren Jungen: »Ich möchte gern etwas wissen.« Beide Kinder werden jetzt neugierig. Was will die Mutter wissen? Sie erregte ihre Aufmerksamkeit und geht nun indirekt vor: »Nehmen wir an, zwei spielen miteinander und der eine schwindelt dabei. Was geschieht dann?« »Sie fangen zu streiten an!« »Warum glaubt ihr, schwindelt der eine?« Von jetzt an werden die Antworten zeigen, wie jedes Kind denkt. Der eine sagt: »Weil er gewinnen will!« oder »Weil er sich groß fühlen will!« Der andere kann vielleicht sagen: »Weil ich nicht immer zurückstehen will!« Jedesmal fragt die Mutter dann das andere Kind, was es von der Antwort des Bruders hält. Sie möchte etwas herausfinden und zur gleichen Zeit die Jungen erkennen lassen, was in ihren Gedanken vorgeht. Schließlich kann sie fragen: »Und was geschah mit dem Vergnügen am Spiel!? Wie fühlt sich ein Schwindler gegenüber dem Beschwindelten? Glaubt ihr, sie können lernen, das Spiel richtig miteinander zu spielen? Wie? Was könnte jeder tun? Wie können sie Spaß daran haben und es nicht verderben?« Nach den Fragen und Antworten und nachdem die Mutter eine Einsicht in die Konkurrenz der beiden erhalten hat, kann sie sagen: »Ich bin so froh, zu wissen, was ihr denkt. Dies hilft mir sehr viel.«

Die Mutter hat zum Nachdenken angeregt. Sie braucht nichts darüber zu sagen, was nach ihrer Ansicht getan werden sollte. Die Kinder wurden dazu geführt, selbst zu sehen, was das Problem sein kann, und was die möglichen Lösungen sind. Lassen wir sie darüber nachdenken und sehen, was geschieht.

Niemand, Kind oder Erwachsener, sieht sich gern einem Problem gegenüber, bei dem er unrecht haben könnte, wenn es als eine Art Anklage vorgetragen wird. Sprechen wir von allgemeinen Schwierigkeiten — wir sprechen von »Leuten« und nicht von zwei Jungen oder zwei Mädchen oder einem direkten »du und er« —, so rufen wir eine Distanz hervor, die die Sachlichkeit fördert. Wir sind viel lieber bereit, die Probleme anderer zu sehen! Besprechen wir gewisse Schwierigkeiten mit unseren Kindern, ist es häufig viel leichter, wenn wir so tun, als ob es sich um jemand anderes handeln würde.

Es gibt aber auch Situationen, wo es hilfreich ist, direkt vorzugehen: »Ich habe ein Problem. Ich möchte gern wissen, was du darüber denkst. Wenn ich versuche zu kochen, und du willst gleichzeitig, daß ich dir bei den Hausaufgaben helfe, komme ich ganz durcheinander, weil ich zwei verschiedene Dinge gleichzeitig tun will. Was glaubst du, was wir tun könnten?«

Welche Erkenntnisse wir auch bei einem Gespräch herausbringen, sie können die Grundlage für unser zukünftiges Handeln sein. Wir werden aber keinerlei Erkenntnis bekommen, solange wir versuchen, eine offensichtliche falsche Vorstellung durch Moralpredigt zu verbessern. Dies bringt uns nur eine Niederlage bei. Unsere Kinder können nicht offen mit uns sein, solange wir sie damit beeindrucken, wie unrecht sie haben. Äußern sie einen Gedanken, der augenscheinlich nicht annehmbar ist, müssen wir ihn für den Augenblick hinnehmen. »Du hast da etwas gesagt, was vielleicht nicht so ohne ist. Ich würde gern wissen, was geschieht, wenn *jeder* das gleiche täte?« Zeigt das Kind einen Widerwillen, das Gespräch fortzusetzen, weil wir ihm nahegelegt haben, seine Vorstellung könnte nicht richtig sein, sollen wir für den Augenblick auf ein weiteres Gespräch verzichten. »Wollen wir darüber nachdenken und ein andermal darüber sprechen. Vielleicht haben wir dann noch bessere Ideen.«

*Zu* unseren Kindern reden bedeutet, ihnen zu sagen, wie wir die Dinge getan haben wollen. Es drückt eine Forderung nach Gehorsam aus und verlangt den Nachvollzug unseres eigenen Denkens.

*Mit* unseren Kindern reden heißt, zusammen nach Lösungen suchen, was getan werden kann, um ein Problem zu meistern oder eine Situation zu verbessern. Kinder haben dabei einen schöpferischen Anteil am Entstehen von Familienharmonie und erkennen ihren Beitrag für das Ganze. Es heißt nicht, daß sie das Recht haben, die Familie nach ihren eigenen Ideen zu lenken. Ein Gespräch ist ein Vorgang, in dem wir versuchen, zur bestmöglichen Lösung eines bestehenden Problems zu kommen, und zwar für das Wohl aller Beteiligten. Viele glauben, die »neue psychologische Methode« hieße, den Kindern nachzugeben und jede erwachsene Führung aufzugeben. Das Gegenteil ist der Fall. Setzen wir uns nicht mit unseren Kindern zusammen, um die laufenden Probleme zu besprechen, lassen wir sie nicht ihre eigene Meinung ausdrücken und hören wir nicht auf sie, dann tun sie tatsächlich, was sie wollen, und wir verlieren jeden Einfluß auf ihr Verhalten.

Zusammenarbeit muß erworben werden, sie kann nicht gefordert werden. Der beste Weg zur Zusammenarbeit ist, frei zu sagen, was jeder denkt und fühlt, und miteinander bessere Wege des Zusammenlebens zu erkunden.

## 39. Kapitel

# EINEN FAMILIENRAT BILDEN

Der Familienrat ist eines der wichtigsten Mittel, um auf demokratische Weise mit schwierigen Problemen fertig zu werden. Er ist, wie der Name sagt, ein Zusammenkommen aller Mitglieder einer Familie, wobei Probleme besprochen und Lösungen gesucht werden. Eine bestimmte Stunde an einem festgelegten Tag jeder Woche sollte für den Familienrat festgesetzt werden; er soll Teil des Familienlebens werden. Die einmal festgesetzte Zeit darf ohne Zustimmung der ganzen Familie nicht geändert werden. Jedes Mitglied sollte anwesend sein. Hat eines keine Lust, so muß es sich trotzdem nach der Entscheidung der Gruppe richten. Es lohnt sich deshalb, dabei zu sein, damit man seine Meinung äußern und an den Entscheidungen teilnehmen kann.

Jede Familie kann die Einzelheiten für den Familienrat ausarbeiten, um diesen ihren Bedürfnissen anzupassen; die Grundprinzipien bleiben aber immer dieselben. Jedes Mitglied hat das Recht, ein Problem vorzubringen und gehört zu werden. Alle zusammen suchen nach einer Lösung. Die Meinung der Mehrheit gilt. Im Familienrat hat die Stimme des Vaters oder der Mutter kein größeres Gewicht als die jedes Kindes. Die Entscheidung, die der Rat getroffen hat, gilt eine Woche lang. Nach der Sitzung hält man sich an die beschlossene Handlungsweise; bis zur nächsten Beratung darf *nicht mehr* darüber diskutiert werden. Findet man in dieser Zeit, daß die Lösung der vergangenen Woche nicht glücklich war, dann wird eine neue Lösung gesucht, immer mit der Frage: »Was können wir nun tun?« Und wieder ist es Sache der ganzen Gruppe zu entscheiden!

Bei der Sitzung eines Familienrats brachte eine Mutter von acht Kindern im Alter von vier bis sechzehn Jahren das Problem der unerquicklichen

Atmosphäre bei Tisch auf. Die Kinder kamen zu spät zum Essen. Der Vater regte sich über ihr Zuspätkommen und allgemein über ihre schlechten Tischmanieren auf. Feindseligkeit und Zank riefen eine unangenehme Atmosphäre hervor. Eines der Kinder schlug vor, jedes solle in seinem eigenen Zimmer essen und die gemeinsame Mahlzeit solle aufgegeben werden. Die anderen Kinder griffen die Idee auf und dachten, dies wäre ein großer Spaß. Die Mutter war damit einverstanden, während der Vater seine Mißbilligung deutlich ausdrückte. Die Mutter fragte, wie nun das Mahl am besten serviert werden solle. »Jeder bedient sich selbst.« »Und was ist mit dem Geschirr?« »Wir bringen alles zurück.« »Ich bin bereit, das Geschirr, das in der Küche ist, zu waschen«, sagte die Mutter. Der Vater mußte zustimmen, da die Abstimmung 9 : 1 ergab. An diesem Abend, als das Essen fertig war, nahmen es die Eltern auf ihr Zimmer und kümmerten sich nicht um den Rest der Familie. Eine Stunde später wusch die Mutter alles Geschirr, das sie in der Küche fand.

Vier Tage später begannen sich die Kinder zu beklagen. Es wurde nicht genug Geschirr zurückgebracht, so daß nicht alle saubere Teller haben konnten. Der eine beklagte sich über die faulenden Reste des Essens, das sein Bruder, der das Geschirr nicht zurückbrachte, übrig ließ. Auf jede Klage antwortete die Mutter: »Bringt es vor den nächsten Familienrat.« Beim nächsten Treffen wurde diese Idee schnell aufgegeben. Sie hatte sich nicht als vorteilhaft erwiesen. Alle wollten wieder zum Essen am gemeinsamen Tisch zurückkehren. Die Kinder wurden dazu gebracht, Vorschläge zu machen, wie man sich in der folgenden Woche bei Tisch anders verhalten könnte.

Sogar sehr kleine Kinder können am Familienrat teilnehmen. Der Vorsitz sollte reihum gehen, damit niemand die Beratung beherrschen kann. Die Aufgabe des Vorsitzenden ist, jedem Familienmitglied Gelegenheit zu geben, gehört zu werden. Erkennen die Eltern eine unrichtige Entscheidung, so müssen sie sich trotzdem daran halten, das Unangenehme auf sich nehmen und den natürlichen Folgen erlauben, in Kraft zu treten. Die Kinder lernen aus diesen Erfahrungen viel mehr, als sie je durch Worte oder elterlichen Zwang lernen könnten.

Die Mutter brachte das Problem auf, das durch die Kameraden der zehnjährigen Ida und des siebenjährigen Ingo, die oft ins Haus kamen, hervorgerufen wurde. Hatten beide Kinder am selben Tage ihre Gäste, entstand meist ein großes Durcheinander. Die Kinder rannten ins Haus und wieder heraus, jagten sich die Treppen hoch und herunter, liefen hinter dem Hund her, nahmen sich Kleinigkeiten zum Essen, tranken Limonade, schlugen auf das Klavier ein und ließen den Fernsehapparat in voller Stärke laufen. Nachdem die Mutter ihre Aufzählung beendet hatte, sagte sie »Ich denke, ihr solltet eure Freunde nur abwechselnd heimbringen; was haltet ihr davon?« Ida stimmte zu und sagte, sie hätte ihren Besuch gern am Montag und Freitag. Ingo saß versunken in seinen Stuhl und zeichnete irgendwelche Muster mit seinen Fingern. Er sagte nichts. Mutter fragte ihn, ob ihm Dienstag und Mittwoch recht wären. Er nickte gleichgültig. »Und was gedenkt ihr mit der Herumtoberei im Haus zu tun?« fragte der Vater. »Ihre Freunde müssen Manieren gelehrt werden!« »Ich glaube, ich sollte mit eueren Freunden über unsere Regeln sprechen, nicht?« sagte die Mutter. Ida war damit einverstanden; Ingo reagierte nicht.

Am folgenden Montag brachte Ida eine Freundin heim, mit der sie ruhig spielte. Auch Ingo brachte einen Freund an. »Tut mir leid, Ingo, dies ist nicht dein Tag für Gäste.« »Können wir im Hof spielen?« »Ja.« Ingo kam innerhalb der nächsten halben Stunde viermal an die Tür, um zu sehen, ob sie fernsehen oder etwas Milch, Kekse oder Geld haben könnten. Jedesmal wurde ihm »nein« gesagt. Zufällig schaute die Mutter einige Minuten später aus dem Fenster und sah, wie er auf dem Zaun stand und pinkelte. Die Mutter rief: »Tut mir leid, Ingo, dein Freund muß jetzt heimgehen und du kommst ins Haus.« Er schrie zurück: »Das ist alles dein Fehler, weil ihr mich nicht ins Haus laßt, um ins Badezimmer zu gehen.«

Ingo fühlt sich durch das Bündnis zwischen seiner »guten« Schwester und der Mutter überwältigt. Bei der Sitzung des Familienrats hatte er nichts gesagt, da er dachte, es habe doch keinen Sinn. Er *hat* sich jedoch, wenn auch mürrisch, einverstanden erklärt und entschied sich dann für unartiges Benehmen, um seinen Widerwillen zu zeigen.

Es wäre besser, wenn die Mutter ihr Problem angebracht und die Kinder gefragt hätte, was nach ihrer Meinung getan werden könnte. Wird diese Methode zum ersten Male versucht, sind die Kinder vielleicht verdutzt und kommen auf keine Lösung. Nach etwas Warten könnte die Mutter ihren Vorschlag machen. Es ist immer gut, einen Gedanken als Frage zu bringen. »Glaubt ihr, es würde helfen, euere Freunde abwechselnd einzuladen?« Oder: »Was würde geschehen, wenn ...?«

Jetzt, wo Ingo seine Gefühle zu verstehen gab, sollte dies bei der nächsten Versammlung besprochen werden. Die Mutter kann ihn zur Teilnahme bringen, wenn sie Verständnis zeigt. »Ich möchte gern wissen, ob Ingo das Gefühl hat, daß er doch keine Chance habe. Er schien die letzte Vereinbarung nicht sehr gern zu haben. Was sagst du dazu, Ingo?« Dann sollte eine weitere Aussprache über notwendige Schritte folgen. Vielleicht sollte Ingo eine Zeitlang der erste sein, der gebeten wird, Lösungen vorzuschlagen. Wahrscheinlich wird er nicht sofort mitmachen wollen; zeigt die Mutter aber echtes Interesse an dem, was er denkt, so kann er seine Ansicht ändern und beginnen teilzunehmen.

Es ist keine Familienratssitzung, wenn Eltern die einzigen sind, die Probleme unterbreiten und Lösungen vorbringen. Die Kinder müssen dazu angeregt werden, ihren vollen Anteil beizutragen.

Eine Familie von akademisch gebildeten Eltern mit drei Mädchen hatte eine Ratssitzung. Die Mädchen hatten entschieden, die Familie müsse ein neues Haus kaufen. Die älteste bot 50 Mark für den Kauf, die nächste 40 Mark und die jüngste 20 Mark. Dies verwirrte die Eltern völlig. Was konnten sie tun? Verstört und durcheinandergebracht suchten sie nach einem Ausweg.

Sie nahmen an, die Mädchen hätten keine Vorstellung, was ein Haus kostet. Als die Kinder gefragt wurden, schätzten sie so etwa 60 000 DM. Die Eltern waren sehr erstaunt, weil es eine genaue Schätzung war. Was konnte nun getan werden? Dem Vater wurde geraten, 100 DM zu spenden und den Mädchen vorzuschlagen, das Haus zu kaufen.

Der Vater tat dies, und damit war die Angelegenheit erledigt.

Hätten jedoch die Mädchen darauf bestanden, daß er alles, was auf der Bank ist, dazugebe, dann hätte er an ihr Gefühl für Gerechtigkeit appellieren können. »Warum? Ich bin nur einer von fünfen. Warum soll ich praktisch alles Geld geben?« Der Vater könnte sogar dem Wunsche nach einem neuen Haus zustimmen und die Mädchen bitten, das Geld zu beschaffen.

Wenn wir uns durch solche Probleme wie vor den Kopf geschlagen fühlen, müssen wir unsere Phantasie benützen und überlegen, was wir wohl machen würden, wenn die Kinder erwachsene Freunde wären, die mit solchen Ideen kommen. Eltern können immer sagen, wieweit sie willig sind, sich bei einem Plan zu beteiligen, und das Problem wieder den anderen zur weiteren Aussprache überlassen.

Das Geheimnis des Erfolges eines Familienrats liegt in der Bereitwilligkeit aller Mitglieder der Familie, ein Problem als *Familien*-Problem anzuerkennen. Denn wenn die Mutter schließlich Schwierigkeiten bei der Überwachung des Fernsehens hat, haben der Vater und die Kinder ein Problem, indem sie versuchen, ihren Willen bei Mutter durchzusetzen. Es *ist* ein Familienproblem, da Zusammenleben dauernde gegenseitige Wechselwirkung bedeutet. Je größer die Schwierigkeit, desto mehr ist die Lösung Sache der ganzen Familie. Diese Methode entwickelt gegenseitige Achtung, gegenseitige Verantwortung und fördert die Gleichberechtigung. Demokratisches Zusammenleben in der Familie beruht auf der Grundlage sozialer Gleichwertigkeit.

# DIE NEUEN PRINZIPIEN DER ERZIEHUNG VON KINDERN

1. Das Kind ermutigen (Kapitel 3)
2. Bestrafung und Belohnung vermeiden (Kapitel 5)
3. Natürliche und logische Folgen anwenden (Kapitel 6)
4. Fest sein, ohne zu beherrschen (Kapitel 7)
5. Das Kind achten (Kapitel 8)
6. Die Ordnung achten (Kapitel 9)
7. Die Rechte anderer achten (Kapitel 10)
8. Auf Kritik verzichten und Fehler verkleinern (Kapitel 11)
9. Den Tageslauf regeln (Kapitel 12)
10. Sich Zeit nehmen (Kapitel 13)
11. Mitarbeit gewinnen (Kapitel 14)
12. Keine ungebührliche Aufmerksamkeit geben (Kapitel 15)
13. Sich nicht auf einen Machtkampf einlassen (Kapitel 16)
14. Sich vom Streit zurückziehen (Kapitel 17)
15. Handeln, nicht reden (Kapitel 18)
16. »Keine Fliegen verscheuchen« (Kapitel 19)
17. Nicht immer gefällig sein — den Mut zum »Nein« haben (Kapitel 20)
18. Nicht impulsiv handeln, sondern das Unerwartete tun (Kapitel 21)
19. Nicht zu sehr beschützen (Kapitel 22)
20. Die Unabhängigkeit fördern (Kapitel 23)
21. Sich nicht in einen Streit verwickeln lassen (Kapitel 24)
22. Sich durch Furchtsamkeit nicht beeindrucken lassen (Kapitel 25)
23. Vor der eigenen Tür kehren (Kapitel 26)
24. Kein Mitleid zeigen (Kapitel 27)
25. Nur sparsam und vernünftig fordern (Kapitel 28)

26. Konsequent sein (Kapitel 29)
27. Alle in das gleiche Boot setzen (Kapitel 30)
28. Auf das Kind hören (Kapitel 31)
29. Auf den Ton unserer Stimme achten (Kapitel 32)
30. Es leichter nehmen (Kapitel 33)
31. Kein Aufhebens von »schlechten« Angewohnheiten machen (Kapitel 34)
32. Vergnügen zusammen erleben (Kapitel 35)
33. *Mit* den Kindern, nicht *zu* ihnen reden (Kapitel 38)
34. Einen Familienrat bilden (Kapitel 39)

# PRAKTISCHE ÜBUNGEN

Wir schlagen vor, daß Sie immer nur eines der folgenden Beispiele lesen und darüber nachdenken, was dabei vor sich geht, welcher Grundsatz verletzt oder beobachtet wurde und was getan werden kann, um die Situation zu verbessern. Versuchen Sie nicht, das Kind zu analysieren, sondern vielmehr das Kräftespiel und die Wechselwirkung zwischen den handelnden Personen. Unsere Absicht ist, den Eltern zu helfen, bei der Erziehung ihrer Kinder mehr Erfolg zu haben und zu wissen, was man im Augenblick der kindlichen Unart tun und was man nicht tun kann. Die Beispiele erlauben unterschiedliche Deutungen, und man kann mit den Problemen auf verschiedene Art fertig werden. Es gibt keine »richtige« Antwort. Wir lassen jedem Beispiel unsere Stellungnahme folgen.

## *Beispiel Nr. 1*

Die dreijährige Anni stieß ihren Becher mit Milch um. »Wische es auf, Anni!« sagte die Mutter. Das Kind schmollte und bewegte sich nicht. »*Du* hast das angerichtet; komm, hol' den Wischlappen!« Die Mutter wartete. Anni schmollte. Die Mutter wischte wortlos die Milch auf.

### *Stellungnahme:*

Als die Mutter verlangte »Wisch es auf, Anni!«, gab sie das Zeichen zu einem Machtkampf. Indem sie nachgab, »verscheuchte sie Fliegen« und gab noch ungebührliche Bedienung.
Die Mutter sollte ihren ersten Impuls unterdrücken, autoritär zu fordern (18, 5).[1] Die Frage »Was können wir jetzt tun?« würde wahrscheinlich das Kind zu einer Antwort veranlassen. Anni könnte vorschlagen, sie werde die Milch aufwischen. Läßt sie aber erkennen, daß sie nichts tun will, könnte die Mutter fest bleiben und Annis Hand nehmen, um es aufzuwischen. Leistet Anni immer noch Widerstand, könnte sie gebeten werden, den Tisch zu verlassen (11, 3, 6, 4).

---

[1] Die Nummern in Klammern sind die Nummern der auf der vorhergehenden Seite aufgezählten Grundsätze.

*Beispiel Nr. 2*

Der achtjährige Rolf ließ seine Sonntagskleidung im ganzen Zimmer verstreut herumliegen. Die Mutter hatte schon seit langer Zeit versucht, ihn dazu zu bringen, seine Sachen aufzuräumen. Verzweifelt nahm sie alles, was herumlag, und räumte es weg. Am folgenden Sonntag konnte er seine Sachen nicht finden. »He, wo ist mein Sonntagsanzug?« rief er. Als man ihm sagte, daß er weggeräumt sei und er in seiner Schulkleidung zur Sonntagsschule gehen müsse, brach er in Wut aus. »Ich habe dir immer wieder gesagt, du sollst deine Sachen aufräumen, Rolf. Das soll dir jetzt eine Lehre sein.« »Dann gehe ich einfach nicht zur Sonntagsschule«, schrie Rolf. »Doch, du gehst. Zieh dich jetzt an, du hast nicht viel Zeit.« »Nein, ich gehe nicht, ich gehe nicht, ich gehe nicht!« Schließlich gab die Mutter den Kampf mit Rolf auf, der sich nicht anziehen wollte. »Versprichst du mir, deinen Sonntagsanzug in den Schrank zu hängen, wenn du heimkommst?« »Natürlich!« Die Mutter gab den Anzug zurück und Rolf zog sich eilig an. Als er zurückkam, ließ er seine Kleidung wie gewöhnlich überall herumfahren.

*Stellungnahme:*

Zuerst handelte die Mutter richtig, indem sie logische Folgen herbeiführte. Dann ließ sie sich aber in einen Machtkampf hineinziehen und gab schließlich nach, wobei sie die Schlacht verlor.
Sie hätte eine Aussprache mit Rolf herbeiführen und wegen des Aufräumens der Sachen eine Vereinbarung mit ihm treffen können, auch gleich darüber, was zu tun ist, wenn er sich nicht daran halten würde (33, 6, 11). Während Rolfs Zornausbruch hätte sie ihn wortlos allein lassen und notfalls ins Badezimmer gehen sollen (14, 15). Anschließend wäre es das beste gewesen, ihn entweder zur Sonntagsschule mitzunehmen oder dieses Mal zu Hause zu lassen (3).

*Beispiel Nr. 3*

Die dreijährige Riccarda trödelte und trödelte vor dem üblichen Abendspaziergang, nach dem sie ins Bett zu gehen hatte. Schließlich gingen Mutter und Vater aus dem Haus und sagten: »Anscheinend willst du nicht mitkommen. Auf Wiedersehen, Liebes, wir werden bald zurück sein.« Als sie nach einer Weile zurückkamen, wurde nichts gesagt. Am nächsten Abend war Riccarda schon lange fertig, ehe sie zusammen ausgingen.

*Stellungnahme:*

Die Eltern gingen auf Riccardas ungebührliche Forderungen nicht ein. Sie machten keine Anstalten, sie zu zwingen (13), sondern nahmen nur die Verantwortung für ihr eigenes Verhalten auf sich (4). Sie hielten sich an den geregelten Tageslauf und benützten logische Folgen (9, 3).

*Beispiel Nr. 4*

Die Mutter wickelte die dreijährige Marie-Luise gut ein, damit sie ins Freie gehen könne, um im Schnee zu spielen. Kurz darauf stand Marie-Luise weinend an der Haustür. Sie hatte ihre Fäustlinge ausgezogen, und ihre Hände waren rot und kalt. Die Mutter zog die Fausthandschuhe wieder an und erklärte: »Wenn du deine Handschuhe anläßt, werden die Hände nicht kalt, Liebes. Dafür sind sie ja gemacht. Geht es dir jetzt besser? Natürlich. Geh jetzt wieder spielen.« Wenige Minuten später sah die Mutter wieder hinaus und stellte fest, daß Marie-Luise ihre Fausthandschuhe abermals ausgezogen hatte. Dies Mal ging der Vater hinaus, um sie ihr von neuem anzuziehen. Dies wiederholte sich einige Male, bis der Vater wild wurde. »Laß sie jetzt draußen und ihre Hände richtig kalt werden«, sagte er, »ich werde es ihr schon beibringen!« »So ein verrückter Vorschlag!« protestierte die Mutter. »Ihre Hände könnten ja erfrieren!« Die Mutter zog die Handschuhe wieder an, bis auch sie es aufgab, Marie-Luise hereinbrachte und sie verprügelte.

*Stellungnahme:*

Marie-Luise benützt Hilflosigkeit, um bedient zu werden und Mitleid hervorzurufen.
Beide Eltern können es vermeiden, ihr ungebührliche Aufmerksamkeit zu geben (12). Es ist nicht nötig, ihr zu sagen, was sie schon weiß: daß die Handschuhe ihre Hände warmhalten! Beide Eltern sollten nicht ihre Besorgtheit zeigen (30), sondern den natürlichen Folgen gestatten einzutreten (3). Wenn Marie-Luise weint — eine Bitte um Mitleid für ihre Hilflosigkeit —, brauchen sie nicht darauf hereinzufallen (24), sondern können antworten: »Es tut mir leid, daß deine Hände kalt sind. Ich bin überzeugt, du weißt, was du tun kannst« (20). Wenn das störende Verhalten sich wiederholt, muß Marie-Luise eben zu Hause bleiben (3).

*Beispiel Nr. 5*

Nachdem die vierjährige Nadja mit ihrer Mutter am Strand geschwommen hatte, gingen sie unter die Dusche. Nadja sagte, sie würde nicht duschen. Die Mutter, die mit dem Duschen schon fertig war, antwortete: »Gut, mein Liebes, so sandig und naß kannst du aber nicht ins Auto.« Sie drehte den Hahn der Dusche zu und trocknete sich ohne weitere Worte ab. Auch Nadja blieb schweigsam. Plötzlich war sie aber bereit und duschte sich.

*Stellungnahme:*

Die Mutter regte das Handeln zur Mitarbeit an. Zuerst zeigte sie die Regel (6), dann vermied sie einen Machtkampf (13) und war fest (4). Sie gewann die Mitarbeit und Übereinstimmung mit Ordnung durch den Gebrauch logischer Folgen (11, 6, 3).

*Beispiel Nr. 6*

Der neunjährige Steffen kam mit ungewaschenen Händen an den Tisch. »Was soll das heißen, so an den Tisch zu kommen?« fragte die Mutter. »Ihr Männer! Immer habt ihr schmutzige Hände. Schau dir dein Haar an. Kämmst du es nie? Und dein Hemd — es starrt vor Schmutz. Und dein Handtuch sieht genauso aus wie du!« Steffens Augen füllten sich mit Tränen. »Hast du sonst noch etwas an mir auszusetzen?«

*Stellungnahme:*

Steffen mißachtet die Ordnung, um auf diese irrtümliche Art seinen Platz zu finden. Mit einer Flut von Tadel häuft die Mutter Entmutigung auf das Kind.
Als Steffen mit schmutzigen Händen ankommt, hätte sie einfach sagen können: »So kannst du nicht an den Tisch sitzen!« (15, 6). Wenn Steffen sauber ist, könnte sie sagen: »Ich bin froh, daß du selbst für dich sorgen kannst!« oder »Ich freue mich, daß du heute abend ordentlich sein willst« (1).

*Beispiel Nr. 7*

»Bleibe hier bei mir, Marika«, sagte die Mutter zu ihrer Zweieinhalbjährigen, als sie in der Bank am Schalter etwas auszufüllen hatte.

Marika ging einige Schritte weg. »Komm hierher zurück!« rief die Mutter. Marika stand still und die Mutter schrieb weiter. Dann rannte Marika zur Eingangstür. »Marika, komm sofort zurück!« Mit ernstem Gesicht, aber tanzenden Augen lief Marika durch die Tür. »Gut, dann wirst du eben von einem Auto überfahren«, drohte die Mutter. Sie wandte sich wieder dem Schalter zu und ließ Marika im Durchgang stehen.

*Stellungnahme:*

Marika spielt mit ihrer Mutter ein Spiel. Sie beschäftigt sie mit sich. Die Mutter redet zuviel und versucht, das Kind durch eine Drohung zu beherrschen, die sie natürlich nie eintreten lassen würde.
Sie sollte Marika bei der Hand nehmen und sie neben sich halten, aber ohne Worte (12, 14, 15).

*Beispiel Nr. 8*

Die Mutter hatte für ihre Einkäufe bezahlt und wollte eben aus dem Laden gehen, als sie bemerkte, daß der fünfjährige Gregor eine offene Tüte Bonbons mit sich trug. »Wo hast du das weggenommen!« Gregor brach in Tränen aus. »Dort!« deutete er. »Du bist ein böser Junge. Was soll das heißen? Weißt du nicht, daß man das Diebstahl nennt? Jetzt muß ich dafür bezahlen, und zu Hause haben wir gerade genug von dem Zeug.« Während die Mutter das sagte, verabreichte sie Gregor eine Tracht Prügel. Dann ging sie zurück und zahlte für die Bonbons.

*Stellungnahme:*

Gregor nimmt, was er will, und die Mutter nimmt die Folgen auf sich.
Die Mutter sollte zuerst einmal die Entmutigung durch Tadel und Schimpfen vermeiden (1), Bestrafung als Erziehungsmethode aufgeben (2) und weniger reden (15). Sie kann darauf bestehen, daß Gregor selbst zurückgeht (10) und das Geld von seinem Taschengeld nimmt (3).

*Beispiel Nr. 9*

Die Mutter saß mit verschiedenen anderen Müttern beim Spielplatz. Der zweijährige Mirko rannte von einem Kinderwagen zum anderen und stieß sie so, daß sie ins Schaukeln kamen und umzufallen drohten. Bei jedem Wagen, an dem er sich aufhielt, rief die Mutter: »Mirko, höre damit auf!« und wandte sich dann wieder ihrem Gespräch zu. Mirko machte natürlich weiter. Schließlich stand eine andere Mutter auf, nahm ihren Wagen, führte das Baby neben sich und hielt den Wagen an ihrer Seite. Endlich stand auch Mirkos Mutter auf, packte ihn und versohlte ihn. »Ich sagte dir, du sollst damit aufhören!« Mirko setzte sich in den Sandkasten und spielte.

*Stellungnahme:*

Mirko beschäftigt seine Mutter mit sich und veranlaßt, daß sie ihr Gespräch unterbricht.
Die Mutter kann vermeiden, ungebührliche Aufmerksamkeit zu geben und Fliegen zu verscheuchen (12, 16). Sie könnte mit Reden aufhören und handeln (15). Sobald er unartig ist, sollte sie ihn in den Sportwagen setzen. Wenn er aus Protest schreit, würde sie sich von seiner Herausforderung zurückziehen (14) und ihn schreien lassen. Ist er wieder ruhig, könnte sie ihn freilassen. Sobald er von neuem stört, müßte er in den Sportwagen zurück (3, 10).

*Beispiel Nr. 10*

Es war nur noch wenige Minuten vor der Schlafenszeit, und Natalies Spielsachen waren im ganzen Zimmer verstreut. Die Mutter sagte: »Es ist beinahe Bettzeit. Möchtest du, daß ich dir helfe, deine Sachen aufzuräumen oder möchtest du es ganz allein machen?« Das hatte seither immer Erfolg. Heute sagte aber die dreieinhalbjährige Natalie: »Ich räume sie nicht auf, ich bin zu müde. Du räumst sie auf.« »Nein, Natalie, ich glaube, ich werde jetzt lesen.« Die Mutter zog sich hinter ein Buch zurück. Eine Minute später sagte Natalie: »Ich würde jetzt meine Spielsachen gern aufräumen. Möchtest du mir helfen?« »Ja, Liebling!« Als sie zusammen arbeiteten, sprach die Mutter über ihre Pläne am nächsten Tag.

*Stellungnahme:*

Natalie testete ihre Mutter.
Die Mutter zog sich von der Herausforderung zurück (14), vermied einen Machtkampf (13), gewann die Mitarbeit (11) und tadelte nicht (8). Sie bot Natalie ihre Hilfe an, weigerte sich aber, das Spielzeug für sie aufzuräumen.

*Beispiel Nr. 11*

»Mutti, ich möchte einen Lutscher!« drängte die fünfjährige Juliane, als sie in der Reihe vor der Kasse warteten. Ein wunderschönes Angebot von Lutschern fesselte sie. »Nein!« sagte die Mutter. »Wir haben zu Hause genug Lutscher!« Die Stimme der Mutter war mächtig und entschlossen. »Aber ich möchte jetzt einen Lutscher«, quengelte Juliane weiter. Die Mutter sah vorsichtig auf die anderen Leute, die in der Reihe warteten. »Ich habe nicht genug Geld bei mir!« antwortete sie etwas verzweifelt. »Ich möchte diesen Lutscher jetzt haben!« schrie Juliane, als sie sich einen aussuchte. »Was kostet der?« fragte die Mutter und stand überlegend vor der Preistafel. Schließlich sagte sie mit einem Seufzer: »Na dann gut, nimm ihn dir.« Glücklich packte Juliane den Lutscher aus, biß eine Kleinigkeit ab, wickelte ihn wieder ein und legte ihn zu den anderen Einkäufen.

*Stellungnahme:*

Juliane meint, sie hätte das Recht, zu bekommen, was sie will. Es ist ihr nicht nur um Geschenke zu tun, sondern auch um die Macht über ihre Mutter.
Die Mutter sollte Juliane nicht alles geben, was sie will, besonders wenn die Situation es nicht erfordert. Sie sollte nicht immer gefällig sein, sondern den Mut zum »Nein« haben (17). Dann könnte sie sich von Julianes Herausforderung zurückziehen (14) und fest bleiben (4).

*Beispiel Nr. 12*

Die Mutter glaubte, noch »den Verstand zu verlieren«, weil sie mit der zwölfjährigen Elli, der zehnjährigen Vicki und dem achtjährigen Mario wegen ihrer Hilfe bei kleinen Arbeiten im Haushalt dauernd Zank hatte. Schließlich arbeitete sie mit dem Vater zusammen ein System aus. Der Vater machte einen Anschlag an der Küchentür. Jedes Kind hatte besondere Pflichten und eine Skala für die Bezahlung. Eine gut getane Arbeit wurde besser bezahlt als eine, die man gerade noch hinnehmen konnte. Wurde die Arbeit schlecht oder gar nicht getan, wurde nichts bezahlt. Gutes Verhalten gewann einen Pluspunkt. Schlechtes Verhalten ergab einen Minuspunkt, genauso wie das Nichtbeachten einer Regel. Jeden Abend nach dem Abendessen versammelte sich die Familie an dem Anschlag, und die Punkte wurden vergeben. Am Ende der Woche wurde jedes Kind entsprechend seinem Guthaben bezahlt. Dadurch wurde viel Streit vermieden, und die Mutter hatte das Gefühl, daß sich die Lage entschieden gebessert habe.

*Stellungnahme:*

Die Kinder beschäftigen ihre Eltern mit ihrem Streit. Auch die neue Methode gab ihnen dauernd die Aufmerksamkeit ihrer Eltern. Dadurch, daß sie Belohnung und Bestrafung verwenden, um zu herrschen, lehren die Eltern ihre Kinder, für geleistete Dienste materielle Belohnung zu erwarten und nicht durch Teilnehmen und Mitmachen Befriedigung zu erlangen.
Die Eltern sollten das System der Belohnung einstellen (2). Die Kinder sollten im Familienrat (34) Verantwortung für Arbeiten bekommen, und dann müßte man fest darin sein, daß die Kinder die Arbeiten, für die sie verantwortlich sind, auch durchführen (4, 9). Beim ersten Zeichen von Streit sollten die Eltern das Feld verlassen (21).

## *Beispiel Nr. 13*

Donald, sechs Jahre, und Pit, vier Jahre alt, kamen zusammen mit dem Hund mit schmutzigen Füßen in die Küche gerannt. »O ihr Biester!« schrie die Mutter. »Gerade habe ich den Küchenboden sauber gemacht. Was glaubt ihr denn, was ich bin? Schaut, was ihr getan habt. Wie oft muß ich euch noch sagen, die Füße abzuputzen, ehe ihr ins Haus kommt? Setzt euch jetzt dorthin und zieht eure Schuhe aus. Jetzt kann ich wieder von vorne anfangen.« Die Mutter warf die Schuhe vor die Tür, um sie später zu putzen, und wischte den Boden wieder auf. Die Kinder rannten in ihren Strümpfen herum.

*Stellungnahme:*

Die Kinder tun, was sie wollen, während die Mutter die Folgen auf sich nimmt, sich mißbrauchen läßt und durch Schelten bestraft.
Die Mutter sollte damit aufhören, Worte als Waffen zu benützen (15), und müßte den Kindern den Schrubber in die Hand drücken. Sie kann damit logische Folgen eintreten lassen (3). Wie kann sie kochen, solange die Küche so schmutzig ist?

## *Beispiel Nr. 14*

Die Mutter versuchte, der kleinen Katja beizubringen, nicht mehr aus der Flasche, sondern aus einem Glas zu trinken. Mit Katja auf ihrem

Schoß gab sie ihr einen Schluck Milch. Katja wurde steif und stieß das Glas weg. »Oh, sieh den kleinen Vogel dort«, lenkte die Mutter sie ab. Katja erhob sich, um zu sehen, und die Mutter führte das Glas wieder an ihre Lippen. Jedesmal, wenn Katja steif wurde, fand die Mutter irgend etwas anderes zu sagen. Und jedesmal trank Katja ein bißchen von der Milch, ehe sie sich erneut weigerte.

*Stellungnahme:*

Die Mutter versucht sehr, eine »gute« Mutter zu sein. Ihr Mangel an Selbstvertrauen läßt sie erwarten, Katja müsse einer neuen Erfahrung Widerstand leisten.
Die Mutter sollte Katja in ihr Stühlchen setzen und darauf vertrauen, daß sie lernen will (5). Sie vermag die Entwöhnungsperiode beiläufiger und ohne Spannung zu gestalten. Die Milch kann sie in einem Glas, zusammen mit anderer Nahrung, jeden Tag zur selben Zeit anbieten, ohne zu ermahnen und ohne Ablenkungsmanöver. Für diese eine Mahlzeit sollte die Milch auf keinen Fall in der Flasche gegeben werden (9, 10). Auf diese Weise wird Katja in Kürze die Milch aus dem Glas trinken (3).

*Beispiel Nr. 15*

Immer wenn Gerd, sechs Jahre alt, sich geärgert hatte oder ihm etwas versagt worden war, rollte er sich in einem Stuhl im Wohnzimmer zusammen und lutschte am Daumen. Die Mutter machte sich schon seit beinahe fünf Jahren Sorgen wegen dieses Problems. Sie hatte schon alles versucht, den Daumen mit bitteren Essenzen angestrichen, verbunden, geschient und den Jungen geschlagen. Gerds Vorderzähne fingen schon an, die Wirkung des dauernden Daumenlutschens zu zeigen. Immer wenn die Mutter Gerd so dasitzen sah, hatte sie ein schreckliches Gefühl, weil sie wußte, er war unglücklich. »Was ist los, Gerd?« fragte sie mit betonter Sympathie. »Lutsche nicht am Daumen, mein Lieber, es hilft wirklich nichts. Erzähle jetzt Mutti, was dich unglücklich gemacht hat.« Manchmal antwortete Gerd, ein andermal lutschte er einfach weiter, bis die Mutter den Daumen aus seinem Mund entfernte. Dann saß er schmollend da und gab keine Antwort. Die Mutter bat und bettelte, um herauszufinden, was los war. Wenn er schließlich antwortete, machte sie jede Anstrengung, um die Sache in Ordnung zu bringen.

*Stellungnahme:*

Gerd versucht, auf leichte Art Vergnügen und Trost zu finden. Dazu benützt er noch sein »Unglücklichsein«, um der Mutter ein schlechtes Gefühl zu geben und sie zu bestrafen. Die Mutter fällt auf sein Verlangen nach Mitleid herein und versucht, das Leben so zu bereiten, daß es ihren Sohn glücklich macht.
Die Mutter müßte das Daumenlutschen völlig ignorieren (31) und sich tatsächlich nicht beeindrucken lassen, wenn Gerd schmollend im Sessel sitzt (12, 24). Zu einer Zeit, da Gerd zufrieden ist, sollte die Mutter mit ihm sprechen, um herauszufinden, was er nicht gern hat (S. 279). Durch Ermutigung kann sie ihm helfen, aktiv und nützlich zu sein (1).

*Beispiel Nr. 16*

Die siebenjährige Selma, ein mittleres Kind von dreien, möchte ihrer Mutter dabei helfen, die neugekauften Gläser ins Haus zu tragen. »Nein, Selma, ich werde das allein machen, du könntest sie fallen lassen.« »Bitte, Mutter, ich passe auf.« »Gut, aber laß sie um Gottes willen nicht fallen.« Die Mutter nahm einige Päckchen hoch und folgte ihrer Tochter. Während sie die Treppen hochging, trat Selma auf ihren Mantel, verlor das Gleichgewicht und fiel mit den Gläsern hin. Sie brach in Tränen aus. Verzweifelt setzte die Mutter ihre Pakete auf den Boden, öffnete das Gläserpaket und sah, daß bis auf zwei alle zerbrochen waren. Wütend ließ sie eine Schimpfkanonade los. »Ich sagte dir, du könntest die Gläser nicht hereintragen, ohne sie zu zerbrechen! Warum möchtest du immer Dinge tun, die du nicht kannst? Warum bist du so ungeschickt? Glaubst du, wir haben das Geld, um Gläser zu kaufen, damit du sie zerbrechen kannst? Ins Haus mit dir und auf dein Zimmer! Heute kriegst du kein Nachtessen. Vielleicht wird dich das lehren, nicht so ungeschickt zu sein.«

*Stellungnahme:*

Selma erfüllte die mütterliche Erwartung, zu versagen. Voll Zweifel an seiner Fähigkeit, entmutigte und kritisierte die Mutter ihr Kind.
Sie sollte Vertrauen zu Selma haben, und zwar von Anfang an, und vermeiden, die irrtümliche Auffassung des Kindes von sich selbst zu stärken (1, 5). Sie müßte jede Kritik unterlassen und Fehler beiläufig hinnehmen (8). Selma fühlt sich schon schlecht genug. Wenn sie ausrutscht und die Gläser kaputtmacht, sollte sich die Mutter mehr um das

Kind als um die Gläser kümmern. Ermutigung ist unerläßlich. »Tut mir leid, daß dies passiert ist. Ich weiß, daß du es nicht absichtlich getan hast.«

*Beispiel Nr. 17*

Der Vater kam heim und fand sein Werkzeug auf dem Rasen liegen, wo der neunjährige Bernd etwas gebastelt hat. Der Vater war wütend. Er fand Bernd auf der Straße und befahl ihm heimzukommen. An dem Ton von Vaters Stimme merkte Bernd sofort, daß etwas Schlimmes bevorstand. Er näherte sich furchtsam und zögernd. »Ich möchte wissen, warum du das getan hast«, wies der Vater auf die Werkzeuge. Bernd rührte sich nicht. »Immer wieder habe ich dir gesagt, du sollst mein Werkzeug aufräumen, wenn du es benützt hast. Warum achtest du nicht auf das, was ich sage?« Bernd stand schweigsam da und schaute auf den Boden, ganz in sich zusammengefallen. »Wirst du mir jetzt antworten oder nicht?« »Ich weiß nicht, Vati!« »Gut, dann muß ich dich eben verhauen. Vielleicht wirst du dann nächstes Mal daran denken, mein Werkzeug aufzuräumen.« Der Vater wandte sich Bernd zu und verprügelte ihn. Schluchzend las Bernd das Werkzeug zusammen, brachte es ins Haus und räumte es auf.

*Stellungnahme:*

Der Vater benützte seinen Zorn, um Bernd einzuschüchtern, der weder vor der Ordnung noch vor den Rechten anderer Achtung hat. Der Vater glaubt immer noch, daß Worte und Bestrafung wirksame Erziehungsmethoden seien.
Diese Situation zeigt klar die Notwendigkeit der richtigen Erziehung. Der Vater sollte eine Reihe von Aussprachen mit Bernd haben, um zu einem Verständnis des Gebrauchs und der Pflege von Werkzeug zu gelangen (6, 7, 33). Vielleicht könnte er Bernd eigenes Werkzeug geben und dem Jungen dafür die Verantwortung übertragen (23). Später müßte der Vater fest bleiben und keines von Bernds Werkzeugen ersetzen, das verlorengeht oder beschädigt wird (4). Wenn Bernd will, kann er das Werkzeug aus seinem Taschengeld ersetzen — oder er muß ohne Werkzeug auskommen (3).

*Beispiel Nr. 18*

Die Eltern nahmen Jens, zwei Jahre alt, mit, um Freunde zu besuchen. »Wir sind so stolz auf Jens«, verkündete die Mutter. »Er braucht keine

Windeln mehr und hat in den vergangenen zwei Wochen nicht ein einziges Mal seine Hosen naß gemacht.« In der nächsten Stunde fragte die Mutter Jens sechsmal, ob er auf die Toilette müsse. Schließlich ließ er sich zu einem »Ja« herbei. Der Vater machte eine große Staatsaktion daraus, indem er mit Jens eilig ins Badezimmer ging.
Eine Woche später besuchten die Freunde die Familie. Während des Essens sagte Jens dreimal seinem Vater, daß er ins Badezimmer müsse. Jedesmal ging der Vater mit ihm, und jedesmal war die Sache von Erfolg begleitet.
In der folgenden Woche sagte der Vater zu seinen Freunden: »Wir verstehen es nicht. Jens macht jetzt seine Hosen naß. Er trägt wieder Windeln und sagt es uns nicht, wenn er frische braucht.«

### *Stellungnahme:*

Die Eltern machen vom Sauberwerden zuviel Aufhebens. Wegen eines ganz normalen Lernprozesses sorgen sie sich und rufen damit einen Machtkampf hervor, weil es um ihren Stolz geht.
Sie sollten Vertrauen zu Jens haben, daß er lernen wird (1, 5), und eine beiläufigere Haltung einnehmen (30). Die Situation erfordert, daß Jens lernt, die Toilette zu benützen, und nicht, daß die Eltern sich mit seinen trockenen Hosen brüsten.

### *Beispiel Nr. 19*

Die Mutter arbeitete am Vormittag und beschäftigte in diesen Stunden einen Babysitter. Als sie eines Tages heimkam, entdeckte sie, daß die dreijährige Ria ihre Bleistifte dazu benützt hatte, um den Boden, das Sofa und die Stühle zu bemalen. Sie hatte beabsichtigt, Ria an diesem Nachmittag mit zum Strand zu nehmen. Nach dem Essen sagte sie: »Ria, wir müssen die Striche und Farben vom Boden und den Möbeln entfernen, ehe wir zum Strand gehen können. Wenn du magst, kannst du mir helfen.« Ria schaute ihre Mutter einen Augenblick an, nahm den Lappen und rieb, wie Mutter es ihr zeigte. Die Mutter nahm sich Zeit für diese Arbeit. Jedesmal, wenn das Mädchen fragte: »Wann gehen wir zum Strand?« antwortete sie: »Sobald wir dies sauber haben.« Als die Schmierereien weggeputzt waren, mußte die Mutter zugeben, daß es zu spät sei, zum Strand zu gehen. Ria nahm dies ohne Bemerkung hin.

*Stellungnahme:*

Die Mutter bot eine Lernerfahrung. Sie verlangte nicht, daß Ria sauber mache und vermied damit einen Machtkonflikt (13). Sie war fest (4), forderte das Kind aber zur Hilfe auf und gewann damit ihre Mitarbeit (11). Schließlich ließ sie die logischen Folgen eintreten (3) und zeigte Ria, daß man den Forderungen der Situation entsprechen muß (6).

*Beispiel Nr. 20*

»Lilli, ich sagte, du könntest diese Woche nicht mit Jo ins Kino gehen, weil du das letztemal zu spät heimgekommen bist.« Mutter sprach ruhig mit ihrer Neunjährigen. Die Augen des Mädchens füllten sich mit Tränen. Sie wandte sich ab, ohne mit Erklärungen zu kommen. Die Mutter hatte ein scheußliches Gefühl. Lilli war so sehr getroffen. »Was wird denn diese Woche gespielt?« »Das spielt ja keine Rolle, Mutti, wenn ich nicht gehen darf«, antwortete sie mit Tränen in ihrer Stimme. »Ich glaube, du sagtest mir, es laufe ein Film von Disney?« »Ja.« Die Mutter überlegte. »Wenn ich dich dies Mal gehen lasse, wirst du dann gleich heimkommen?« Immer noch voll Tränen antwortete Lilli: »Ja, Mutti!« »Gut, wenn du aber nicht zeitig heimkommst, laß ich dich nächstes Mal nicht gehen, gleichgültig, was gespielt wird, verstehst du?« »Ja, Mutti.«

*Stellungnahme:*

Lilli hatte den Wert der »Wasserkraft« erkannt und rief Mitleid hervor, um das zu bekommen, was sie wollte. Die Mutter fiel darauf herein. Sie hatte nicht den Mut, »nein« zu sagen, und war inkonsequent.
Die Mutter sollte sich durch Lillis Tränen und ihre gekränkte Niedergeschlagenheit nicht beeindrucken lassen (24). Wenn Lilli sich nicht an die getroffene Vereinbarung hält, zeitig heimzukommen, ist die logische Folge, daß sie nächstes Mal nicht gehen kann (3). Die Mutter kann fest bleiben (4) und Ordnung aufrechterhalten (6, 26).

*Beispiel Nr. 21*

Nachdem Mutter den vierjährigen Tim gesäubert hatte, ging sie mit ihm in den Garten. Freunde waren zu Besuch gekommen. »Mach dich nicht

wieder naß, Tim«, ermahnte die Mutter, als sie sich setzten. Im Garten war ein kleiner Teich. Eine Zeitlang beschäftigte sich Tim mit seinen Spielsachen. Dann ging er mit seinem Boot zum Teich. »Tim, sei vorsichtig, damit du nicht naß wirst. Besser bleibe weg vom Teich!«
Der Junge schmollte, stand neben dem Teich und brachte dann auf seinen Knien sein Boot ins Wasser. »Wenn du naß wirst, wird Vati dich verhauen«, rief die Mutter. Tim spielte weiter am Rand des Teichs mit seinem Boot. Plötzlich beugte er sich zu weit aufs Wasser, fiel hinein und machte sich von oben bis unten naß. Der Vater eilte hinzu und zog ihn heraus. Tim fing zu weinen an. Die Mutter schalt: »Ich sagte dir, du sollst nicht beim Wasser spielen. Jetzt bist du wieder völlig durchnäßt.« Der Vater nahm den Jungen ins Haus, um seine Kleider zu wechseln.

*Stellungnahme:*

Tim ist muttertaub und tut, was er will. »Mach dich nicht naß«, rief einen Machtkampf hervor. Es war eine ungebührliche Forderung von Mutter, zu erwarten, Tim könnte beim Wasser spielen und nicht naß werden. Dann drohte sie ihm mit Strafe, hielt sich aber nicht daran.
Die Mutter sollte einen Machtkampf vermeiden, indem sie nicht für ihn entscheidet, was er tun soll (13). Sie muß sich entscheiden, ob die Situation es erfordert, daß Tim sich vom Wasser fernhält oder nicht. Wenn der Abend warm ist, sollte es keine Rolle spielen. Tim wird wahrscheinlich nicht ins Wasser fallen, wenn die Mutter ihn nicht dazu anreizt, indem sie versucht, ihn zu beherrschen. Die Mutter sollte vernünftige Forderungen aufstellen und dann ruhig handeln, um die Ordnung zu bewahren (25, 26, 6).

### *Beispiel Nr. 22*

Der siebenjährige Jost spielte im Freien. Es dauerte nicht lange, und die Mutter hörte, daß ein Streit im Gange war. Sie beschloß, der Sache nachzugehen. Jost hatte von den Nachbarkindern alles Spielzeug weggenommen und es aufgestapelt. Es machte ihm offensichtlich Spaß, die anderen Kinder zum Schreien zu bringen. Die Mutter rief den Jungen zu sich, doch weigerte sich dieser, seinen Schatz zu verlassen. Sie ging zu ihm. »Jost, so geht es nun wirklich nicht, du mußt das Spielzeug mit den anderen Kindern teilen!« Jost schaute nach den anderen Kindern, die dastanden und warteten, was geschehen würde. Die Mutter nahm ein Spielzeug, um es zurückzugeben. Jost drohte: »Laß das!« »Jost! Was ist bloß in dich gefahren? So kannst du dich doch nicht benehmen.

Du kommst sofort ins Haus und gehst ins Bett!« Die Mutter zog Jost ins Haus und brachte ihn zu Bett. Er weinte sich in den Schlaf.

*Stellungnahme:*

Durch sein unrichtiges Verhalten beschäftigt Jost dauernd seine Mutter mit sich. Zuerst ließ sich die Mutter in einen Streit zwischen Jost und den Nachbarkindern hineinziehen, dann versuchte sie, durch Predigen zu lehren und wandte schließlich Bestrafung als Erziehungsmethode an. Die Mutter sollte sich um ihre eigenen Angelegenheiten kümmern (23) und es den anderen Kindern überlassen, mit Jost fertig zu werden. Und sie werden mit ihm fertig! Sie kann dann später *mit* ihm (33) über sein Verhalten zu seinen Kameraden sprechen.

## *Beispiel Nr. 23*

»Marita! Wirst du endlich aufstehen!« Die Mutter schüttelte ihre Achtjährige. »Wenn du dich nicht beeilst, kommst du zu spät zur Schule. Komm, steh' jetzt auf. Das ist das dritte Mal, daß ich dich rufe!« Marita rollte sich aus dem Bett, und die Mutter ging wieder in die Küche. »Marita, komm jetzt!« rief die Mutter etwas später. »Ich warne dich. Ich fahre dich diesen Morgen nicht mit dem Auto zur Schule. Du mußt lernen, aufzustehen und in Bewegung zu kommen.« Marita kam schließlich zum Tisch. Während sie aß, las sie in einem Bilderbuch. »Tu das Zeug weg und widme dich deinem Frühstück. Es wird spät!« Das Telefon klingelte, und die Mutter war längere Zeit mit ihrer Schwester am Telefon beschäftigt. Plötzlich wurde sie von Marita unterbrochen. »Mutti, es sind nur noch zehn Minuten. Bitte komm, fahr mich zur Schule.« »Nein, Marita, du mußt selber gehen!« »Aber Mutti! Selbst wenn ich den ganzen Weg laufen würde, könnte ich nicht mehr pünktlich sein. Bitte, bitte, Mutti, nimm mich mit.« »Ich sagte nein!« »Aber Mutti, ich bin dieses Jahr noch nie zu spät gekommen. Bitte fahre mich nur dieses eine Mal hin. Ich möchte nicht eine schlechte Note wegen des Zuspätkommens riskieren. Und das möchtest du doch auch nicht, nicht wahr?« »Also gut!« Die Mutter sagte ihrer Schwester, daß sie zurückrufen würde, und fuhr dann das Mädchen zur Schule.

*Stellungnahme:*

Marita schiebt ihrer Mutter alle Verantwortungen zu und erhält ungebührliche Bedienung. Die Mutter hatte nicht den Mut, fest zu sein,

sondern ließ den Stolz auf gute Noten ihr Erziehungsprogramm stören.
Sie sollte Marita einen Wecker geben und *sie* für das Aufstehen und für Pünktlichkeit verantwortlich sein lassen (20, 23). Welche Tricks das Kind auch anwendet, die Mutter sollte fest und entschieden bleiben und sie nicht zur Schule fahren (4, 26).

*Beispiel Nr. 24*

Die Mutter war im Bügelzimmer. Roswitha, acht Jahre alt, die sechsjährige Jella und Sonja, zweieinhalb, spielten im Schlafzimmer. Plötzlich hörte die Mutter Sonja schreien, wenn auch etwas unterdrückt. Sie rannte zum Schlafzimmer. Roswitha und Jella hatten Sonja in den Schrank eingeschlossen und hielten die Türe zu. Wegen des Geschreies hörten sie die Mutter nicht kommen. »Sofort laßt ihr den Unsinn!« schrie die Mutter. Die Mädchen sprangen weg, als die Mutter sie hauen wollte. Sie zog die Schranktüre auf und nahm Sonja in ihre Arme. Als Sonja sich beruhigt hatte, so daß die Mutter wieder gehört werden konnte, fragte sie: »Warum macht ihr so einen Blödsinn? Ihr wißt, daß sie sich vor der Dunkelheit fürchtet!« »Wir spielten nur, Mutter!« »Was für eine Art von Spiel ist es, eure Schwester zu quälen?« Wütend nahm die Mutter Sonja mit sich und verließ das Zimmer.

*Stellungnahme:*

Roswitha und Jella sind in einem Bündnis, um die Mutter damit zu beschäftigen, Sonja, die die Mutter durch ihre Angst beherrscht, zu beschützen.
Die Mutter könnte zuhören (28) und sich die Bedeutung des Schreiens klarmachen. Sie kann die Angst darin bemerken, aber trotzdem entscheiden, sich um ihre eigenen Angelegenheiten zu kümmern (23) und durch Sonjas Angst vor Dunkelheit sich nicht beeindrucken zu lassen (22). In diesen feinen Kampf zwischen den Mädchen braucht sie sich nicht hineinziehen zu lassen (21). Es ist sehr wahrscheinlich, daß die älteren Mädchen, sobald die Mutter nicht mehr zu Sonjas Hilfe kommt, sie aus dem Schrank herauslassen. Wenn dies für die Mutter aber zuviel verlangt wäre, könnte sie ruhig ins Zimmer kommen, Sonja aus dem Schrank herauslassen und unmittelbar sich wieder an ihre eigene Arbeit begeben, ohne ein Wort zu sagen. Ferner könnte die Mutter bei Sitzungen des Familienrats Aussprachen über die Rolle der Ge-

schwister herbeiführen. »Warum glaubt ihr, daß Roswitha und Jella so einen Spaß haben, Sonja zu reizen? Was können wir da wohl tun?«

### *Beispiel Nr. 25*

Die sechsjährige Julika war so etwa halb mit ihrem Essen fertig, als ihre Freundin sie rief. Sie sprang vom Tisch weg und zur Tür. »Komm zurück, Julika, du bist mit dem Essen noch nicht fertig!« verlangte der Vater. Das Mädchen stand an der Tür und sprach noch mit ihrer Freundin. Der Vater ging ihr nach, trug sie zum Tisch zurück, setzte sie auf ihren Stuhl und sagte: »Du darfst noch nicht aufstehen. Iß zuerst fertig!« Julika machte sich in ihrem Sessel klein und schmollte. Sie machte keine Anstalten zu essen. Ungeduldig fing der Vater an zu schimpfen. Julika saß nur da. Schließlich fragte die Mutter: »Bist du fertig, Julika?« »Ja!« »Dann kannst du aufstehen und spielen!« Der Vater sagte: »Da deine Mutter sagt, es sei in Ordnung, geh!« Julika sprang vom Tisch auf. Mutter und Vater beendeten ihr Mahl in grimmigem Schweigen.

### *Stellungnahme:*

Julika zog ihre Eltern in einen Machtkampf hinein und benützte ihn dann, um zwischen ihnen Unfrieden zu stiften. Der Befehl »Komm zurück!« war der Anfang zum Machtkampf. Außerdem mißachtete der Vater Julikas Bedürfnis, ihrer Freundin gegenüber höflich zu sein.
Da sich der Vater gerade um Julika »kümmerte«, sollte sich die Mutter nicht einmischen (23). Unter den drei Beteiligten sollte eine Vereinbarung getroffen werden, welches Benehmen am Tisch erwartet wird (9, 34). Selbst wenn ausgemacht wäre, daß niemand den Tisch verläßt, ehe er fertig ist, sollte Julikas Recht, höflich zu sein, den Vorrang haben. Man müßte ihr gestatten, ihrer Freundin zu sagen, daß sie jetzt äßen, daß sie aber später kommen werde (5, 7).

### *Beispiel Nr. 26*

Ein plötzlicher Windstoß hatte im Wohnzimmer den Vorhang aufgebläht und eine große Vase mit Blumen umgestoßen. Die Mutter wischte eilig das Wasser auf und hoffte, daß der Teppich nicht naß würde. »Ada, bitte gieße schnell Soße über den Braten!« »Ich weiß nicht wie, Mutti!« wimmerte das Mädchen. »Du hast mir hundertmal zugesehen, mache es genau so, wie ich es getan habe!« Ada ging zur Küche.

Wenige Sekunden später hörte die Mutter einen Krach, dann Weinen. Sie rannte zur Küche. Der Rost, Fleisch, Kartoffeln, Gemüse und Soße, alles lag auf der Erde, und Ada weinte, weil sie ihre Hand verbrannt hatte. »Ada! Du bist absolut unmöglich. Ich habe noch nie in meinem Leben jemand so Hilfloses gesehen. Warum kannst du nicht einmal die einfachsten Dinge tun? Geh jetzt raus!« »Aber meine Hand. Sie ist verbrannt!« »Tu etwas Öl darauf!« »Wie kann ich das? Es ist meine rechte Hand!« Verzweifelt holte die Mutter das Öl, machte einen Verband und ging dann zum Unglücksplatz in der Küche zurück.

*Stellungnahme:*

Die hilflose Ada bewies wirklich ihre Hilflosigkeit.
Die Mutter braucht die irrtümliche Selbstbewertung Adas nicht hinzunehmen. Sie kann sie ermutigen, indem sie Situationen herbeiführt, in denen Ada Erfolg haben kann (1).
Ganz allgemein sollte sie jede Kritik vermeiden und die vielen Fehler Adas übersehen (8). In der geschilderten Situation, als die Mutter nicht gleichzeitig an zwei Orten sein konnte, hätte sie entscheiden sollen, was das Wichtigere war, und sich selbst darum kümmern müssen. Sie hätte vermeiden sollen, Ada um etwas zu bitten, womit sie noch keine Erfahrung hatte (25). Die Mutter könnte sich Zeit nehmen, Ada zu lehren, wie man nützlich sein kann (10), und sie durch Handeln lernen zu lassen, ehe sie dem Mädchen Aufgaben gibt, von denen dieses glaubt, daß sie seine Fähigkeiten übersteigen.

*Beispiel Nr. 27*

Zwei Freundinnen von Mutter kamen zu Besuch. Die vierjährige Patrizia beobachtete den acht Monate alten Björn, wie er auf dem Fußboden herumkroch. Die Mutter und ihre Freundinnen bewunderten Björn und seine Geschicklichkeit. Patrizia rannte zu ihm hin und biß ihn in den Arm. Die Mutter sprang auf, packte Patrizia, schlug sie und schrie: »Was soll das heißen, deinen kleinen Bruder zu beißen? Geh auf dein Zimmer, bis du dich wieder benehmen kannst.« Sie prügelte Patrizia noch einmal, schob sie aus dem Zimmer und nahm Björn hoch, um ihn zu trösten.

*Stellungnahme:*

Patrizia ist auf ihren kleinen Bruder eifersüchtig und rächt sich an ihrer Mutter. Anschließend reagiert die Mutter auf Patrizias Racheakt.

Sie hat den Bruder gebissen. Nichts kann da mehr getan werden. Jedes Handeln auf Mutters Seite bestärkt Patrizias Glauben, daß sie sich für all die Aufmerksamkeit, die ihr Bruder bekommt, rächen muß. Die Mutter könnte das Unerwartete tun und Patrizia umarmen: »Ich verstehe, Liebling; es tut mir leid, daß du so böse bist!« (18).

*Beispiel Nr. 28*

Die eineinhalbjährige Luitgard hatte gerade den Herd entdeckt und bemühte sich, hinauf zu klettern. Jedesmal nahm die Mutter sie herunter und sagte »Nein, nein!« Sobald Luitgard wieder frei war, bewegte sie sich von neuem auf den Herd zu und kletterte hinauf. Abermals nahm die Mutter sie herab und sagte: »Nein, nein, du kannst dich verletzen!« Nachdem dies fünfmal so gegangen war, schlug die Mutter schließlich das Kind und nahm es in ein anderes Zimmer.

*Stellungnahme:*

Luitgard probiert ihre Kraft und ihren Mut aus. Dadurch, daß die Mutter ihr Baby übermäßig beschützt, entmutigt sie es. Zuerst verscheucht sie mit ihrem »Nein, Nein« Fliegen und dann benützt sie Schläge als Erziehungsmethode.
Die Mutter sollte Vertrauen in Luitgards Fähigkeit haben, Geschicklichkeit bei der Handhabung ihres Körpers zu entwickeln, und sie sich selbst überlassen (5). Macht die Mutter kein Aufhebens, wenn Luitgard auf den Herd klettert (12), dann wird diese bald das Interesse daran verlieren, nachdem sie ihre Geschicklichkeit entdeckt hat. Oder falls das Klettern auf den Herd eine Mißachtung der Ordnung darstellen sollte (6), so könnte die Mutter Luitgard ruhig jedesmal, wenn sie hinaufklettert, aus der Küche entfernen (2, 15).

*Beispiel Nr. 29*

Der sechsjährige Jörn begrüßte seine Tante, als sie zu Besuch kam: »Hallo, altes Pflaumengesicht!« Die Mutter gab ihm einen empfindlichen Schlag auf den Mund. »So etwas will ich nie wieder hören. Du hast deiner Tante gegenüber höflich zu sein. Jetzt entschuldige dich!« Jörn entschuldigte sich widerwillig, unter zornigen Tränen.

*Stellungnahme:*

Der schlaue Jörn wollte einen großen Eindruck hervorrufen. Die Mutter folgte ihrem ersten Impuls, indem sie den Jungen schlug.
Jörn sprach zu seiner Tante. Die Mutter sollte deshalb vor der eigenen Tür kehren (23). Die Tante könnte das Unerwartete tun, indem sie wie gewöhnlich reagiert oder ein Spiel daraus macht und freundlich antwortet (18).

*Beispiel Nr. 30*

Der sechsjährige Siegmund sah Arbeitern zu, die Löcher für einen Zaun gruben. Plötzlich fing er an, mit dem Fuß Erde in die Löcher zurückzuschieben. Der Vorarbeiter rief: »Hör auf, das genügt!« Trotzig kickte Siegmund noch mehr Erde in das Loch. Die Mutter hörte den Lärm und kam zur Haustür. Siegmund stieß immer noch Erde in das Loch, trotz der Ermahnungen des Vorarbeiters. Die Mutter beobachtete. Schließlich ging der Mann zur Mutter. »Warum sagen Sie ihm nicht, daß er damit aufhören soll?« »Wie könnte ich das bewirken? Ich kann doch nicht den ganzen Tag hier stehen und ihn davon abhalten, mit der Erde zu spielen.« Siegmund machte weiter. Der Vorarbeiter ärgerte sich so sehr, daß er drohte, ihn totzuschlagen. Siegmund kam schreiend ins Haus. Später ging er wieder hinaus, um die Arbeiter bei jedem Loch, das sie gegraben hatten, zu ärgern. Dies ging so weiter, bis der Vater heimkam und Siegmund im Hause behielt.

*Stellungnahme:*

Siegmund ist ein mächtiger »schlechter« Junge. Die Mutter nimmt sein falsches Verhalten hin und läßt ihn tun, wie er will.
Die Mutter könnte aufhören, hilflos zu sein und vor Siegmund Angst zu haben. Sie muß ihm Achtung für die Rechte anderer beibringen (7). Wenn nötig, kann sie ihn ins Haus nehmen. Es ist kein Machtkampf, solange die Handlungsweise der Mutter sich nur auf die Aufrechterhaltung von Ordnung und Achtung bezieht und nicht auf ihre Absicht, Siegmund soweit zu bringen, sich besser zu benehmen.

*Beispiel Nr. 31*

Die fünfjährige Josefine ist ein einziges Kind, eine einzige Enkelin und eine einzige Nichte. Sie und Mutter waren bei den Nachbarn nebenan eingeladen. Da Josefine mit den Mädchen des Nachbarn, Lucia und Maria, spielte, wurde für die Kinder ein Extratisch gedeckt. Als sie sich zum Essen setzten, fing Josefine an zu weinen. »Ich möchte neben meiner Mutter sitzen«, bat sie unter Tränen. »Ach Liebes, sieh doch, wie nett es ist, mit Lucia und Maria zusammenzusitzen. Komm jetzt und iß dein Essen. Schau wie schön und fein alles ist.« Josefine schluchzte weiter und wiederholte dauernd: »Ich möchte neben dir sitzen!« Die Mutter wurde etwas ärgerlich. »Wenn du dich nicht benimmst, nehme ich dich jetzt heim!« Josefine weinte weiter. Schließlich gab die Mutter nach, zog Josefines Stuhl vom Tisch der Kinder weg und ließ sie neben sich sitzen.

*Stellungnahme:*

Der verwöhnten Josefine muß man zu Gefallen sein, ohne die Forderungen der Situation zu berücksichtigen. Die Mutter ließ sich auf Argumente mit ihr ein und versuchte, ihre Zusammenarbeit zu gewinnen. Dann drohte sie ihr damit, sie nach Hause zu bringen, blieb aber nicht fest. Schließlich gab sie der »Wasserkraft« nach.
Die Mutter kann Ordnung aufrechterhalten, indem sie sagt: »Die Kinder sitzen heute an ihrem besonderen Tisch, Josefine« (6). Wenn Josefine weiter weint, könnte die Mutter sagen: »Josefine, möchtest du mit Lucia und Maria essen oder möchtest du lieber heimgehen?« (11). Sie muß sich in diesem Fall aber an Josefines Entscheidung halten (26).

*Beispiel Nr. 32*

Der achtjährige Robin schlug die dreijährige Ina, weil sie seine Cowboy-Spielzeugfiguren etwas durcheinandergebracht hatte. Die Mutter schimpfte: »Was ist mir dir los, Robin? Laß sie doch in Ruhe.« »Ja, sie stört mich aber dauernd.« »Sie ist noch klein, Robin. Du hast nicht das Recht, sie zu schlagen. Geh jetzt auf dein Zimmer!« »Nein, ich gehe nicht!« trotzte Robin. »Das werden wir sehen.« Die Mutter zog Robin zu seinem Zimmer, stieß ihn hinein und machte die Türe zu. Sofort öffnete er sie wieder. Die Mutter schob ihn wieder hinein, machte die Tür zu und hielt sie fest. Robin kämpfte auf der anderen Seite, um die Tür zu öffnen. Schließlich hatte die Mutter genug. Sie ließ die Tür gehen, nahm die Haarbürste und verprügelte den Jungen. Sie ließ ihn schreiend und um sich stoßend auf seinem Bett zurück.
Am nächsten Tag spielte Robin mit Ina. Die Mutter kam gerade ins Zimmer, um zu sehen, wie er einen kleinen Strick fest um Inas Hals

legte. »Robin!« schrie sie, als sie herzueilte. Sie stieß ihn weg und lockerte das Seil um Inas Hals. Ina hatte sich nicht beklagt. Sie äußerte kein Wort, sondern beobachtete mit ernstem Gesicht, wie die Mutter Robin verprügelte.

*Stellungnahme:*

Dies ist ein Machtkampf, auf den Rache folgt.
Die Mutter kann die verschiedenen Formen der Wiedervergeltung nicht verhindern. Jedesmal, wenn sie Robin bestraft, macht sie ihn nur noch entschlossener, sich zu rächen. Sie sollte vor ihrer eigenen Tür kehren (23), sich nicht in den Kampf hineinziehen lassen (21), Ina für sich selbst Sorge tragen lassen (19) und die Herausforderung jedes Kindes ignorieren. Natürlich muß sie das Seil von Inas Hals entfernen! Sie kann dies aber in Ruhe tun, ohne die Aufregung, auf die der Junge hofft. Wahrscheinlich hatte er nicht die Absicht, seine kleine Schwester tatsächlich zu verletzen. Er wußte aber, wo seine Mutter am meisten verwundbar ist. Die Mutter könnte das Unerwartete tun (18): Sie könnte Robin umarmen oder ihm einen Kuß geben und ihm zulächeln (jetzt wäre die Reihe an ihm, verdutzt zu sein!), dann sollte sie weiter an einer Verbesserung der Beziehungen arbeiten.

*Beispiel Nr. 33*

Nachdem die Einkäufe verstaut waren, sollte der vierjährige Jan ins Auto steigen, fing statt dessen aber Streit an. Die Mutter zog ihn am Arm. Er stolperte, fiel hin und schrie, als sie ihn weiterzog. Schließlich ließ die Mutter ihn los, und Jan warf sich auf den Bürgersteig neben dem Wagen. »Gut, dann bleib eben hier!« schnaubte die Mutter verärgert. Sie setzte sich in den Wagen und traf alle Vorbereitungen zum Start. Jan beobachtete sie aus den Augenwinkeln und schmollte weiter. Durch die Aufmerksamkeit von Vorübergehenden in Verlegenheit gebracht, sprang die Mutter nach einem Augenblick auf, packte Jan, zog ihn ins Auto und verprügelte ihn. Schreiend und protestierend sprang Jan auf dem Rücksitz auf und ab.

*Stellungnahme:*

Die Mutter sagte: »Du wirst!« Jan sagte: »Nein, ich werde nicht!« Die Mutter benützte Gewalt und drohte mit etwas, was sie gar nicht auszuführen dachte.

Die Mutter könnte ihre Segel aus Jans Wind herausnehmen. Wenn sie den Laden verläßt, könnte sie zum Wagen gehen und annehmen, daß Jan ihr folgt. Falls Jan feststellt, daß seine Mutter sich nicht in einen Kampf einläßt, um ihn ins Auto zu bringen, wird er folgen. Weigert er sich, in den Wagen zu steigen, könnte die Mutter sagen: »Dann muß ich eben warten, bis du soweit bist.« Sie sitzt passiv wartend da — kein Ärger, kein Kampf. Jan wird bald fühlen »Ach was hat das schon für einen Sinn« und in den Wagen kommen (11, 13, 14, 15). Eine andere Möglichkeit wäre, sich klarzumachen, daß Jan sich an die Ordnung halten muß. Wenn die Mutter diese Forderung im Auge hat und nicht ihren Wunsch, es Jan merken zu lassen, braucht sie sich nicht zu ärgern. Sie kann ihn dann ruhig nehmen und in den Wagen bringen, völlig kühl und unbeteiligt (6). Er wird ihre Festigkeit spüren, die angesichts von Jans Zornausbrüchen ein geistiges Sichzurückziehen erfordert.

*Beispiel Nr. 34*

Die dreijährige Luise kam in schlechter Stimmung zu Tisch. Als jüngste von vieren bekam sie gewöhnlich, was sie wollte. Nachdem das Essen ausgeteilt war, nahm sie ihren Teller und warf ihn auf den Boden. Dann fing sie an, um sich zu stoßen und zu schreien. Die Mutter trug sie aus dem Zimmer und setzte sich mit ihr zusammen hin. »Was ist mit dir los, Luise?« Keine Antwort. »Warum benimmst du dich so? Schäme dich!« Keine Antwort. »Gut, dann bleib hier sitzen!« Die Mutter wandte sich um, das Zimmer zu verlassen. »Tut mir leid, Mutti, ich werde es nicht wieder tun!« »Gut, dann kannst du zum Tisch zurückkommen.« Luise stocherte in ihrem Essen herum. Als der Nachtisch serviert wurde, warf sie ihn auf den Boden. »Luise! Du hast versprochen, dich zu benehmen. Jetzt bekommst du aber Prügel.«

*Stellungnahme:*

Die kleine Prinzessin bewies ihre Macht. Zuerst handelte die Mutter richtig, indem sie Luise entfernte. Hierauf sprach sie aber »zu« ihr, nahm ein Versprechen an und bestrafte sie schließlich.
Mit möglichst wenigen Worten könnte Luise zum Verlassen des Tisches aufgefordert werden. Ihr Versprechen sollte ignoriert werden, da sie sich damit ja nur unangenehme Folgen ersparen will. Wenn die Mutter sehr mutig ist, könnte sie Luise und alle anderen in das gleiche Boot setzen. »Ihr Kinder wißt euch nicht bei Tisch zu benehmen. Ihr könnt alle weggehen (27).« Aber bitte kein weiteres Wort! (15)

*Beispiel Nr. 35*

Die zweieinhalbjährige Greta zog all ihre Wäsche und Kleider aus den Schubladen heraus. Als die Mutter dies entdeckte, schimpfte sie und packte alles wieder hinein. Als letzten Tadel sagte sie: »Dafür bekommst du heute nachmittag kein Eiscreme.« Als der Eiscremewagen kam, rannte Greta hinaus und rief ihrer Mutter zu, sie solle das Geld bringen. »Heute kannst du keines haben, Greta.« Das Mädchen fing zu schreien an und mit ihren Füßen zu stampfen. Die Mutter nahm sie hoch und trug sie ins Haus.

*Stellungnahme:*

Greta stellt immer irgend etwas an, um die Mutter mit sich zu beschäftigen. Die Mutter versucht, ihre Tochter zu erziehen, indem sie schimpft und sie des Vergnügens beraubt.
Was hat Eiscreme damit zu tun, daß die Kleider aus den Schubladen herausgezogen werden? Die Mutter könnte fragen: »Möchtest du, daß ich dir helfe, die Sachen wieder aufzuräumen?« (11) Wenn Greta anzeigt, daß die Mutter dies allein machen soll, könnte sich die Mutter in Ruhe zurückziehen (14).

*Beispiel Nr. 36*

Der vierjährige Willi und die dreijährige Magdalene hatten beide eine Allergie gegen gewisse Nahrungsmittel. Die Mutter hatte erlebt, wie sehr der Vater unter Heufieber litt, und jetzt hatten ihre Kinder Allergien! Sie hatte unglaubliches Mitleid mit ihnen, weil sie so viel durchzumachen hatten. Dabei waren sie doch noch so jung und konnten viele gute Sachen nicht essen! Pünktlich folgte sie den Anordnungen des Arztes und bereitete für jedes der Kinder ein spezielles Essen, da sie verschiedene Allergien hatten und nur selten das gleiche essen konnten. Trotz der mütterlichen Sorge hatten die Kinder oft Hautausschläge, fühlten sich nicht wohl oder mußten sich erbrechen. Immer wenn die Kinder solche Symptome zeigten, entschuldigte sie ihr unartiges Verhalten, weil sie sich sagte: »Arme Kinder, es geht ihnen nicht gut!« Sie verlangte auch keinerlei Hilfe von ihnen. Denn wenn sie auf irgendwelchen kleinen Hilfeleistungen bestand, wie z. B. abends die Spielsachen aufzuräumen, schien es den Kindern schlecht zu bekommen. So zog sie vor, alles selbst zu tun, und hoffte, sie würden aus diesen Allergien herauswachsen, wie der Doktor sagte.

*Stellungnahme:*

Diese Allergien erweisen sich als sehr nützlich. Denn die Kinder erregen damit das Mitleid der Mutter und entziehen sich den Forderungen der Situation.
Die Mutter muß die Gefahr des Mitleids vermeiden (24), den Kindern helfen, das Problem der Allergien hinzunehmen und die Vorteile vermindern, die sie durch diese Allergien erreichen. Ordnung muß trotzdem aufrechterhalten werden (6), und die Kinder sollten Beiträge leisten. Wenn sie sich wohl genug fühlen zu spielen, sind sie auch gesund genug, um die Spielsachen aufzuräumen. Sind sie krank, sollen sie im Bett bleiben und wie kranke Kinder behandelt werden, ohne die Vorteile derer zu haben, die nicht im Bett sind und denen es gut geht (3).

*Beispiel Nr. 37*

Der vierjährige Alois spielte auf der Eingangstreppe. Plötzlich stieß er einen durchdringenden Schrei aus. »Mami, Mami!« Die Mutter rannte herbei. Alois stand eng an die Tür gepreßt und schrie vor Schrecken. Ein Hund kam herbei und schnüffelte sich den Weg entlang. Die Mutter öffnete die Tür und brachte Alois in Sicherheit. »Komm, Liebling, dieser Hund macht dir doch nichts!« Sie nahm den Jungen in ihre Arme und brachte es mit vielen Versicherungen endlich so weit, daß er sich beruhigte. Alois weigerte sich aber, wieder hinauszugehen, solange der Hund in Sicht war.

*Stellungnahme:*

Die Angst des Jungen vor Hunden macht der Mutter Eindruck und hält die Sorge um ihn wach.
Die Mutter könnte damit aufhören, auf seine Ängste hereinzufallen (22). Sie sollte ihn mit einem beiläufigen »Du wirst sehen, daß der Hund dir nichts tut« ermutigen und es dabei bewenden lassen (1).

W. HUGH MISSILDINE

# In dir lebt das Kind, das du warst

Vorschläge zur Bewältigung des Alltags

Aus dem Amerikanischen übersetzt von Josef Wimmer

5. Auflage, 1986. 374 Seiten. Kart. ISBN 3-608-95133-4

In Amerika hatte dieses Buch einen ungewöhnlichen Erfolg, weil es die Psychoanalyse in überaus geglückter Weise auf die Probleme des alltäglichen Lebens anwendet und allen Leserschichten verständlich ist.
Unsere Schwierigkeiten in der Ehe, unser zwanghaftes Erfolgsstreben, unsere Ängste und unsere Einsamkeit sind Ergebnis von Reaktionen, mit denen wir uns als Kinder gegen die oft unvernünftigen und übertriebenen Haltungen der Eltern auflehnten. Daß wir uns nicht mehr länger in diesen alten, ausgefahrenen Geleisen bewegen, sondern neue Wege einschlagen und Abstand vom Kind in uns selbst gewinnen, dazu will dieses Buch verhelfen.
»Das Thema ist gut gegliedert, flüssig, um nicht zu sagen spannend, geschrieben. Mit erstaunlich wenig Fachausdrücken ist es vor allem auch ein Buch für den interessierten ›Laien‹, der sich über die Probleme des täglichen Zusammenlebens Gedanken macht.
Die Hoffnung des Autors erscheint berechtigt ›daß Sie sich in diesem Buch wiedererkennen werden und daß Sie aufgrund der Begegnung mit sich selbst anfangen werden, sich ein wenig respektvoller zu sehen‹.«

Die Heilkunst, Bamberg